HEINRICH DER LÖWE

Lizenzausgabe für
Manfred Pawlak Verlagsgesellschaft mbH,
Herrsching
© 1987 by Ernst Kabel Verlag GmbH,
Hamburg
Umschlaggestaltung: Bine Cordes, Weyarn
Alle Rechte vorbehalten
ISBN: 3-88199-384-3

Paul Barz

HEINRICH DER LÖWE

Ein Welfe bewegt die Geschichte
Biographie

Stammtafel der Welfen

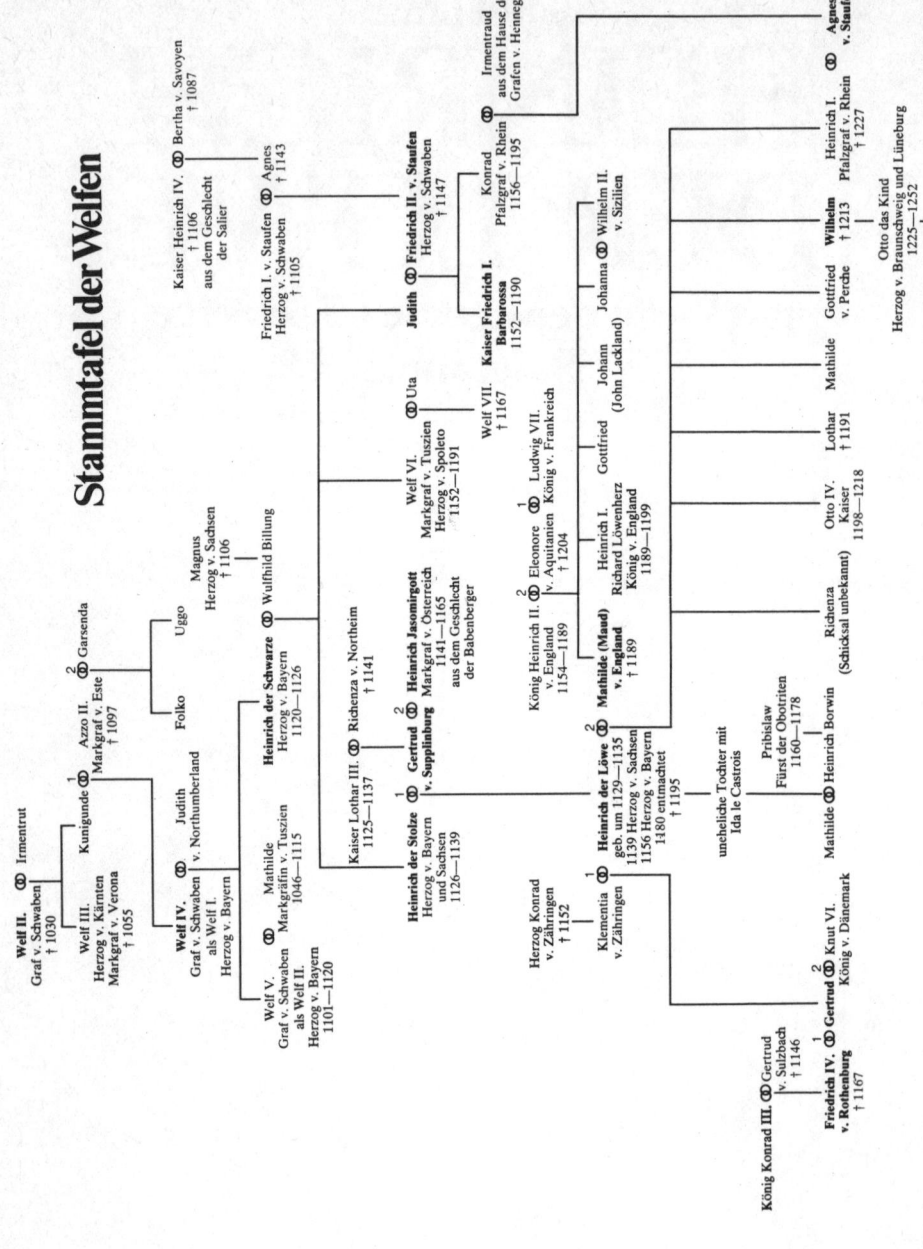

Inhalt

8

Vorwort

„Man darf nicht Fakten belehren wollen. Man muß sich von Fakten belehren lassen. Das ist der Realismus einer Biographie" — als Richard Friedenthal mir das im Frühjahr 1974 sagte, hatte ich das „Abenteuer Biographie" gerade zum ersten Mal hinter mir und wußte noch nicht, daß ich es kurz darauf ein zweites Mal auf mich nehmen würde. Beim ersten Mal war es um ein Schloß und seine Bewohner gegangen, um „Die Menschen von Versailles". Das zweite Mal sollte es um einen einzelnen gehen, um Heinrich den Löwen.

Ich weiß nicht, ob ich dabei je „Fakten belehren" wollte. Ich weiß aber, daß ich mich von Fakten belehren ließ. Denn natürlich hatte ich „mein" Heinrich-Bild, als ich mit den Vorarbeiten begann. Das war nach den zehn Jahren nicht ausgeblieben, die ich schon in „seiner" Stadt, in Braunschweig, lebte und in denen ich mich immer wieder mit diesem merkwürdigen, in keine Kategorie recht passenden Mann beschäftigt hatte.

Fakten belehrten mich, daß dieses Bild nicht unbedingt falsch, aber doch zu schmal und einseitig war, geprägt von der konventionellen Auffassung, Heinrichs historische Bedeutung vorrangig aus seiner Beziehung zu den Staufern abzuleiten. „Im Grunde ist ja Heinrich das große Alternativprogramm zu den Staufern samt ihren karolingisch-caesarianischen Vorstellungen", schrieb ich in einem meiner ersten Briefe an meine Verlegerin. Heute würde ich das nicht mehr schreiben.

Nicht mehr nur als Alternative, sondern als originale Leistung sehe ich inzwischen das staatsmännische Hauptverdienst Heinrichs des Löwen, den Norden politisch wie kulturell-wirtschaftlich an das übrige Europa seiner Zeit angeschlossen zu haben. Entsprechend hat sich mein Bild von diesem Mann geformt als einem Rechner, Kaufmann und „Bürgerfürsten", als der dann dieser Welfe wirklich „die Geschichte bewegte" — in doppeltem Sinn.

9

Ich erhebe auch jetzt nicht den Anspruch, daß dieses Bild das einzig mögliche und richtige ist. Doch ist es „realistisch" im Sinn Friedenthalscher Definition. Für diese Definition und die darin enthaltene Lektion schulde ich dem Großmeister moderner Biographie meinen Dank und widme ihm dieses Buch in herzlicher Verehrung.

Wem wäre im übrigen zu danken?

Natürlich meiner Verlegerin Brigitta Keil für ihren spontanen Mut zu diesem Projekt; meiner Frau für unentbehrliche Hilfe bei Materialbeschaffung und Korrektur; der Historikerin Ingrid Hammerstädt für gute und nützliche Gespräche im schwierigen Stadium der Vorbereitung; im besonderen Maß dem Historiker Gert Melville für die Durchsicht des fertigen Manuskripts und eine Fülle wichtiger Anregungen; meiner Sekretärin Else Stöcker, die bei der Endfassung zum kritisch-wachen Korrektiv wurde; den geduldigen und hilfsbereiten Mitarbeitern der Stadtbibliothek Braunschweig; dem Braunschweiger Fotografen Willi Birker für die Überlassung seltenen, noch nie veröffentlichten Bildmaterials von der Graböffnung im Jahr 1935; sehr vielen, die mir, oft unaufgefordert, gute Hinweise und interessantes Material gaben. Sie können hier nicht alle namentlich genannt werden, so wie nicht alle ihre Anregungen in das Manuskript eingehen konnten.

Dankbar bin ich einer Reihe von Historikern, die ich zwar persönlich nicht kenne, deren Arbeiten aber innerhalb der benutzten Sekundärliteratur ihren besonderen Rang für mich hatten: Karl Jordan sei stellvertretend genannt, auch Ruth Hildebrand, ohne deren in den dreißiger Jahren entstandenes Buch vom „Staat" Heinrichs des Löwen aller zeitbedingten Tendenz zum Trotz die Kapitel über Wirtschaft und Verwaltung nicht hätten geschrieben werden können. Für den Stand neuester Forschung gab mir Odilo Engels' „Staufer"-Publikation den besten Überblick.

Dank verdient schließlich der, der mir einmal sagte: „Über Heinrich den Löwen schreibst du? Über den weiß man doch schon alles. Daß der nach Canossa ging und so . . ."

Das hat Mut zu diesem Buch gemacht.

Braunschweig, im Mai 1977   Paul Barz

I. Teil
Begegnung mit dem Löwen

„Herzog Heinrich errichtete auf einem Sockel die Gestalt eines Löwen und umgab die Stadt mit Wall und Graben. Und weil er mächtig und reich war, erhob er sich gegen das Reich. Deshalb wollte ihn der Kaiser demütigen . . . "

Aus den „Annales Stadenses", 13. Jahrhundert.

1. Kapitel
Heinrich — der Stein des Anstoßes

Im Dom ist noch Licht

Wahrscheinlich könnte man an diesem Abend noch hineingehen —
zum Imerward-Kreuz und siebenarmigen Silberleuchter, auch zum
Grabmal Herzog Heinrichs des Löwen und seiner Frau Mathilde.
Doch wird man der Stadt gegenüber gleichgültig, in der man lebt, und
nimmt als Teil des Alltags, was anderenorts als Sehenswürdigkeit
gilt: den Dom und auch den Bronze-Löwen davor, diese Sinnbilder
aus einer Zeit, in der noch Braunschweig *die* Stadt des Welfenherzogs
Heinrich war und eine Weltstadt dazu, die große Metropole im
Norden.

Noch immer nennt sich Braunschweig gern die „Löwenstadt", und
der Löwe auf dem Burgplatz ist ihr Wahrzeichen, dieses erste frei-
stehende Standbild, das Herzog Heinrich 1166 aufstellen ließ.

Es ist mehr als ein Standbild. Es ist auch in Bronze gegossene
Psychologie.

Den Schädel hochgereckt, die Zähne gefletscht, die angespannte
Haltung mehr warnend als drohend — als „Imponiergehabe" würde
heutige Verhaltensforschung diese Pose bezeichnen, als Signal für
den anderen, nicht zu nahe zu kommen.

Dahinter wird aber ein Mensch sichtbar, nicht unbedingt brutal,
doch robust wie dieser Löwe und „auf dem Sprung" wie er, stets
bereit, allen Gegnern, tatsächlichen wie abgebildeten, sofort zu zeigen, wer man ist.

Das Grabmal im Innern des Doms zeigt einen anderen Heinrich.

Das Löwenbild entstand, als der Herzog Mitte dreißig war, also
auf der Höhe seines Lebens. Dagegen wurde sein Grabmal über der
Gruft im Dom erst einige Jahre, wenn nicht Jahrzehnte nach seinem
Tod geschaffen, und ganz sicher hat der Künstler Heinrich den Löwen
nicht mehr gekannt. Doch selbst wenn er sich sein Äußeres von ande-

13

ren hätte schildern lassen, wäre es ihm auf Porträt-Ähnlichkeit nicht angekommen, denn ein Idealbild wollte er schaffen, harmonisch, entspannt: ein angenehmes Gesicht unter kurz gelocktem, sorgsam gescheiteltem Haar, eher durchschnittliche Züge bis auf den ausgeprägten Mund, die nicht zu große, doch wohlproportionierte Gestalt von einem Prunkgewand umwallt.

Im Arm hält dieser steinerne Heinrich Symbole seiner Macht und seines Reichtums, das herzogliche Schwert und ein Modell des Doms. Ganz scheint er dabei eins zu sein mit sich und seiner Welt, die er fast ein halbes Jahrhundert lang mitgeprägt hat. Darüber wurde dieser Herzog aber eine der vieldeutigsten, schillerndsten Gestalten deutscher Geschichte: Heinrich der Löwe, vielgelobt und vielgescholten.

Der Löwe dort, das Grabmal hier, dort aufbegehrende Gewalt, hier ruhevolle Macht — zwischen diesen Polen ist das wahre Bild des Mannes zu suchen, der wie kaum ein anderer seiner Zeit die unterschiedlichsten Urteile herausgefordert hat.

Heinrich der Löwe hat Geschichte gemacht. Er ist aber auch von der Geschichte gemacht worden und gehört zu seiner Zeit wie diese Zeit zu ihm. Der gleiche Heinrich zu einer anderen Epoche — sicher wäre er auch dann ein tüchtiger, erfolgreicher Fürst geworden. Doch das Phänomen „Heinrich der Löwe" samt allen Glanz- und Schattenseiten vermag man sich in dieser extremen Ausprägung vor keinem anderen Hintergrund vorzustellen als vor diesem 12. Jahrhundert.

Es war eine der merkwürdigsten, auch folgenreichsten Epochen in der gesamten europäischen Geschichte.

Noch durchschnitten den Kontinent keine klaren Grenzen. Noch wurde nicht in Nationen gedacht. Das Wort „Staat" im heutigen Sinn kannte man nicht. Jedoch gab es „das Reich". Quer durch Europa zog es sich, vom Norden hinunter über die Alpenkette bis tief in die Apenninhalbinsel hinein, eine große, festgefügte Einheit — das hoffte jedenfalls derjenige, der in diesem Reich zu herrschen hatte: der Kaiser.

Könige gab es viele, in Polen, Dänemark, Frankreich, England, unten auf Sizilien. Auch der deutsche Herrscher hieß zunächst nur König, bevor ihn der Papst zu Rom gesalbt hatte. Doch nur einen durfte es geben, der sich Kaiser nannte, und daß auch noch ein anderer, der Herrscher von Byzanz, diesen Titel trug, gehörte zu den ständig schwelenden Problemen dieser Zeit. Denn der Kaiser war mehr als nur eine politische Größe. Er war weltliches Oberhaupt der *ecclesia,* der Christengemeinde, die ihr geistliches Oberhaupt im Papst fand.

Bündnis zwischen Altar und Thron

Hier der Kaiser, dort der Papst, hier weltliche Macht, das *imperium,* dort die geistliche, das *sacerdotium* — beides verschmolz zu jenem „Bund zwischen Thron und Altar", den schon Kirchenvater Augustin beschworen hatte. Es war im Ansatz die Idealform einer Gewaltenteilung zwischen den beiden bestimmenden Kräften dieser Zeit und zugleich Fundament einer klaren Ordnung, in der jeder Zwiespalt aufgehoben war. So schien es jedenfalls. Die Wirklichkeit sah anders aus. Im 12. Jahrhundert war diese Ordnung längst in die Brüche gegangen.

Schon im Jahrhundert zuvor scheiterte der „Bund zwischen Thron und Altar". In der Zeit der Salierkaiser hatte sich das Papsttum emanzipiert, wollte fort aus der Abhängigkeit vom Kaiser. Und mehr noch: Päpste wie der „heilige Satan" Gregor VII. meldeten ihrerseits politische Führungsansprüche an. Also verlangte die Beziehung zwischen Altar und Thron ihre neue Definition, ohne daß sie in der ersten Hälfte des 12. Jahrhunderts schon gefunden war.

Das war das eine große Problem des Kaisertums. Ein anderes zeichnete sich zunächst noch mehr am Rande ab.

Das Reich war Schöpfung eines deutschen Königs gewesen, und deutsche Könige stellten die Kaiser. Zweihundert Jahre lang war das als selbstverständlich hingenommen worden. Dann jedoch begann es sich unter der Oberfläche zu regen. Am Horizont kam bereits die Zeit der Nationalstaaten auf, und ihre Herren waren nicht gewillt, sich länger als „Nebenkönige" abtun zu lassen. Noch stand das Reich, war die Position seines Kaisers unangefochten. Jedoch hörte es auf, alleinige politische Kraft in Europa zu sein.

Diese Entwicklung, langsam, aber unaufhaltbar, machte auch an den engeren Reichsgrenzen nicht halt. Schon lange war in Italien Sizilien selbständig, wurde unter der Herrschaft der Normannen erster „richtiger" Staat überhaupt, straff organisiert und zentral verwaltet. Doch auch Deutschland selbst zeigte sich für diese eine große Strömung anfällig. Dort fanden sich als Relikte früherer Zeiten die „klassischen" Herzogtümer Bayern, Sachsen, Schwaben, Franken, Lothringen — waren sie aber wirklich nur Relikte? Boten sie sich nicht geradezu an als Keimzellen künftiger Nationalstaaten auf deutschem Boden?

Denn dem „Reichsgedanken", der gemeinsamen Sprache und dem gemeinsamen König zum Trotz — es war ja keine Einheit, dieses Deutschland jener Zeit. Wer in seinem Süden lebte, fühlte sich wahrscheinlich Italien viel enger verbunden als dem deutschen Norden, wohin nur eine einzige Straße führte, während immerhin schon fünf das südliche Deutschland mit der Apenninhalbinsel verbanden. Der Sachse wiederum sah im Dänen oder Engländer viel eher seinen Nachbarn als im Bayern oder Schwaben. Auf solch unterschiedlichem Terrain waren viele Möglichkeiten, mancherlei Konstellationen denkbar gewesen, auch die eine: Nationalstaaten innerhalb der Herzogtümer, dem Kaiser als Oberherrn so eng oder auch lose verbunden, wie es schon Dänemark oder Polen waren, die ja ebenfalls noch nominell zum Reichsverband gehörten und deren Herrscher ihre Kronen als kaiserliches Lehen in Empfang zu nehmen hatten.

Doch noch war die Zeit der Nationen nicht gekommen. Erst während der nächsten Jahrhunderte sollten sie sich heranbilden. Das war aber nirgends ein so langwieriger, verschlungener Prozeß wie gerade in Deutschland, das schwer an der Hypothek aus seiner Anfangsphase trug: an der einen großen Vision, die der gesamteuropäische Frankenkaiser Karl der Große hinterlassen hatte.

Karl der Große — die schwere Hypothek

Das Reich, über das der große Karl im 9. Jahrhundert zwischen Elbe und Pyrenäen im Zeichen einer vereinten abendländischen Christenheit geherrscht hatte, war schon bald nach seinem Tod zerfallen. Geblieben war nur der Anspruch dieses Kaisers: eben der Erste Herr der Christenheit zu sein. Diesen Anspruch griff dann der nach seinem Sieg auf dem Lechfeld als „der Große" bewunderte Sachse

Otto auf. Mit seinem deutsch-römischen Reich schuf er im 10. Jahrhundert eine Wiederauflage des karolingischen Imperiums in verkleinerter, auf Deutschland und Italien beschränkter Ausgabe.

Zugleich dürfte Otto der Große der erste gewesen sein, der klar das eine große Übel erkannt hatte, an dem letztlich das Reich Karls des Großen zugrunde gegangen war: an dem mangelhaften Verwaltungsapparat, der unter Karl nur Ansatz bleiben sollte, um unter seinen Nachfolgern völlig zu versanden.

Otto der Große mußte von vorn anfangen.

Auch er hat diesen Verwaltungsapparat nicht schaffen können. Immerhin gelang ihm ein Übergang, als er die kaiserliche Macht auf die einzige überregional funktionierende Institution stützte, die es damals gab: auf die Kirche, auf ihre Äbte und Bischöfe, die jetzt große Herren von überragender politischer Bedeutung wurden, reich, mächtig, lebensfroh, den weltlichen Fürsten gleichgestellt.

Die „Reichskirche" war geboren.

Mit dieser Reichskirche entstand aber die Frage, die dann zum Zentralproblem des deutsch-römischen Kaisertums wurde: Welche Bedeutung hatte nun der oberste aller Bischöfe, der Papst in Rom? Konnte auch über ihn der Kaiser bestimmen wie über die anderen Bischöfe seines Reichs? Oder war nicht vielmehr er es, der über die Kaiser bestimmte, zum Beispiel innerhalb der „Reichskirche" die Bischöfe einsetzte und damit dieses wichtige Instrument kaiserlicher Macht unter Kontrolle hatte?

Wer stand also in Wahrheit an der Spitze der *ecclesia*?

Zunächst war das keine Frage gewesen. Denn noch galten die Spielregeln jenes „Bundes zwischen Thron und Altar": Als Repräsentant des *sacerdotium* stellte sich der Papst freiwillig in den Schutz des *imperium*, gelobte dem Kaiser Treue und bestätigte ihn durch seinen Segen. Erst das 11. Jahrhundert brachte den Wechsel.

Noch immer zogen deutsche Könige nach Rom, um sich vom Papst zum Kaiser salben zu lassen. Doch vorbei waren die Zeiten, in denen diese Könige zugleich den Papst nach Belieben ein- und absetzen konnten. Noch der Salierkaiser Heinrich III. tauschte mit leichter Hand nicht weniger als dreimal den Papst nach eigenem Gutdünken aus. Doch schon sein Sohn Heinrich IV. durfte seinerseits froh sein, nicht gleichermaßen leichthändig vom Papst ausgetauscht zu werden.

17

Und in Rom fragte man sich schon ungeniert, ob nicht überhaupt der Kaiser ein Untergebener des Papstes war, da er doch ohne seinen Segen nichts sei, nur irgendein König aus Deutschland.

Das Wormser Konkordat von 1122 war für diese Probleme der vorläufige Schlußstrich. Grundsätzlich klärte es jedoch noch nichts. Der Zwist schwelte weiter, und der Bund zwischen Thron und Altar war zum Zwiespalt zwischen Kaiser und Papsttum geworden.

Das 12. Jahrhundert war gekommen. Eine „Reichskirche" ottonischer Vorstellung gab es nicht mehr. Dafür gab es nun den großen Konflikt zwischen geistlicher und weltlicher Macht. Ihm mußten sich die Herren dieses neuen Jahrhunderts stellen.

Regieren ohne Kaiserkrone?

Die eine Lösung schien sich anzubieten: Trennung des deutschen Königtums von dieser so problematisch gewordenen Kaiserwürde, also Herrschaft in Deutschland ohne Rücksicht auf Papst und Kirche. Und wenigstens *ein* König, der erste Stauferherrscher Konrad III., sollte während seiner ersten Regierungsphase eben dies versuchen, um daran zu scheitern: Er schenkte sich die obligate Romfahrt — und konnte sich prompt in Deutschland nicht durchsetzen.

Auch hier rächte sich die große Uneinheitlichkeit im damaligen Deutschland, seine Aufsplitterung in ähnlich große Herzogtümer, deren Herren fast ebenso mächtig, wenn nicht noch mächtiger als ihr König waren. In ihrem Kreis spielte er den ersten unter gleichen, stellte einen politischen Faktor unter vielen dar. Erst das Kaisertum, dieses „gerechte, friedbringende Gottesreich auf Erden", diese „Vorstufe zum Himmel" hob seinen Repräsentanten in gleichsam göttliche Regionen und gab ihm die Autorität, sich gegenüber den anderen Fürsten als moralisch übergeordnete Macht zu behaupten.

Denn diese anderen Fürsten waren die eigentliche Macht im Reich.

Dieser Macht war noch kein Herrscher beigekommen, nicht Otto mit seiner Reichskirche, nicht seine Nachfolger mit ihren gelegentlichen Versuchen, die Struktur der Fürstenhierarchie zu umgehen und sich die Staatsgewalt über eine direkte, nur dem König untergebene

Administration zu sichern. Wer im Deutschland des 12. Jahrhunderts regieren wollte, mußte es *mit* den Fürsten tun. Denn sie besaßen, was als Basis realer politischer Macht mehr als jeder Titel bedeutete: eigenen Grund und Boden.

Lehen — das soziale Zauberwort

Eigener Grund und Boden — das konnte persönliches Eigentum sein, sogenannter Allodialbesitz. Oder es war Besitz, den sein Herr als „Lehen" übernommen, also eigentlich nur „geliehen" hatte. Im 12. Jahrhundert bedeutete „Lehen" aber viel mehr als nur eine Leihgabe. Es war das soziale Zauberwort schlechthin.

„Ich hab ein Lehen", sollte später Minnesänger Walther von der Vogelweide jubeln, und jeder Zeitgenosse wußte, was den berühmten Dichter daran so entzückte. Er hatte Eingang in die „bessere Gesellschaft" gefunden, durfte mit Wohlstand und Ansehen rechnen. Wer solche Lehen nicht besaß, war ein armer Schlucker. Wer aber erst einmal vor einem Lehensherrn gestanden hatte, barhäuptig und demütig, wer seine gefalteten Hände in die seinen gelegt und gelobt hatte, ihm stets „treu, hold und gewärtig" zu sein, um dann vergnügt mit einem Lehen als Besitz davonzuziehen, war in die soziale Struktur seiner Zeit voll aufgenommen.

Dieses Lehenswesen war keine Erfindung des 12. Jahrhunderts. Schon im 8. und 9. Jahrhundert banden die Mächtigen Vasallen an sich, indem sie ihnen ein Stück ihres eigenen Landes zur persönlichen Nutzung überließen und dafür Gefolgschaftstreue erwarteten. Ein sehr praktisches System: Gab doch damit der bisherige Besitzer sein Eigentum nicht völlig aus der Hand, sondern konnte es spätestens nach dem Tod des Vasallen zurückfordern und von neuem verleihen. Und ein ungeheurer sozialer Fortschritt war es auch: löste es doch die bisherigen starren Besitzverhältnisse auf und gab jedem einzelnen die Chance, Land zu erwerben. Freie Bahn dem Tüchtigen — so schien zunächst die Losung zu sein.

Doch war nur allzu rasch die Zeit über diese ersten produktiven Ansätze hinweggegangen. Spätestens mit der Erblichkeit der Lehen, ohnehin ein Widerspruch in sich, erstarrten die Besitzverhältnisse von neuem. Und nicht nur die Besitzverhältnisse — mehr als in jedem anderen Teil Europas wurde gerade in Deutschland das Lehenswesen zu einem politischen Prinzip, das auch über die Machtverteilung im Reich entschied. Vor allem die Herrscher des 12. Jahrhunderts sollten das zu spüren bekommen: Um diese Zeit hatte das Lehenswesen seinen Höhepunkt erreicht, und was so bieder-eingängig klang, diese Treue, die da der Lehensmann seinem Lehensherrn gelobte, war zu einem ungemein verwickelten Problem geworden. Denn wo begann diese Treue, wo hörte sie auf? War sie gleichbedeutend mit unbedingtem Gehorsam? Doch wie konnte sie das sein, wenn ein jeder in der Regel Lehen verschiedener Herren besaß?

So hatte sich das Lehenssystem letztlich nicht als der *great deal* erwiesen, der die Besitzverhältnisse im Fluß hielt und zugleich die einen zuverlässig an die anderen band. Vielmehr hatte es nur einige große Familien nach oben gespült, die mit seiner Hilfe noch größer geworden waren und nun die erste Macht im Reich darstellten.

Die Macht der großen Familien

Diese Familien teilten sich in den Lehensbesitz, gingen nach Belieben mit ihm um, tauschten oder verkauften ihn, vererbten ihn oder gaben auch Teile davon als „Afterlehen" an zuverlässige Dienstmannen weiter. Längst war darüber dem obersten Lehensherrn, dem König, die Kontrolle entwunden worden. Mit lauter kleinen Dynastien hatte er es zu tun, untereinander durch zahllose Ehen verbunden und im Besitz so großer Territorien, daß sie daraus entsprechende Machtansprüche ableiten konnten: die Zähringer, Babenberger, Wittelsbacher, Andechser, Supplinburger. Im Vordergrund standen aber immer mehr die beiden Sippen, in deren Kämpfen schließlich die große Auseinandersetzung zwischen den Lehensgeschlechtern gipfeln sollte: die Welfen und die Staufer.

Diese wenigen Familien stellten die Herzöge, aus ihren Reihen wurden die Grafenämter besetzt. Ihnen entstammten die meisten großen Kirchenfürsten. Und aus ihrer Mitte kam schließlich derjenige, der von seinen Standesgenossen in Frankfurt oder Mainz zum König gewählt wurde. Nach vollzogener Wahl schmückte man ihn dann in

Aachen mit den Reichsinsignien, mit Krone, Lanze, Schwert und Mantel, er war gekrönt — und mußte nun zusehen, wie er sich den anderen Familien gegenüber behauptete.

So stand es also um den Ersten Herrn der Christenheit, als den sich ein Nachfolger Karls oder Ottos des Großen immer noch empfinden durfte. So stand es um sein Reich, dieses Konglomerat aus immer schwieriger werdenden Besitzverhältnissen und Rechtsansprüchen. Und so stand es um dieses 12. Jahrhundert, das so viele Hypotheken und Traditionen vergangener Zeiten mit sich zu schleppen und zu verarbeiten hatte, das aber zugleich voll neuer Möglichkeiten und ungewohnter Ansätze steckte.

Denn im Grunde war dieses 12. Jahrhundert eine junge, eine neue Zeit: eine Zeit im Umbruch.

Aufbruch zu den Grenzen

Noch bedeckte Wald den größten Teil des deutschen Bodens. Doch immer mehr fiel er den Rodungen dieser Zeit zum Opfer, denn sprunghaft war schon im Jahrhundert zuvor die Bevölkerung angewachsen, und bald reichte der kultivierte Boden nicht mehr für alle, die auf ihm leben und sich von ihm ernähren wollten.

Also brachen die Menschen auf und zogen zu den Grenzen des Reichs, wo als dessen Vorposten die Marken entstanden waren. Wer dort zum Markgrafen ernannt wurde, hatte das große Glück gemacht. Denn nun konnte er weitgehend unabhängig regieren und mußte nur zusehen, das anvertraute Land so fest wie möglich in die Hand zu bekommen. So waren es die Markgrafen, die die Ströme der Auswanderer in ihre Gebiete zogen, und ohne all die lästigen Einschränkungen des etablierten Lehenssystem vollzog sich dort die eine kulturelle Großtat dieser Epoche: die Kolonisation an den Grenzen.

Die neuen Mächte: Stadt und Geld

Daheim im Reich verschwand aber immer mehr der „klassische" Stand des freien Bauerntums, wie er ursprünglich die germanische

21

Gesellschaft bestimmt hatte, und vorbei waren die Zeiten, in denen noch der einzelne ein Bauer, Kämpfer und Händler zugleich sein konnte, stolz und unabhängig auf freier Scholle. Der Grundbesitz gehörte den Lehensherren, Handel trieben aber nun die Kaufleute, und in ihren Städten bildete sich bereits der Stand der Zukunft heran, der schon erste Ansprüche auf größere Rechte, vergrößerte Unabhängigkeit anmeldete: das Bürgertum. Mit dem Bürgertum sollte aber jene neue Weltmacht aufkommen, die schließlich Grund und Boden als alleinigen Maßstab für Besitz und Macht ablöste: das Geld. Abgelöst wurde aber auch als bestimmende gesellschaftliche Schicht jener Stand, der im 12. Jahrhundert seine letzte große Blüte erlebte: das Rittertum.

Letzter Glanz für das Rittertum

Ursprünglich waren es nicht allzu feine Herren gewesen, die sich da gegen Entlohnung Mächtigen als Kämpfer zur Verfügung stellten. Doch je dringlicher diese Mächtigen solche Kämpfer für ihre Heere brauchten, desto wichtiger wurden diese Ritter. Ihr Aufstieg war aufs engste mit dem Aufkommen des Lehenssystems verknüpft, denn für ihre Dienste wollten sie nicht Geld, sondern Grund und Boden. Dort aber bauten sie ihre Burgen, und dort zelebrierten sie ihren Lebensstil, der eine seltsame Mischung aus rüder Praxis und hochfliegenden Idealen war.

Wie ein Ritter sein mußte, erfuhr jeder Junge von seinem siebten Lebensjahr an: treu, mutig, ehrenhaft, stets großzügig und maßvoll. Dann war ihm die „saelde" gewiß, die Seligkeit, eine auf Gott bauende, von Angst und Sorgen freie Selbstsicherheit.

In diesen Idealen wurde ein junger Mann erzogen, und diese Ideale versuchte er zu beherzigen.

Konnte er das aber überhaupt in einer Zeit ständiger Kriege, die nicht weniger grausam, nicht weniger blutig waren als die Kriege aller Zeiten? So haftete dem Rittertum gerade in seiner Blütezeit ein Hauch von Künstlichkeit an, von allzu hochgespannter Lebenshaltung: Die Welt ein riesiger Turnierplatz, wo äußerste Fairneß waltete — am Abend trug man dann die Toten weg, verbarg triefendes Blut und scheußliche Wunden hinter gleichmütigem Lächeln, sang von Minne und Edelmut.

Zufall oder Notwendigkeit wollten es aber, daß in dieser letzten großen Blütezeit des Rittertums eine Familie in den Vordergrund trat, deren Männer den typischen Ritter repräsentierten, aus eher trüben Anfängen zu plötzlichem Glanz aufgestiegen und dort nun in der schwierigen Balance zwischem hohen Ideal und rüdem Machtanspruch: die Staufer. Typischer Staufer wiederum, obwohl auch mit allen anderen großen Familien des Reichs verwandt, war der Mann, der sich als erster seiner Sippe zum Kaiser aufschwingen konnte: Friedrich Barbarossa.

Die schöne Welt des Barbarossa

In Barbarossas Welt war das Rittertum nicht nur eine soziale Kaste. Es war eine Daseinsform. Und er selbst wurde ihr berühmtester Repräsentant, der ritterlichste Ritter, der noble Herr, der „Masze" wahrte, wenn er einen gedemütigten Gegner unter Tränen an die Brust zog oder einem anderen den eigenen Leibarzt in die belagerte Stadt schickte, der zugleich aber vor keiner Grausamkeit zurückschreckte, wenn sie ihm geboten schien. Und sie schien ihm oft geboten.

Wie aus lauter schönen Bildern wirkt seine Welt zusammengesetzt: einstimmige Wahl zum König, Krönung zum Kaiser, Triumph als „Vater des Vaterlandes", Ausritt zum Kreuzzug, um Christi Grab aus den Händen der Heiden zu befreien. Das Land blüht, Gerechtigkeit herrscht. Auf seinen Pfalzen hält der Kaiser prächtige Hoftage ab. Große Ritterfeste werden gefeiert mit siebzigtausend Gästen aus aller Welt, und noch die Dichter späterer Jahrhunderte singen vom Kaiser Rotbart lobesam, bis er schließlich vollends eingeht in die Legende und im rabenumkreisten Kyffhäuser die Ewigkeit hindurch wartet, auf daß eines Tages dieses sein Reich wiedererstehe. Barbarossa wurde vollends zur mythischen Symbolfigur einer Welt, für die er zunächst so typisch wirkt, daß man sie ganz und gar in seinem Bild zu entschlüsseln meint. Ganz und gar scheint sich in ihm das 12. Jahrhundert zu spiegeln.

Jedoch legt sich über dieses Bild ein Schatten. Es ist der Schatten des Löwen, jenes Mannes, der so ganz anders ist als dieser Kaiser — und doch für sein Jahrhundert ebenso typisch wie Barbarossa.

Der Schatten des Löwen

Um Heinrich den Löwen rankt sich kein Kyffhäuser-Mythos. Von ihm haben nicht Dichter gesungen, sondern nur Chronisten berichtet. Er ist kein Ritter wie sein Kaiser. Und fragt man nach seinem Tugenden, darf man nicht im Katalog der Ritterlichkeit nachschlagen.

Heinrich der Löwe war *unheimlich* fleißig: Sein Itinerar weist einen Mann aus, der sich nie Ruhe gegönnt zu haben scheint, fast ständig unterwegs war und sich auch noch um die geringste Kleinigkeit in seinem Machtbereich persönlich kümmerte.

Heinrich war *unheimlich* tüchtig: Was immer er anpackte, schien ihm zu gelingen. Und wenig gab es, das er nicht anpackte. Darüber wurde er zum Erfolgsmenschen schlechthin — bis sich sein Erfolg gegen ihn stellte.

Vor allem war er *unheimlich* egozentrisch: Sein Gesetz war er selbst. Einen anderen Maßstab gab es für ihn nicht. Das war zugleich seine Möglichkeit wie seine Grenze.

Heinrich der Löwe war in jeder Hinsicht *unheimlich*. Der glatte Reim, den man sich schon auf Barbarossas Welt gemacht hatte, wird durch diesen Mann wieder zerstört. Die Kategorien des ritterlichen 12. Jahrhunderts stimmen dann nicht mehr: Für jede scheint sich eine Alternative anzubieten, und die trägt in der Regel die Spur des Löwen. Das macht aber Heinrich zum großen Stein des Anstoßes in dieser Zeit. Man darf nicht nur Barbarossa, man muß auch ihn verstehen, will man dieses wirre, bunte, widerspruchsvolle 12. Jahrhundert begreifen.

Wo kann dieses Verständnis einsetzen? Beim Bild seiner Persönlichkeit oder beim Bild seiner Zeit? Bei seinen Tugenden oder seinen Schwächen? Vom Ende dieser einmaligen Laufbahn her oder von ihrem Anbeginn aus? Soll man den Heinrich seines Grabmals im Braunschweiger Dom nehmen, den gelassen in sich ruhenden Herrn einer gesicherten Welt? Oder den anderen, wie er sich dort draußen

vor dem Dom im Standbild seines Löwen spiegelt und dort einer ent-
fesselten, zutiefst unsicheren Welt die gefletschten Zähne zeigt?

Heinrich der Löwe hat viele Deutungen gefunden. Doch was immer er tat und wie dieses Tun einzuschätzen war — zunächst einmal
ist er das, als was er die historische Szene betritt: ein Welfe.

II. Teil
Vor dem Sprung

„Es gab im Römischen Reich im Gebiet von Gallien und Germanien bisher zwei berühmte Familien; die eine war die der Heinriche von Waiblingen, die andere die der Welfen von Altdorf, die eine pflegte Kaiser, die andere große Herzöge hervorzubringen . . . "

Aus den „Gesta Frederici" Ottos von Freising.

2. Kapitel
Was es heißt, ein Welfe zu sein

Ein Kind in Deutschland

Die Geburt muß schwer gewesen sein. Jedenfalls wird sich die viel zu junge Mutter nie mehr so recht erholen, und er bleibt auch ihr einziges Kind, dieser Junge, der irgendwann zwischen 1129 und 1135 geboren wird.

Es wirkt seltsam, daß sich für den Sohn eines der mächtigsten Männer seiner Zeit kein genaues Geburtsdatum findet. Doch so ist es in dieser Zeit: Die Geburt eines Kindes nehmen die Chronisten nicht so wichtig, und auch beim ersten und einzigen Sohn Herzog Heinrichs des Stolzen aus dem Haus der Welfen bleibt man auf Mutmaßungen angewiesen.

Bei seinem Tod im Jahr 1195 wird von einem 66jährigen die Rede sein. Das läßt auf das Jahr 1129 schließen. Doch noch 1159 weist ihn ein Dokument als „iuvenis" aus, und das heißt im damaligen Sprachgebrauch, daß er zu diesem Zeitpunkt höchstens 28 Jahre alt gewesen sein kann, also nicht vor 1131 geboren worden ist. Eine dritte Möglichkeit: das Jahr seiner Taufe, 1135 — denn 1147 erhebt der Junge erstmals Anspruch auf das bayerische Herzogtum. Dafür muß er „lehensfähig" gewesen sein. Das wurde man aber mit wenigstens zwölf Jahren.

Unbekannt das Geburtsjahr, unbekannt der Ort: Vielleicht ist es das schwäbische Ravensburg in der Nähe des Bodensees gewesen, das nach den „Raven", den Reben, seiner Weinberge benannt wird. Hier hat die väterliche Familie ihren Stammsitz, hierher soll der Vater seine junge Frau gleich nach der Hochzeit gebracht haben. Und hier könnte auch ihr Sohn herangewachsen sein, frei und ungebärdig wie ein „Welp", ein kleiner Löwe — ein stämmiger, untersetzter Bursche mit dunklem Haar und auffallend dunklen Augen, bald schon ein guter Reiter und geschickter Bogenschütze, gewandt beim Umgang mit Armbrust und Schwert. Denn das sind die Tugenden, in denen ein Junge seiner Herkunft und Zeit vor allem unterwiesen wird. Alles andere ist weniger wichtig.

Lesen und Schreiben dürfte er gelernt haben, vielleicht ein wenig Himmelskunde, vielleicht Latein und ganz bestimmt die Grundlehren der Religion. Dafür sorgen schon die Geistlichen, in deren Händen die Erziehung liegt. Wer sie sind, wissen wir nicht. Man kennt auch nicht seine ersten Freunde, seine frühen Gefährten und möglichen Vorbilder.

Vom Vater dürfte das Kind wenig gesehen haben. In diesen Jahren ist Heinrich der Stolze vollauf damit beschäftigt, seine und seines kaiserlichen Schwiegervaters Position gegen den Zugriff der großen Rivalen aus dem Haus der Staufer zu verteidigen, so daß er sich fast ständig im Krieg befindet. Im übrigen ist Erziehung die Sache des Klerus und der Frauen.

Also die Mutter: Uns fehlt ein klares Bild von dieser Frau, der Tochter Kaiser Lothars III. Gerade elf ist die kleine Sächsin, als sie mit dem um einige Jahre älteren Bayernherzog Heinrich verheiratet wird, und auch noch ein halbes Kind bei der Geburt ihres Sohnes. Schon früh wird sie Witwe, früh stirbt sie selbst, eine eher schwache, zarte Frau, diese Gertrud aus dem Haus der Supplinburger.

Anders ihre Mutter, in deren Schatten Gertrud den größten Teil ihres kurzen Lebens verbringt: Richenza aus dem Haus der mächtigen und reichen Grafen von Northeim ist die sicher bemerkenswerteste Persönlichkeit am Hofe ihres Mannes, eine Frau von fast männlicher Tatkraft und scharfem Verstand. Einige ihrer Wesenszüge werden sich bei ihrem Enkel wiederfinden: diese zupackende, ganz aufs Praktische ausgerichtete Energie, dieses bis zum starren Hochmut gesteigerte Selbstbewußtsein, durchglüht von einem unbändigen Ehrgeiz.

Noch zu Lebzeiten ihres Mannes greift sie mehrfach ins politische Geschehen ein, übernimmt dann nach seinem Tod für kurze Zeit die Regierungsgeschäfte und wird schließlich in den großen Kämpfen um das sächsische Herzogtum eine zentrale Rolle spielen. Eine solche Frau dürfte auch dem einzigen Enkel rechtzeitig klargemacht haben, was es heißt, Enkel eines Kaisers, Sohn eines Herzogs und selbst — ein Welfe zu sein. Denn dieses Kind soll einmal die Sache seines Hauses weiterführen.

Doch ist es bis dahin noch weit.

Zunächst findet sich ein erstes präzises Datum für den Lebensweg des Kindes: jene Taufe zu Pfingsten 1135, mit standesgemäßem Aufwand auf der Ravensburg gefeiert. Der Junge erhält aber den Namen des Vaters, heißt nun Heinrich, was soviel wie „Herr eines kleinen Besitzes" bedeutet. Das schmeckt fast nach Ironie. Denn der „kleine Besitz", dessen Herr der Täufling einmal werden soll, ist der vermutlich größte in ganz Europa.

Güter in Sachsen, Schwaben, Bayern, ein zwar nicht zusammenhängender, doch unübersehbar breiter Gürtel persönlichen Eigentums, der sich von Norden nach Süden zieht — das ist das Hausgut der Welfen. Es endet nicht an der Alpenkette, führt noch weit nach Italien hinein bis an die Ostküste der Apenninhalbinsel, so daß es um diese Zeit „von Meer zu Meer", von der Nordsee bis an die Adria reicht.

Die Welfen sind nicht nur reich. Sie haben auch Macht. Und sie wissen diese Macht zu gebrauchen.

Schon seit drei Generationen stellen sie die Herzöge von Bayern. Heinrich der Stolze wird zudem noch Markgraf im mittelitalienischen Tuszien. Hinzu kommen Rang und Reichtum seiner Schwiegereltern: Richenzas riesige Besitzungen um Braunschweig und Northeim sowie Kaisertitel und sächsische Herzogwürde Lothars III.

Was fehlt noch? Eigentlich nur noch die Kaiserkrone auf dem Haupt eines Welfen — und auch dieses letzte, höchste Ziel scheint um 1135 greifbar nahegerückt. Dann werden es Welfen sein, die über das Reich bestimmen.

Vom unaufhaltsamen Aufstieg der Welfen

Diese Entwicklung kommt nicht von ungefähr. Sie zeichnet sich schon um 800 ab, als man die ersten Welfen bei Altorf am Bodensee antrifft, wo später die Ravensburg entstehen soll. Schon um diese Zeit ist die Familie nicht mehr ganz jung, reichen ihre Anfänge bis ins früheste Mittelalter, wenn nicht bis in die Antike zurück, und nicht ohne Stolz rechnen die Welfen Caesars Mörder Cassius zu ihren Vorfahren.

31

In Schwaben haben sie das Grafenamt inne. Unter Karl dem Großen dienen sie bereits als Heerführer, dürfen sich also schon Herzöge nennen. Daneben treiben sie gezielte Heiratspolitik. Eine Welfin, die schöne und ehrgeizige Judith, heiratet Karls des Großen Sohn Ludwig den Frommen, was wiederum ihre Schwester, die nicht minder schöne und ehrgeizige Hemma, nicht ruhen läßt. Sie wird Frau Ludwigs des Deutschen, eines Enkels des großen Frankenkaisers.

Später werden Chronisten nicht weniger als neun verwandtschaftliche Beziehungen zwischen Karolingern und Welfen feststellen, worauf die Welfen nicht einmal besonders stolz sind. In ihren Augen haben eher die Karolinger Grund, auf ihre Verbindung mit den Welfen stolz zu sein. Denn Minderwertigkeitsgefühle sind in ihren Kreisen unbekannt.

Doch das alles ist nur Vorspiel. Der eigentliche Aufstieg setzt erst um 900 ein, als sich ein Welfe, „Heinrich mit dem goldenen Wagen", auf die Regeln des noch jungen Lehenssystem einläßt und fremdes Eigentum übernimmt. Seinen Vater wird dieser Schritt so erbittern, daß er mit einigen Getreuen in die Wildnis geht und von dort bis an sein Lebensende nicht mehr zurückkehrt. Jedoch ist es für die Welfen der Anfang ihrer politischen Karriere.

Im übrigen bleiben sie auch als Lehensherren, was sie immer waren: eine stolze, selbstbewußte Sippe, der ihr Besitz an Grund und Boden breiten Spielraum für persönliche Machtentfaltung läßt. So sind sie einmal für, dann wieder gegen den jeweiligen Kaiser, sind gute Kämpfer und nicht immer gute Diplomaten. Und sie haben Erfolg — bis ihr Haus in seine erste Krise gerät.

Um 1055 stirbt Herzog Welf III. und hinterläßt keine männlichen Nachkommen. Das könnte das Ende sein. Jedoch tritt nun aus dem Hintergrund Irmentrut hervor, Mutter des Verstorbenen und eine jener ehrgeizigen, tatkräftigen Frauen, mit denen gerade diese Sippe so reich bestückt ist. Irmentrut läßt es nicht zu, daß das welfische Erbe dem Kloster Altdorf in der Nachbarschaft der Ravensburg zufällt, wie es Welf III. vor seinem Tod angeblich verfügt hat. Ihr Hilferuf geht nach Italien. Dort ist ihre älteste Tochter Kunigunde mit dem Grafen Azzo aus dem Haus der Este verheiratet, einem der reichsten und mächtigsten italienischen Fürsten. Kunigunde hat einen Sohn, Welf geheißen wie sein verstorbener Onkel. Diesen Welf

läßt die Großmutter fragen, ob er bereit sei, das deutsche Erbe anzutreten.

Welf ist grundsätzlich zu allem bereit, was Erfolg verspricht. Jetzt
läßt er sich nicht lange bitten, löst noch rasch die Ehe mit einer
Italienerin und kommt als Welf IV. über die Alpen: klug, tüchtig,
skrupellos — der rechte Mann für diese Zeit.

Auftritt eines Glückspielers

Es sind dies die Jahre, in denen auf dem Kaiserthron Heinrich IV.
sitzt, die wohl problematischste, unseligste aller deutschen Herrschergestalten. Er legt sich nicht nur mit dem Papst, sondern auch mit seinen Fürsten an, er will alles zugleich und erreicht doch nur, daß das
Kaisertum in seine schwerste Krise gerät. Gegenkönige werden aufgestellt, Aufstände niedergeknüppelt, es kommt zum schmachvollen
Bußgang nach Canossa: lauter unerfreuliche Entwicklungen, die aber
auch ein politisches Terrain schaffen, auf dem sich ein Glücksspieler
großen Stils zu Hause fühlt. Solch ein Glücksspieler ist Welf IV.

In den Jahren zwischen 1056 und 1106 sieht man ihn wenigstens
dreimal Front und Gesinnung wechseln. Er heiratet eine bayerische
Prinzessin und verstößt sie wieder, schwört Freunden die Treue und
verrät sie bei nächster Gelegenheit. Den eigenen Schwiegervater bringt
er um das bayerische Herzogtum, um sich an seine Stelle zu setzen —
und geht doch aus allem ungeschoren hervor.

Im Gegenteil: Er hat sogar Erfolg.

Am Ende seines Lebens sieht man ihn dann als Herzog von Bayern,
als einen reichen, alten Mann mit besten Verbindungen zum salischen
Kaiserhaus, das er so oft verraten hat. Im übrigen wird er fromm
geworden sein, Klöstern reiche Schenkungen machen und schließlich
stilvoll auf einer Pilgerfahrt sterben — eine trotz allem imponierende
Persönlichkeit und ein ganz neuer Typ im Hause Welf.

Davor hatte man sich diese Sippe als nicht eben bescheidene, doch
redliche Verfechter ihrer wohlbegründeten Rechte vorstellen können,
mehr trutzige Kämpen als raffinierte Intriganten. Mit Welf IV. mischen sich neue Farben in ihr Bild: Züge des Hasardeurs, des Machtmenschen ohne Skrupel und Moral — und ganz werden sich diese
Züge auch nicht mehr verlieren.

Das wird vor allem bei Welfs Sohn Heinrich deutlich, der 1120 das Erbe übernimmt. Man nennt ihn den Schwarzen nach seinem dunkellockigen Bart, doch einmal, gegen Ende seines Lebens, gewinnt sein Beiname tiefere Bedeutung. Er hat die Chance, im ganz großen Stil beim Spiel um die Macht mitzumischen — und er wäre nicht ein Sohn Welfs IV., wenn er sich diese Chance entgehen lassen würde. Es handelt sich um die Königswahl des Jahres 1125.

Der neue Feind aus Schwaben

In Utrecht stirbt an Krebs Kaiser Heinrich V., letzter Vertreter des Salierhauses, das ein rundes Jahrhundert lang mit wechselndem Glück über das deutsch-römische Reich geherrscht hatte. Erben sind zur Stelle: die ebenso ehrgeizige wie begabte Sippe der Staufer. All die Jahre haben sie treu zu den Saliern gestanden, wurden Schwabens Herzöge und sind dem Herrscherhaus durch Verwandtschaft und gemeinsamen Besitz eng verbunden. Lieber noch als Staufer hören sie sich „Waiblinger" nennen nach dem Stammsitz der Salier, als deren legitime Erben sie sich fühlen. Niemand zweifelt denn auch daran, daß ein Staufer nächster deutscher König wird, und guten Mutes stellt sich Herzog Friedrich II. von Schwaben zur Wahl.

Man schreibt den August 1125.

Aus allen Teilen Deutschlands sind rund sechzigtausend Edle zur Königswahl nach Mainz gekommen, dazwischen der Favorit Friedrich und als weiterer Königskandidat der sächsische Herzog Lothar von Supplinburg, ein tüchtiger Provinzfürst, den sich jedoch niemand so recht als Kaiser vorstellen kann, am wenigsten sein Rivale aus dem Haus der Staufer. Überhaupt sieht sich Friedrich schon als gewählter König und sagt das jedem, der es hören will.

Einer hört es gar nicht gern: Bischof Adalbert von Mainz, der Leiter der Wahl. Er gehört zu den rigorosen Vertretern einer mächtigen, unabhängigen Kirche und muß schon deshalb ein Feind der Salier sein, die dem Papsttum so übel mitgespielt hatten. Von den Staufern als Erben der Salier kann er aber keine Wende erhoffen. Dagegen ist der Supplinburger Lothar ein ganz anderer Mann.

Nachdenklich betrachtete Adalbert den stämmigen Sachsen: Gewiß, der ist kein brillanter Kopf, verspricht jedoch, stets fromm und kirchentreu zu sein. Der Mainzer Bischof könnte sich jedenfalls keinen besseren König wünschen. Und im Hintergrund setzt das Getuschel ein, finden geheime Beratungen hinter verschlossenen Türen statt, nicken sich Männer vielsagend zu.

Dennoch scheint Lothars Wahl zunächst aussichtslos. Zu stark ist die Position des Staufers, eigentlich alle scheinen auf seiner Seite zu sein, besonders der Welfenherzog Heinrich der Schwarze, Freund und Schwiegervater Friedrichs. Aber dann kommt es ganz anders. Zur grenzenlosen Überraschung der Versammlung wird nicht der Schwabenherzog, sondern sein sächsischer Kollege zum König gewählt, und den Ausschlag gab kein anderer als eben Heinrich der Schwarze.

Man steht vor einem Rätsel.

Das Rätsel löst sich, als sich im nächsten Jahr der älteste Sohn des Welfenherzogs, Heinrich der Stolze, mit Gertrud verlobt, der Tochter Lothars. Jetzt weiß man, was der schwarze Heinrich mit seiner radikalen Kehrtwendung gewollt hat: Es mag gut sein, einen Schwiegersohn zum Kaiser zu haben, wie es der Staufer gewesen wäre — doch noch besser ist es, dem eigenen Sohn den Weg zum Kaiserthron zu öffnen. Als Ehemann der Kaisertochter Gertrud ist aber Heinrich der Stolze einziger männlicher Erbe des frischgewählten Lothar. Damit hat Heinrich der Schwarze mit kühnem Zugriff das Kaisertum aus der salisch-staufischen Bahn heraus- und es den Sachsen und Welfen zugeführt. Zufrieden kann er sich in ein Kloster zurückziehen, wo er im Jahr darauf stirbt. Sein Haus hat der alte Fuchs besorgt.

Zukunft, die im Norden liegt

Heinrichs Hinwendung nach Sachsen kommt nicht zufällig. Noch unter Welf IV. war die welfische Hauspolitik nach Süden ausgerichtet gewesen mit Bayern als nördlichem Brückenkopf des kleinen Welfen-Imperiums, an dem Welf IV. sein Leben lang zäh und listig gebaut hatte. Jedoch hatte er auch Fehlschläge einstecken müssen: Seine Ansprüche auf das Erbe der Este hatte er gegenüber seinen Stiefbrüdern Folko und Uggo aus der zweiten Ehe des Vaters nicht durchsetzen können; die Ehe seines ältesten Sohnes mit der Markgräfin Mathilde von Tuszien war in die Brüche gegangen, als die ebenso kirchentreue wie herrschwütige Mathilde ihrem über zwanzig Jahre jüngeren Mann ihr Erbe zugunsten des Papstes verweigert hatte. Welfs italienische Träume waren vorerst ausgeträumt.

Doch konnte das diesen Machtmenschen von Geblüt nicht beirren. Sollte es nicht der Süden sein, so würde eben der Norden welfisches Terrain werden: Sachsen zum Beispiel, wo gerade die Ära der Herzöge aus dem Haus der Billunger zu Ende ging. Schon strickte Welf IV. an einem neuen Netz.

Seinen Sohn Heinrich den Schwarzen verheiratete er mit der Tochter des letzten Billungerherzogs. Das brachte immerhin schon stattlichen Grundbesitz, darunter Lüneburg mit seinen Salzsalinen. Den nächsten Schritt tat dann bereits Heinrich der Schwarze selbst mit seiner Entscheidung von 1125: Ein Sachse der König, ein Welfe dessen nächster Gefolgsmann und möglicher Erbe — die Partie scheint aufzugehen.

Und die Staufer?

Sie fühlen sich zu Recht betrogen. Schon bald kommt es zum offenen Streit mit Lothar III., den sie zunächst noch zähneknirschend anerkennen mußten. Schließlich streift Friedrichs jüngerer Bruder Konrad jede Vorsicht ab: Er läßt sich als Gegenkönig aufstellen. Der Kampf beginnt. Und da Heinrich der Stolze natürlich auf der Seite seines Schwiegervaters steht, ist es der erste jener Kämpfe zwischen Staufern und Welfen, die von nun an die deutsche Geschichte mitbestimmen werden.

Doch noch ist die Stunde der Staufer nicht gekommen.

Viele Jahre lang ziehen sich die Kämpfe hin. Für die eine wie die andere Seite bringen sie Sieg und Niederlagen. Schließlich müssen aber doch die Staufer aufgeben, und so findet 1135 eine vorläufige Versöhnung statt: In Bamberg bittet Friedrich von Schwaben Kaiser Lothar kniefällig um Gnade, und ein halbes Jahr später verzichtet sein Bruder Konrad auf das Gegenkönigtum. Ihre Hoffnungen haben sie aber noch lange nicht begraben.

Sieger dieser ersten Staufer/Welfen-Runde ist Heinrich der Stolze. Er kassiert den Preis: die Markgrafenschaft Tuszien sowie das Hausgut seiner inzwischen verstorbenen Tante Mathilde. Es ist die Zeit, in der ihm sein Sohn Heinrich geboren wird, und es mag Augenblicke geben, in denen der Vater diesen kleinen Jungen mit grimmiger Freude betrachtet: Dieser schwarzlockige Knabe wird einmal Kaiser sein, so wie er sich schon selbst als nächsten Kaiser sieht. Die Welfen haben eine kühne Höhe erreicht.

Ein allzu stolzer Heinrich

Heinrich der Stolze ist nicht ganz der Mann, der solch eine Höhe verträgt. Er ist nicht nur stolz, er wird schlichtweg arrogant. Kaum ein Fürst, den er nicht in irgendeiner Weise kränkt — er schert sich nicht darum, bis selbst der welfenfreundliche Papst Überlegungen anstellt, ob sich dieser Mann wirklich als nächster Kaiser eignet. Doch Heinrich fährt fort, andere zu verletzen und Mißtrauen gegen sich zu säen, kurzum: er führt sich auf, als sei er schon König — und ein sehr unangenehmer dazu.

Mit den Staufern scheint sich dagegen ein Wandel zu vollziehen.

Haben sie nicht eben noch gegen den Kaiser aufbegehrt? Hat sich nicht Konrad zum Gegenkönig ausrufen lassen? Das alles scheint vergessen. Als Konrad Lothar III. auf einer Romfahrt begleitet, kann sich der Herrscher keinen loyaleren, liebenswürdigeren Gefolgsmann wünschen. Und auch bei seinen Mitfürsten macht sich Konrad angenehm, ist ein selbstloser Freund und aufopfernder Gefährte. Denn was den Welfen so gänzlich abgeht, nicht nur Heinrich dem Stolzen, sondern auch später seinem Sohn: die Gabe, blitzschnell eine Situation zu erfassen und sich ihr anzupassen — die Staufer besitzen sie in Vollendung.

Im Winter 1137 kehrt Kaiser Lothar von einer Italienfahrt zurück. Sein Ziel ist Sachsen. Doch schafft er die Strecke nicht mehr. Schon in Tirol läßt er haltmachen, und dort stirbt er in einer Hütte am Wegrand, erster und letzter Supplinburger auf dem Kaiserthron. Einige Große umstehen sein Lager. Sie hören, was der Sterbende sagt und nicken dazu: daß sein Schwiegersohn Sachsen als Lehen erhalten soll, dazu den gesamten Supplinburger Besitz — und daß Heinrich der Stolze nächster König wird.

Der Welfe sieht also der kommenden Wahl mit der gleichen Gelassenheit entgegen wie zwölf Jahre zuvor der Staufer. Im übrigen hat er jetzt andere Sorgen. Auch sein Vetter Albrecht aus dem Haus der Ballenstädter, „der Bär" genannt, erhebt Anspruch auf die sächsische Herzogwürde. Im Haus der Staufer wittert man aber die große Chance. Einmal hat man sie verpaßt — das soll kein zweites Mal geschehen.

Königswahl „im Winkel"

Im Dezember ist Lothar III. gestorben. Zu Pfingsten 1138 soll Königswahl sein. Doch schon im März findet sich eine kleine Gruppe von Fürsten zusammen, darunter Konrad und auch ein gewisser Albero, Erzbischof von Trier. Diesmal spielt Albero die Rolle, die 1125 Adalbert von Mainz innehatte, nur unter anderem Vorzeichen: Jetzt ist ein Staufer Favorit der Kirche.

Zugegen ist ferner Dietwin, Legat des Papstes. Auch er hat seine Rolle in dem Spiel. Denn kaum ist Konrad von dieser kleinen Clique zum König gewählt, als es auch schon in jagendem Ritt weiter nach Aachen geht, wo Dietwin die Krönung vornimmt. Die übrigen deutschen Fürsten werden aber mit der Nachricht überrascht, daß sie einen neuen Herrscher haben: Konrad III.

Eigentlich müßten sie gegen diese „Wahl im Winkel" protestieren. Doch nichts geschieht. Im Gegenteil: einer nach dem anderen erkennt die Wahl an — und bei dem großen Reichstag zu Bamberg im Mai dieses Jahres fehlt kaum einer, dem neuen König zu huldigen. Der große Geschichtsschreiber Otto von Freising merkt aber einige Jahre später zu diesem Geraufe um die höchste Würde mit philosophischer Gelassenheit einiges an, was die Einstellung des mittelalterlichen Menschen zu solch zynischen Manipulationen kennzeichnet:

„Hier erscheint es mir am Platze, uns Gottes ‚furchtbare Ratschlüsse über die Menschenkinder' und die Unbeständigkeit der Welt vor Augen zu stellen. Denn siehe, nach Kaiser Heinrichs Tode wurden seine Verwandten, die damals größeres Ansehen im Reiche genossen und, auf dem Gipfel der Macht stehend, sich deshalb sicher fühlten, nicht nur bei der Königswahl übergangen, sondern sogar von dem über sie gesetzten König aufs tiefste gedemütigt waren, während Herzog Heinrich durch den Einfluß des Kaisers, seines Schwiegervaters, und seine eigenen Machtmittel so hoch gestiegen war, daß er auf alle herabsah und sich nicht dazu herbeiließ, irgend jemand um seine Wahl zum König zu bitten, hat ‚der Herr, der auf das Niedrige sieht und das Hohe aus der Ferne erkennt‘, der ‚die Mächtigen stürzt und die Niedrigen erhöht‘, jenen so tief Erniedrigten und fast Verzweifelten auf den Gipfel der Königsmacht emporgeführt, diesen dagegen, der ‚auf seine Herrlichkeit und Macht pochte‘, hat er von seiner Höhe heruntergestürzt. Was können wir da noch anderes sagen, als daß er zuerst Konrad, als er in seinen Augen groß war, erniedrigte, den Erniedrigten dann aber wegen seiner Frömmigkeit wieder erhöhte? Diese Unbeständigkeit menschlichen Schicksals, entspringend aus Gottes Gnadenfülle, muß uns ein Ansporn sein, Hoffart zu meiden und nach Demut zu streben. Und was sonst erzeugt das unselige Geschick der Sterblichen, das den Menschen bald vom Bettelstab auf den Königsthron, bald vom Königsthron an den Bettelstab bringt und ihn quält, als Geringschätzung des Diesseits, und weist es uns nicht hin auf die Beständigkeit des Ewigen, die sich nicht wandelt noch vergeht?"

Einer fühlt sich nicht auf die Beständigkeit des Ewigen hingewiesen, eher auf die Unverschämtheit dieser Staufer, ihm durch einen schnöden Trick die Krone aus der Hand zu winden: Heinrich der Stolze. Er kommt nicht nach Bamberg, verharrt in ohnmächtig schweigender Wut und scheint nicht fassen zu können, daß nun seinem Haus das gleiche widerfahren ist wie seinerzeit den Staufern.

So war es auch 1125 gewesen. Auch da hatte sich der abgeschlagene Kandidat zunächst in sein Schicksal gefügt. Doch hatte jeder gewußt, daß es nur die Stille vor dem Sturm war. So ist es auch diesmal.

Niemand weiß das besser als Konrad III.

Gegen diesen Mann ist viel einzuwenden, jetzt und in der Zukunft. Doch Mut und Energie können ihm auch seine Feinde nicht absprechen. Und sein Ehrgeiz reicht weit: nicht nur, daß er den Staufern die Königswürde sichern will; diese Würde soll auch endlich unantastbar werden. Wie könnte sie das aber sein, solange es neben dem Herrscher eine Macht wie die der Welfen gibt, gestützt auf zwei Herzogtümer, ausgestattet mit unermeßlichem persönlichen Besitz?

Wenn je in Deutschland der König wirklich König sein will, muß solch eine Nebenmacht endgültig ausgeschaltet werden.

Warten auf den großen Kampf

Der Staufer geht systematisch vor. Zuerst verlangt er die Herausgabe der Reichsinsignien, die Lothar bereits dem Schwiegersohn überlassen hatte. Hierzu zeigt sich der Welfe, nach einigem Zögern, bereit. Allerdings will er sich bei dieser Gelegenheit vom König auch gleich in seiner sächsischen und bayerischen Herzogwürde bestätigen lassen. Genau das möchte Konrad vermeiden. Und so wagt er schließlich den ersten offenen Affront.

Im Juni 1139 kommen Kaiser und Herzog zusammen. Das heißt: Sie kommen keineswegs zusammen. Als Heinrich in Regensburg eintrifft, wo sich auch gerade Konrad aufhält, treten ihm lediglich zwei Abgesandte des Königs entgegen, die ihm die Insignien abnehmen und ihm im übrigen auszurichten haben, es sei einstweilen noch keine Zeit, die anfallenden Fragen zu erörtern: Doch bittte, Heinrich möge sich gedulden, für den Juli sei eigens ein Reichstag in Augsburg angesetzt. Dort würde alles weitere geklärt werden.

Heinrich weiß, was das bedeutet. In Augsburg erscheint er denn auch nicht nur mit üblichem Gefolge, sondern läßt sich gleich von einem waffenstarrenden Heer begleiten. Unten am Lechufer schlägt er sein Lager auf und zeigt sich kampfbereit. Doch vorerst wird noch verhandelt, drei Tage lang und ohne Ergebnis.

Am vierten Tag ist Konrad verschwunden.

Abends zuvor hatte er noch im Kreis seiner Getreuen gesessen, hatte sich dann früh zurückgezogen: Müde sei er, wolle schlafen. Doch das ist nur eine Finte. In der Dunkelheit hatten gesattelte Pferde gewartet, und noch in dieser Nacht war der König ins sichere Würzburg galoppiert, fort aus Heinrichs bedrohlicher Nähe. Von Würzburg aus läßt er nun verkünden, daß zwei Herzogtümer in der Hand eines Fürsten unbillig seien. In Klarschrift: Der Welfe soll auf das eine verzichten. Über das andere würde man sich dann, vielleicht, einig werden.

Das nimmt natürlich als realistische Lösung niemand ernst, Hein-

40

rich nicht und auch nicht Konrad selbst. Es ist lediglich Auftakt für den zweiten Schritt, und der zielt nun aufs Ganze: Heinrich wird in die Acht getan, Krieg gegen ihn ist nun erlaubt, wenn nicht gar geboten. Zugleich mustert der König den Machtbereich des theoretisch schon gestürzten Rivalen: Wie läßt er sich so aufteilen, daß er künftig keine Gefahr mehr für die Staufer bedeutet?

Heinrich hat Feinde: Albrecht den Bären und Leopold von Babenberg, bislang Markgraf von Österreich und über die gemeinsame Mutter Agnes, die in zweiter Ehe Leopolds Vater geheiratet hatte, Halbbruder Konrads. Unter ihnen wird das Reich der Welfen aufgeteilt: Sachsen für den Bären, Bayern für den Babenberger — beide sind streitlustige und machthungrige Naturen, mit deren Hilfe sich der König gegen den allzu stolzen Heinrich durchzusetzen hofft.

Konrads Rechnung geht nur zur Hälfte auf.

In Bayern akzeptiert man achselzuckend den neuen Herrn. Bei den sächsischen Großen weckt aber diese Entscheidung einen Entrüstungssturm. Vielleicht hat man nicht allzu viel für den Welfen Heinrich übrig. Noch weniger hält man jedoch von einem König, der so leichtfertig die sächsische Herzogwürde weitergibt.

Heinrich kann mit seinen Sachsen zufrieden sein. Noch zufriedener ist seine Schwiegermutter Richenza. Diese erstaunliche Frau, Regentin nach ihres Mannes Tod, war nach Bamberg gezogen und hatte dort dem verhaßten Staufer huldigen müssen. Daheim in Sachsen wandert aber ihr Blick von einem sächsischen Großen zum anderen: Wollen diese Herren wirklich Albrecht den Bären als neuen Herzog? Werden sie sich künftig vorschreiben lassen, wer sie regiert?

Der Tod von Quedlinburg

Noch hält sich Heinrich der Stolze in Bayern auf, als bereits deutlich wird, daß Sachsen für die Welfen nicht verloren ist. Da nützt es wenig, daß Albrecht der Bär in einem ersten Sturm Lüneburg, Lübeck und Bardowiek erobert. Ein Fehlschlag wird auch Konrads höchsteigener Besuch in Sachsen, wobei er begreifen muß: Dieses Land wird er nur in offenem Kampf erobern können — oder es den Welfen überlassen müssen.

Noch hofft Konrad auf den Sieg. Er erklärt den Reichskrieg. Doch nun trifft auch Heinrich in seinem Herzogtum ein und führt seine Truppen gegen die des Königs. Ein neuer innerdeutscher Krieg steht vor der Tür.

An der Werra treffen die beiden Heere aufeinander. Doch noch kommt es nicht zur Schlacht. Noch wird verhandelt. Und wieder ist der emsige Albero von Trier zur Stelle, diesmal nicht als Königsmacher, sondern als Friedensstifter. Seiner Überredungskunst gelingt ein Kompromiß: Bis Pfingsten 1140 soll Waffenruhe herrschen. Dann soll die Entscheidung fallen. Heinrich der Stolze ist einverstanden. Er darf sich als Sieger fühlen: Selbst wenn Bayern verloren ist — Sachsen bleibt ihm sicher.

Ist aber Bayern wirklich verloren? Kann er nicht auch dort erreichen, was ihm in Sachsen gelang?

Der Waffenstillstand ist noch nicht abgelaufen, als Heinrich gegen den Babenberger ins Feld zu ziehen beschließt. Schon ist alles für den Zug nach Bayern bereit. In Quedlinburg versammelt der Herzog die sächsischen Großen, um letzte Anweisungen für die Zeit seiner Abwesenheit zu geben. Für Konrad und die Staufer hat es aber nie schlechter ausgesehen als in diesem Augenblick. Denn wenn Heinrich in Bayern siegt, ist es nur noch eine Frage der Zeit, bis er wieder nach der Königswürde greift. Dann aber werden die Staufer endgültig aus dem Spiel um die Krone ausgeschieden sein.

In diesem Moment geschieht es: Heinrich stirbt.

Jubel im Lager der Staufer, im übrigen allgemeine Fassungslosigkeit: Wie hatte das bei diesem starken, noch jungen Mann so plötzlich kommen können? Bald gehen schon Gerüchte um: Heinrich sei ermordet worden, wahrscheinlich mit Gift. Wem würde aber die Tat nützen? Natürlich Konrad, dem der Welfe nur allzu gelegen starb.

Die Gerüchte finden keinen Widerhall. Es bleibt bei der Version von der "unheilbaren Krankheit der Schwermut", an der Heinrich der Stolze zugrunde gegangen sein soll. Unheilbar schwermütig könnten nun aber auch seine Anhänger werden. Denn jetzt steht es um die Lage der Welfen so schlimm wie noch nie: Der Mann, der sie zum Sieg hätte führen können, ruht nun im Dom von Königslutter. Derjenige aber, der seinen Kampf fortsetzen muß, ist ein unmündiges Kind von gerade zehn Jahren: sein Sohn Heinrich, den noch niemand den Löwen nennt.

3. Kapitel
Kampf um Sachsen

Der Mann aus der Nordmark

Bis zu diesem düsteren Schicksalsjahr 1139 ist Heinrich immer nur „das Kind" gewesen, ein kleiner Junge, um den man sich nicht weiter zu kümmern brauchte. Nun wird dieses Kind auf einmal ungeheuer wichtig.

Wichtig für seine Freunde wie für seine Feinde: Setzen die einen jetzt alle Hoffnung auf ihn, dürfen die anderen erwarten, mit ihm leichtes Spiel zu haben. Der Kampf um Sachsen, eigentlich schon abgeschlossen, setzt wieder ein. Konrad selbst hält sich zurück. Um so nachdrücklicher tritt dafür Albrecht der Bär auf den Plan, Heinrichs des Stolzen ungeliebter Vetter und sein schärfster Rivale im Krieg um die sächsische Herzogwürde.

In Quedlinburg steht Albrecht an der Bahre des Verstorbenen, doch im Hof stampfen schon die gesattelten Rosse, und Albrecht hat es eilig fortzukommen, hält sich nicht mit der Klage um den teuren Toten auf. Er prescht davon. Sein Ziel ist Bremen.

Unten in Bayern hatte der neue Herzog Leopold gleich nach der Ächtung Heinrichs des Stolzen die Herzogstadt Regensburg im Handstreich genommen und so gleich aller Welt gezeigt, wer jetzt Herr im Reich der Welfen ist. Das hatte den Ballenstädter Bär tief beeindruckt. Nach gleichem Muster will er nun in Bremen verfahren: Einen Landtag will er einberufen, zu Gericht sitzen und sich als neuem Herzog huldigen lassen, bevor sich die Partei der Welfen vom ersten Schock erholt hat.

Doch ist Bremen kein Regensburg.

Immer schon hat die Stadt an der Weser eine Sonderstellung eingenommen. Nie war dort der Herzog wahrer Herr. Die Macht lag allein in den Händen des Erzbischofs, der auch das Richteramt ausübte, und Sachsens Herzöge hatten das respektiert. Nie hätten sie

gerade dort einen Landtag abgehalten oder sich das Richteramt an-
gemaßt.

Weiß das alles Albrecht nicht?

Er muß es wissen. Aber er will es wohl darauf ankommen lassen.
Das ist sein erster großer Fehler.

Am 1. November 1139, zu Allerheiligen, trifft Albrecht in Bremen
ein. Dort ist wie in jedem Jahr um diese Zeit gerade Markt, und viel
Volk tummelt sich unten am Weserufer, als die Reiter des Bären her-
angaloppieren. Würde Albrechts Rechnung aufgehen, müßten ihm
jetzt die Bremer zujauchzen. Doch denken sie gar nicht daran. Im
Gegenteil: Plötzlich sehen sich die Eindringlinge von einer Schar
schwerbewaffneter Welfenfreunde umringt, die von allen Seiten auf
sie einschlagen, und Albrecht wäre wohl nicht lebend davongekommen, hätten ihn nicht seine Begleiter im allerletzten Augenblick aus
der Mitte der tobenden Menge herausgehauen. Zutiefst gedemütigt
jagt er davon.

Wer ist dieser Mann, der spätere große Feind Heinrichs des Löwen,
dem hier erstmals so deutlich seine Grenzen aufgezeigt werden?

Er ist kein Dummkopf und kein Schwächling, dieser Albrecht von
Ballenstädt aus dem Haus der Askanier, das beim sächsischen Anhalt
seinen Stammsitz hat. Schon 1134 hatte ihm Lothar III. das Land
zwischen Salzwedel, Stendal und Tangermünde als „Nordmark"
überlassen, und in dieser späteren „Mark Brandenburg" leistet Albrecht als Markgraf eine Arbeit, die den Vergleich mit der übrigen
Kolonisation im Osten nicht zu scheuen braucht. Doch damit sind
seine Möglichkeiten wohl auch schon abgesteckt.

Auch Ironie klingt in seinem Beinamen an. Zwar nennt man ihn
den „Bären", aber den Löwen, das stärkere, edlere Tier, bleibt den
Welfen vorbehalten. Und mag ihm auch Konrad die sächsische Herzogwürde zugesprochen haben — nie wird Albrecht wirklich Sachsens Herzog sein. Nach dem Bremer Desaster sieht es sogar aus, als
sei er längste Zeit auch Graf der Nordmark gewesen.

Denn nach diesem peinlich mißglückten Auftritt am Weser-Ufer
hat auf Sachsens Burgen allgemeines Kopfschütteln eingesetzt. Erstaunt sahen sich Männer wie Pfalzgraf Friedrich von Sommerschenburg, Erzbischof Konrad von Magdeburg oder Graf Rudolf von Stade
an: War es diesem Bären ernst mit seiner Absicht, sich Sachsen im

Handstreich zu unterwerfen? Sie kamen zum Schluß: Es muß dem Kollegen aus der Nordmark wohl damit wirklich ernst sein. Und so erhoben sie sich mit schwerfälliger Wucht und riefen nach ihren Rittern: Pferde gesattelt, Schwerter gezückt — jetzt wird man dem Askanier zeigen, was man von seinem Ehrgeiz hält.

Im Frühjahr 1140 setzt der große Sturm ein.

Pfalzgraf Friedrich, Vormund des jungen Welfen, dringt nach Anhalt vor, in die Erblande Albrechts des Bären. Währenddessen macht der Magdeburger Erzbischof das zwischen Brandenburg und Wittenberg gelegene Belzig dem Erdboden gleich und vernichtet damit einen der wichtigsten Stützpunkte des Askaniers. In die Nordmark fällt schließlich Albrechts ärgster Feind, der Graf von Stade, ein. Am Ende sind dann die wichtigsten Festungen des Bären zerstört, befindet sich sein Land in den Händen der Feinde, und er selbst ist in den Süden zum König geflohen. Für die Welfen haben damit Sachsens Große einen triumphalen Sieg errungen.

Das ist eigentlich sehr seltsam.

Denn welches Interesse verfolgen eigentlich diese sächsischen Herren, wenn sie sich so nachdrücklich für die Welfen einsetzen? Was kann ihnen schon dieses Kind bedeuten, das einmal sächsischer Herzog werden soll?

Gründe eines Widerstands

Noch ist die Erinnerung an Lothar III. nicht ausgelöscht, an den Sachsen auf dem Kaiserthron, der einer der ihren war. Noch gilt auch das Treuegelöbnis, das sie dem sterbenden Heinrich dem Stolzen gegeben haben. Und im Hintergrund steht allgegenwärtig Richenza, treibt an, macht Mut, verweist mit herrisch klagender Gebärde auf das rührende Bild an ihrer Seite: Ein kleiner Junge ohne Vater, daneben die arme Witwe und schließlich sie selbst, Sachsens wahre Herzogin, der man das Andenken an Mann und Schwiegersohn zerstören will — das alles ist sehr eindrucksvoll.

Jedoch sind so nüchterne und gewalttätige Naturen wie der Graf von Stade und der Erzbischof von Magdeburg nicht Männer, die aus purer Rührung zur Waffe greifen. Mit ihrem Kampf für die Welfen verfolgen sie eine ganz bestimmte Absicht. Dabei bleiben sie mehr sich selber als den Welfen treu.

Im Herzog sehen die Sachsen nicht ihren Herrn. Für sie ist er — höchstens — ein erster unter gleichen, Repräsentant der einzelnen Stämme vor dem Thron des Königs. Albrecht hatte aber gleich zweierlei gewollt: nicht nur für sich die Herzogwürde, sondern auch ein Herzogtum nach neuem Muster, wobei dann er Herr über die übrigen sein wollte. Das war zuviel. Das erst hatte den Widerstand der anderen geweckt. Wobei dieser Widerstand ironischerweise im Namen eines Kindes geleistet wird, das sich als erwachsener Mann selbstherrlicher gebärden soll, als es je der Bär Albrecht könnte.

Doch liegt das noch in weiter Ferne. Einstweilen können sich die Sachsen guten Glaubens um das Welfenhaus scharen und Schritt um Schritt an Boden gewinnen. Zugleich kündigt sich auch für Bayern ein Umschwung an.

Heinrichs kleiner Bruder

Dort tritt ein Mann nach vorn, der bisher immer im Schatten seines älteren Bruders Heinrich des Stolzen gestanden hatte. Jetzt zeigt dieser Welf VI. große Form. Zornig erklärt er, daß mit Heinrichs Tod auch dessen Ächtung erloschen ist und die Welfen nach wie vor die einzigen Herren Bayerns sind.

Das sind große Worte. Denn eigentlich ist Welfs Sache schon verloren. Ganz Bayern befindet sich in den Händen Leopolds, und schaudernd müssen Bayerns Menschen Tag für Tag erfahren, wie ernst es dieser „der Milde" genannte Herzog meint. Gerade belagert er die Burg zweier Freiherren, die noch als einzige zu den Welfen halten, und auch dieser Sieg ist ihm schon sicher. Da erscheint mit einem kleinen Heer Welf VI. auf dem Plan. Er setzt jetzt alles auf eine Karte — und hat Erfolg damit. Denn am Ende dieser kurzen, heftigen Schlacht mit dem Babenberger gibt es zwar viele Tote auf beiden Seiten. Sieger ist aber der Welfe geblieben.

Konrad III. begreift, daß er diesen Gegner bisher unterschätzt hat. Jetzt nimmt er ihn ernst und rückt eilends in Bayern ein, wo er zunächst das welfentreue Weinsberg belagert. Welf VI. hört davon und lacht böse auf. Einmal schon hat er den Gegner überrumpeln können. Nun versucht er es ein zweites Mal. Im raschen Galopp zieht er nach Weinsberg hinüber.

Doch diesmal sind die Feinde vorbereitet. Rechtzeitig hat der König das Lager verlassen und steht unverhofft dem verdutzten Welfen gegenüber, der nun am Neckarufer eine Niederlage erleidet, die vorerst all seine Hoffnungen zunichte macht.

Bald darauf ergibt sich auch Weinsberg, und es kommt zu jener Episode, die zumindest gut erfunden ist: Kein Erbarmen kennt der König zunächst mit den aufsässigen Bürgern, nur die Frauen will er ziehen lassen. Die aber stehen heulend und klagend vor seinem Thron, flehen darum, wenigstens das Liebste, das sie haben, auf ihren Rücken mit sich nehmen zu dürfen. Der König nickt — und als sich am nächsten Morgen das Stadttor öffnet, wanken in langem Zug die Frauen heraus, auf dem Rücken ihr Liebstes, ihre schon zum Galgentod verurteilten Männer. Der Kanzler runzelt die Stirn: „Das war die Meinung nicht!" Doch Konrad winkt gütig ab. In diesen Tagen kann er sich Großmut leisten. Denn nach dem Sieg über Weinsberg ist nun wieder ganz Bayern in seiner Hand.

Ist es das wirklich? Bringt nicht die nächste Schlacht auch schon wieder die nächste Wende? Wird Konrad je wirklich König sein, solange in Nord und Süd immer wieder Kämpfe mit den Welfen aufflackern?

Es spricht für den Politiker Konrad, daß er zunehmend kriegsmüde wird. Er ist es leid, sein gerade erst gewonnenes, den Staufern keineswegs schon sicheres Reich von ständigen inneren Kämpfen zerfleischen zu lassen. So nutzt er die Chance, die sich ihm 1141 unverhofft bietet.

Im Juni stirbt Richenza, dieses Symbol sächsischer Hoffnung auf die Kaisermacht. Im Oktober folgt ihr Bayernherzog Leopold in den Tod, und eigentlich müßte nun seinem jüngeren Bruder Heinrich die Herzogwürde zugesprochen werden. Doch Konrad zögert. Zunächst beläßt er es dabei, Heinrich nur als österreichischen Markgrafen zu bestätigen. Denn um diese Zeit ist er bereits zum Frieden mit den Welfen entschlossen.

Das andere Gesicht der Staufer

Es zeigt sich jetzt das andere Gesicht der Staufer: Sie können bis zur Selbstaufgabe kämpfen, sind hervorragende Militärs, tapfere Kämpen — aber eben auch hervorragende Politiker. Sie verstehen sich auf kühne Gedankengebäude und fintenreiche Kehrtwendungen. Sie wissen, daß man in der Diplomatie gelegentlich auch zwei Schritte gehen muß, um einen vorwärtszukommen — und daß es manchmal nicht ausbleibt, von ursprünglichen Träumen Abschied zu nehmen, jetzt beispielsweise vom Traum der Vernichtung des Hauses Welf.

Konrad überlegt: Wenn man den Welfen das ohnehin verlorene Sachsen beläßt . . . Wenn man dafür Bayern dem staufischen Einfluß endgültig sichern könnte . . . Wenn sich dies alles erreichen läßt, ohne daß jemand darüber das Gesicht verliert und wieder ein Anlaß für neue Zwistigkeiten geschaffen würde . . . Wenn man . . .

Konrad braucht einen Ansatzpunkt. Er sucht den Menschen in der Phalanx der Welfen, der sich seinen Überlegungen am leichtesten zugänglich zeigen könnte. Er findet ihn schließlich in einer Frau. Heinrichs des Stolzen Witwe Gertrud wird Partner in seinem großen Spiel.

Gertrud ist eine andere Frau als ihre Mutter Richenza. Ehrgeiz prägt auch sie, doch ist es nicht jener fast missionarische Eifer, der Richenza zum Haupt der Welfenpartei machte. Ihr fehlt die Kraft, die Ausstrahlung, der unerbittliche Stolz der verstorbenen Kaiserin. Mit ihr hat es der Stauferkönig denn auch nicht allzu schwer.

Fast unauffällig, sehr beiläufig nimmt er die Verhandlungen auf. Zug um Zug erfüllen sich dabei seine Pläne. Und als im Mai 1142 die sächsischen und bayerischen Großen zu einem Reichstag nach Frankfurt gerufen werden, kann der König einen Kompromiß vorlegen, der fast alle zufriedenstellt.

Albrecht der Bär muß jetzt vergessen, daß er je den Titel eines sächsischen Herzogs geführt hat. Er begnügt sich mit seiner angestammten Nordmark, die allerdings — ein ansehnlicher Trost — von Sachsen unabhängig wird.

Heinrich wiederum, der Sohn Heinrichs des Stolzen, wird ganz offiziell mit Sachsen belehnt. Dafür verzichtet er ebenso offiziell auf Bayern.

Bayern kann nun aber dem österreichischen Markgrafen zugesprochen werden, wobei — hierauf werden die Staufer immer größten Wert legen — der Schein strikter Rechtlichkeit gewahrt bleibt.

Das ist Konrads eigentliche Bravourstück und auch der Schlüssel zu diesem Kompromiß:

Gertrud, vom König liebenswürdig als „totius Saxoniae ducissa", als des gesamten Sachsens Herzogin tituliert, erklärt sich zur Überraschung der Anwesenden bereit, den eben noch verhaßten Rivalen aus Österreich, den ärgsten Welfenfeind, den Bruder Leopolds von Babenberg — zu heiraten.

Der Kreis schließt sich. Niemand kann noch dem König Willkür vorwerfen. Denn nun ist nicht so sehr er es, der herzogliche Rechte verleiht. Nun bringt den Anspruch auf diese Rechte die Witwe Heinrichs des Stolzen als Mitgift in die Ehe mit dem Österreicher ein. Als Herzog von Bayern darf sich der Babenberger als legitimer Nachfolger der Welfen ausgeben. Konrad gelang ein großes, rundes Spiel.

Die lustige Witwe von Frankfurt

Aller Augen ruhen auf Gertrud: Hat sie so wenig von ihrer Mutter gelernt, daß sie solch ein Spiel zuläßt, sich zum Spielball der Staufer macht? Aber Gertrud sieht sich nicht so. Vielmehr hat sie zum ersten Mal in ihrem Leben wirklich gehandelt — und zum ersten Mal dabei auch an sich gedacht.

Eigentlich hat diese für eine glänzende Zukunft vorbestimmte Kaisertochter immer nur Unglück gehabt: Als Kind lebt sie ganz im übermächtigen Schatten der Mutter, als junges Mädchen wird sie mit einem um einiges älteren Mann verkuppelt, als noch junge, lebenshungrige Frau ist sie bereits Witwe. Jetzt erwartet sie, bestenfalls, eine Existenz im Schatten ihres heranwachsenden Sohnes, also schon das Mutterfach, bevor sie je Frau und Herrscherin hat spielen dürfen: also ehrenvoller Witwenstand, lächelnde Höflichkeit der anderen, die sich dann schleunigst den neueren, jüngeren Größen am Hof zuwenden. Und nicht mehr lange wird es dauern, dann wird als Frau ihres Sohnes eine andere, die eigentliche Herzogin von Sachsen ihren Einzug halten . . .

49

In diesem Augenblick bietet sich ihr die eine Möglichkeit: eine zweite Ehe.

Zwar hat dieser Heinrich von Babenberg die ein wenig lächerliche Angewohnheit, bei jeder passenden oder unpassenden Gelegenheit „Ja, so mir Gott helfe" auszurufen, was ihm den Beinamen „Jasomirgott" eingetragen hat. Zwar gehört er den Feinden aus dem Haus der Babenberger an. Doch ist er ein stattlicher, junger Mann, und vor allem: Er ist Herzog, ein Erster Fürst des Reichs. An seiner Seite wird Gertrud doch noch das Leben führen, das sie bisher versäumt hat.

Also Frieden in Deutschland, Aussöhnung zwischen Welfen und Staufern: In Frankfurt wird mit großem Prunk Hochzeit gefeiert, und so glücklich ist der König über diesen Bund, daß er selbst die Festlichkeiten ausrichtet. Dreihundert Mark wendet er dabei auf, die gleichen dreihundert Mark, die ihm Gertrud als Buße für den Widerstand in ihrem Herzogtum hat zahlen müssen, und bedenkt man dabei, daß eine Mark immerhin ein halbes Pfund Silber wert ist, so wundert nicht, daß diese „Hochzeit des Jahres" samt allen Turnieren und Banketten volle vierzehn Tage dauert und es das größte Fest sein soll, das man bis dahin erlebt hat. An der Tafel hebt man aber die goldenen Humpen und trinkt auf Gertrud und Jasomirgott, das glückliche Paar.

Eine strahlend junge Ehefrau kehrt nach Sachsen zurück. Dort revanchiert sie sich für die frohen Tage von Frankfurt, als der König im nächsten Jahr durch Sachsen reist. In Braunschweig empfängt ihn die Herzogin auf Burg Dankwarderode mit allem Glanz, und Konrad III. ist ein dankbarer Gast: Welch Wandel zu jenen Jahren, in denen er in Sachsen hohnlachend abgewiesen wurde. Welch Unterschied zu jener Zeit, da er wieder und wieder die sächsischen Großen zu Reichstagen gerufen hatte und sie jedes Mal ferngeblieben waren.

Leichenschmaus und Hochzeitsschüsseln

Also hellstes Licht im Vordergrund — doch dahinter liegen Schatten, und in ihnen steht ein kleiner Junge von zwölf, dreizehn Jahren, so erlebnisfähig wie jeder Mensch in diesem Alter: Wir wissen nicht, ob er bei den Schwelgereien von Frankfurt und Braunschweig zugegen war. Wir können es aber annehmen. Und nicht viel Phantasie gehört dazu, sich die Gefühle dieses Halbwüchsigen auszumalen.

Da hat er also immer gelernt, daß die Rechte eines Welfen unantastbar, unveräußerlich sind. Kämpfe um Kämpfe hat es wegen dieser Rechte gegeben. Sie haben seine gesamte Kindheit überschattet und ihm die Unbeschwertheit erster Jugend geraubt. Und nun soll plötzlich alles Bisherige nicht gegolten haben: der Vater vergessen, der böse König ein guter Onkel, die Mutter Frau des Todfeindes . . .

Hamlet also: „Wirtschaft, Horatio! Wirtschaft! Das Gebackene vom Leichenschmaus gab kalte Hochzeitsschüsseln . . .“

Heinrich wird nie ein Hamlet sein. Er taugt nicht zum großen Zauderer. Wenn er aus diesen Wochen für seine künftige Bahn etwas mitnimmt, dann die gehörige Portion Zynismus beim Umgang mit der Macht, die er noch so oft zeigen wird.

Tod vor Wien

Konrad III. ist wieder aus Sachsen abgereist. Dort herrscht Friede, so tief wie in all den Jahren seiner Regierung nicht. Er hat jetzt einen Höhepunkt seiner königlichen Laufbahn erreicht und kann zufrieden sein. Armer Konrad — ebenso zügig, wie er sein Kartenhaus gebaut hat, fällt es wieder zusammen.

In Braunschweig bereitet sich Gertrud darauf vor, nach Wien überzusiedeln, wohin Jasomirgott die Babenberger Residenz verlegt hatte. Eigentlich spricht alles gegen eine so strapaziöse Fahrt quer durch das Reich, denn Gertrud ist schwanger. Doch läßt sie sich nicht zurückhalten. Endlich will sie ihr neues, wahres Leben beginnen.

Dieses Leben endet schon im Kloster Neuburg an der Donau, wo die Babenberger bisher residiert hatten. Dort stirbt sie an einer Fehlgeburt, bevor sie Wien erreicht hat. Im Wiener Wald, im Kloster Heiligenkreuz, wird sie beigesetzt, und die Babenberger nehmen sie posthum in ihre Sippe auf, so daß sie auch in ihrem Stammbaum erscheint: ein blasses, ausdrucksloses Gesicht, wie erdrückt von den herzoglichen Insignien, die für die kleine Gertrud entschieden zu schwer gewesen waren.

Erst dreißig Jahre nach Gertruds Ende wird ihr Sohn erstmals an ihrem Grab stehen. Bei ihrem Tod hält er sich in Sachsen auf, wo er nun Herzog ohne mütterliche Vormundschaft sein kann. So ist 1143 sein eigentliches Schicksalsjahr, viel wichtiger als 1139. Damals war er nur eine Puppe im Spiel der anderen. Nun aber, da er allein steht, muß sich zeigen, ob sich dieser Junge oder, wie man jetzt schon sagen muß, dieser junge Mann mit dem Erreichten zufrieden gibt als ein treuer Fürst des Königs oder ob er früher oder später den alten Kampf der Welfen wiederaufnimmt.

Ein braves Kind in Sachsen

In Bayern sind die Kämpfe wieder aufgeflammt. Dort verkündet lauthals Welf VI., der Frankfurter Verzicht auf das bayerische Herzogtum sei Sache seines Neffen gewesen und nun würde eben er, Heinrichs des Stolzen Bruder, sein Nachfolger sein.

Welf kann sich diesen Ton erlauben. Er hat mächtige Verbündete gefunden. Sowohl in Ungarn wie auf Sizilien, wo man sich von kaiserlicher Vormundschaft befreit hat, haßt man den Staufer als Herrn des Reiches und unterstützt großzügig seinen Gegner Welf VI. Damit gewinnt die alte Fehde dieser beiden Häuser erstmals internationale Dimension.

Mit alledem hat der junge Herzog Heinrich nichts zu tun. In diesen Jahren ist er ganz der brave Fürst, der lauter manierlichen Beschäftigungen nachgeht.

Im September 1143 bestätigt Heinrich die Schenkung eines Waldes an das Kloster Homburg bei Langensalza.

Im Juni 1144 gleicht Heinrich einen Streit über die Einkünfte des Klosters Hamersleben aus.

1146 schenkt er einem gerade gegründeten Kloster das Dorf Riddagshausen bei Braunschweig.

Dieser letzte Vorgang verdient allerdings nähere Beachtung. Denn hierbei unterzeichnet Heinrich eine Urkunde. Diese Urkunde trägt ein Siegel. Auf diesem Siegel liest man aber: Heinrich von Sachsen *und* Bayern.

Also hat der junge Herzog keineswegs seine Ansprüche aufgegeben. Und als er 1147 endlich mündig ist, wird er als erstes beim König vorstellig werden und sich mit Nachdruck erkundigen, wie es eigentlich um die bayerische Angelegenheit steht.

Die beiden größten Herzogtümer in einer, in welfischer Hand — diese Vision ist also nicht erloschen. Trotz Verzicht und Prunk-hochzeit lebt sie in Heinrich weiter. Um diese Zeit wird er aber auch schon bewiesen haben, daß er bereit und fähig ist, allen Wider-ständen zum Trotz eine Sache durchzusetzen, wenn er sie durchsetzen will.

Erstmals beweist er es 1145 am Beispiel Stade.

4. Kapitel
Zum Beispiel Stade

Mord in Dithmarschen

Oben im höchsten Norden, im Dithmarschener Land, stirbt ein Mann. Genauer: Er wird umgebracht. Das ist nicht weiter verwunderlich. Denn beim Toten handelt es sich um den Grafen von Stade, und nur wenige dieser Grafen werden *nicht* von ihren Dithmarschener Untertanen umgebracht. Außerdem war dieser Rudolf II. ein besonders unangenehmer Geselle, brutal, verschlagen, skrupellos.

So mußte man wohl auch sein, wollte man in diesem Land nördlich der Elbe herrschen, inmitten seiner Moore und Sümpfe, wo noch ein ganz eigener Menschenschlag hauste, stolz, dumpf, zäh, noch ganz nach archaischem Gesetz: Hier war ehrlos, wer in der Schlacht den Anführer überlebte, hier ertränkte der Bruder die eigene Schwester, wenn sie in Schande geraten war, hier stand noch die Sippe für den Führer und der Führer für Sieg oder Untergang — und hier war der eine große Feind die Natur mit ihren eisigen Winterstürmen, mit ihren Unwettern und Springfluten. In dieser stets bedrohten Welt entlang der Nordseeküste, wo die Erde dem Meer Stück für Stück abgerungen werden mußte, konnte sich nur jemand mit festem Schritt und harter Faust behaupten.

Seit 1062 hatten die Udonen dieses Geschäft mit Erfolg betrieben. Doch selbst noch im Kreis dieser Sippe, wo Totschlag und Verwandtenmord liebe Gewohnheiten waren, fiel Rudolf II. durch besondere Grausamkeit auf. Er war der Tyrann aus dem Bilderbuch.

Die Winter mochten noch so hart gewesen sein, die Herbststürme noch so viel Land zerstört haben — Rudolf forderte ungerührt von seinen Bauern die höchsten Tribute, trieb sie mit der Waffe in der Hand ein, und wenn Gerüchte stimmten, hatte er sogar diese Bauern gezwungen, mit einem hölzernen Joch um den Hals einherzulaufen wie Vieh.

So war es denn im Herbst 1144 zu jenen Ereignissen gekommen, von denen der Chronist Neokorus mit schauerlicher Ausführlichkeit berichtet:

In Rudolfs Burg beim heutigen Meldorf war es gewesen. Dorthin rumpelten die Karren der Bauern, hoch mit Säcken beladen, in denen sich der wieder einmal fällige Tribut an Roggen, Hafer und Weizen befand. Unbehindert hatten sie das Burgtor passiert und waren in den Hof eingefahren, wo sie der Graf bereits erwartete. Allerdings hatte er weniger für die Bauern als für das hübsche Mädchen in ihrer Begleitung Augen gehabt, das ihm schon häufig aufgefallen war und das nun wie zufällig ihre Landsleute zur Burg begleitet hatte. Und da war plötzlich der furchtbare Ruf ertönt: „Röhret de Hände, sniedet de Sackbände!" Die Säcke wurden aufgeschlitzt, und kein Getreide quoll hervor, sondern Dithmarschener Bauern sprangen heraus, mit Waffen in den Händen.

Oben am Fenster stand die Gräfin. In panischer Angst stürzte sie sich in den Burggraben. Der Graf selbst konnte noch einmal entkommen und sich in den hintersten Winkel seiner Burg flüchten, wo er sich drei Tage lang versteckt hielt. Aber dann sollte ihn sein bester, vermutlich auch einziger Freund verraten: eine zahme Dohle, die so lange erbärmlich krächzte, bis die Ditmarscher ihren Herrn in seiner Ecke aufgespürt hatten. Unter den Knüppeln, Messern und Fäusten seiner so lange geknechteten Untertanen fand er den Tod.

Soweit die Bluttat selbst, bei der es vielleicht nicht ganz so dramatisch zugegangen ist, wie es der Chronist berichtet. Fest steht aber: Rudolf II. ist tot. Und das läßt die Welfen ebenso aufhorchen wie den Erzbischof von Bremen, den Lehensherrn der Stadter Grafschaft. Denn Rudolf hinterläßt ein großes Erbe.

Schließlich gehörten die Udonen zu den reichsten Herren in ganz Norddeutschland mit Dithmarschen sowie ausgedehnten Ländereien an Elbe und Weser als persönlicher Besitz. Vor allem aber hatten sie die Grafschaft unter sich und damit auch Hafen und Stadt Stade, damals das große Tor zum Norden, wo die Handelswege nach Skandinavien und in die baltischen Länder zusammentrafen.

Wer Stade besaß, hatte eine Schlüsselstellung in der Hand. Nun, in Rudolfs Todesjahr 1144, stellt sich die Frage, wer diese Schlüsselstellung künftig einnehmen wird. Denn der Graf hinterläßt keine männlichen Nachkommen. Allerdings hat er einen jüngeren Bruder, Hartwig, der Geistlicher geworden und zunächst in Hildesheim Kanonikus gewesen war. Unter Bremens Erzbischof Adalbero wird er dann Domprobst in Bremen, nun schon selbst ein einflußreicher, angesehener Mann.

Hartwig ist kein Berserker wie sein Bruder. Doch Ehrgeiz hat er ebenfalls. Und dieser Ehrgeiz zielt darauf, einmal selbst Erzbischof von Bremen zu sein. Adalbero weiß das und hat dagegen nichts einzuwenden. So zeigt er sich sehr aufgeschlossen, als ihm nach Rudolfs Tod Hartwig mit einem Vorschlag kommt: Zwar kann er eigentlich als Geistlicher nicht Graf von Stade werden, doch soll ihn Adalbero trotzdem mit der Grafschaft belehnen. Dafür würde er den gesamten Familienbesitz der Udonen dem Erzbistum überlassen.

Die Welfen in der Falle?

Im Haus der Welfen wird man unruhig. Denn diese Entwicklung schafft nun an Sachsens nördlicher Grenze eine neue und nicht ungefährliche Situation. Schon Rudolfs Tod war ein böser Verlust gewesen, denn als geschworener Feind Albrechts des Bären, den er nur gar zu gern als Grafen der Nordmark abgelöst hätte, war er immer ein Kämpfer für die Sache der Welfen gewesen, hatte Albrecht aus der Nordmark verjagt und stand wohl auch bei der Vertreibung des Bären aus Bremen im Hintergrund.

Das alles ändert sich jetzt gründlich.

Erzbischof Adalbero haßt die Welfen, und Hartwig, der künftige Erzbischof, hat seinen Welfenhaß übernommen. Dieser Mann als Graf von Stade und Erzbischof zugleich — das wäre ein mächtiger Feind und außerdem noch ein Verbündeter seines Freundes Albrechts des Bären, der um diese Zeit wieder in seine verwüstete Nordmark zurückkehrt. Eine bedrohliche Allianz zeichnet sich ab, ein Riegel, der sich quer durch Sachsen allen welfischen Expansionsplänen entgegenschieben würde.

Das können die Welfen nicht dulden, aber sie können dagegen auch wenig tun. Sie tun dennoch etwas. Ende 1144 meldet der junge Herzog Heinrich seinerseits Ansprüche auf die Stader Grafschaft an.

Die Begründung dieses Anspruchs klingt einigermaßen grotesk. Angeblich soll Adalbero der inzwischen verstorbenen Gertrud versprochen haben, nach Rudolfs Tod ihren Sohn mit der Grafschaft zu belehnen. Warum das der welfenfeindliche Bischof hätte tun sollen, wird dabei nicht recht deutlich. In keinem Dokument ist denn auch dieses seltsame Versprechen festgehalten, und es gehört wohl schon welfisches Selbstverständnis dazu, von irgendeinem zu verlangen, diesen obskuren Anspruch ernst zu nehmen.

Adalbero nimmt ihn jedenfalls nicht ernst und hebt nur bedauernd die Schultern: Mit Hartwigs Vorschlag ist er sehr einverstanden, soll nur sein Nachfolger seine Position gegenüber den Welfen so stark wie möglich ausbauen. Damit ist der Fall für ihn geklärt.

Für die Welfen ist noch gar nichts geklärt.

Zunächst einmal werden sie beim König vorstellig, der gerade in Magdeburg das Christfest feiert und dabei Hoftag hält. Eben hat er Hartwig als Grafen bestätigt und ist damit sehr zufrieden. Warum sollte er seinen Feinden von gestern eine derart wichtige Schlüsselposition zuspielen? Dagegen Hartwig als Graf von Stade — welch ein Gewinn auch für die königliche Sache . . .

Die Welfen werden also abgewiesen. Damit ist der Fall eigentlich gelaufen, denn nun hat immerhin der König gesprochen. Doch bleiben sie hartnäckig. Als im August 1145 Konrad einen sächsischen Landtag in Corvey einberuft, erscheinen sie dort von neuem mit ihrer Forderung.

Gericht nach Welfenart

Konrad hätte allen Grund, diese Belästigung barsch zurückzuweisen. Seltsamerweise tut er das nicht. Vielmehr wird er unsicher und sieht sich hilfesuchend um. Adalbero fehlt, der die Sache richtigstellen könnte. Aber der Erzbischof ist nicht in Corvey erschienen. Manche wollen wissen, daß er schon unterwegs gewesen, doch auf halber Strecke umgekehrt sei, weil ihn die Welfen in Corvey gefangensetzen wollten — kein ganz unbegründeter Verdacht, wie sich noch herausstellen wird.

Konrad zögert also. Noch glaubt er wohl, Zeit gewinnen zu können. So widerruft er nicht gerade seine Entscheidung, läßt aber doch zu, daß sie in Frage gestellt wird, als er sich nun in einen der von ihm so geschätzten Kompromisse flüchtet: Die Herren sollen doch diese Sache unter sich ausmachen und selber klären, wie verblieben wird. Im Lager der Welfen lächelt man dazu fein. Eine Sache unter sich ausmachen — das ist ganz nach ihrem Geschmack. Dafür haben sie auch ganz eigene Methoden.

Es findet also ein Gerichtstag statt.

Der Gerichtsort heißt Ramelsloh und liegt unweit von Lüneburg, also mitten in welfischem Gebiet. Dort sitzen sie sich gegenüber: Erzbischof Adalbero und sein Stellvertreter auf der einen Seite, auf der anderen aber neben seinem Vormund Friedrich von Sommerschenburg der Welfe Heinrich, erstmals im Zentrum des Geschehens. Noch ist er ein halbes Kind — und doch schon der Mann, der seine Interessen kennt und sie durchzusetzen versteht.

Zunächst wird noch die Form gewahrt. Man spricht miteinander, diskutiert, wägt Argumente ab. Aber allmählich mischt sich ein anderer Ton in das Gespräch, böser, aggressiver. Noch ist nichts entschieden, als die ersten hitzigen Worte fallen, die Welfen aufspringen, zu den Waffen greifen und auf ihre Gegner eindringen.

Das geht eigentlich ein wenig schnell. Das könnte auf den Gedanken bringen, hier sei von Anfang an nichts anderes geplant gewesen als pure Gewalt. Hartwig durchschaut das schneller als Adalbero. Er flieht. Zwar führt ihn diese Flucht zunächst nur in die Hände eines gewissen Hermann von Lüchow, eines ergebenen Gefolgsmannes von Heinrich. Jedoch läßt Hermann mit sich reden. Gegen ein angemessen hohes Lösegeld findet er sich bereit, Hartwig nicht dem Herzog auszuliefern, sondern ihn in die Nordmark zu seinem Freund Albrecht entkommen zu lassen.

Adalbero ist aber gefangen. Ihn bringt man ins nahe Lüneburg. Dort wird nun richtig verhandelt.

Erpressung in Lüneburg

Ein seltsames Bild, das sich hier in der Welfenhochburg bietet: Die Türen sind fest verschlossen, und dahinter sitzt nun dieser alte, er-

58

fahrene Kirchenfürst und sieht zunächst noch verwundert, dann immer ängstlicher auf diesen jungen Mann mit den heftigen Gebärden und der lauten Stimme, der da auf ihn einredet, immer zudringlicher wird, schon erste unverhohlene Drohungen einfließen läßt. Er muß begreifen, wie ernst dieser große, ungehobelte Junge zu nehmen ist. Und schließlich kann er nur noch benommen zu allem nicken, was von ihm gefordert wird.

Was dabei im einzelnen vorfällt, wird man nie erfahren. Vielleicht hat der Herzog dem Bischof wirklich mit dem Tod gedroht, wie es manche wissen wollen. Vielleicht beschränkte er sich nur auf den diskreten Hinweis, daß man Adalbero eben so lange gefangenhalten würde, bis er den welfischen Vorstellungen gegenüber gefügig sei. Doch so oder so — am Ende darf sich Herzog Heinrich „Graf von Stade" nennen. Dabei übernimmt er auch gleich noch das persönliche Eigentum der Udonen in seinen eigenen Besitz.

Das alles hat nichts mehr mit einem der üblichen Machtkämpfe zu tun. Das ist fast schon ein Verbrechen. Niemand müßte aber darüber empörter sein als der König, dessen Wort ein Halbwüchsiger mit auftrumpfender Geste hinfortgewischt hat.

Doch ob nun noch in Konrad „der Geist von Frankfurt" schwingt, ob er wegen Stade die mühevoll herbeigeführte Aussöhnung mit den Welfen und den Frieden im Sachsenland nicht gefährden will, ob er schlichtweg Angst vor dem rabiaten Knaben Heinrich hat — jedenfalls hält er resignierend stille, und der Welfe ist auf ganzer Linie Sieger. Zum ersten Mal hat Heinrich erfahren, was einer alles durchsetzen kann, wenn er auf sich und die Macht purer Gewalt vertraut.

Lektion für einen Fürsten

Das erst macht die Stader Episode so wichtig für Heinrichs gesamten Werdegang. Hier kassiert er nicht nur seinen ersten persönlichen Erfolg. Hier erlebt er auch erstmals die „Machbarkeit" einer jeden Politik.

Bisher mag sie ihm als ein kaum durchschaubares Gespinst aus Intrigen, aus rätselhaften Kehrtwendungen und unberechenbaren Umschwüngen erschienen sein. Im Fall von Stade darf er erkennen,

59

daß es nur an ihm selber liegt, welchen Verlauf die politische Entwicklung nehmen soll.

Wieder und wieder wird man Heinrich bei ähnlichen Manövern erleben, und immer wieder verlaufen sie nach den gleichen Regeln:

Immer stehen am Anfang irgendwelche unklaren, jedoch mit allem Nachdruck verfochtenen Ansprüche.

Immer wird Heinrich erleben, daß der König oder Kaiser — hier noch Konrad, später Barbarossa — keinen Widerspruch wagt, ja, ihn sogar deckt.

Und am Ende wird Heinrichs Macht wieder um ein stattliches Stück gewachsen sein.

Das ist natürlich ein ungemein einträgliches Modell, das Heinrich bei Stade zum ersten Mal erprobt. Den geringsten Nachteil haben dabei die Bewohner der Stadt. Denn so zwielichtig Heinrichs Rolle bei der Übernahme der gräflichen Würde ist — in der Folge erweist er sich im Vergleich zu seinen udonischen Vorgängern als der ungleich tüchtigere Graf.

Viel tut Heinrich für diese seine erste Erwerbung:

Er wird Stade das Stadt-, Zoll- und Münzrecht zusprechen und damit seine Bewohner entsprechend aufwerten, sie erst zu wirklichen „Bürgern" machen.

Er wird den alten Stadtkern mit einigen neuen Siedlungen zusammenfassen, diesen Komplex mit einer neuen Mauer umgeben und ihn zu einer starken Festung ausbauen.

In der Mitte dieser Festung erhebt sich aber die Burg, die Heinrich zwar nicht bauen, aber doch so glanzvoll ausstatten läßt, daß später der Chronist Helmold von „nobile illud castrum Stadhen" schwärmt, von „jener prächtigen Burg Stade". Unter Heinrich dem Löwen hat Stade seine größte Zeit.

Das ist aber das andere Gesicht dieses Mannes. Nur zum einen ist er der Machtmensch, der rücksichtslos und wider alles Recht an sich reißt, was er gerade zum Ausbau dieser Macht gebrauchen kann. Zugleich weiß er etwas mit seiner Beute anzufangen. Dabei schafft er Dinge, die den Tag und ihn selbst überdauern. Auch hierfür bietet Stade eine erste Lektion.

Einige Jahre später hat übrigens die Stader Affäre noch ihr Nachspiel: 1148 bricht Heinrich nach Dithmarschen auf, wo Rudolf II. ermordet wurde. Es heißt, er will nun den Tod seines Vorgängers rächen. Doch in Wahrheit geht es ihm einzig darum, nun auch diesen Teil des Udonenerbes fest in seine Hand zu bringen. Das gelingt ihm dann so gründlich, daß für lange Zeit von den freien, stolzen Dithmarschern keine Rede mehr sein kann. Sie werden in einer Weise ergebene Untertanen ihres Herrn, wie sie es selbst in Rudolfs Tagen nie gewesen sind.

Wer aber befindet sich bei diesem Feldzug im Gefolge des Herzogs?

Geduldig traben die Herren Adalbero und Hartwig in Heinrichs Spur und dürfen dabei helfen, ihrem Todfeind Land zu sichern, das eigentlich ihnen selbst gehört. So nachdrücklich hat inzwischen Heinrich gezeigt, wer Herr in Sachsen ist.

Er hat es in wenigen Jahren weit gebracht, dieser Knabe, der sich eben noch von seiner Mutter den Verzicht auf Bayern hatte vorschreiben lassen. Schon zeigt sich, daß unter ihm der Ruhm des Welfenhauses nicht verblassen, sondern neuen Höhepunkten entgegensteuern wird. Bald streckt er die Hand nicht nur nach irgendeiner Grafschaft aus. Demnächst kann er es schon wagen, auch den großen Kampf um Bayern wiederaufzunehmen.

Doch noch einmal ein Blick zurück auf Stade, dieses Modell für Heinrichs künftigen Weg: Allem äußeren Schein zum Trotz ist es nicht nur ein Modell seiner Erfolge. Deutlich werden hier auch Heinrichs größte Schwächen: das ihm so gänzlich fehlende Gespür für Menschen und Menschenbehandlung, seine große Ahnungslosigkeit gegenüber der menschlichen Natur.

Nie wird Heinrich ruhen, bevor er den Gegner nicht so tief gedemütigt hat, daß der von nun an sein Todfeind sein muß. Die große Kunst, dem anderen immer noch die Chance zu lassen, als Feind von heute vielleicht der Verbündete von morgen zu sein, ohne dabei das Gesicht zu verlieren — Heinrich wird sie nie beherrschen.

So ist dieser erste Erfolg nicht nur ein Signal für den kommenden Aufstieg. An seinem Rande flackern auch, zunächst kaum wahrnehmbar, Symptome seines späteren Niedergangs auf.

Stade ist in jeder Hinsicht ein Beispiel.

61

5. Kapitel
Wenn man einen Kreuzzug wagt

„Den Untergang der Welt vor Augen . . .“

„Bei uns herrscht jetzt überall die schrecklichste Verwirrung . . .“,
schreibt Otto von Freising und meint damit die vierziger Jahre des
12. Jahrhunderts. Der berühmte Geschichtsschreiber fährt fort: „Raub
und Brand peinigen das Land das ganze Jahr hindurch, selbst die
Fastenzeit nicht ausgenommen. So sehr bedrängen unsere Erinnerung
die erlittenen Unfälle, der Ansturm der gegenwärtigen, die Furcht vor
den zukünftigen, daß wir in steter Erwartung des Todes sogar Ekel
vor dem Leben empfinden. Die Menge unserer Sünden, die Unbilden
der allzu stürmischen Zeit stellen fast den Untergang der Welt vor
Augen . . .“

Nicht immer kann man wörtlich nehmen, was der geschworene
Stauferfreund Otto von Freising über seine Zeit und insbesondere
über seinen vergötterten Neffen Barbarossa schreibt. Doch seine
Schilderung der vierziger Jahre trifft ins Schwarze. Denn in der Tat
herrscht um 1147 „die schrecklichste Verwirrung“.

Immer mehr ist das Reich zu einem einzigen großen Schlachtfeld
geworden: In Schwaben, Lothringen, Bayern — überall kämpfen die
großen Sippen miteinander, hier die Staufer mit den Zähringern,
dort die Welfen mit den Babenbergern, Grafen gegen Erzbischöfe,
Herzöge gegen Herzöge. Und das sind nur die wichtigsten Fehden.
Die Kleinen folgen dem Beispiel der Großen, überall klirren Waffen,
wird gegen Festungen angestürmt, holt sich jeder sein Recht mit der
Faust.

Endzeitstimmung herrscht: Furchtsam ducken sich die Menschen
unter den vorüberbrausenden Stürmen, und wie Schatten des Todes
ziehen graue Mönche vorbei, mahnen zur Einkehr und Buße. Dann
aber galoppieren wieder Ritter heran, Städte werden an allen vier
Ecken angezündet, Dörfer und Burgen dem Erdboden gleichgemacht,

es wird gebrandschatzt und geplündert, gemordet, vergewaltigt und gehenkt. Das Land befindet sich am Rande des Chaos.

Konrad III. ist aber nicht der Mann, dieser wirren Zeit auch nur halbwegs beizukommen.

Seltsam steht es mit diesem ersten Herrscher aus dem Haus der Staufer. Schließlich ist er ein kluger, tüchtiger Mann, kultiviert und gebildet, Prototyp des brillanten Hofmannes, ein gescheiter Taktiker und liebenswürdig-zäher Diplomat. Und doch bekommt er die Probleme dieser Zeit nicht in den Griff. Fast kann man an einen Fluch glauben, der seit jener „Wahl im Winkel" auf ihm liegt. Denn was immer dieser König unternimmt, seine ramponierte Würde aufzuwerten — es wird ein Fehlschlag.

So zum Beispiel das polnische Zwischenspiel im Sommer 1146: In Polen teilen sich gerade vier Brüder in die Macht, als der eine, Wladislaw, die anderen zu verdrängen sucht. Konrad unterstützt das lebhaft. Schließlich ist Wladislaw sein Schwager, und seine Alleinherrschaft wäre auch eine Stärkung für Konrads Position. Der König zieht sogar selbst gegen Wladislaws Brüder ins Feld, doch schon in Schlesien endet dieses Abenteuer. Konrads Herr wird eingekreist und ausgehungert. Es wäre zugrunde gegangen, würde nicht der König im letzten Augenblick einen kläglichen Frieden schließen und beschämt wieder abziehen.

Krieg im Innern, Krieg an den Grenzen — nur in Sachsen herrscht Ruhe, vorläufig noch. Dort regiert nun Heinrich ganz unangefochten und gilt bereits als Erster Fürst des Reichs. Immer lauter aber, immer herausfordernder nennt er sich jetzt Herzog von Sachsen *und* Bayern, und schon ist abzusehen, wann er diesen Anspruch offiziell anmelden wird — eine Sorge mehr in Konrads sorgenreichem Dasein als König ohne kaiserliche Weihe.

Natürlich liegt kein Fluch über ihm. Nicht einmal sein Konzept ist falsch: Loslösung der deutschen Krone vom Papst in Rom, der König als eigenständige Macht im Reich. Will man von seinen Fehlern sprechen, so ist es vor allem der Fehler eines Zuviel an Ehrgeiz. Das Terrain ist noch nicht reif für sein Konzept und Chaos die zwangsläufige Folge.

Rund zehn Jahre hat es nun schon Krieg gegeben. Diese zehn Jahre haben die Menschen ausgelaugt. Sie sind reif für Exzesse und

Extreme. Schuldige müssen her, solche, denen die Verantwortung für alles Übel zuzuschieben ist. Natürlich werden diese Schuldigen nicht dort gesucht, wo sie einzig zu finden sind: im Lager der Mächtigen.

Der Mensch des Mittelalters glaubt an die Obrigkeit. Und er glaubt an Gott. Hat sich aber Gott von dieser Welt abgewandt, muß irgendwo ein Teufel sein. Nun fehlen nur noch die, die mit dem Finger auf ihn zeigen, und als die sich erst eingestellt haben, kreischt es schon bald in allen Straßen: Die Juden — sie sind an allem schuld.

Die Hatz beginnt. Bethäuser qualmen nieder, Menschen werden gequält, Hunderte finden einen grausigen Tod — in Köln und Trier, in Mainz, Straßburg und Speyer bis weit nach Frankreich hinein, wohin die Pogrome übergreifen. Konrad erschrickt zutiefst. Schleunigst gibt er Anweisung, den verfolgten Juden auf seinen Burgen Freistatt zu bieten. Und allmählich klingen die schlimmsten Exzesse wieder ab. Doch haben sie gezeigt, wie krank dieses Land ist.

Ein wunderlicher Herr aus Frankreich

Um diese Zeit, im Herbst 1146, überschreitet ein wunderlicher alter Herr die Reichsgrenze. Ein großer Ruf geht ihm voraus: Er soll Kranke geheilt, Sterbende wieder zum Leben erweckt haben. Dabei wirkt er nicht einmal besonders anziehend, sein Fanatismus stößt eher ab, und in seinem religiösen Eifer schwingt eine Brutalität mit, die besonnenere Gemüter erschauern läßt. Doch wer ihn hört, muß zugeben: Dieser Mann kann reden. Er weiß dabei auch genau, was er will.

Was aber will nun dieser Bernhard, Gründer und Abt des Klosters Clairvaux, der später heiliggesprochene Freund und Lehrer des Papstes?

Er will den Kreuzzug. Das Grab Christi soll vor den Heiden geschützt, Jerusalem aus den Händen der Ungläubigen gerettet werden. Denn schlimm steht es wieder einmal um die Christen im Heiligen Land: Jungfrauen werden geschändet, Greise niedergemetzelt, Kinder abgestochen.

Das alles hört man nicht zum ersten Mal. Schon 1095 war Papst Urban II. vor einer Schar begeisterter Ritter und Fürsten in den Ruf ausgebrochen: „Deus lo volt" — „Gott will es." Das wird zum Motto der wohl seltsamsten, vieldeutigsten Bewegung des gesamten Mittelalters.

Das Zeitalter der Kreuzzüge hat begonnen.

Später wird man diese Kreuzzüge als rein kommerzielle Unternehmen deuten, aus Neid und Habgier geboren. Denn der Orient ist reich. Dort gibt es seltene Gewürze, kostbare Seidenstoffe, lauter schöne, teure Dinge, die in Europa durch die Gewinnspannen ihrer orientalischen Exporteure nicht billiger werden. Da mag es schon manchen reizen, diese Märkte unter eigene Kontrolle zu bringen. Andere machen wiederum mit dem Transport der Kreuzfahrer das Geschäft ihres Lebens.

Doch spielen noch ganz andere Interessen mit.

Nicht zufällig fallen die Anfänge der Kreuzzugsbewegung mit jener Zeit zusammen, in der das Bündnis zwischen Thron und Altar in die Brüche ging und sich das Papsttum als selbständige politische Macht zu profilieren suchte. Hierfür bieten die Kreuzzüge die ganz große Chance.

Als der Papst sein „Gott will es!" ausrief, hatte er sich von der Vormundschaft des Kaisers befreit und direkt an die Fürsten und Ritter gewandt. Er wurde ihr „dux et pontifex", ihr weltlicher und geistlicher Führer zugleich. Nun sollte zwar nie ein Papst tatsächlich einen Kreuzzug anführen. Doch fanden diese Unternehmungen in seinem Namen und mit seinem Segen statt. Sie vertieften seine Autorität und bestätigten seinen Führungsanspruch. Kreuzzüge waren der große Trumpf, der gegen den Kaiser in Deutschland ausgespielt werden konnte.

Der allererste Kreuzzug im Jahre 1096 wurde solch eine Blamage, daß ihn die Geschichtsschreibung schamhaft unterschlug. Ihre Zählung setzte erst beim nächsten ein, und dieser erste, eigentlich zweite Kreuzzug bringt immerhin einigen Erfolg. Jerusalem wird erobert, einige kleine Lehensstaaten entstehen im Vorderen Orient. Nicht zufällig herrschen dort vor allem Franzosen: Frankreich ist eigentlicher Nährboden der Kreuzzugsidee.

In Deutschland bleibt man zurückhaltender. Vor allem die Kaiser wollen wenig davon wissen, begreiflicherweise, sind doch diese Unternehmen letztlich gegen sie und ihre Vorrangstellung gerichtet.

So erschüttert im Reich zunächst keinen die Nachricht, daß 1144 die Kreuzritter-Grafschaft Edessa vom Emir von Mossul erobert worden und das Heilige Grab wieder einmal bedroht ist. Konrad III. hat wahrlich andere und näherliegende Sorgen.

Das weiß natürlich Bernhard von Clairvaux, als er 1146 nach Deutschland kommt. In seiner Heimat Frankreich hat er leichtes Spiel gehabt. Dort hatten sich soviel Freiwillige herbeigedrängt, daß sich schließlich nicht mehr genügend Kreuze fanden, und Bernhard, nie um einen großen Auftritt verlegen, hatte seine weißen Gewänder zerrissen, sie zu Kreuzen zerschnitten und sie den Rittern an die Schultern geheftet, voran dem König Ludwig VII. selbst. Frankreichs Adel befand sich im Kreuzzugstaumel.

In Deutschland sieht es anders aus.

Hier toben noch die Judenverfolgungen. Die sieht nun Bernhard gar nicht gern. In seinen Augen genügt es völlig, die Juden über alle Länder zu zerstreuen. Sie brauchen nicht auch noch vernichtet zu werden, was nur Kräfte verschleißt, die für den Kreuzzug dringlicher gebraucht werden.

Schon von Frankreich aus wendet er sich gegen die Pogrome und kann sie tatsächlich eindämmen. Dies zeugt von seiner Autorität. Hinzu kommt persönlicher Mut. In Mainz wird der kränkelnde alte Mann von einer rasenden Menge fast gelyncht, als er ihren Anführer, einen Mönch namens Rudolf, mit knapper herrischer Geste in sein Kloster zurückschickt. Doch Bernhard hält stand und setzt sich schließlich durch. Mit diesem ersten Beweis seiner Macht tritt er dem zögernden Konrad gegenüber.

„Gib uns Kreuze . . .“

Der König ist von Bernhard beeindruckt. Doch noch will er von einer Teilnahme am Kreuzzug nichts wissen. Der kluge Abt merkt das sofort und ist wendig genug, bei seiner ersten Begegnung mit Konrad das leidige Thema gar nicht erst anzurühren. Bernhard kann warten.

Das Weihnachtsfest 1146 kommt. Der König feiert es in Speyer, wo auch viele seiner Fürsten anwesend sind, und schon die Höflichkeit verlangt, daß man den berühmten Gast aus Frankreich um die

Predigt beim Gottesdienst bittet. Das ist genau die Chance, die Bernhard braucht.

Über der Versammlung im Dom von Speyer liegt schon Spannung, · als der zierliche alte Mann mit der brüchigen Greisenstimme mit seiner Predigt ansetzt. Und er beherrscht sein Handwerk. Die gesamte Skala seiner Ausdrucksmöglichkeiten spielt er durch, schmeichelt, fleht, droht, bis das Gotteshaus vom Geschrei der Menge widerhallt: „Gib uns Kreuze!" Auf dem Höhepunkt wendet sich aber Bernhard direkt an den König dort in der ersten Reihe, seine Worte sind ein einziger Appell an den guten Christen, der da vor ihm sitzt, und Konrad springt schließlich auf, mit Tränen in Augen und Stimme: „Ich erkenne Gottes Gnadengeschenke . . . Ich bin bereit, Ihm zu dienen, wann immer Er mich ruft . . ."

Ist dieser kluge, kühle Mann wirklich von der allgemeinen Stimmung so hingerissen? Hat ihn wirklich Bernhard überzeugt?

Andere Gedankengänge Konrads sind leichter vorstellbar: Für die Zeit des Kreuzzugs wird in Deutschland Frieden herrschen. Die Fehden müssen dann ein Ende finden. Konrad wird zum Führer seiner Fürsten. Und vor allem: Wenn dieser Kreuzzug ein Erfolg wird — was für ein Prestigegewinn für den Thron, welch neue Autorität für den König . . .

So läßt nun auch er sich das weiße Stoffkreuz an die Schulter heften und nimmt das Banner entgegen — der Mann aus Clairvaux kann zufrieden sein. Nicht so zufrieden ist der Papst in Rom. Eigentlich hatte er Bernhard nur nach Frankreich und nicht nach Deutschland geschickt. Eigentlich hatte nur Ludwig VII. gewonnen werden sollen. Doch kann er nichts tun und gibt nachträglich seinen Segen.

Konrad befindet sich aber in Hochstimmung. Was zu erwarten war, tritt ein: Das eben noch so erbärmlich zerrissene Deutschland eint sich in jubelnder Begeisterung für den Kreuzzugsgedanken. Alte Feinde versöhnen sich. Voll gläubiger Bewunderung wird wieder auf den König geblickt, und kaum einer seiner Reichstage ist so gut besucht wie der, den er Anfang 1147 nach Frankfurt einberuft.

Auch Heinrich ist nach Frankfurt gekommen. Ihm geht es aber nicht um den Kreuzug, über den hier beraten werden soll. Er ist nun mündig, und als mündiger Vertreter seiner Rechte fordert er vom König das bayerische Herzogtum.

Konrad könnte diesen Störenfried zurückweisen. Jedoch ist er ohnehin nicht der Mann harter, barscher Gesten. Außerdem kommt noch anderes hinzu: Hier in Frankfurt will der Staufer seinen ältesten Sohn zu seinem Nachfolger wählen lassen, damit die Erbfolge gesichert ist. Und Heinrich kennt sich inzwischen in den politischen Spielregeln hinreichend aus, um unverhohlen anzudeuten, daß seine Stimme bei dieser Wahl entscheidend davon abhängt, ob man nun seine Forderungen erfüllt oder nicht.

Wieder einmal flüchtet sich der König in einen Kompromiß. Er bleibt verbindlich, scheut die klare Stellungnahme: Heinrich möchte sich doch gedulden, jetzt sei nun einmal der Kreuzug das Wichtigste. Danach könne man sich ja in Ruhe über alles unterhalten.

Mehr braucht Heinrich nicht zu hören.

Mit dieser flauen Ausflucht hat bereits der König sein eigenes Wort, die Ächtung Heinrichs des Stolzen, in Frage gestellt. Alles weitere wird sich dann schon ergeben — vergnügt grinst der junge Mann in sich hinein.

Konrad fühlt sich aber ganz als Herr der Stunde. Von anderen läßt er sich schmeicheln, wie klug und geschickt er wieder einmal gehandelt hat. Und als dann sein Sohn tatsächlich gewählt wird, zieht er im Hochgefühl dieser Scheinerfolge jenem Unternehmen entgegen, das als Höhepunkt seiner Laufbahn gedacht ist.

Der zweite Kreuzug beginnt. Viele folgen Konrad: Otto von Freising, sein Neffe Friedrich von Schwaben, den um diese Zeit noch niemand „Barbarossa" nennt, auch Welf VI., Seite an Seite mit Heinrich Jasomirgott· von Babenberg, die Feinde von einst. Alles Gewesene scheint vergessen, alte Rivalität im Sog der großen Stunde untergegangen zu sein: Gott will es . . .

Einer ist nicht dabei: natürlich Heinrich. Und nicht nur er fehlt im Zug der Kreuzritter, der die Donau entlang der Grenze entgegenreitet. Mit dem Herzog sind auch die anderen sächsischen Großen

Konrads Kreuzzug ferngeblieben. Um die gleiche Zeit starten sie ihr eigenes Unternehmen, das als „Wendenkreuzzug" in die Geschichte eingeht. Dort füllt es ein kurzes, groteskes Kapitel.

Warum gleich bis nach Asien ziehen?

Dieser „Wendenkreuzzug" im Jahre 1147 erklärt sich wohl nur aus der tiefen Abneigung norddeutscher Querköpfe gegenüber jeglichem missionarischen Fanatismus. Hatte es schon im übrigen Deutschland lange Zeit gebraucht, bis der Funke zündete, so können sich die Sachsen erst recht nicht an ihm wärmen. Allerdings verstehen sie auch zu rechnen, und Bernhard von Clairvaux hat nicht nur große Worte anzubieten: Er nennt auch Privilegien, die der Papst allen Kreuzrittern zusichern läßt. Diese Privilegien hätten aber Sachsens Große ganz gern gehabt. Sie werden sich also etwas einfallen lassen müssen. Dieser Einfall ist der Wendenkreuzzug.

Man weiß nicht, wer zuerst die Idee hatte. Plötzlich kommt jedenfalls der Gedanke auf, daß man doch gar nicht erst bis nach Asien ziehen muß, um Heiden zu bekämpfen. Davon gibt es schließlich in nächster Nähe genug, gleich hinter der Elbe, wo die Wenden hausen. Diese Wenden beten nicht zum Kreuz, sie glauben nicht einmal an die unsterbliche Seele, sie brauchen also zu ihrem Heil dringend die christliche Bekehrung.

Bernhard ist mit dieser überraschenden Entwicklung keineswegs glücklich. Doch mit aller Schläue des geborenen Taktikers durchschaut er die Situation und tritt prompt die Flucht nach vorn an. Schäumend verkündet er: Natürlich hätten die Sachsen völlig recht, natürlich müßten diese heidnischen Wenden bekehrt werden, entweder getauft oder ausgerottet, das sei auch ganz im Sinn des Papstes. Tatsächlich wird Papst Eugen III. dieses Unternehmen als gültigen Kreuzzug anerkennen.

Im Juni 1147 versammeln sie sich in Germelsleben an der Bode: der Welfe Heinrich und der Ballenstädter Albrecht, Heinrichs künftiger Schwiegervater Konrad von Zähringen, viele weitere Große, darunter fast alle sächsischen Bischöfe. Sie beraten über diesen Krieg, der von Anfang an zutiefst absurd ist.

Ein „tüchtiger" Feind: Fürst Niklot

Gerade in den letzten Jahren hatte an der Elbgrenze ein tiefer und für alle Beteiligten höchst einträglicher Friede geherrscht. Das lag vor allem an einem Mann, an Niklot, dem Fürsten der Obotriten. Dieser im heutigen Mecklenburg beheimatete Stamm ist das angesehenste unter allen Wendenvölkern, und „die Tüchtigen" werden sie genannt. Fürst Niklot ist aber besonders tüchtig.

Seinen Gegnern mag Niklot als ein typischer slawischer Tyrann erscheinen, grausam und unberechenbar. Doch ist das nur die eine Seite seines Wesens. Niklot kann auch ein Mann des Ausgleichs sein, und mit seinen christlichen Nachbarn versteht er sich so gut, daß einige seine persönlichen Freunde werden. Besonders herzlich fühlt er sich dem Grafen von Holstein verbunden, und Adolf von Schauenburg erwidert diese Sympathie. Schließlich können beide Seiten von ihrer Freundschaft nur profitieren.

Niklot hört von dem Gewitter, das sich jenseits der Elbe zusammenbraut. Bestürzt fragt er beim Grafen an, was das zu bedeuten habe und ob er notfalls mit seiner Unterstützung rechnen könne. Der Graf windet sich: Natürlich hätte er nichts gegen die Wenden, könne aber als Christ im Ernstfall nicht gegen die eigenen Glaubensbrüder kämpfen.

Niklot begreift. Er handelt. Zunächst läßt er Dobin, seine wichtigste Burg an der Nordostseite des Schweriner Sees, befestigen. Dann geht er zum Angriff über. Lübeck, Adolfs Ostseehafen, wird sein erstes Ziel.

Die Lübecker sind ahnungslos. Unterhalb ihrer Burg feiern sie gerade Mariä Lichtmeß, als plötzlich die kleinen Schiffe der Wenden an der Trave-Mündung erscheinen. Und schon stürzen sich Niklots Krieger auf die völlig überraschten Bürger, von denen an diesem Tag einige hundert den Schwertern und Äxten der Obotriten zum Opfer fallen. In Richtung Segeberg aber, dem Sitz des Grafen, galoppiert ein einsamer Bote mit Niklots Kriegserklärung an den einstigen Freund. Abgemacht war zwischen beiden, daß es ohne eine solche Erklärung keinen Krieg geben sollte, und Niklot hält sich daran. Nur hat er dafür gesorgt, daß sie den Grafen erst erreicht, als es für sein Lübeck schon zu spät ist.

Auf ihren kleinen zottigen Pferden ziehen die Wenden quer durch Holstein, berennen Eutin, belagern Segeberg. Vor allem die Dörfer der von Adolf mit viel Überredungskunst aus dem Westen geholten Siedler sind ihr Ziel, und hier kennen sie keine Gnade, während des Schauenburgers persönliche Besitzungen so auffällig geschont werden, daß es später heißt, insgeheim sei der Graf bei diesem Überfall auf Holstein mit Niklot im Bund gewesen. Das ist natürlich nicht der Fall. Doch denkt der Obotritenfürst weit genug, um Adolf nicht völlig zu verprellen.

Dann ist der Sturm auch schon wieder vorbei. Zufrieden ziehen sich die Wenden in ihr Land zurück. Sie haben gute Beute gemacht und außerdem den Deutschen gezeigt, was sie jenseits der Elbe erwartet: jedenfalls kein friedvoll-demütiges Volk, das sich kampflos ergeben wird. Niklots Hoffnung, mit diesem Präventivschlag die Sachsenfürsten von ihrem Plan abgebracht zu haben, erfüllt sich allerdings nicht. Eher bestärkt er sie in ihrem Kreuzzugsplan.

Zum ersten und zum letzten Mal: Kreuzritter Heinrich

Im August 1147 ist es soweit. Zwei große Heere brechen auf und schieben sich der Elbgrenze entgegen. Zu dem einen gehört Heinrich, zum anderen Albrecht der Bär, und hier wie dort ist man siegesbewußt. Jetzt grassiert tatsächlich Kreuzzugsstimmung, und sie greift auch ins Ausland über, nach Polen und Dänemark, woher man den Deutschen zu Hilfe kommen will. Damit sind die Wenden eigentlich schon besiegt.

Stolz prangen die Kreuze auf den Schultern der Ritter, nicht weiß wie die der Palästinafahrer, sondern blau, und darunter sieht man noch einen kleinen Kreis. Das scheint der einzige Unterschied zu den „richtigen" Kreuzrittern zu sein. Doch gibt es auch noch andere, wie sich nur allzu bald zeigen soll.

Die Sachsen überqueren die Elbe. Sie belagern Dobin. Mit Hilfe ihrer Verbündeten versuchen sie, die Wenden in die Zange zu nehmen. Doch nichts gelingt so ganz. Es kommt zu keiner Niederlage, aber auch zu keinem richtigen Sieg. Und der Elan der ersten Stunde ist schon bald verflogen. Zurück bleiben Mißtrauen unter den Beteiligten und wachsendes Unbehagen gegenüber diesem ganzen Unternehmen, dessen Widersinn sich immer wieder zeigt — so vor Schwerin, wo den anstürmenden Rittern ein Bischof mit dem Kreuz in den hocherhobenen Händen entgegentritt: Schon seit langem sind die Schweriner gute Christen.

Die Situation wird immer unerträglicher. Mehr und mehr verliert das Heer jede Disziplin, plündert und brandschatzt. Abends findet man sich am Lagerfeuer wieder, johlend und saufend — und ohne rechte Vorstellung, wie eigentlich dieses sich so qualvoll hinschleppende Unternehmen enden soll. Zusehends verkommt das eben noch so stolze Kreuzfahrerheer zur zügellosen Soldateska.

In den Zelten der Anführer ist die Stimmung nicht besser. Dort sitzt man sich mit leeren Gesichtern gegenüber, immer mißtrauisch, ob einen der andere nicht gerade übervorteilen will. Man berät dies, plant das — und hat im Grunde nur den einen Wunsch: dieses unrühmliche Unternehmen möglichst rühmlich zu beenden.

Heinrich von Sachsen und Albrecht der Bär verlieren als erste die Lust am Kampf. Denn als erste begreifen sie, daß dieses gesamte Abenteuer hier im Wendenland ein einziger großer Unfug ist und ein sehr gefährlicher dazu — gefährlich für alle, die einen Teil ihrer Macht auf ihren Einfluß im Grenzland aufbauen.

Denn wie war es bisher gewesen?

Bisher hatte man den Wenden gelegentlich das eine oder andere Stück Land abgenommen und dem eigenen Machtbereich einverleibt, immer nur soviel, daß sich die Wenden nicht in ihrer Existenz bedroht fühlten. Manchmal waren diese Übergriffe auch als Strafexpedition ausgegeben worden. Das hatte den Vorteil gehabt, daß man anschließend Sühnezahlungen fordern konnte, was wiederum den eigenen Kassen sehr zugutekam. Natürlich ging das nicht ohne Blutvergießen ab. Doch insgesamt war man bemüht gewesen, die Wenden zu schonen, auf daß sie weiterhin zahlungskräftig blieben.

Und nun?

Nun werden Dörfer zerstört und Felder verwüstet. Verbrannte Erde bleibt zurück, wo eben noch fruchtbarer Boden war. Menschen sterben, die sich immer so gut und leicht erpressen ließen. Was hatte doch Bernhard von Clairvaux verlangt? Auf keinen Fall sollten sich die Sachsen durch Tribute beschwichtigen lassen — eine Forderung, bei der Albrecht und Heinrich nur seufzen können. Gerade diese Tribute waren eine so angenehme Sache gewesen. Nun aber sollen sie die Gans schlachten, die die goldenen Eier legt.

Ein ganz leiser Abgang

Natürlich können sich die sächsischen Herren nicht einfach wie Besiegte davonschleichen. Sie brauchen einen Sieg, um wenigstens den Schein zu wahren. Dafür sorgt dann der kluge Niklot, der wohl als erster die verfahrene Situation der Gegner durchschaut. Er handelt jetzt einen Frieden aus, der den Christen die ganz große Blamage erspart. Die wichtigste Bedingung: daß sich alle Wenden taufen lassen.

Erleichtert sehen die Fürsten, wie tatsächlich Tausende zur Taufe antreten, und ebenso erleichtert ziehen sie sich wieder hinter die Elbe zurück. Vielleicht ahnen sie, was nun geschieht: daß nun all die vielen tausend Getauften schleunigst zu ihren geliebten alten Gottheiten zurückkehren. Übrigens wird auch die zweite Bedingung dieses seltsamen Friedensschlusses, die Freigabe aller Gefangenen ohne Lösegeld, von Niklot eher eigenwillig ausgedeutet. Zwar läßt man Gefangene frei, doch nur die alten und kranken. Alle anderen werden in die wendische Sklaverei abgeführt.

Eigentlich ist also dieser Wendenkreuzzug zur monströsen Schlappe geworden. Er war eine einzige große Vergeudung von Zeit und Menschenleben. Heinrich trägt nicht allzu schwer daran. Im November trifft er wieder in Sachsen ein, wo er sich aufatmend seinen herzoglichen Routinepflichten zuwendet: Als erstes übereignet er dem Kloster Königslutter einen Wald und ein Dorf. Den Kreuzfahrer, der er eben noch war, hat er rasch vergessen.

Die Lehren eines Kreuzzugs

Viele Rollen wird Heinrich noch in seinem Leben spielen, die eine aber nur einmal: den von hohen Idealen feurig beseelten Helden, der einer Idee wegen hinaus in die Schlacht zieht. Diese Rolle liegt ihm nicht. Er spielt sie miserabel. Und nie wieder wird er sich daran vergreifen. Gleichmütig trennt er in diesem Jahr 1147 sein Kreuz vom Wams und legt es beiseite: Gott mag wollen, daß man Heiden bekehrt — Heinrich will es jedenfalls nicht.

Die Begabung dieses jungen Mannes liegt auf ganz anderer Ebene. Er nimmt die Dinge, wie sie sind, betrachtet sie genau, schätzt ihre Möglichkeiten ab. Dann aber beginnt sein bemerkenswert scharfer Verstand zu arbeiten: So also ist das, und das kann man daraus machen. Was aber erst den wahren Kreuzritter ausmacht: die Hingabe an ein hohes Ideal — Heinrich wird sie nie kennen. Er hat nur ein Ideal: sich selbst.

Dennoch ist die Zeit im Wendenland nicht ganz vertan.

Zum ersten Mal hat der junge Mann das Land jenseits der Elbe gesehen, seine schwere, fruchtbare Erde unter den Füßen gespürt, in seine weiten Räume geschaut, die nur darauf zu warten scheinen, daß einer kommt und aus all ihren greifbar deutlichen Möglichkeiten etwas macht.

Im Jahr 1147 hat Heinrich den Boden betreten, auf dem er einmal seine beste und größte Rolle spielen wird.

6. Kapitel
Abgesang auf einen König

Im Vorhof zur Hölle

Im Mai 1147 war Konrad III. nach Palästina aufgebrochen. Im Mai 1149 kehrt er zurück. Zwei Jahre liegen hinter ihm, die seiner königlichen Laufbahn die große Wende hatten bringen sollen. Nun sind sie ihr schlimmster Mißerfolg geworden. Bei diesem zweiten Kreuzzug kann nicht einmal von einem Scheinerfolg gesprochen werden.

Dabei hatte er recht vielversprechend angefangen.

In Konstantinopel waren die Kreuzfahrer wie Freunde aufgenommen worden, und Verbrüderung der beiden mächtigsten christlichen Herrscher lag in der Luft: Eine Nichte Kaiser Manuels von Byzanz sollte Konrads ältesten Sohn heiraten, und auch des Königs Halbbruder Jasomirgott hielt um die Hand einer byzantinischen Prinzessin an. Die Ritter aber fühlten sich wohl in der halborientalischen Atmosphäre ihrer Gastgeber, die ihnen wie ein Vorhof zum Himmel erschien.

Gleich danach wechselten sie allerdings in den Vorhof der Hölle über, nach Kleinasien, und schon zeigten sich allererste Auflösungserscheinungen im Zug der vielen Tausenden, bei deren Anblick schon in Deutschland Otto von Freising die Hände über dem Kopf zusammengeschlagen hatte: So viele Ganoven, Glückjäger, gescheiterte Existenzen waren zusammengeströmt.

Was wußten diese Männer eigentlich von den Dingen, die auf sie zukamen?

Vom Heiligen Jerusalem mit seinen goldenen Toren hatten sie gehört, vom Grab Christi, von den guten Gläubigen und den bösen Heiden. Doch nichts wußten sie von den Entfernungen auf dem fremden Kontinent, nichts von seinem Klima, seinen Menschen, seinen Lebensbedingungen und Gefahren.

Bei Nicäa hatte sich das Heer geteilt. Die einen zogen die Küste entlang, während Konrad mit den anderen den Marsch durch das Landesinnere wagte. Und bald war es wirklich ein Marsch geworden. Ein Pferd nach dem anderen brach in der Hitze zusammen, und schließlich marschierte auch der König zu Fuß an der Spitze des immer kläglicher werdenden Zugs. Diese Männer hatten nur wenig mit den stolzen Glaubenskämpfern gemein, die sie noch in Deutschland gewesen waren. Sie wurden ausgemergelte, dahinkeuchende Schatten ihrer selbst, vom Fieber geschüttelt, von Durst und Hunger gequält. Von ihren dürren Leibern hingen die glühend heißen Rüstungen herab, die viel zu schweren Waffen, und immer mehr Männer brachen zusammen, blieben liegen, waren tot.

Die Vorräte gingen aus, und die Hungernden hatten sich auf die gefallenen Pferde gestürzt, hatten ihr rohes Fleisch gefressen. Kein Wild, das man hätte erlegen können, nur verkarsteter Boden, unwegsames Gestrüpp, auf das die Sonne niederbrannte — gelegentlich erbeuteten sie ein Schaf, dann wurde dessen Fell ausgekocht und die trübe Brühe gierig geschlürft. Hinter jedem Hügel konnten aber die Feinde hocken, auf flinken Pferden, Pfeil und Bogen schußbereit.

Sie stellten sich nicht zur offenen Schlacht, sondern stürzten plötzlich aus dem Hinterhalt hervor. Dann überschütteten sie das Heer mit einer Wolke von Pfeilen und waren auch schon wieder verschwunden. Und noch ein anderer Feind wütete unter den Kreuzfahrern: die Ruhr.

Schließlich hatte Konrad aufgeben müssen. Mit dem Rest seines Heeres marschierte er zurück nach Nicäa, wo inzwischen Ludwig von Frankreich eingetroffen war. Doch war es den Franzosen nicht besser als den Deutschen ergangen, und so vereinigten sich nicht zwei stolze Ritterheere, sondern nur zwei Elendshaufen stießen aufeinander. Damit war das Wahnsinnsunternehmen eigentlich beendet.

Jetzt aber stand die Ehre der Christenheit auf dem Spiel. So hatte es Konrad gewagt, per Schiff nach Palästina zu reisen. Dort war er eher kühl, abweisend, fast spöttisch empfangen worden: Jerusalems König Urban witterte in den Herren aus Europa mehr Konkurrenten als Freunde. Lange hatte Konrad verhandeln müssen, bis wenigstens ein gemeinsamer Angriff auf Damaskus beschlossen wurde. Doch auch hierbei ließ Urban die Kreuzritter im Stich, und Konrad mußte wieder den Rückzug antreten. Das war der endgültige Zusammenbruch des zweiten Kreuzzugs.

Ein kranker König kommt zurück

Über Konstantinopel kehrt Konrad III. zurück. Das Pfingstfest feiert er bereits in Salzburg, und im Juli tritt er erstmals wieder seinen Fürsten auf einem Reichstag in Würzburg gegenüber. Sie erschrecken, als sie ihn sehen. Der vor zwei Jahren noch stattliche, gutaussehende Mann hat sich verändert. Er ist als Kranker zurückgekommen.

Einmal hatte ihn ein Seldschukenpfeil getroffen, doch diese Wunde war wieder geheilt worden. Nicht geheilt wurde die Malaria, die er sich zugezogen hat. Immer wieder kommt es in den nächsten Jahren zu Rückfällen, und schließlich wird sie sein Ende sein. Schon bei seiner Rückkehr ist Konrad ein vom Tod gezeichneter Mann.

Aber er gibt nicht auf. Im Gegenteil: Nie war er so lebhaft, steckte so voller Pläne. Doch ist diese aufschäumende Vitalität bereits die Hektik eines Schwerkranken, der weiß, wie wenig Zeit ihm bleibt. Diese kurze Zeit will er noch nutzen.

In seine bis dahin mehr konfuse Außenpolitik soll Ordnung gebracht, dem Reich endlich Frieden gegeben werden. Abschied von der Idee, auch ohne päpstlichen Segen Herrscher zu sein: Ein Italienzug samt Kaiserkrönung steht nun als wichtigster Punkt auf Konrads Programm.

Das ist alles weit gespannt und groß gedacht. Die Wirklichkeit sieht anders aus. Dort schafft Konrad nicht einmal, sich diesseits der Alpen durchzusetzen. Denn in den Jahren seiner Abwesenheit ist die Situation eher noch schwieriger geworden als zuvor.

Zwar hat Reichsfrieden geherrscht. Doch die daheimgebliebenen Fürsten wurden noch selbstbewußter, geben sich ganz als uneingeschränkte Herren. Erneut beherrscht der Kampf mit den Welfen das politische Feld. Wieder muß Konrad gegen Heinrich von Sachsen und Welf VI. antreten.

Von diesen beiden Welfenführern scheint Heinrich zunächst der harmlosere zu sein. Als mächtiger, doch loyaler Fürst residiert er in Lüneburg, das damals noch nicht so sehr von Heinrichs künftigem Zentrum Braunschweig verdrängt worden ist. Dort residiert er übrigens nicht mehr allein. Um 1150 hat er geheiratet.

Eine vernünftige Ehe

Wie einst seine Mutter Gertrud ist Klementia noch ein halbes Kind, als sie Frau des Welfenherzogs wird. Wenig bleibt von ihr zu berichten: nur daß sie ein hübsches, kluges Mädchen gewesen sein muß, von früh an darauf vorbereitet, einmal eine führende Stellung einzunehmen. Sie bringt alles mit, was Heinrich um diese Zeit von seiner Frau erwarten kann, vor allem eine beachtliche Mitgift. Liebe ist nicht im Spiel. Klementia bedeutet lediglich die beste Partie, die Heinrich hätte machen können.

Die Wahl der Braut hätte übrigens Konrad aufhorchen lassen müssen. Denn Klementia entstammt dem Haus der Zähringer. Diese Zähringer sind aber nicht nur die nach den Welfen reichste Familie zwischen Alpen und Nordsee. Sie sind auch geschworene Gegner der Staufer. Die Verbindung zwischen den beiden wichtigsten königsfeindlichen Häusern, ostentativ während der Abwesenheit Konrads geschlossen, kommt fast einer Herausforderung gleich.

Doch vorerst ist dem König der Sachse nicht so wichtig. Diesen jungen Mann unterschätzt er ebenso, wie er seinerzeit Welf VI. unterschätzt hatte. Der reife Mann nimmt den kleinen dunkelhaarigen Jungen mit dem herrischen Gehabe einfach nicht ganz ernst. Um so ernster muß er dagegen dessen Onkel Welf VI. nehmen.

Hochverräter Welf

Vorbei sind die Tage, in denen Konrad seinen Kreuzzugsgefährten mit „Kamerad" angeredet und Manuels üppige Geschenke redlich mit ihm geteilt hatte. Schon beim Sturm auf Damaskus war Welf nicht mehr dabeigewesen. Kurz zuvor hatte er seinen König verlassen und war über Sizilien nach Deutschland zurückgekehrt.

All die Jahre hatte Welf wenig Skrupel gehabt, sich das Geld für den Kampf mit König und Babenberger aus dem Ausland zu holen. Jetzt wird er vollends zum Hochverräter, der mit Papst und König Roger von Sizilien konspiriert, um Konrad in seiner Abwesenheit zu stürzen und Bayern zu erobern. Und nur ein glücklicher Zufall, Welfs überraschende Niederlage bei der Burg Flochberg, hatte im letzten Augenblick diesen Plan zunichte gemacht.

Noch einmal hatte Konrad über die Welfen gesiegt. Sein gefährlichster Feind war zum gehetzten Flüchtling geworden, und seine
Gegner schwelgten bereits in der Vorstellung, ihn auf dem Schafott
enden zu sehen. Dazu kommt es nicht. Es kommt sogar zu einer offiziellen Aussöhnung zwischen Konrad und Welf VI. Jedoch ist die
Zeit vorbei, in der dieser Mann die führende Rolle im Haus der
Welfen hatte spielen dürfen.

Eigentlich handelt es sich bei ihm um einen tragischen Charakter.
Denn sein Leben lang wird dieser handfeste Kämpfer und trinkfrohe
Lebensgenießer die Rolle des „ewigen Zweiten" spielen, zunächst im
Schatten des älteren Bruders, dann in dem des ungleich begabteren
Neffen Heinrich. Welf VI. darf zwar für sich in Anspruch nehmen,
der wahre Repräsentant des Welfenhauses zu sein, lebt er doch auf
der Ravensburg und verwaltet die schwäbischen Besitzungen der
Familie. Jedoch geht die Geschichte über ihn hinweg, während aller
Glanz auf den jungen Mann aus Sachsen fällt, der nun zum Prototyp
des stolzen, selbstbewußten Welfen wird.

Auftritt für Heinrich

Abgang für Welf, Auftritt für Heinrich: Hatte Konrad gehofft, mit
Welfs Niederlage die bayerische Frage endlich gelöst zu haben, so
täuschte er sich gründlich. Denn nun steht Heinrich vor seinem König
und wiederholt seine Forderung von 1147.

Konrad scheint noch immer nicht begriffen zu haben, wie ernst es
dem Jungen damit ist. Noch ein weiteres Mal meint er ihn vertrösten
zu können. Nicht hier, beim Reichstag in Fulda, soll der Fall ausgehandelt werden, sondern übers Jahr in Ulm. Dann soll das Gericht
der Fürsten entscheiden.

Konrad kommt sich wieder einmal sehr geschickt vor. Denn nun
bleibt die Entscheidung einem Gericht überlassen, von dem der
König weiß, daß seine Richter nicht unbedingt auf Heinrichs Seite
stehen. Leider weiß das aber auch der junge Herzog. Er begreift, daß
er bei diesem König seinen Anspruch auf friedlichem Weg nie wird
durchsetzen können.

Denn seltsam genug für einen Kläger, der doch Heinrich in dieser

79

Angelegenheit ist: Er erscheint weder in Ulm noch auf den beiden weiteren Reichstagen, wo der Fall verhandelt werden soll. Dafür ruft er aber ein Heer zusammen, überläßt Klementia die Regierungsgeschäfte und zieht mit seiner Streitmacht in den Süden hinunter — ein neuer Welf VI. in jüngerer, gefährlicherer Ausgabe.

Konrad versteht endlich, daß er den Knaben Heinrich ernst nehmen muß. Die letzte große Entscheidung in seinem Kampf mit den Welfen bahnt sich an.

Für kurze Frist scheint jene Zeit zurückgekehrt, in der Konrad Heinrich den Stolzen hatte überrumpeln wollen. Alles ist wie damals: der Herzog im Süden; daheim in Sachsen nur eine Frau; der König willens, seinen widerspenstigen Ersten Fürsten nicht an der Peripherie, sondern im Kernland selbst zu besiegen.

Damals war der Plan am Widerstand der Sachsen gescheitert. Konrad ist also gewarnt. Diesmal geht er behutsamer vor, schickt zunächst seine Späher aus, und durch die sächsischen Lande reist sein Hauskaplan Heribert.

In diesen Wochen finden auf vielen Burgen geheime Unterredungen, nächtliche Gespräche statt, denn Heribert soll prüfen, was die Sachsen wirklich von ihrem Herzog denken. Das Ergebnis überrascht den König angenehm. Offenbar ist Heinrichs Position in Sachsen nicht so unangreifbar, wie es auf den ersten Blick hin scheint.

Bei der Menge ist der Welfe zweifellos beliebt. Die aber zählt nicht. Unter den Großen finden sich hingegen viele, die mit solch einem Herzog ganz und gar nicht einverstanden sind: natürlich Albrecht der Bär, der noch immer auf die sächsische Herzogwürde hofft, natürlich Hartwig, der inzwischen als Nachfolger des verstorbenen Adalbero Erzbischof von Bremen geworden ist.

Aber auch anderen wie Konrad von Meißen oder Ludwig von Thüringen ist der Welfe allzu selbstherrlich geworden. Heinrich hat Erfolg gehabt, zweifellos. Doch dieser Erfolg brachte ihm auch Feinde und Neider. Viele fühlen sich gekränkt, benachteiligt, und sie alle bilden eine starke, antiwelfische Partei, auf die nun Konrad setzt.

Er rechnet sich seine Chance aus: Gegen die Sachsen mit Heinrich an der Spitze dürfte nicht anzukommen sein. Aber jetzt ist Heinrich außer Landes. Das Wichtigste wird sein, ihn dort zurückzuhalten.

Quer durch Deutschland zieht eine Postenkette auf. Sie soll Heinrich nicht in den Norden kommen lassen. Dann reitet Konrad nach Goslar. Von dort aus soll zunächst Braunschweig erobert werden. Ist diese Lieblingsstadt des Welfen erst einmal in königliche Hände gefallen, müßte auch das übrige Sachsen zu erobern sein.

Das Unternehmen läuft an und scheint zu gelingen. Heinrich ist ahnungslos. In Bayern hat er sich überraschend mühelos durchsetzen und bereits weite Teile des Landes erobern können. Nun zieht er sich gerade auf seine schwäbischen Besitzungen zurück, wo er offenbar überwintern will. Von den königlichen Truppen oben im Norden, die schon das Dorf Heineberg bei Braunschweig erreicht haben, scheint er nichts zu wissen. Vielmehr gedenkt er das Weihnachtsfest 1151 auf einer seiner schwäbischen Burgen zu feiern, und lädt dazu all seine Untergebenen ein. In größter Ruhe wird also einige hundert Kilometer weiter nördlich Konrad die Stadt des Welfen im Handstreich nehmen können.

Die Sache hat nur einen Fehler: Heinrich ist keineswegs ahnungslos. Er kennt Konrads Absicht genau, weiß vom geplanten Angriff auf Braunschweig und auch von der Postenkette, die ihn abfangen soll. Mit dem tollkühnen Mut eines Mannes, der eigentlich schon verloren ist, setzt er alles auf eine Karte.

Seine Leute werden das Christfest ohne ihren Herrn feiern müssen. Denn während sie noch von allen Seiten herbeiströmen, jagt er, verkleidet und nur von drei Männern begleitet, dem Norden zu. Es ist ein Wahnsinnsritt inmitten der ersten Schneestürme dieses Winters, der kleine Trupp muß die großen Straßen meiden, denn dort lauern Konrads Wächter und warten nur darauf, daß ihnen der Herzog in die Hände fällt. Doch das Bravourstück gelingt. In nur fünf Tagen hat Heinrich Braunschweig erreicht, umtost vom Jubel seiner Bürger: Wieder einmal hat es dieser Teufelskerl von Herzog seinem König gezeigt ...

Und wie er es ihm gezeigt hat: Konrad weiß, daß er gegen Heinrich selbst nicht antreten kann. Er resigniert. Der Sturm auf Braunschweig unterbleibt, das Heer zieht sich wieder nach Goslar zurück. Von dort verläßt Konrad mit solch einer Geschwindigkeit Sachsen, daß er schon im Januar weit unten im Süden, in Konstanz am Bodensee, anzutreffen ist — so fern wie möglich von diesem unverschämten Bengel, den er nie in seine Schranken weisen wird.

Eine Zeit tritt ab

In diesen beiden Männern treffen nicht nur zwei feindliche Familien aufeinander. Hier begegnen sich auch zwei Generationen. Allein schon das sichert Heinrich den entscheidenden Vorsprung. Er ist jung und unverbraucht. Die Zeit welfischer Niederlagen wurde für ihn ferne Erinnerung. Sein Vater mag seine Ziele verfehlt haben und darüber hinweggestorben sein. Er selbst hat aber bisher alles erreicht, was er wollte, und für den kaum Zwanzigjährigen dürfte gar nicht recht vorstellbar sein, daß einmal auch ihm Grenzen gesetzt sein könnten. Er steht für die junge, skrupellos vorwärtsdrängende Generation.

Für die alte, im Abgang begriffene steht aber Konrad. Der ständige Kampf um die Macht hat ihn verschlissen, und darüber ist er zum alternden Mann geworden, verbraucht und krank, ein gescheiterter Politiker, der sich viel, zu viel vorgenommen hatte. Seine Ära bleibt eine Zeit des Übergangs.

Allerdings ist dieser König zäh. Wenigstens das eine will er noch erreichen: die Krönung zum Kaiser. Schon 1150 war die Romfahrt von den Fürsten beschlossen worden. Zwei Jahre später ziehen Konrads Boten über die Alpen mit Briefen an den Papst und die wichtigsten oberitalienischen Städte. Der Empfang ist überraschend freundlich, der Papst erklärt sich zur Kaiserkrönung bereit. Mit dieser frohen Botschaft ziehen die Gesandten nach Deutschland zurück.

Erbe dringend gesucht

Die Nachricht wird einem Sterbenden gebracht. In Bamberg, wo er noch einmal mit seinen Fürsten die Romfahrt beraten wollte, stirbt Konrad III. am 15. Februar 1152, und die dabei sein Lager umstehen, wenige ohnehin nur, trauern nicht lange. In schon unhöflicher Eile wenden sie sich von dem Verstorbenen ab, und nicht einmal sein Wunsch, in Lorch begraben zu werden, wird ihm erfüllt. In Bamberg findet er sein Grab, während man sich eilends mit der Frage beschäftigt, wie es nun weitergehen wird.

Wer soll Konrads Nachfolger sein?

Im Lager der Staufer sieht man in diesen Tagen ängstlich-bleiche Gesichter. Natürlich will man von der Königswürde nicht lassen, weiß jedoch nicht so recht, wem sie anvertraut werden kann.

Konrads ältester Sohn, der schon gewählte Heinrich, ist tot. Der zweite, Friedrich, ist ein Kind von sieben Jahren. Auf der anderen Seite stehen aber die Welfen und reiben sich schon die Hände, der gerade so triumphal hervorgetretene Heinrich vor allem. Ihm dürfte ein Kind als Nachfolger Konrads nicht gewachsen sein. Das wäre aber das Ende der Staufer schlechthin.

Ein Erbe wird also gesucht, der den kommenden Kämpfen gewachsen ist. Noch besser wäre jemand, der diesen Kämpfen ein Ende bereitet und endlich Frieden zwischen den großen Familien schließt. Jemand müßte her, der Staufer ist, doch auch den Welfen nahesteht. Doch damit nicht genug: Wenn dieser Mann nicht nur ein König des Übergangs sein soll, muß er auch noch andere Qualitäten mitbringen, um das von Konrad hinterlassene Gebirge an außen- wie innenpolitischen Problemen abtragen zu können.

Konrads Nachfolger muß in allen Lagern gleichermaßen geachtet werden und doch selbstbewußt genug sein, um sich ohne faule Kompromisse durchzusetzen. Er muß sich den Fürsten, dem Papst, dem König in Sizilien, den Nachbarn in Ost und West gegenüber behaupten können. Er muß gleichermaßen Feldherr sein wie Diplomat, muß in der Nähe wie in der Ferne wirken, muß . . .

Kurzum: Eigentlich muß es ein Mann sein, wie es ihn gar nicht geben kann.

Seltsamerweise gibt es ihn doch. Er steht sogar bereit, das übermenschlich schwere Erbe anzutreten. Und wenn man ihm glauben will, hat ihn sich Konrad sogar ausdrücklich, sozusagen im letzten Atemzug, als Nachfolger gewünscht. So wird er es jedenfalls erzählen, und der Gegenbeweis fällt schwer. Denn der einzige Zeuge dieses letzten Wunsches von König Konrad ist er selbst: Friedrich III. von Schwaben, Neffe des Königs, später „Barbarossa" genannt.

III. Teil
Die Höhle des Löwen

„Der Herzog aber sandte in die Städte und Reiche
des Nordens, nach Dänemark, Schweden, Norwegen
und Rußland Boten und trug ihnen Frieden an, so
daß sie zu seiner Stadt freien Zugang hätten. Und er
legte daselbst eine Münze und einen Zoll an, und
verlieh der Stadt die ansehnlichsten Gerechtigkei-
ten . . . "

Aus der „Slawenchronik" Helmolds von Bosau.

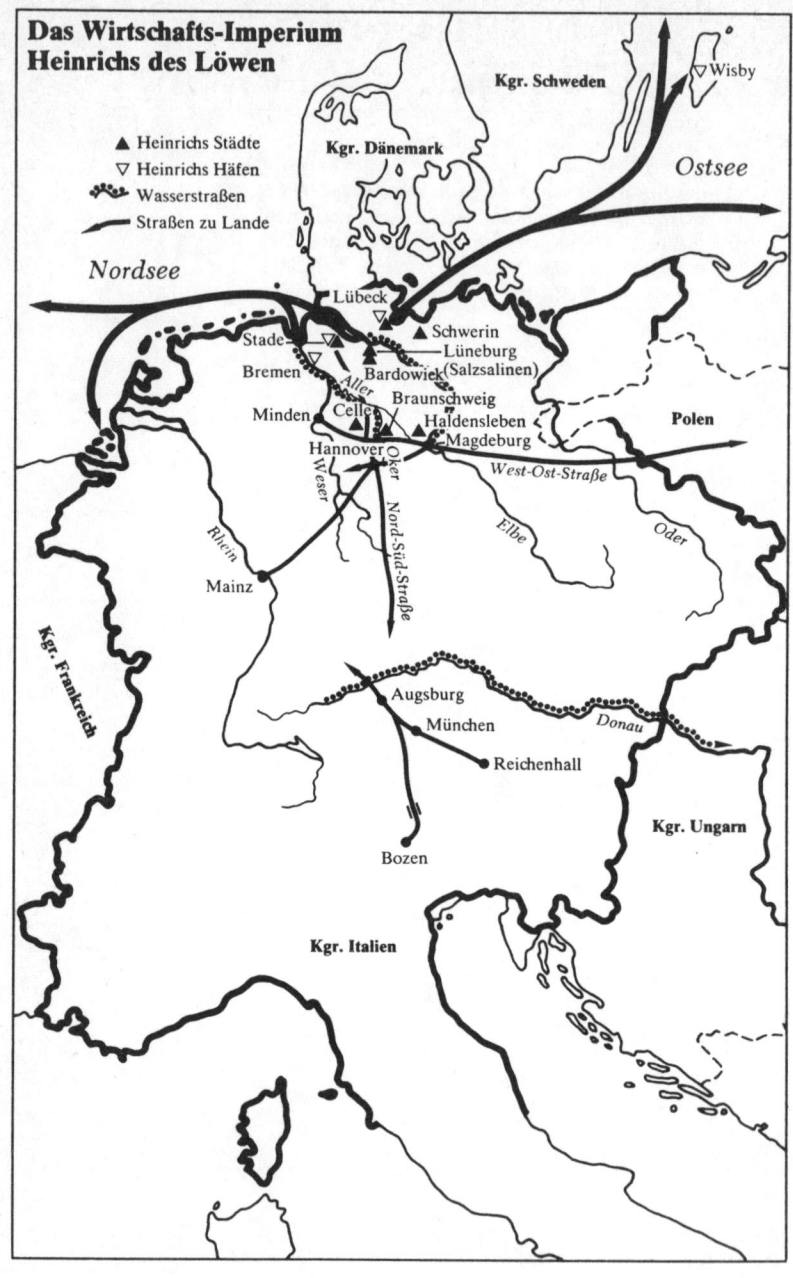

Das Wirtschafts-Imperium Heinrichs des Löwen

▲ Heinrichs Städte
▽ Heinrichs Häfen
•••• Wasserstraßen
━━ Straßen zu Lande

Kgr. Schweden

▽ Wisby

Kgr. Dänemark

Ostsee

Nordsee

Lübeck ▽

▲ Schwerin

Stade ▽ ▽

Lüneburg
(Salzsalinen)

Bremen ▽

Bardowiek

Braunschweig

Minden

Celle

Aller

Haldensleben

Polen

Hannover

Magdeburg

Oker

West-Ost-Straße

Weser

Nord-Süd-Straße

Elbe

Oder

Rhein

Mainz

Kgr. Frankreich

Augsburg

München

Donau

Reichenhall

Bozen

Kgr. Ungarn

Kgr. Italien

7. Kapitel
Der König, den man „Rotbart" nennt

Der schöne Herzog

Er ist blond, blauäugig, und wie die meisten Staufer sieht er ungewöhnlich gut aus. Das Auffälligste ist sein Blick: klar, meist heiter, manchmal ironisch, manchmal auch sehr kalt und abweisend. Und dann natürlich der ins Rötliche spielende, sanft gelockte Bart — er bringt ihm seinen Beinamen: Barbarossa, zu deutsch „Rotbart".

So taufen ihn die Italiener, als sie ihn 1154 erstmals zu Gesicht bekommen. Zu dem Zeitpunkt wird er bereits König sein und sich unterwegs zur Kaiserkrönung befinden. Vorerst noch, in Konrads Todesjahr 1152, ist er nur Friedrich III., Herzog von Schwaben aus dem Haus der Staufer, ein Mann um die dreißig mit wechselvoller, um nicht zu sagen: zwielichtiger Vergangenheit.

Bei Heinrich hatte es geheißen, daß er zunächst einmal ein Welfe ist, also in erster Linie der Spur folgt, die ihm der Weg seiner Familie vorgezeichnet hat. Bei Friedrich verhält es sich anders. Er ist *auch*, doch eben nicht *nur* ein Staufer.

Das hängt nur zum einen mit seiner Abstammung zusammen.

Einen Staufer, Friedrich II. von Schwaben, hat er zum Vater. Die Mutter Judith ist aber eine Welfin, Tochter Herzog Heinrichs des Schwarzen und damit auch eine Tante Heinrichs von Sachsen. Mit scherzhaftem Seitenblick auf all diese familiären Querverbindungen wird es später heißen, im Grunde sei Friedrich mehr Welfe als sein Vetter Heinrich, dafür Heinrich mehr Staufer als Friedrich, und in der Tat: Der Kampf zwischen Welfen und Staufern ist fast schon ein Bruderzwist, so eng sind die beiden Sippen verbunden.

Doch nicht nur das macht lange Zeit Friedrichs Position zwischen den Machtblöcken der Welfen und Staufer so unentschieden und doppeldeutig. Das liegt auch an den Staufern selbst und den Eigenheiten dieser Familie. Ihr Weg ist so ganz anders verlaufen als der-

87

jenige der Welfen, die von früh an im Schutz ihres Reichtums einer breiten, gemächlichen Bahn gefolgt sind. Im Vergleich zu den Herren von der Ravensburg waren die ebenfalls aus dem Schwäbischen stammenden Staufer nur arme Schlucker.

Die Sippe aus dem Halbdunkel

Büren war zunächst die Heimat der Staufer gewesen. Durch Heirat dann zu bescheidenem Reichtum gekommen, hatten sie sich auf der Kuppe des Hohenstaufen bei Göppingen einen neuen Stammsitz gebaut, und er trug ihnen den Beinamen „Staufer" ein. Später kamen noch einige Güter im Elsaß dazu, doch das war auch schon ihr gesamter persönlicher Machtbereich, von dem aus nur schwerlich eine große Karriere gestartet werden konnte.

1079 geschah es aber, daß Salierkaiser Heinrich IV. ausgerechnet dieser unbedeutenden kleinen Familie das schwäbische Herzogtum zusprach und überdies seine Tochter Agnes mit dem ersten staufischen Schwabenherzog Friedrich I. verheiratete.

Wie kam es zu diesem überraschenden Aufstieg?

Die Erklärung der Staufer-Gegner wird ebenso einfach wie gehässig sein: Damals sei es Heinrich IV. allein darauf angekommen, in seinem ohnehin schon wirren Reich noch mehr Verwirrung zu stiften. Staufer-Freunde sehen es freundlicher. Sie schließen sich der gern geglaubten Erklärung Ottos von Freising an, der von der unerschütterlichen Kaisertreue der Staufer spricht und von der großen Not, in der sich damals das Reich befunden hatte.

Das eine wie das andere stimmt.

Für Heinrich IV. *war* die Ernennung ein politischer Schachzug, die Staufer *waren* kaisertreu, und von großer Not konnte auch die Rede sein. Allerdings hatte es sich dabei weniger um die allgemeine Not des Reichs als um die höchstpersönliche des Kaisers gehandelt.

In diesem Jahr 1079 hatte sich dieser ohnehin vom Unglück verfolgte Kaiser wieder einmal einer starken Allianz feindlicher Fürsten gegenübergesehen. Welf IV. gehörte dazu, Berthold aus dem Haus der Zähringer und schließlich Schwabens damaliger Herzog Rudolf, der bereits zum Gegenkönig ausgerufen worden war. In Sachsen fand er dabei den stärksten Rückhalt, und eine für den Kaiser fatale Konstellation zeichnete sich ab: die Querverbindung zwischen dem sächsischen und schwäbischen Herzogtum.

In diesem Augenblick wurde die bisher kaum beachtete Sippe der Staufer ungeheuer wichtig. Denn ihre Güter lagen zufällig an der einzigen großen Straße zwischen Sachsen und Schwaben. Damit hielten sie eine strategische Schlüsselstellung in der Hand. Heinrich IV. sicherte sie sich, indem er den kaisertreuen Staufer Friedrich zum Herzog ernannte und ihn durch die Ehe mit seiner Tochter noch enger an sich band.

Letztlich verdankten also die Staufer ihren Aufstieg einem geographischen Zufall. Reichtum oder persönliche Verdienste konnten sie um diese Zeit noch nicht in die Waagschale der Macht werfen. Und das sollten sie zu spüren bekommen.

Denn zwar hatte Friedrich I. von Schwaben den Herzogtitel. Zwar war damit seine Familie über Nacht in die erste Reihe der Reichsfürsten aufgerückt. Aber das war auch schon alles. Im Lager der Kaiserfeinde amüsierte man sich eher über diesen neuen Herzog. Rudolf führte denn auch den alten Titel seelenruhig weiter und hielt in Friedrichs Nähe sogar eigene Landtage ab, ohne daß der Staufer viel dagegen tun konnte. Ihm fehlte die Hausmacht, auf die er seine neue Würde hätte stützen können.

Doch nun zeigte sich erstmals das eine spezifische Staufer-Talent. Wie kaum andere verstanden sie sich darauf, sich auch schwierigen Situationen anzupassen und das Beste daraus zu machen.

Friedrich konnte seine Rivalen nicht bekämpfen. Also arrangierte er sich mit ihnen. Er suchte ihre Freundschaft, gab sich als guter Kamerad, und am Ende heiratete sein ältester Sohn die Welfentochter Judith, die wiederum mit den Zähringern verschwägert war. Ganz unauffällig hatten damit die Staufer in der ersten Reihe der großen Familien Platz genommen.

Im übrigen blieben sie auch weiterhin unbeirrt kaisertreu, identifizierten ihre Sache ganz und gar mit der des Kaiserhauses. Das hatte zwei Vorteile. Zum einen wurden sie dabei sehr reich. Und wenn sich ihr Besitz auch noch lange nicht mit dem der Welfen oder Zähringer messen konnte, so waren sie doch auch nicht mehr die armen Schlucker ihrer Anfangszeit. Zum anderen durften sie aber darauf hoffen, eines Tages selbst an die Stelle der ihnen so innig verbundenen Salierherrscher zu treten. Otto von Freising konnte denn auch ganz ungeniert bei seinem Wort von den „Heinrichen von Waiblingen", die Kaiser zu stellen pflegten, die Salier mit den Staufern gleichsetzen: Es entsprach dem Selbstverständnis dieser Familie.

Ein Seitenblick zu den Welfen: Für sie war ihr riesiger Besitz von Küste zu Küste Grundlage ihrer Machtkämpfe. Solch einen Spielraum hatten die Staufer nie. Ihr zunächst einziger Trumpf blieb die Verbindung mit den regierenden Saliern. Darüber wurden sie die zweifellos besseren, weil geschickter und gezielter taktierenden Politiker. Dafür fehlte ihnen aber auch die Gelassenheit der Welfen.

War ein Welfe gerade nicht mächtig, so blieb er doch wenigstens reich und konnte hoffen, mit Hilfe dieses Reichtums demnächst wieder zur Macht zu kommen. Die Staufer brauchten jedoch den unmittelbaren Erfolg, wollten sie je über den Status angesehener, aber eben doch zweitrangiger Provinzfürsten hinauskommen. Das läßt sie weniger hochmütig-selbstbewußt als die Welfen erscheinen. Das gibt ihnen aber auch die Züge hektischer Karrieremacher.

„Hie Welf! Hie Waibling . . ."

Nicht zuletzt diese Konstellation erklärt auch die Reaktion der Staufer auf die unglückliche Königswahl von 1125. Sie war für sie ihre ganz große Chance gewesen, auf die sie nun schon Jahrzehnte lang hingearbeitet hatten. Als sie dann in allerletzter Minute von Heinrich dem Schwarzen und Lothar von Supplinburg überspielt wurden, sahen sie sich um die Früchte dieser Arbeit gebracht, und im Hintergrund drohte wieder die Anonymität der kleinen Herren von Büren. Dieses eine Trauma überwanden die Staufer nie. Es gab erst ihrem mit allen Mitteln geführten Kampf um die höchste Würde seine fanatische Entschlossenheit.

Dieser Kampf war aber auch das vorläufige Ende der guten Nachbarschaft zwischen Welfen und „Waiblingern". Aus Partnern wurden Feinde. Und unter dem Motto „Hie Welf! Hie Waibling!", dem Schlachtruf der beiden Sippen, sollte für fast dreißig Jahre jener Zwist einsetzen, der das Reich bis an den Rand des Ruins bringt.

1125 beginnt dieser Kampf. Um 1125 wird auch jener Staufer geboren, der siebenundzwanzig Jahre später den ersten dauerhafteren Frieden zwischen den beiden Sippen herbeiführen wird: Friedrich, Sohn Herzog Friedrichs II. von Schwaben und Neffe Konrads III.

Junger Mann im Schatten

Friedrichs genaues Geburtsdatum ist ebenso unbekannt wie das seines um einige Jahre jüngeren Welfenvetters Heinrich: 1122 ist der frühestmögliche, 1130 der späteste, 1124 der wahrscheinlichste Termin. Auch beider Kindheit und frühe Erziehung dürften sich geglichen haben. Doch dann kommt es zum ersten Unterschied: Während Heinrich schon als Kind in den Mittelpunkt des politischen Geschehens rückt, lebt Friedrich, von den Zeitläuften weitgehend unbehelligt, am Hof des Vaters. 1147 folgt er ihm dann als Friedrich III. in der schwäbischen Herzogwürde, Staufer und Welfe zugleich, der „große Eckstein" zwischen beiden Häusern, als den ihn Otto von Freising als erster bezeichnet und wie er dann bis zum Überdruß genannt wird.

Dieser „Eckstein" ist zunächst einmal ein Mensch. Und sehr menschlich berührt es, daß er sich nun nicht gleich mit aller Verbissenheit zu einer der beiden Parteien schlägt. Jahrelang sieht man ihn abwarten, zögern, mit sich selbst und der eigenen Herkunft offenbar im Unreinen sein.

Das bringt ihn allerdings auch ins Zwielicht. Denn wo Friedrich zwischen 1147 und 1152 innerlich wirklich gestanden hat, ist unklar. Fest steht aber, daß ihm sein Onkel Welf VI., also Konrads erbittertster Feind, zumindest nicht unsympathisch ist. Fest steht auch, daß dieser Onkel offensichtlich gerade in Friedrich den schwachen Punkt in der Staufer-Phalanx sieht. Jedenfalls versucht Welf VI. ihn immer wieder zur Partei der Welfen herüberzuziehen, vor allem in der Zeit, als er offensichtlich Hochverrat betrieb.

War dabei sein Neffe sein Komplice? Hat auch er mit Papst und sizilischem König gegen seinen Onkel Konrad konspiriert? Warum zeigt er sich nach Welfs Niederlage so bemüht, eine Aussöhnung zwischen ihm und dem König herbeizuführen? Hatte auch er einen möglichen Prozeß gegen Welf zu fürchten?

Fragen über Fragen um diesen Mann — und alle Antworten bleiben nur Gerücht. Jedoch gehört das zum Bild des „Welfenstaufers" Friedrich, der sich sein Leben lang glänzend darauf versteht, alle Widersprüche seiner Existenz hinter schimmernder Fassade zu verbergen.

Nur mittelgroß, eher zierlich, mit auffallend heller Haut, die zornrot anlaufen kann, ist Friedrich äußerlich nicht der Typ des geborenen Machtmenschen. Doch steckt in diesem geschmeidig-hübschen Jüngling ein harter, zielbewußter Ehrgeiz, der dem seines Vetters Heinrichs nicht nachsteht, so wenig sich sonst die beiden gleichen.

Friedrich verliert selten die Fassung und nie die Vernunft. Er weiß mit Menschen umzugehen, ist ein brillanter Redner, exzellenter Taktiker — und ganz nebenbei auch noch ein ausgefuchster Komödiant. Zeitgenossen werden seine schlanken, fast frauenhaft schmalen Hände erwähnen. Doch sind es Hände, die zupacken können und nicht mehr freigeben, was sie einmal in den Griff bekommen haben. Dann fällt unvermutet auch alle Verbindlichkeit von ihm ab, und eine brutale Härte zeigt sich, die niemand bei diesem liebenswürdigen Weltmann vermutet hätte.

Rätsel um die Königswahl

Die Schatten um diesen Mann weichen auch nicht, als er sich 1152 zur Königswahl stellt. Eindeutig bleibt nur, daß Friedrich gewählt werden *will* — und schließlich gewählt werden *wird*.

Schlägt man allerdings in den „Gesta Frederici" nach, in den „Taten Friedrichs", die sein Onkel Otto von Freising aufgezeichnet hat, liest sich noch alles klar und logisch: Wunsch des sterbenden Konrad, seinen Neffen statt seines noch unmündigen Sohns zum Nachfolger zu haben; allgemeine Friedenssehnsucht selbst bei den zum Ausgleich entschlossenen Welfen mit Heinrich an der Spitze; Friedrich als „Eckstein" beider Häuser der ideale, mehr noch: der einzig geeignete Kandidat, also einstimmige Wahl — die Ära Barbarossa, eine Zeit des Glanzes und der Ritterlichkeit, beginnt.

Es ist begreiflich, daß Otto als großer Staufer-Apologet die Entwicklung so sieht. Noch begreiflicher ist, daß sie Friedrich so gesehen haben will: Verdeckt doch ihre Scheinlogik alle Widersprüche, die von Anfang an des Staufers königlich-kaiserliche Laufbahn bestimmen. Bemerkenswert bleibt, daß diese Version auch noch Jahrhunderte nach Friedrich geglaubt wird und erst die jüngere Forschung Zweifel angemeldet hat, obwohl bereits Berichte aus dem 12. Jahrhundert einen anderen Ablauf dieser Wahl und ihrer Vorgeschichte andeuten.

Zunächst einmal ist Friedrich keineswegs der einzig mögliche Kandidat für den Königsthron. Das gleiche Recht kann als Enkel eines Kaisers und Sohn eines Mannes, der beinahe König geworden wäre, auch Heinrich von Sachsen für sich in Anspruch nehmen. Es spricht denn auch manches dafür, daß sich der junge Welfe 1152 tatsächlich zur Wahl gestellt hat und dabei ein durchaus ernst zu nehmender Kandidat war — so sehr, daß in den Wochen davor sein Vetter Friedrich geradezu hektisch um Sympathie und Stimmen geworben hat: nicht im Lager der Staufer, sondern bei den Welfen. Dann erst tritt er als Anwärter für die Krone vor die Fürsten, die sich im März 1152 in Frankfurt versammelt haben. Und am Abend des 4. März steht fest, daß der nächste König Friedrich heißt. Unter den Jubelrufen seiner Anhänger wird er als erster seines Namens auf den Königsschild gehoben. Unten am Ufer warten aber schon Schiffe, den frischgewählten König über Main und Rhein nach Sinzig zu bringen. Von dort geht es zu Pferd nach Aachen zur Krönung.

Träume vom Reich Karls

In Frankfurt dürften die wichtigsten Fürsten des Reichs ziemlich vollständig versammelt gewesen sein. Nach Aachen folgen ihm nur wenige. Das ist schade. Denn hier bekommt man einen Vorgeschmack dessen, was vom neuen Herrn tatsächlich zu erwarten ist: mehr jedenfalls als nur der Ausgleich zwischen Welfen und Staufern.

Unter anderem will man Friedrich beobachtet haben, wie er am Grab Karls des Großen kniete und dem Vorgänger schwor, sein Reich in altem Glanz wiederauferstehen zu lassen. Vielleicht ist es nicht ganz so pathetisch zugegangen. Gewiß ist es aber Friedrich von Anfang an ernst mit der Absicht, ein zweiter Karl zu werden. Er schwelgt in der Vorstellung einer neuen *ecclesia*, einer erneuerten

Christengemeinschaft, in der sich wieder das *sacerdotium* dem *imperium* unterordnet, die kirchliche der weltlichen Macht.

In der Pfalz zu Aachen sind denn auch noch nicht die ersten Feierlichkeiten verrauscht, als der neue König eine erste Botschaft an den Papst schickt. Darin wird dann Eugen III. schlicht mitgeteilt, daß sich Friedrich als ein von Gott auserwählter Herrscher fühlt und die Kirche wieder in seinen Schutz zu nehmen gedenkt.

Ein zutiefst konservatives, auch tiefromantisches Programm hat also dieser so modern und sachlich wirkende junge Mann: große Träume von einer Zukunft, die den Menschen Glanz und Einheit der Vergangenheit wiederbringt. Zunächst muß Friedrich allerdings beweisen, daß er der Gegenwart gewachsen ist.

Friede muß wieder im Reich sein. Die Position des Herrschers muß unangreifbar werden. Das aber — Konrads Versagen hatte es bewiesen — ging nicht ohne den Glanz der Kaiserwürde. Dafür mußte man sich mit dem Papst verständigen und zugleich die Herrschaft in Italien sichern — lauter schwere Aufgaben, von denen die Verständigung mit dem Papst noch die einfachste zu sein scheint.

Papsttum in der Krise

Nicht nur das *imperium* befindet sich seit den Tagen Heinrichs IV. in einer permanenten Krise. Auch für das Papsttum sind jene glücklichen Jahre vorbei, in denen sich Gregor VII., Urban II. anschicken konnten, neben der geistlichen auch die politische Führung Europas zu übernehmen. Diese Zeit hatte zwar dem Kaisertum geschadet. In der Folge nützte sie aber nicht dem Papsttum, sondern nur den übrigen europäischen Mächten.

Frankreich, England, das Normannenreich auf Sizilien, das schon weite Teile Unteritaliens in Besitz genommen hatte — nach der Abwertung des Kaisertums treten sie immer stärker hervor. Das wird schließlich auch für das Papsttum gefährlich, dessen Ansehen durch das Desaster des zweiten Kreuzzugs ohnehin gelitten hat.

Von Sizilien her bedroht Normannenkönig Roger den Kirchenstaat. Aber auch in Rom ist der Papst nicht sicher. Dort werden Stimmen laut, die eine Republik nach altrömischem Muster sowie eine von weltlichen Einflüssen gereinigte Kirche fordern. Anführer dieser Partei ist Arnold von Brescia, jener lombardische Prediger, der in Friedrichs Laufbahn noch eine so fatale Rolle spielen wird. Es steht also ernst um den 1145 zum Papst gewählten Eugen III.

Hilfesuchend hält er wieder Ausschau nach der alten Schutzmacht jenseits der Alpen, die doch nicht so entbehrlich ist, wie es jahrzehntelang geschienen hatte.

Friedrich kann warten.

Zwar beschließt er schon 1152 eine Romfahrt. Doch wirkt er eher erleichtert, als sich seine Fürsten mit aller Entschiedenheit dagegen aussprechen. Er will nicht den Fehler Konrads wiederholen, der alles zugleich angepackt hatte.

Bevor das Gleichgewicht zwischen *imperium* und *sacerdotium* wiederhergestellt ist, muß die königliche Herrschaft in Italien sicher sein. Bevor Italien gesichert ist, braucht der König ein befriedetes Reich diesseits der Alpen. Dafür müssen aber die großen Familien miteinander ausgesöhnt werden. Hierfür wird einer die Schlüsselfigur: Vetter Heinrich aus Sachsen.

Freund oder Feind: Heinrich

Hat der Welfe zu den Königskandidaten von 1152 gehört, so trägt er diesen ersten Fehlschlag seiner Laufbahn mit bemerkenswerter Gelassenheit. Getreulich begleitet er seinen Vetter zur Krönung nach Aachen. Dort steht er ganz vorn, als dem Staufer die Krone aufs blonde Haupt gedrückt wird, selbst nun ein erwachsener Mann Anfang zwanzig und Erster Fürst des Reichs.

Er ist nicht sehr groß, knapp 1,65 Meter, doch so gut proportioniert, daß er größer wirkt. Der untersetzte Körper ist muskelbepackt, und man sieht ihm die bulligen Kräfte an, die er in all den Kämpfen gesammelt hat. Im breitflächigen Gesicht dominieren die schwarzglänzenden Augen über einer energischen Nase und dem wohlgestutzten dunklen Bart. Heinrich ist kein „schöner Mann" wie sein Vetter, doch geht von seiner Erscheinung eine düstere, ganz und gar männliche Strahlkraft aus, der sich ebenso schwer zu entziehen ist wie dem schillernden Charme des Staufers.

Schon äußerlich ist also kein größerer Gegensatz denkbar als zwischen diesen beiden so grundverschiedenen Männern.

Wirkt Friedrich meist beherrscht, läßt Heinrich seinem jähzornigen Temperament stets freien Lauf. Ist Heinrichs Stimme rauh und laut, spricht Friedrich mit einem leicht singenden Dialekt, den er sehr geschickt zur Steigerung seiner persönlichen Wirkung einzusetzen versteht. Umwirbt der Staufer andere Menschen, weiß sie einzufangen, zu bezaubern und zu überzeugen, so verharrt der Welfe seiner Umwelt gegenüber in trotzig abwehrender Pose, die zwar beeindruckt, aber kaum Sympathien weckt. Des einen Intelligenz ist geschmeidig bis hin zur Verschlagenheit, die des anderen mehr sachlich-nüchtern als brillant. Noch als alter Mann wird Friedrich stets etwas von einem strahlenden Jungen an sich haben, der diese schöne Welt am liebsten umarmen möchte. Heinrich ist aber schon als Junge der ganz und gar erwachsene, unerhört selbstsichere Mann, der nie den ersten Schritt macht, sondern immer erst die anderen auf sich zukommen läßt.

Die Gegensätze führen noch weiter.

Heinrich wurzelt fest in der Tradition seiner Familie. Schon mit zwanzig, nach seinen Erfolgen in Stade und bei seinen Kämpfen mit Konrad, kann er sich als würdiger Erbe dieser Tradition fühlen. Die Linie eines Welfs IV., Heinrichs des Schwarzen, Heinrichs des Stolzen führt er ungebrochen weiter — in welcher Tradition wurzelt aber Friedrich?

Wieder stellt sich die Frage: Ist er ein Welfe oder Staufer? Wenn er sich aber zu den Staufern bekennt: Welcher unmittelbare Vorfahre kann ihm ein Vorbild sein? Vater oder Großvater, beide nicht sonderlich erfolgreich? Oder der weithin glücklose Konrad, dessen Name man um diese Zeit besser nicht zu laut erwähnt?

Nicht zufällig wird Friedrich später weniger *staufische*, als höchstpersönliche, auf den engsten Kreis seiner Familie bezogene Politik betreiben. Und auch nicht von ungefähr kommt bei ihm die so betonte Hinwendung zu den großen Gestalten einer fernen Vergangenheit.

Nicht nur ein politisches, auch ein sehr persönliches Problem drückt sich hierin aus: Friedrich hat keine ungebrochene Familientradition fortzusetzen wie Heinrich. Er muß erst solch eine Tradition durch übersteigerte Glorifizierung längst vergangener Herrscher schaffen. So beruft er sich auf Ahnen im Geiste, die nicht wirklich seine Ahnen sind. Auch das gibt seinem Gehabe jenen Zug von Künstlichkeit und Theatralik, der schließlich typisch für die gesamte Zeit wird.

Eines haben die beiden Männer immerhin gemeinsam: die gleiche Generation. Beide stehen erst am Anfang ihrer Laufbahn. So können sie noch selbst entscheiden, was diesem Anfang folgen soll.

Mit dem Welfen leben

Scheu mustert in diesen Märztagen 1152 König Friedrich seinen stämmigen Vetter aus dem Sachsenland. Ihm hat er keine großzügigen Versprechungen gemacht wie den anderen Welfen. Und er weiß, daß bei Heinrich auch nur ein Versprechen zählen würde: das bayerische Herzogtum.

Auch Heinrich mustert seinen Vetter. Er wird sich mit ihm als König abfinden. Er wird aber von seinem Anspruch auf Bayern nicht ablassen. Dann liegt es an Friedrich, wie er sich zu ihm stellt.

Beide geben sich keinen Illusionen hin: Eben waren sie noch als Herzöge von Schwaben und Sachsen gleichberechtigt. Nun ist der eine Lehensmann des anderen und ihm zur Treue verpflichtet. Damit scheint ihre Beziehung geklärt. In Wirklichkeit ist aber noch nichts geklärt. Die Verbindung zwischen diesen beiden wichtigsten Männern des Reichs braucht ihre ganz eigene Akzentsetzung, wenn sie nicht doch wieder im traditionellen „Hie Welf! Hie Waibling!"-Geschrei der Vergangenheit untergehen soll.

Das große Rollenspiel

Im Jahr 1152 haben Friedrich und Heinrich die Wahl: Sie müssen Todfeinde sein — oder sie können Freunde werden. Es ehrt den einen wie den anderen, daß sie sich nach einer kurzen Spanne mißtrauischer Distanz für die zweite Möglichkeit entschieden haben: Sie schließen Freundschaft. Wie weit dabei persönliche Sympathie mitschwingt, weiß man nicht. Im Grunde ist es auch unwichtig.

Dieser Freundschaftsbund von 1152 ist nichts anderes als eine denkbar unromantische, strikt politische Interessengemeinschaft, die jeweils ihren Preis hat: Friedrich wird mit den Welfen zu leben, sich im Schatten ihres Reichtums als eigenständige Macht einzurichten und zu behaupten haben, ohne sich des herangedeihenden Welfen-Imperiums zu entledigen, wie es Konrad gegenüber Heinrich dem Stolzen versucht hatte.

Einen hohen Preis zahlt aber auch Heinrich: die Hoffnung auf Königs- und Kaiserkrone für das eigene Haus. Nie wird es einen *Kaiser* Heinrich geben, was bei seiner Geburt noch möglich, ja unausweichlich schien. Sollte er bis jetzt solchen Träumen nachgehangen haben, muß er nun von ihnen Abschied nehmen. Dafür muß er andere Wege suchen, um sich auf einer der Kaiserwürde halbwegs vergleichbaren Höhe zu halten. Unter diesem Vorzeichen steht von nun an sein Weg. An seinem Ende wird er Heinrich der Löwe sein.

Zurück ins Welfen/Staufer-Schicksalsjahr 1152: Bei der damals einsetzenden Interessengemeinschaft weiß jeweils der eine genau, was er vom anderen erwarten kann und ihm dafür bieten muß.

Heinrich bietet: persönliche Loyalität, Rückendeckung im Innern des Reichs, entsprechende Absicherung des Throns und — auf lange Sicht — Unterstützung bei Friedrichs weitgespannten Plänen.

Friedrich bietet wiederum: die Autorität des Herrschers und damit die Möglichkeit, Heinrichs Ansprüche auf Bayern früher oder später zu erfüllen, ihm beim Ausbau seiner Macht freie Hand zu lassen und ihn dabei gegen Rivalen abzuschirmen — bis zu einer gewissen Grenze jedenfalls. Das berührt aber den heiklen Punkt dieser Beziehung, die im Grunde ein Rollenspiel ist: Überschreitet einer der beiden die Grenze seines jeweiligen Spielraums, wird sich dieses Bündnis zwangsläufig gegen seine Partner wenden.

Zunächst aber funktioniert das Rollenspiel, was Verdienst des einen wie des anderen ist.

Es spricht für Friedrich, daß er keinerlei Winkelzüge im Stil seines Vorgängers Konrad versucht und sich redlich bemüht, dem Vertrauen des anderen gerecht zu werden.

Es spricht wiederum für Heinrich, daß er dabei den Vetter nicht drängt, ihm Zeit läßt, sich zunächst einmal in seiner königlichen Machtstellung einzurichten, und ihm dabei behilflich ist — immerhin vier volle Jahre lang, in denen dieser sonst so ungeduldige Mann dem König gegenüber nie so aufbegehren wird wie früher bei Konrad.

So erlebt die staunende Umwelt in diesem Jahr 1152, wie Welfen und Staufer über Nacht zu den besten, engsten Freunden werden. Einträchtig stehen die Vettern nebeneinander: bei der Krönung in Aachen und beim traditionellen Königsritt, der zwischen März und Mai 1152 von Utrecht über Köln nach Goslar führt. Heinrich ist auch dabei, als Friedrich zu seinem ersten großen Reichstag nach Merseburg ruft, und gemeinsam begehen sie das Weihnachtsfest in Trier.

Sie ist schon eine Freude, diese Freundschaft zwischen den beiden führenden Männern ihres Reichs. Und selbstverständlich stellt sich Heinrich als erster ein, als Friedrich, nun schon im Oktober 1154, seine Ritter auf dem Lechfeld zum ersten ganz großen Abenteuer seiner Laufbahn zusammenruft. Nun bricht er nach Italien auf, reitet der Kaiserkrönung entgegen, Seite an Seite mit Heinrich, seinem Lieblingsvetter aus dem Hause Welf.

Das wird der erste Höhepunkt dieser Freundschaft sein, die wohl die seltsamste Freundschaft des 12. Jahrhunderts, wenn nicht der gesamten deutschen Geschichte ist. Rund ein Vierteljahrhundert soll sie dauern. In dieser Zeit wird aber die Geschichte dieser Freundschaft auch die Geschichte des deutsch-römischen Reichs sein.

8. Kapitel
Der lange Weg in den Süden

Vertrag mit Haken

Eigentlich ist es im Oktober schon zu spät, um noch über die Alpen zu ziehen. Friedrich wagt es dennoch, nachdem er sich zwei Jahre mit dieser Reise Zeit gelassen hatte. Jetzt hat er es eilig. Und so reitet er denn in diesem Oktober 1154 gemeinsam mit Heinrich, Berthold von Zähringen, Erzbischof Arnold von Köln und einigen hundert weiteren Rittern über die sich in zahllosen Krümmungen dahinwindende Brennerstraße dem einen Ziel entgegen: Italien.

Dort erwartet man ihn mit Ungeduld.

Immer wieder hatte Eugen III. anfragen lassen, wann es denn endlich so weit sei. Jedes Mal hatte er die gleiche Antwort erhalten: Noch sei keine Zeit dafür. Erst müßte der König diesseits der Alpen Ordnung schaffen.

Das war nicht nur ein Vorwand. In seinen ersten Regierungsjahren hatte Friedrich tatsächlich vollauf damit zu tun, seinem Reich den Frieden zu geben. Allerdings hatte der König den Papst auch nicht ungern in der Rolle des Bittenden und Drängenden gesehen. Seine Verzögerungstaktik trug schließlich Früchte: den Konstanzer Vertrag von 1153, in dem Eugen feierlich die Kaiserkrönung zusicherte. Dafür mußte sich der König verpflichten, ohne Zustimmung des Papstes weder mit den Normannen noch mit den aufsässigen Römern Frieden zu schließen.

Dieser Vertrag hatte einen Haken: Er war an die Person Eugens gebunden. Und so wurde es gefährlich, als im gleichen Jahr der Papst starb. Denn im römischen Kardinalskollegium hatte sich inzwischen eine starke Oppositionspartei gegenüber Eugens allzu königsfreundlicher Politik gebildet. Würde einer ihrer Vertreter Nachfolger des Verstorbenen werden, so wäre das für die königliche Sache ein böser Rückschlag geworden.

Doch fürs erste hatten sich noch die Kardinäle in einen Kompromiß geflüchtet, als sie mit Anastasius IV. einen sehr milden, allerdings auch schon sehr betagten Herrn wählten, von dem noch keinerlei Kehrtwendung zu erwarten war. Die grundsätzliche Frage blieb aber: Wie lange würde Anastasius leben, und wer würde dann sein Nachfolger sein?

Der Oktober 1154 ist für Friedrichs Italienfahrt der letztmögliche Termin.

Schon nach zwei Wochen liegen die Alpen hinter dem deutschen Heer. Weiter geht es über Bozen, Triest und Verona bis nach Roncaglia am Ufer des Po. Hier auf den Roncalischen Feldern haben immer schon deutsche Könige die erste große Rast einer Italienfahrt eingelegt. Auch Friedrich schlägt hier nun sein Lager auf und läßt in der Mitte des Platzes den üblichen Holzpfahl mit seinem Schild an der Spitze einrammen. Vor diesem Pfahl hält er Heerschau.

Sie wird zur schlimmen Enttäuschung. Denn längst nicht alle, die vor zwei Jahren die Romfahrt beschlossen und ihre Teilnahme beschworen hatten, sind nun auch tatsächlich dem König gefolgt. Da ist der Zähringer, sind die Wittelsbacher, dieses aufstrebende Geschlecht aus Bayern — wo aber bleibt Erzbischof Hartwig von Bremen? Wo Bischof Ulrich von Halberstadt?

Ihr Fernbleiben ist ein deutlicher Protest gegen Friedrichs allzu freundliche Welfenpolitik — und der König zeigt sich darüber so verärgert, daß er den treulosen Fürsten ihre Lehen kurzerhand entzieht. Ihm bleibt aber die bittere Erkenntnis, wie hilflos ein König ohne eigene Hausmacht ist. Er hängt vom Wohlwollen seiner Fürsten ab, in diesem Fall von dem der Welfen, die fast die Hälfte der 1800 Ritter in Friedrichs Gefolge gestellt haben.

Geschäft am Gardasee

Im Gegensatz zum Vetter hat Heinrich Grund zu blendender Laune. Nicht nur, daß die gestraften Herren Hartwig und Ulrich zu seinen persönlichen Feinden gehören, denen er von Herzen alles Schlechte wünscht — schon vor der Ankunft auf den Roncalischen Feldern hat er hier in Italien einen ersten persönlichen Erfolg verbuchen können.

Drüben bei Verona war es gewesen. Dort, am Ufer des Gardasees, hatte ein kleines Familientreffen stattgefunden. Erstmals stand Heinrich dabei seinen Vettern aus dem Haus der Este gegenüber, dunkelhaarig und schwarzäugig wie er. Damit endete allerdings auch schon ihre verwandtschaftliche Gemeinsamkeit.

Keine Umarmung, keine Rührung, niemand, der dem anderen unter Tränen an die Brust sank — dafür wurden harte Geschäfte gemacht. Die Este-Grafen Fulko und Bonifatius mußten dabei erfahren, daß ihnen hierin der Vetter aus Deutschland mindestens ebenbürtig war. Am Ende durften sie zwar ihren Besitz behalten, auf den Heinrich als Urgroßenkel Welfs IV. Anspruch erhob. Doch mußten sie ihn als Lehen vom Herzog entgegennehmen. Um vierhundert Mark reicher, damals ein fünfstelliger Betrag, konnte Heinrich den Schauplatz verlassen.

Bunt und fremd: Italien

Friedrich beschäftigt anderes als Verwandtenstreit. Auf den Roncalischen Feldern hat er zum Gerichtstag gerufen, und so kommen sie denn aus ihren Städten hervor, diese Nachkommen der langbärtigen „Langobarden": keine demütig geduckten Untertanen, sondern selbstbewußte Herren, mehr neugierig als ehrfuchtsvoll.

Verwundert schauen diese Männer auf den König aus Deutschland mit seinem seltsam roten Bart. Einige mögen sich noch an seinen Vorgänger Lothar erinnern, der hier als letzter Gerichtstag gehalten hat. Doch ist das fünfundzwanzig Jahre her. Seitdem hat sich hier kein deutscher Herrscher mehr blicken lassen.

Dieses Land ist schon längst nicht mehr das Italien, in das einst Otto der Große gezogen war. Dies sind auch nicht mehr jene Italiener, die damals voll gläubiger Bewunderung auf den Kaiser starrten, als er sich eigenmächtig zum König der Langobarden erklärt und zum Schutzherrn der gesamten Apenninhalbinsel aufgeworfen hatte.

Damals mochten noch Deutschland und Italien wie *ein* Reich gewirkt haben mit der Alpenbarriere als lästigem, doch rein geographischem Hindernis. In den folgenden zweihundert Jahren hatte aber dieses Italien eine erstaunliche Entwicklung durchgemacht.

Unten im Süden herrschen nun die Normannen mit dem genialischen Roger II. als König, der nicht nur von seiner sizilischen Hauptstadt Palermo aus Kalabrien und Apulien erobert, sondern diese Länder auch zu einem straff regierten, schlagkräftigen Staat zusammengefügt hat.

Zwischen Süden und Norden schiebt sich das *patrimonium Petri*, der Kirchenstaat, bei dessen Städten und verschiedenen Adelsgruppierungen wiederum von straffer Regierung keine Rede sein kann. Nicht einmal Rom selbst ist dem Papst wirklich untertan. Dort dominiert weiterhin Arnold von Brescia, der gegen das verweltlichte Papsttum wettert und bei den Römern ungeheures Ansehen genießt. Und auch die übrigen Städte dieser Region entdecken immer mehr ihre Selbständigkeit.

Voll neidischer Sehnsucht sehen sie auf ihre Nachbarn im Norden, die Städte der Lombardei, wo sich um das gemäßigt königsfreundliche Pavia und um das strikt reichsfeindliche Mailand zwei sich heftig befehdende Parteien gebildet haben. Der Handel zwischen Orient und Okzident hat diese Städte sehr reich gemacht, und mit dem Reichtum war die Macht gekommen: Aus Städten wurden Stadtstaaten mit gewählten Konsuln an der Spitze, mit einem Senat als Kontrollinstanz, mit eigener Verwaltung und eigenem Heer, das sich stolz um den *carrocio* schart, um den buntbemalten, von fünf Ochsen gezogenen Karren. Er ist Symbol bürgerlich-städtischer Unabhängigkeit.

Ihre Carrocios führen die Bürger auch bei sich, als sie nun zu Friedrich ins Zeltlager strömen. Sie begreifen zunächst nicht ganz, was dieser König eigentlich will. Der König begreift wiederum nicht recht, wer eigentlich diese Menschen sind: freie Bürger mit einem Weltbild, in dem für einen Friedrich kein Platz mehr ist.

Zwei Welten stehen sich hier gegenüber: ein Herrscher alten, fast schon überholten Typs den Vertretern einer neuen bürgerlichen Zeit.

Nun sind aber diese italienischen Kaufherren keineswegs die schmierigen Krämerseelen und kleinkarierten „Pfeffersäcke", die ihre Gegner gern in ihnen sehen. Hier handelt es sich um kultivierte, hochgebildete Herren. Geld verstehen sie nicht nur zu verdienen, sondern wissen auch mit ihm umzugehen, pflegen Wissenschaft und Kunst, unterhalten die besten Universitäten der Welt und leben in einem Stil, von dem man drüben in Deutschland nur träumen kann. Vor diesen urbanen, klugen Männern steht nun ein König, der nicht einmal fließend Latein spricht und keine andere Fremdsprache kennt. Sie sehen seine Ritter, die ja recht ehrenwerte, tapfere Männer sein mögen, sich aber mit ihren unbeholfenen Manieren wie ungehobelte Bauernburschen ausnehmen. Es kann also nicht gerade von Liebe auf den ersten Blick bei Italienern und Deutschen gesprochen werden.

Kampf unter der Oberfläche

Bunt geht es in Roncaglia zu. Denn fürs erste geben sich die Italiener noch geduldig. Sie leisten Treueeide, überreichen Geschenke, und Friedrich nickt gnädig zu den kostbaren Seidenstoffen, die man ihm zu Füßen legt, tätschelt ergeben die Löwen und Papageien, die ihm die Genueser verehrt haben. Im übrigen ist der König bemüht, dem fröhlichen Treiben wenigstens den Anstrich eines ernsthaften Gerichtstags zu geben, und auch hierbei spielen die Italiener noch mit. Sie tragen Klagen vor und hören sich des Königs Rechtsprechung an.

Aber unter der Oberfläche knistert es.

Schon vor Friedrichs Ankunft waren einmal in Mailand seine Briefe zerrissen und die königlichen Siegel unter Hohngeschrei in den Straßenkot getreten worden. Jetzt leistet ihm die Stadt Lodi erst den Treueid, nachdem sie von den Mailändern die Erlaubnis eingeholt hat, verweigern die Genuesen dem König die Anerkennung und reagieren auf seine Forderung mit der prompten Befestigung ihrer Schutzmauern.

Mehr und mehr begreift Friedrich, daß er noch weit davon entfernt ist, in diesem Land die eine, die oberste Instanz zu sein. Ihn selbst fasziniert Italien. Er bewundert seine Kultur, das Niveau der oberitalienischen Universitäten, die blendende Organisation von Wirtschaft und Verwaltung. Aber er weiß auch, daß vorerst seine Bewunderung wenig Gegenliebe findet, wobei seine italienischen Freunde fast noch problematischer sein können als seine Feinde: die Stadtrömer zum Beispiel, die im König einen Verbündeten gegen den Papst wittern.

Einige Monate später, schon auf dem Marsch nach Rom, stehen ihre Abgesandten vor ihm und bieten ihm nichts weniger als die Caesarenwürde nach antikem Muster an, vorausgesetzt, er zahlt dafür und sichert Privilegien zu. Friedrich weist sie zwar so barsch zurück, daß sie tiefgekränkt davonschleichen, jedoch hat er nun ein Beispiel mehr für die Unzahl von Schwierigkeiten, die ihn inmitten der so unterschiedlichen Machtblöcke Italiens erwarten.

Der große Feind: Mailand

Um die Zeit, da die Römer dem Herren aus Deutschland die Kaiserkrone anbieten, ist aus Friedrichs erster Romfahrt längst ein Feldzug geworden. Der König muß jetzt einen Kampf aufnehmen, für den sein kleines Heer nur sehr unzulänglich gerüstet ist.

Schwer war der Winterregen auf Italien gefallen, als die Deutschen von Roncaglia aufbrechen. Mühsam kämpfen sie sich auf der durchweichten, sich in Schlamm auflösenden Erde vorwärts, die Lebensmittel werden knapp, und mehrfach erkundigt sich Heinrich beim Vetter, wohin eigentlich diese Irrfahrt zwischen Felsen und Gestrüpp noch führen soll.

Friedrich kann nur mit den Achseln zucken: Zum befreundeten Markgrafen von Montferrat hatte man vorstoßen wollen. Offenbar ist man aber von den italienischen Führern in die Irre geleitet worden. Woher waren diese Führer gekommen? Natürlich aus Mailand.

Mailand, immer wieder Mailand . . .

Diese stolzeste, selbstbewußteste unter Oberitaliens Städten ist Friedrichs gefährlichster Feind. Doch noch kann er den frontalen Angriff nicht wagen. Dafür trifft im Februar 1155 das deutsche Heer vor Tortona ein, einer Stadt nördlich von Genua. Sie gilt als Mailands wichtigster Verbündeter.

„Leichenblaß, als ob sie aus den Gräbern kämen . . .“

Hoch auf einem Berg liegt dieses Tortona, „durch Natur und Kunst befestigt", wie Otto von Freising schreibt, mit gewaltigen Mauern und Wachtürmen. Heinrich prescht vor. An der Spitze seiner Leute erobert er die Unterstadt. Doch damit gerät der Angriff ins Stocken. Die Deutschen müssen eine längere Belagerung vorbereiten.

Vom verbündeten Pavia her werden Wurfmaschinen, Steinschleudern herbeigekarrt. In langer Reihe marschieren Bogenschützen auf. Tag für Tag geht nun über die Menschen von Tortona ein Regen aus Pfeilen und Felsbrocken nieder, und immer wieder meint Friedrich, eine schwache Stelle in der Festung entdeckt zu haben. Doch Tortona ist zäh. Angriff erwidert es mit Angriff, und viele Ritter finden den Tod.

Die Wochen vor Tortona zehren an den Kräften der Belagerten wie der Belagerer. Einmal verliert ein junger Soldat die Nerven, versucht inmitten des niederprasselnden Pfeilregens die Festung im Alleingang zu stürmen und kommt sogar oben an der Mauerkante an. Dort tötet er einen Gegner und kehrt wie durch ein Wunder unverletzt zurück. Der begeisterte König will ihn zum Ritter schlagen. Jedoch winkt der Amokläufer nur verwirrt ab und verschwindet in den Reihen seiner Kampfgefährten, nun wieder auf dem Boden der Wirklichkeit gelandet.

Doch nicht solche Bravourstückchen entscheiden Tortonas Schicksal. Das besorgt der Durst. In der Unterstadt hat Heinrich alle Wasserzuflüsse zuschütten und in die Quellen verwesende Leichname werfen lassen — keine ritterliche, doch wirksame Methode. Am 20. April ist Tortona am Ende.

Aus den Toren wanken die Menschen, denen Friedrich freien Abzug gewährt hat, bevor er die Stadt plündern und verbrennen läßt. Otto von Freising notiert beim Anblick des Elendszugs: „Leichenblaß, als ob sie aus den Gräbern hervorkämen, machten sie an sich selbst das Wort anschaulich, das da sagt, das Schlimmste von allem sei, durch eine Belagerung eingeschlossen zu werden . . .“

Die Tore öffnen sich

Der Fall von Tortona ist gleichermaßen Sieg wie Niederlage. Denn nun öffnen sich zwar dem König viele Tore, und einige Wochen lang kann er im Triumph von Stadt zu Stadt ziehen. Jedoch hat er hier zugleich einen Vorgeschmack all dessen bekommen, was ihm noch in Italien an Widerstand begegnen wird.

Schon zeichnen Friedrichs Weg verbrannte Städte, zerstörte Kastelle — kein glückliches Debüt für den Schutzherrn des Landes. Darüber täuscht auch nicht der Jubel hinweg, der den König nach dem Sieg über Tortona in Pavia empfängt.

Einen Tag lang reitet er dort unter den begeisterten Zurufen der Menge durch die Stadt. Auf seinem Kopf sieht man aber jene eiserne Krone, die schon Otto der Große getragen hatte. Wie Otto kann sich nun auch Friedrich König der Langobarden nennen. Doch wahrer König ist er damit noch lange nicht.

Von Pavia zieht das Heer nach Piacenca, von Piacenca nach Castelnuovo. Im Mai lagert es bei Parma am Ufer des Toro. Dann geht es weiter nach Bologna. Weiter unten im Süden wird jemand ungeduldig: der Papst. Er hat schließlich nicht den König nach Italien gerufen, damit Friedrich kreuz und quer von einer Stadt zur anderen zieht und sich die Lombardei unterwirft.

Hadrian — vom Bettelkind zum Papst

Bei diesem Papst handelt es sich nicht mehr um den greisen Anastasius IV., der nach anderthalbjähriger Amtszeit verstorben ist. Ende 1154 ist ihm Nikolaus von Albano als Hadrian IV. gefolgt — erster und letzter Engländer auf Petri Stuhl. Als Hadrian zum Papst aufsteigt, liegt der Weg eines Mannes hinter ihm, der in seiner Kindheit für jeden Brotkanten dankbar sein mußte, den man ihm zuwarf. Später wurde er ein berühmt tüchtiger, auch berüchtigt strenger Abt und erwarb sich schließlich als päpstlicher Legat in Skandinavien den Ruf eines „Apostels des Nordens". Mit solch einer eisenharten Persönlichkeit hat es Friedrich also jetzt zu tun. Ihm ist nicht wohl bei dem Gedanken. Denn Hadrian gilt als rigoroser Verfechter uneingeschränkter Kirchenmacht.

Zwar hat er den Konstanzer Vertrag bestätigt. Doch herrscht auf beiden Seiten Mißtrauen, als sich der König im Mai endlich Rom zuwendet und mit seinem Heer der Ewigen Stadt entgegenmarschiert.

Kommt er als Freund oder Feind?

107

Hadrian ist ängstlich geworden. Zwei Kardinäle sendet er Friedrich entgegen, und der König muß ihnen zusichern, daß er „weder das Leben und die Glieder des Papstes Hadrian sowie seiner Kardinäle nicht zerstören, sondern bewahren will". Diese Zusicherung gibt Friedrich gern. Schwerer fällt ihm ein anderer Loyalitätsbeweis, den Hadrian schon vorher gefordert hatte.

Zu Ostern 1155 war es dem Papst gelungen, Arnold von Brescia aus der Stadt zu vertreiben. Der Prediger hatte sich nach Norden gewendet und hielt sich im Machtbereich Friedrichs auf. Und jetzt verlangte Hadrian seine Auslieferung. Das konnte Friedrich natürlich nicht tun, verstieß es doch gegen alle Regeln der Ritterlichkeit. Natürlich tat er es doch. Damit war Arnolds Schicksal besiegelt.

In Rom wurde dieser persönlich untadelige Mann als Ketzer aufgehängt, und so maßlos waren Angst und Haß des Papstes, daß er den Leichnam verbrennen, die Asche in den Tiber streuen ließ, auf daß nur ja nicht „sein Leib bei dem törichten Volk ein Gegenstand der Verehrung würde" — so Otto von Freising, der mit bemerkenswerter Eile über diesen unrühmlichen Zwischenfall hinweghuscht.

Arnold von Brescia, Prediger eines erneuerten Urchristentums und Sympathisant des Königs, ist tot. Doch heißt das nicht, daß sich nun Papst und Herrscher freundschaftlich in die Arme sinken.

In großen, vorsichtigen Bögen umkreisen sich diese beiden so unterschiedlichen Männer: der einstige Betteljunge das einstige Herrensöhnchen, der stiernackige Bauernsproß den Beau aus schwäbischem Herzoghaus, der Verfechter des *sacerdotium* den Vorkämpfer des *imperium*. In Nepi schlägt der eine, in Sutri der andere sein Lager auf, und viel Zeit vergeht, bis der eine dem anderen den ersten Höflichkeitsbesuch abstattet.

Schließlich macht Hadrian den ersten Schritt.

Inmitten eines Schwarms von Bischöfen und Kardinälen reitet er von Nepi hinüber nach Sutri in Friedrichs Lager. Der König erwartet ihn vor dem Eingang seines Zelts. Der Papst zieht die Zügel — und wartet, daß ihm Friedrich vom Pferd hilft. Der König denkt gar nicht daran. In liebenswürdiger Hoheit verharrt er, bis sich Hadrian selbst vom Pferd bequemt hat. Dann erst neigt er das Knie, berührt den päpstlichen Fuß mit den Lippen — und wartet seinerseits auf den Friedenskuß. Doch Hadrian, zutiefst gekränkt, hat sich wieder abgewendet und kehrt nach Nepi zurück. Diese erste Begegnung ist nicht eben zu einem behaglichen Zusammensein geworden.

Das Spiel geht weiter.

Friedrich berät sich mit seinen Fürsten. Hätte er den Steigbügel halten, das Pferd des Papstes führen sollen? Die einen verneinen das entschieden, die anderen, darunter Heinrich, sind ebenso entschieden dafür: Es sei doch nur eine leere Höflichkeitsgeste, nicht mehr. Diese anderen behalten schließlich die Oberhand.

Doch erst nach zwei Tagen ist ein Kompromiß gefunden. Auf halbwegs neutralem Boden, am Ufer des Janula-Sees bei Rom, reiten König und Papst aufeinander zu, der König schwingt sich vom Roß, führt Hadrians Pferd einige Meter am Zügel und hält zu guter Letzt den Steigbügel. Damit ist die Situation gerettet.

Doch bleibt in Friedrich ein Stachel. Wenig später wird er von Hadrian verlangen, daß von den Wänden des Lateran ein Bild entfernt wird, das seinen Vorgänger Lothar als päpstlichen Stallknecht zeigt. Das wird ihm zugesichert — und das Bild bleibt, wo es ist.

Krönung im Petersdom

Vorerst reiten aber in scheinbarer Eintracht die beiden mächtigsten Herren des Abendlandes nach Rom zum Petersdom, der damals noch am Rande der Stadt liegt. Dort wird nun am 18. Juni 1155 Friedrich I. aus dem Haus der Staufer zum Kaiser gekrönt.

In leuchtenden Farben hat Otto von Freising diesen größten Augenblick im Leben seines Neffen gemalt: „Nachdem der Papst selbst eine feierliche Messe zelebriert hatte, empfing der König, umgeben von seinem bewaffneten Heer, unter dem gebührenden Jubel die Krone des Reichs, während alle Anwesenden mit größter Freude akklamierten ..."

Mit besonders großer Freude akklamiert Heinrich. Nicht nur, daß er seinem Vetter diese Ehre von Herzen gönnt — zugleich dürfte er auch recht erleichtert gewesen sein. Denn mit der Kaiserkrönung hat diese Italienfahrt ihren Zweck erfüllt und kann nun abgeschlossen werden. Allerdings kommt es noch zu einem Nachspiel, und Heinrich wird dabei zum wahren Helden dieses Junitags.

Jenseits des Tiber, im eigentlichen Rom, brodelt es. Schon die Zurückweisung der Krone durch Friedrich hatte den römischen Stolz zutiefst verletzt. Dann kam noch der schaurige Tod des Volkslieblings Arnold. Und nun erfährt man von dieser Krönung, bei der die Bürger Roms nicht einmal um Erlaubnis gefragt worden sind.

Vor dem Kapitol rotten sich tobende Menschen zusammen. Hetzreden werden geschwungen, und dann stürmt das Volk auch schon über die Tiberbrücke, dringt in den Petersdom ein.

Dort ist die Zeremonie verrauscht. Papst und Kaiser haben sich zurückgezogen — Friedrich in sein Lager vor der Stadt, Hadrian in seinen Palast neben dem Dom. Zu seinen Fenstern gellen die Schreie der Meute hinauf, während andere hinaus zum Lager der Deutschen stürmen.

Heinrich sieht sie als erster kommen. Und allen überstandenen Strapazen zum Trotz schafft er es mit seinen Leuten, die Römer aufzuhalten, bis sich das übrige Heer von seiner Überraschung erholt und zu den Waffen gegriffen hat. Danach ziehen sich zwar die Kämpfe noch bis in die Nacht hinein, doch haben sich die Deutschen behaupten können, und Hadrian ist aus höchster Not gerettet worden. Er verdankt es dem kaltblütigen Mut des Welfen.

Rom selbst ist aber nicht bezwungen.

Hadrian drängt auf einen Angriff, damit dann der vertraglich vereinbarte Feldzug gegen die Normannen beginnen kann. Doch Friedrich zögert. Und schließlich geschieht das Erstaunliche: Im Glanz der neugewonnenen Krone rückt der Kaiser wieder in den Norden ab. Hadrian muß sich betrogen fühlen.

Immerhin gibt es Gründe, das italienische Abenteuer zu diesem Zeitpunkt abzubrechen.

Über Italien liegt die drückend schwüle Dunstglocke eines südlichen Sommers. Die Ritter ächzen in der Hitze, viele werden krank. Sie alle drängen auf den Abbruch der Romfahrt, die ohnehin nur auf ein Jahr beschränkt bleiben sollte. Dieses Jahr nähert sich seinem Ende. Danach wird Friedrich seine Fürsten nicht länger in Italien halten können.

Am 27. Juli lagert das Heer bei Ancona an der Adria. Dort endet offiziell der Feldzug. Ein jeder Fürst kann sich nun seinen Heimweg wählen. Friedrich selbst nimmt den Weg über die Via Aemilia, gemeinsam mit Heinrich, der nun auch noch Augenzeuge wird, wie im Engpaß der sogenannten Veroneser Klause die Italiener dem neuen Kaiser einen letzten hämischen Abschiedsgruß nachsenden.

Von den Felswänden herab ergießt sich plötzlich eine Steinflut auf den Reitertrupp. Aufsässige Veroneser Adlige haben dort den Deutschen aufgelauert, und nur dem unerschrockenen Einsatz des blutjungen Otto von Wittelsbach ist es zu verdanken, daß Friedrichs italienisches Abenteuer nicht doch noch tödlich ausgeht. Dankbar nickt der Kaiser dem Bayern zu: Einmal wird er sich hierfür zu revanchieren wissen. Das geht dann allerdings auf Kosten des Vetters, der jetzt noch so einträchtig neben seinem Herrscher dahintrabt.

Müde reiten Staufer und Welfe den Weg entlang, den sie ein Jahr zuvor gekommen sind. Friedrich muß sich enttäuscht fühlen: Zwar trägt er jetzt die Kaiserkrone, doch alle realen Fragen blieben ungelöst. Normannen und Römer unbesiegt, die Beziehung zum Papst unentschieden und die Lombardei noch lange kein Machtbereich des Kaisers — das ist das Fazit dieses Unternehmens, das weder ein Erfolg noch ein Fehlschlag war. Nur über eines ist jetzt entschieden: Friedrichs künftige Politik wird vorrangig Italienpolitik sein. Schon die wachsende innerdeutsche Macht des Welfenvetters läßt ihm keine Wahl.

Eigentlicher Sieger dieser Romfahrt ist Heinrich.

Der 18. Juni hat ihn zum Helden von Rom gemacht. Das sichert ihm die Sympathie des Papstes und gibt ihm Spielraum zwischen den Machtblöcken von *sacerdotium* und *imperium*. Aber auch der Kaiser ist ihm jetzt mehr denn je verbunden. Heinrich hat Friedrichs unausgesprochene Forderungen erfüllt und kann nun seinerseits Forderungen stellen.

In großer Zufriedenheit darf der Herzog von Sachsen das Weihnachtsfest 1155 in seiner Braunschweiger Residenz feiern. Im nächsten Jahr erwartet ihn der Preis für alle Mühe: Bayern.

111

9. Kapitel
Der Herzog baut sein Reich

Abschied von Österreich

Zwischen dem 8. und 17. September 1156 wird den Menschen von Regensburg ein prächtiges Schauspiel geboten. Ein Fürst nach dem anderen reitet mit seinem Gefolge in die bayerische Herzogstadt ein: Heinrich von Sachsen und Jasomirgott von Babenberg, Jasomirgotts glamouröse zweite Frau, die schöne, dunkelhaarige Theodora, und schließlich der Kaiser selbst.

Friedrich ist bester Laune. Endlich soll nun ein Schlußstrich unter das Problem gezogen werden, das ihn vom ersten Regierungstag an beschäftigt hat: Der Welfe Heinrich wird das Herzogtum Bayern zurückerhalten.

Nicht Regensburg selbst ist Schauplatz dieses feierlichen Akts. Einige Kilometer ist man die Donau hinaufgezogen, wo Jasomirgott sein Lager aufgeschlagen hat, offenbar noch immer mißtrauisch, ob man sich auch an die vereinbarten Regeln halten wird. Doch kann er beruhigt sein. Alles läuft wie ausgehandelt ab.

Das weite Feld flimmert von Farben, als sich nun der Babenberger aus der Menge löst und langsam auf den Kaiser zutritt, in den Händen sieben Fahnen, die Wahrzeichen bayerischer Herzogwürde. Dieser Würde schwört er nun ab, übergibt die Fahnen dem Kaiser, tritt wieder zurück — und für Augenblicke ist er nur noch Markgraf von Österreich.

Jetzt tritt Heinrich vor, empfängt die Fahnen — und reicht zwei zurück: Sie symbolisieren die Herrschaft über Österreich, das von Bayern losgelöst wird als eigenes Herzogtum mit Jasomirgott als Landesfürsten.

Erneut steht der Babenberger vor seinem Kaiser, Theodora tritt hinzu, und beiden wird je eine Fahne gereicht. Als Herzogspaar können sie nun wieder nach Wien zurückkehren und verbleiben damit in der ersten Reihe der Fürsten.

112

Friedrich I. ist ein Kompromiß gelungen, der alle Beteiligten zufriedenstellt: Jasomirgott, für den das bayerische Herzogtum nur eine überschwere Hypothek gewesen war; Heinrich, der jetzt über zwei Herzogtümer bestimmt; und den Kaiser selbst, der jetzt endgültig seinem Reich den inneren Frieden gegeben hat. Das war in den vier Jahren zwischen der Königswahl von 1152 und diesem Tag von Regensburg ein zähes, mühevolles Ringen gewesen.

Der Preis des Friedens

Recht einfach hatte es sich Friedrich noch mit den Kleinen gemacht, dem aufsässigen Landadel auf seinen Burgen. Hier hatte es genügt, als strafender Richter von Ort zu Ort zu ziehen. Manche Burg war dabei in Flammen aufgegangen, mancher Ritter hatte am Galgen geendet. Schwieriger wurde es dann bei den Großen, bei den Zähringern, Welfen, Babenbergern, nicht zuletzt bei den Staufern selbst.

Sie waren nicht besser als die kleinen, nur mächtiger. Mit ihnen mußte behutsam verfahren werden. So war denn Friedrich eilends von der Rolle des Richters in die des geschmeidigen Verhandlungskünstlers geschlüpft.

Ein Problem Vetter Friedrich von Rothenburg, Sohn Konrads III., den man bei der Frankfurter Königswahl so elegant umgangen hatte: Er bekam das schwäbische Herzogtum und wurde zum Nachfolger des Königs bestimmt.

Ein Problem die Zähringer, die sich mit den Staufern vor allem um Burgund gestritten hatten: Mit Burgund wurde nun Berthold von Zähringen in aller Form belehnt.

Das größte Problem: die Welfen.

Zunächst hatte sich Friedrich dem einstigen Kumpan nie ganz geklärter Verschwörungen zugewandt: Welf VI. Ihm gegenüber zeigte er sich besonders großzügig. Welf erhielt das Herzogtum Spoleto, die Markgrafenschaft Tuszien nebst dem Hausgut jener grimmigen Markgräfin Mathilde, mit der einst Welf IV. seinen ältesten Sohn verkuppelt hatte, und schließlich noch als Zugabe die Inseln Korsika und Sardinien. Damit war Welf VI. reichster Fürst Italiens, und wieder erstreckte sich welfischer Besitz „von Meer zu Meer".

Das Bild hat etwas Beängstigendes und Faszinierendes zugleich: wie da ein Herrscher mit leichter Hand und lächelndem Charme Ländereien vom Umfang ganzer Staaten verschenkt. Seinem Vetter Heinrich lag diese Leichtigkeit nicht. Er pflegte zuzupacken und dann nicht wiederherzugeben, was er einmal besaß. Friedrich wußte das. Und er wußte auch, daß Heinrich aller äußeren Freundschaft zum Trotz keinen Augenblick zögern würde, den alten Krieg wieder aufflammen zu lassen, wenn er sich je von dem Staufer im Stich gelassen fühlen sollte. Gleich zu Beginn von Friedrichs Regierung, noch im Krönungsjahr 1152, gab es dafür ein erstes Beispiel.

Wieder Krieg in Sachsen?

Am Harz, umgeben von welfischem Eigentum, lag die ausgedehnte Grafschaft Winzenburg, wo bis zum Januar 1152 ein gewisser Graf Hermann geherrscht hatte, eine ebenso unerfreuliche Erscheinung wie seinerzeit Rudolf von Stade. Wie Rudolf war schließlich auch Hermann von einigen seiner Dienstleute umgebracht worden, ein sehr scheußliches Verbrechen, dem auch seine Frau, die gerade hochschwangere Luitgardis, zum Opfer gefallen war.

Heinrich interessierte allerdings nur eines: daß Hermann keine männlichen Erben hinterlassen hatte. Prompt stellte er sich selbst als Erbe ein. Hierbei hatte er allerdings in Albrecht dem Bären wieder einmal einen Rivalen. Und schon klirrten die Waffen: Nachdem ein erster Schlichtungsversuch des Königs im tobenden Geschrei der feindlichen Parteien untergegangen war, rückten Albrechts Krieger in den Harz vor und zerstörten dort Osterode, während Heinrich seinerseits den großen Gegenschlag vorbereitete. Ein Krieg wie zu Konrads Tagen zeichnete sich ab.

Schließlich hatte Friedrich eine salomonische Lösung gefunden: Heinrich bekam Winzenburg zugesprochen, Albrecht dafür die Grafschaft Plötzke an der unteren Saale, um die sich die beiden ebenfalls gestritten hatten. Heinrich konnte durchaus zufrieden sein. Dem König blieb aber die bange Erkenntnis, wie gefährdet noch immer der allgemeine Frieden war. Und im Hintergrund zeichnete sich der übergroße Schatten des bayerischen Problems ab.

Schon sehr früh scheint Friedrich entschlossen gewesen zu sein, seinem Vetter das Herzogtum zurückzugeben. Jedenfalls bezeichnet bereits kurz nach seiner Krönung eine königliche Urkunde den Welfen als Herzog von Sachsen *und* Bayern. Doch war es mit Formalitäten nicht getan. Von Wien her starrte der Babenberger mit berechtigtem Mißtrauen auf die neue Freundschaft zwischen Welfen und Staufern und hatte wenig Lust, Preis dieser Freundschaft zu werden.

Jasomirgott konnte nicht den offenen Kampf wagen. Doch konnte er Friedrichs Politik blockieren. Auf keinem der Reichstage erschien er, wo der Fall Bayern endlich abgehandelt werden sollte. Zwei volle Jahre gingen darüber hin. Friedrich wurde zunehmend nervös. Denn im Hintergrund drängte die Italienfahrt, und der König konnte sie nicht ohne Unterstützung der Welfen durchführen.

Heinrich blieb gelassen.

Schon war er halboffiziell mit Bayern belehnt worden. Schon wurde ihm Regensburg zugesprochen, und schon huldigten ihm die bayerischen Großen als ihrem neuen Herrn. Im Oktober 1155, gleich nach der Rückkehr aus Italien, leisteten sie ihm den Lehenseid, nachdem Jasomirgott wieder einmal nicht erschienen war und sich jedem Vergleichsangebot gegenüber taub stellte.

Doch verging fast noch ein Jahr, bevor es zu jenem „Tag von Regensburg" im September 1156 kommen konnte.

Erleichtert atmet der Kaiser auf. Besser als jeder andere kennt er den Preis dieses Tages, der im vorausgegangenen Mai hinter verschlossenen Türen mit Jasomirgott ausgehandelt worden war. Was dabei im einzelnen der Staufer mit seinem Babenberger Onkel besprochen hat, weiß niemand. Bekannt wird nur das Resultat: das sogenannte *privilegium minus,* das Österreich nicht nur von Bayern trennt, sondern auch schon einen wichtigen Schritt vom eigentlichen Reich entfernt.

Vom 17. September 1156 an ist „Ostarrichi" ein weitgehend selbständiges Herzogtum. Seine Herren können ihre Erben selbst bestimmen, üben uneingeschränkte Gerichtsgewalt aus und brauchen nur noch bei Hof- oder Reichstagen zu erscheinen, die auf bayerischem Boden stattfinden. Heereshilfe müssen sie dem König lediglich in den Gebieten leisten, die Österreich benachbart sind. Eine Besonderheit am Rande: Auch Frauen sind hier nun erbberechtigt.

Das alles geht sehr weit. Eigentlich heißt es schon, daß Österreich künftig eigene Wege gehen kann und wird. Damit ist das *privilegium minus* aber auch schon ein Schritt hin zu künftiger Kleinstaaterei auf deutschem Boden — also alles in allem kein Erfolg für einen Herrscher, der das Reich Karls des Großen in alter strahlender Einheit wiedererstehen lassen will.

Dennoch bezeichnet Friedrich diesen 17. September als seinen schönsten Tag, und niemand widerspricht. Im Gegenteil: Der Kaiser wird gefeiert wie noch nie zuvor, und als er schließlich die bayerischen Großen einen allgemeinen Frieden schwören läßt, bewundert man ihn wie einst den römischen Kaiser Augustus als „Vater des Vaterlandes".

Rotbart und Löwe

Das ist das Seltsame bei diesem Mann: Was immer er tut, ob er Erfolge oder Mißerfolge hat — stets erscheint sein Handeln seiner Umwelt in verklärtem Licht. Selbst wenn er sich das Haar kurzschneiden läßt, so nicht, weil er das schöner oder bequemer findet, sondern natürlich nur „mit Rücksicht auf die Würde des Reichs". Das wird allen Ernstes sein Chronist Rahewin schreiben. Aber auch in Berichten neutraler Beobachter fällt ein seltsam verschwärmter, anbetender Ton auf.

„Sein Antlitz spiegelt die Festigkeit seiner Seele wieder, stets gleichmäßig und unbewegt, weder von Schmerz verdüstert noch von Zorn verzerrt oder sich in Freude gehen lassend . . ." — so ein britischer Kommentar. Und ein anderer notiert: „Standhaft, wie er in allen Lagen seines Lebens war, unterdrückte er die Regung seines Gemüts und verbarg seinen Unwillen in gewohnter Weise unter einem Lächeln . . ." Bei Friedrich handelt es sich um das Phänomen des ersten wirklich populären Herrschers in Deutschland. Zur Popularität gehören Mythen. Friedrich meidet sie nicht, im Gegenteil: Als bester Propagandist seiner selbst arbeitet er gezielt am eigenen Nimbus, bis er schon zu Lebzeiten eine Legende geworden ist.

Zur lebenden Legende ist auch Heinrich geworden, allerdings auf ganz andere Art. Heißt Friedrich seit seiner Rückkehr allgemein nur „Barbarossa", so wird nun Heinrich schon überall „der Löwe" genannt. Niemand weiß so recht, wie das gekommen ist. Die einen führen es auf Heinrichs wahrlich löwenhaften Einsatz in Italien zurück. Andere weisen darauf hin, daß der Löwe immer schon zum Bild der Welfen gehörte und „Welf" schließlich nichts anderes als „Löwe" heißt. Doch paßt dieses Prädikat so nahtlos auf Heinrich, daß es für ihn widerspruchslos akzeptiert wird.

Das sagt auch schon viel über die Wirkung dieses Mannes.

In „Barbarossa" klingt viel anheimelnde Zuneigung an. Ein Löwe wird hingegen bewundert und respektiert, aber nicht geliebt. So soll auch Heinrich im Gegensatz zu Barbarossa nie wirklich populär werden.

Heinrich kümmert das nicht. Diesen Löwen interessiert nur eines: seine Höhle so groß und sicher wie möglich zu machen. Der Gewinn von Bayern ist dafür nicht so wichtig, wie es scheint. Zwar markiert er den Höhepunkt von Heinrichs bisheriger Karriere, kennzeichnet jedoch auch deren äußerste Grenze. Danach kann nur noch die Königs- und Kaiserwürde kommen — und eben dies verbietet das Wechselspiel mit Barbarossa.

Also Heinrich auf dem Gipfel — und das ist ein Problem.

Er ist nahe den dreißig, kein Jüngling mehr, aber auch noch nicht der Mann, der in behäbiger Ruhe die Früchte seiner Macht genießen will. Er kann nicht König werden. Doch kann er eine Position anstreben, die der eines Königs gleicht. Dafür braucht er gesicherte Macht. Für sie sucht er nun den besten Ansatzpunkt.

Bayern kann dieser Ansatz nicht sein. Denn dort ist die wahre Grundlage konkreter Macht, der persönliche Besitz des Herzogs, eher schmal.

Zwar gehören den Welfen am rechten Lechufer der Augstgau und der Ammergau. Doch als Grundbesitzer sind ihnen Familien wie Wittelsbacher oder Andechser überlegen. Es bleiben die Rechte eines Herzogs: Oberherrschaft über die anderen Fürsten, Funktion eines Landesrichters und im Kriegsfall die Würde eines Heerführers. Hierauf läßt sich noch keine Macht gründen, wie Heinrich sie versteht. Außerdem liegt Bayern in der Nachbarschaft des staufischen Hausbesitzes — und zu den ungeschriebenen Gesetzen der Freundschaft zwischen Kaiser und Herzog gehört, daß jeder die Interessensphäre des anderen respektiert: also der Süden für die Staufer — in Nord und Ost kann sich dafür der Welfe etablieren.

Der Norden — das feste Fundament

In Sachsen ist der Herzog reichster Grundbesitzer. So wird also Sachsen von nun an sein Handeln bestimmen — nicht weil der Löwe ein „Mann des Nordens" wäre, sondern weil sich diesem pragmatischen Machtmenschen die Chance bietet, diese seine Macht noch größer und sicherer zu machen. Besitz um Besitz reißt er an sich, begradigt innersächsische Grenzen zu seinen Gunsten, verschiebt die Vorposten seines Herzogtums.

Darüber gerät seine politische Laufbahn in den drei Jahrzehnten seiner Glanzzeit viel weniger spektakulär als die des kaiserlichen Vetters: Gewaltige Haupt- und Staatsaktionen, riesige Schlachten, melodramatische Auftritte vor welthistorischem Horizont fehlen in der Karriere des Löwen. Bei seinen Taten und Eroberungen ist er nie der große romantische Held. Und er hat auch nicht Barbarossas unübertroffene Gabe, blankes Machtstreben in den Mantel hehrer Ideale zu hüllen. Stein um Stein trägt er sein Reich zusammen, in dem es nicht um *sacerdotium* und *imperium* geht, sondern allein um ihn und seine unmittelbare Macht.

Skrupel kennt er dabei nicht, weder im Prinzip noch in der Methode. Zuweilen tritt er als Eroberer auf, so bei seiner Unterwerfung der Dithmarscher. Im allgemeinen bevorzugt er die in Stade und Winzenburg bewährte Rolle des lachenden Erben.

Der lachende Erbe

Fast komisch wirkt es, wie sich dieser Mann nach jedem prominenten Todesfall in seinem Herzogtum als alleiniger Nachlaßverwalter einstellt. Einmal hat eine, noch so weitläufige Verwandtschaft mit dem Verstorbenen herzuhalten: Beispielsweise war der Großvater des Grafen von Winzenburg ein Bruder von Heinrichs Ururgroß-vater gewesen — dann wieder pocht der Herzog auf sein Recht, frei-gewordene Lehen einzuziehen.

Nach diesen Mustern kassiert er also die Grafschaft Lisgau am Harzrand und streicht darüber hinaus 1167 das Erbe des Grafen von Oldenburg ein. Noch Ende der siebziger Jahre, als sich die große Krise um ihn abzeichnet, übernimmt er die Besitzungen der verstor-benen Grafen von Assel und Sommerschenburg — lauter sächsische Territorien, die bis dahin weitgehend selbständig gewesen sind, nun aber dem unmittelbaren Machtbereich des Löwen einverleibt werden.

Dies sind nur die großen Fälle. Doch auch für Kleinigkeiten ist sich Heinrich nicht zu schade und entwickelt einen schon genialen Spürsinn, wenn wieder einmal an dieser oder jener Ecke Welfengut abgerundet werden kann. So zieht er denn herrenlos gewordene Lehen ein, übernimmt die Vogteien zahlreicher Klöster, was immer ein einträgliches Geschäft ist: Zwar gehört ihm dann nicht dieser Besitz, jedoch profitiert er von seinen Einnahmen.

Manchmal entschließt sich Heinrich auch zu einem regulären Kauf. Der Partner muß dabei allerdings in seine Rechnung einbeziehen, um den Kaufpreis mehr oder weniger betrogen zu werden — so im Fall des Gutes Hitfeld im Bremer Raum, das der geschäftüchtige Welfe dem Abt des Klosters Amelunxborg für nur die Hälfte des schon vereinbarten Preises abhandelt. Denn Geld schätzt Heinrich nur in eigener Kasse. Deren Aufnahmekraft ist aber enorm.

Es gibt Augenblicke, in denen Heinrichs Raffgier schon manische Züge trägt. Jedoch steht dahinter ein klares Konzept: auf sächsi-schem Boden der uneingeschränkt erste, reichste und mächtigste Fürst zu sein, unabhängig von den politischen Zufälligkeiten der Herzogwürde.

Tausch mit dem Kaiser

Heinrichs Erwerbssinn macht auch nicht vor dem Kaiser halt. Mit ihm kann der Herzog selbstverständlich nicht so umspringen wie etwa mit den Erben von Oldenburg und Assel, die sich zähneknir-schend damit abfinden müssen, schlichtweg übergangen zu sein.

Außerdem ist der nur allem Schönen und Wahren verpflichtete Barbarossa in der Stille der Verhandlungszimmer ein mindestens ebenso gerissener Geschäftsmann wie sein Vetter. Immerhin finden sich die Herren im Januar 1158 zu einem bemerkenswerten Tauschgeschäft zusammen.

Dabei geht es um die Besitzung Badenweiler in unmittelbarer Nachbarschaft des staufisch-schwäbischen Hausguts. Heinrich kann darauf verzichten. Ihn reizt der Harz mit seinen Bodenschätzen, wo er sich von Friedrich bereits das Jagdrecht sichern ließ. Nun macht ihm der Kaiser ein Angebot: Badenweiler gegen ausgedehnte Ländereien im Harz. Heinrich ist sofort einverstanden. Am 1. Januar 1158 wechseln Besitzungen wie Herzfeld, Schwarzfeld und Pohlde den Besitzer.

Soweit ist es ein klares Geschäft. Originellerweise verfügen dabei aber beide Partner über Eigentum, das ihnen eigentlich gar nicht gehört.

Bei den Besitzungen im Harz, die Friedrich für staufische Interessen einsetzt, handelt es sich um Reichsgut. Badenweiler mit seinen fünfhundert Dörfern gehört wiederum nicht Heinrich, sondern ist die Mitgift seiner Frau Klementia. Allerdings nimmt Heinrich auf sie schon lange nicht mehr irgendwelche Rücksicht.

Abgang für Klementia

Die Ehe mit Klementia ist nicht glücklich geworden. Das besagt nichts Privates. Was allein für Heinrich zählt: Diese Ehe hat ihm keinen Erfolg gebracht.

Ihre Voraussetzung, ein Bündnis gegen die Staufer, war entfallen. Eher stellt sie nun eine Belastung für die Freundschaft mit dem Kaiser dar. Und im übrigen: Ist eine Zähringerin überhaupt noch eine angemessene Partie für den Ersten Fürsten und engsten Freund des Kaisers?

Manch neidischer Blick mag zum kaiserlichen Vetter hinübergehen. Schon 1153 hatte sich Barbarossa von seiner ersten Frau, der unbedeutenden Adela von Vohburg, getrennt, offiziell wegen „zu naher Verwandtschaft", inoffiziell wegen angeblicher Untreue Adelas, die jedoch nur in der Phantasie der auch für Rufmord hochbegabten Staufer stattgefunden haben dürfte, in Wahrheit vor allem, weil Adela kinderlos blieb und zugleich politisch bedeutsame Bündnisse lockten. Barbarossa sollte sich denn auch zunächst um eine byzantinische Prinzessin bewerben, um schließlich mit Beatrix von Burgund Europas reichste Erbin zu heiraten. Hat aber Heinrich nicht Anspruch auf eine gleichermaßen internationale Partie?

Die Scheidung ist ohnehin nur Formsache. Wie schon bei Barbarossa bekommen dabei vor allem die Chronisten zu tun: Alte Dokumente werden durchwühlt, wunderschöne Stammbäume treulich nachgezeichnet und, siehe, die Eheleute sind miteinander zu nahe verwandt, was seltsamerweise all die Jahre lang verborgen geblieben war: also Abgang für Klementia.

Vielleicht wäre es anders gekommen, wenn wenigstens ein Erbe geboren worden wäre. Doch auch hierbei wird diese Ehe von Unglück verfolgt. Von drei gemeinsamen Kindern überlebt nur die Tochter Gertrud. Sie kann die Ehe der Eltern nicht retten.

Als Heinrich Badenweiler dem Kaiser überläßt, ist die Trennung von seiner Frau eigentlich schon vollzogen. 1162 findet sie dann auch vor dem Gesetz statt, und Klementia kehrt auf die Güter ihres Bruders zurück. Später begegnet man ihr als der Frau des Grafen von Maurienne wieder, und ihr stiller Triumph mag dabei sein, daß sie nun als Verwandte des französischen Königs ebenfalls zum allerersten europäischen Adel gehört. Doch von ihrem angestammten Besitz ist nie mehr die Rede. Gewohnt gleichmütig schlägt ihn ihr erster Mann den eigenen Gütern zu.

Kein Kavalier bei den Damen

Bei der Liquidation seiner Ehe spielt also Heinrich keine sonderlich noble Rolle. Doch wann wäre sie je nobel gewesen? Nicht bei den Töchtern des Grafen von Winzenburg, nicht gegenüber der Witwe des Grafen von Assel und auch nicht bei Adelheid, der Äbtissin von Gandersheim und Quedlinburg, einer besonders angesehenen Dame, die die legitime Erbin des Grafen von Sommerschenburg ist — sie alle gehören zu den Opfern des Löwen, der nur einen Maßstab kennt: Erfolg.

121

Doch zeigt sich nun wieder der Januskopf dieses seltsamen Mannes.

Heinrich, der da so rücksichtslos und großspurig über die Rechte anderer hinwegstapft, kann bei der Nutzung dieser Rechte zu eigenem Zweck verblüffend subtil sein. Denn geht es erst darum, die angehäufte Beute wirklich in Besitz zu nehmen und sein Reich für die Zukunft zu sichern, erweist er sich als einer der scharfsinnigsten, klügsten und einfallsreichsten Denker und Planer seiner Zeit.

Erst das macht diesen Herzog zum wirklich bedeutenden Politiker. Und das führt sein Land auf den Weg zum Staat.

10. Kapitel
Ein Land unterwegs zum Staat

Seltsames Sachsen

Im Norden führt das Land bis zur Elbe hinauf. Dort geht es in die Holsteiner Markgrafschaft über und stößt schließlich an Dänemark. Dessen Könige sind für Sachsens Herzog ebenso schwierige wie wichtige Partner.

Die Nordseeküste hinunter zieht sich Dithmarschen. Das Gebiet des Bremer Erzbistums schließt sich an. Im Nordwesten liegt schließlich jenes Land, in dessen sumpfigen Niederungen die Friesen ihre Heimat haben, ein Menschenschlag, dem kein sächsischer Mächtiger je ganz beikommen wird, auch Heinrich nicht. Einmal, im April 1156, unternimmt er eine Art Strafexpedition, bricht sie aber bald schon ab, so erbittert setzen sich die friesischen Bauern zur Wehr.

Von der Wesermündung an schwingt sich dann die Grenzlinie in großem Bogen weit ins Binnenland hinein, umfaßt den größten Teil Westfalens und berührt fast schon den Rhein. Dort sind die Erzbistümer Köln und Mainz die wichtigsten Nachbarn, und vor allem das „Heilige Köln" wird zur Hochburg der Welfengegner.

Friedlicher sieht es im Süden aus. Dort bildet der Harz die wichtigste natürliche Grenze des eigentlichen Herzogtums, und mit dem Thüringer Landgrafen als Nachbarn kommt es erst später zu ernsten Spannungen.

Gefährlich wird es wieder im Osten.

Dort herrscht Albrecht der Bär in seiner Nord- oder Altmark, und dort finden sich wiederum zwei Kirchenfürsten als Gegner des Löwen: Ulrich von Halberstadt und Wichmann von Magdeburg. Den Bischof Ulrich wird der Herzog wenigstens vorübergehend ausschalten können, Wichmann aber, ungemein klug, tüchtig und zugleich als Freund des Kaisers äußerst einflußreich, bleibt im Verein mit dem unermüdlichen Welfenfeind Albrecht eine ständige Bedrohung, zumal auch immer die Gefahr einer Verbindung mit den Herren von Mainz und Köln besteht.

Von der Nordmark an bis hinauf zur holsteinischen Mark zieht sich die Elbe entlang das Land der Slawen. Für Heinrichs Macht- und Wirtschaftspolitik spielt es noch eine große, wenn nicht die größte Rolle: Nach und nach wird es in seinen Machtbereich übergehen, jedoch immer schon unter seinem Einfluß stehen — ein Terrain voll faszinierender, auch provozierender Möglichkeiten.

Doch zunächst ist von Sachsen selbst die Rede.

In den genannten Grenzen läßt sich ungefähr das sächsische Herzogtum im 12. Jahrhundert skizzieren. Nur ungefähr — denn man kennt noch nicht eindeutige Markierungen und klare Vermessungen, weder an den äußeren noch an den inneren Grenzen. So nimmt sich auf den ersten Blick dieses Herzogtum wie ein kaum entwirrbares Knäuel unterschiedlichster Rechtsansprüche und Machtverhältnisse aus. Leider bleibt es das auch auf den zweiten Blick.

So recht ist dieses Sachsen ein Produkt des Lehenssystems, in das sich auch noch Rudimente alten Landrechts mischen. Kein anderes der fünf großen Herzogtümer des Reichs dürfte so zerrissen und uneinheitlich sein. Und nirgends dürfte auch die Position des Herzogs so unklar bleiben.

In Sachsen Herzog sein . . .

Wer ist dieser Herzog eigentlich? Mehr oder weniger als seine Fürsten? Ihnen gleichgestellt? Welche Macht übt er über sie aus? Oder sind nicht vielmehr sie es, die Macht über *ihn* ausüben?

Lauter Fragen, alle ungeklärt — auch Heinrich hat darauf nur eine Antwort: *Er* will Macht ausüben. Nur fragt sich, von welcher Grundlage aus das am besten geschehen kann.

So viel Besitz wie möglich an sich zu ziehen, frei werdende Grafschaften dem eigenen Machtbereich einzugliedern, dort Burgen zu bauen und sie mit zuverlässigen Leuten zu besetzen — das ist die eine Möglichkeit. Doch hat sie ihre Grenze. Wieder sieht sich Heinrich der Ausgangsfrage gegenüber: Wer herrscht eigentlich in Sachsen?

Die Tradition gibt darauf keine Antwort. Denn eine Tradition besteht nicht. Genauer: einen Herrscher im Sinn zentralistisch straffer Führung hat es in Sachsen nie gegeben. Immer war es der Adel, der hier bestimmt hatte, und selbst Karl der Große mußte das akzeptieren. Nach der Eroberung Sachsens hatte er seine Grafen allesamt aus den alten Familien ausgewählt und es im übrigen bei der ursprünglichen Besitz- und Machtverhältnissen belassen.

Zwischen 919 und 1024 waren dann sächsische Herzöge zu deutschen Königen aufgestiegen, und der bedeutendste, Otto der Große, überließ die Herzogwürde dem Haus der Billunger. Obgleich eine der reichsten und mächtigsten Familien im Land, hatten sie doch nicht verhindern können, daß unter ihnen die herzogliche Stellung vollends zu einer mehr repräsentativen Stellung zusammenschrumpfte.

Die Billunger stellten Vermittler zwischen Thron und Adel dar, waren die Sprecher der sächsischen Aristokratie, nicht mehr — und das blieb so bis zum Tod des letzten Billungers Magnus im Jahr 1106.

Mit Magnus' Nachfolger Lothar, dem Großvater Heinrichs, bestieg wieder ein Sachsenherzog den Königsthron. Diese Würde hatte er auch seinen Sachsen gegenüber ausspielen können und damit als Herzog mehr direkte Macht ausgeübt als zuvor die Billunger. Solche Möglichkeit hat Lothars Enkel nicht. Aber er denkt auch nicht daran, nun wieder wie die Billunger lediglich Herzog *in* Sachsen zu sein. Für ihn steht fest, daß er Herzog *von* Sachsen ist, der unbestrittene Herr des Landes.

Das klingt sehr einfach. In der Folge bedeutet es aber, daß Heinrich in einem einzigen großen Alleingang eine in Jahrhunderten gewachsene und verhärtete Struktur seinen sehr persönlichen Vorstellungen von Macht und Machtausübung unterwerfen muß — ein Wahnsinnsunternehmen im Grunde, an dem allein schon bewundert werden kann, daß es dieser Mann überhaupt erst versucht.

Reformer wider Willen

Heinrich ist kein Träumer. Bei seinen Überlegungen, soweit sie sich aus seinen Taten rekonstruieren lassen, geht er von Sachsens nüchternen Gegebenheiten aus:

125

In West wie Ost ist sein Herzogtum von Welfenfeinden flankiert. Will er diesen Kräften standhalten, muß Sachsen selbst so stark wie möglich sein.

Sachsen als politische Einheit ist so stark wie sein Herzog. Dieser Herzog kann aber nicht stark sein, solange er nicht ein in sich geschlossenes Land regiert.

Sachsen ist alles andere als geschlossen: Also muß der Herzog zunächst einmal diese Geschlossenheit mit allen Mitteln herstellen.

Nun aber der letzte und entscheidende Schluß:

Ein in sich solides Sachsen kann Heinrich nur schaffen, wenn er das Land so weit wie möglich unter seinen direkten Einfluß bringt. Dazu braucht er die einheitliche, von ihm unmittelbare kontrollierte Verwaltung.

Nichts Geringeres will also Heinrich als zentrale Machtausübung in einem bis dahin dezentralisierten Land. Und das führt letztlich zu einer Auflehnung gegen das herkömmliche Lehenssystem, das ja gerade die Aufteilung einheitlicher Macht zum Prinzip erhoben hat. Barbarossa, grundsätzlich von ähnlichen Vorstellungen gelenkt wie sein Vetter, wird *mit* diesem Lehenssystem zu regieren versuchen. Heinrich regiert *gegen* dessen Grundsätze. Der eine wie der andere soll daran letztlich scheitern.

Nun ist dieser Herzog alles andere als ein Revolutionär. Er ist nicht einmal ein bewußter Reformer. Keineswegs will er die Neuerung um jeden Preis. Sucht man bei ihm überhaupt nach einem übergeordneten politischen Konzept, so ist es in der Wurzel strikt konservativ. Heinrich bejaht die alte Ordnung und folgt zumindest in seinen ersten Jahren getreulich den Spielregeln des Lehenswesens.

Allmählich kommt der Wandel.

Dieser Realist mit seinem scharfen Blick für gegebene Möglichkeiten sieht, wie sehr ihn die alte Ordnung in seinen Ambitionen behindert. So beginnt er konsequent alles zu beseitigen, was sich ihm in den Weg stellt. Es stellt sich ihm aber zunächst ungefähr alles in den Weg, was bis dahin Sachsens Wesen ausgemacht hat.

Was sich stolz *Ducatus Saxoniae* nennt, das Herzogtum Sachsen, ist in Wahrheit die Summe einer Unzahl von Grafschaften, Vogteien und Diözesen, in deren Grenzen der Herzog nicht einmal immer als überregional gültige Instanz anerkannt wird. Über das gesamte Land finden sich Territorien verteilt, deren Herren über ein Reichslehens-recht verfügen und damit vom Herzog praktisch unabhängig, ihm gleichgestellt sind. Das gilt vor allem für die Bistümer Hildesheim, Minden und Verden. Das gilt für Halberstadt und Bremen. Gegen diese selbständigen Zellen wendet sich Heinrich in erster Linie. In Bremen und Halberstadt hat er dabei den größten Erfolg.

Der lautlose Krieg mit den Bischöfen

Im Bremen hatte sich von 1148 an Erzbischof Hartwig als Koloni-sator der Elb- und Wesermarsch so glänzend bewährt, daß man Adalberos Nachfolger bald schon als den „großen Hartwig" bewun-derte. Heinrich teilte diese Bewunderung nicht. Für ihn war der Bischof seit dem Streit um Stade der erklärte Lieblingsfeind, wobei er in Barbarossa einen trefflichen Verbündeten fand. Als dann noch Hartwig dem Löwen den Gefallen tat, der ersten Italienfahrt fern-zubleiben, hatte Heinrich seinen König ohne sonderliche Mühe da-von überzeugen können, daß des Bischofs königliche Lehen in sei-nen, des Herzogs, Händen besser aufgehoben wären.

Gleich nach der Rückkehr aus Italien war er dann hinauf nach Bremen galoppiert, hatte sich von den Bürgern huldigen lassen, was vor ihm noch nie ein sächsischer Herzog wagen konnte, und neben-bei auch die Güter kassiert, die Barbarossa Hartwig abgesprochen hatte — ein großer Erfolg und ein gutes Geschäft.

Dennoch blieb Bremen eine Gefahr: Zwar sank der von den stän-digen Auseinandersetzungen mit Heinrich zermürbte Hartwig in sei-nen letzten Jahren zu einem Schatten seiner selbst ab. Doch noch immer konnte Bremens Bischof über die Vergabe der Stader Be-sitzungen bestimmen. So wird es 1169 für Heinrichs Anspruch auf Stade wieder kritisch, als Hartwig stirbt und ein neuer Erzbischof gewählt werden muß.

Heinrichs Feinde, voran Hartwigs Verwandter Otto von Olden-burg, merken auf. Schon halten sie einen Kandidaten für Bremen bereit. Mit ihm kann der Herzog unmöglich einverstanden sein, han-delt es sich doch um den Magdeburger Kanonikus Siegfried, einen Sohn Albrechts des Bären. Im übrigen hat er einen eigenen Kandi-

daten: seinen Braunschweiger Hauskaplan Balduin, einen liebenswerten alten Mann einfachster Herkunft und schlichtesten Gemüts,
dessen einzige Qualifikation seine unbedingte Ergebenheit gegenüber seinem Herzog ist.

Auf Siegfrieds Partei wirkt diese Kandidatur wie ein schlechter
Witz. Otto von Oldenburg macht denn auch keinen Hehl daraus,
gegen Balduins Wahl notfalls mit der Waffe anzugehen. Doch wozu
hat Heinrich seine glänzenden Beziehungen zum kaiserlichen Vetter?

Barbarossa greift also ein. Damit ist die Wahl entschieden. Balduin
wird Hartwigs Nachfolger, und Heinrich kann aufatmend daran-
gehen, den Krisenherd Bremen ganz unter seinen Einfluß zu bringen. Alle wichtigen Ämter werden mit seinen Leuten besetzt. In ihren Händen ist aber der kränkelnde Greis Balduin nur eine Mario-
nette Heinrichs, und der Herzog macht ohne eine Spur von Takt
nicht den geringsten Hehl daraus: In Balduins Gegenwart hält er es
nicht einmal für nötig aufzustehen.

Allein sein Wort gilt noch zwischen Weser und Elbe — und bis
1180 bleibt das Erzbistum fest in des Löwen Pranke.

Diese lautlose Machtübernahme in einem der bedeutendsten deutschen Bistümer erregt ungeheures Aufsehen. Jedoch kommt sie nicht
ganz überraschend. Nur zehn Jahre zuvor hatte Heinrich das Bremer
Modell bereits in Halberstadt erprobt.

Dort hatte sich der allzu selbstherrliche Ulrich zunehmend unbe-
liebt gemacht und sich zudem noch mit dem Kaiser überworfen, als
er sich während der gerade eingetretenen Kirchenspaltung nicht zu
Barbarossas Gegenpapst bekennen wollte. Das war das Stichwort
für Heinrich: Er nahm mit Ulrichs unzufriedenen Halberstadter Untertanen Verbindung auf, und 1160 gelang ihm tatsächlich der Sturz
des Bischofs. Der Rest war Routine gewesen.

Auf dem Bischofsstuhl nahm mit Gero eine getreue Kreatur Heinrichs Platz, die alles machen durfte, was der Herzog wollte. Dann
hielten seine Leute Einzug in die wichtigsten Ämter — ein Triumph
nicht zuletzt gegenüber der antiwelfischen Bündnispolitik des Askaniers, die auf das Dreieck Nordmark/Magdeburg/Halberstadt aufgebaut war.

In diesen beiden Fällen hat Heinrich bei Auseinandersetzungen
mit der Kirche triumphiert. Doch sind sie auch schon seine einzigen

Erfolge dieser Art. Mit den Bischöfen von Minden, Verden und Hildesheim geht er behutsamer um und begnügt sich mit der Übernahme der einen oder anderen Vogtei, so daß bischöfliche und herzogliche Gewalt *nebeneinander* gehen. Was aber der Herzog für die Verwaltung seines Landes braucht, ist eine Macht, die *mit* ihm geht. Der Klerus kann es nicht sein. Heinrich bleibt zunächst auf die Instanz angewiesen, die in Sachsen immer schon das Sagen hatte: auf die Grafen in ihren Komitaten.

Der alte und der neue Adel

Die Macht dieser Grafen rührt zum Teil noch aus der Zeit her, da sie von den Billungern als Vizegrafen eingesetzt worden waren, also eigentlich nur als Stellvertreter ihres Herzogs. Doch spätestens in der zweiten Generation waren diese Familien so reich und mächtig geworden, daß sie ihre eigenen, vom Herzog unabhängige Politik treiben konnten. Als Heinrich an die Macht kommt, sind sie fast schon selber Herzöge, und so residieren sie denn auch von ihren Burgen aus, selbstherrlich und unangreifbar: die Schwalenberger im Wettigau, die Stumpenhausener im Entergau oder die Grafen des Stormarngau.

Daß nun dieser junge Herzog ihre Macht ernstlich zu schmälern sucht, amüsiert sie zunächst nur. Um so wütender setzen sie sich aber zur Wehr, als sie erst einmal merken, wie ernst es Heinrich ist. Aus diesen Kreisen rekrutiert sich denn auch die heftigste innersächsische Opposition gegen den Welfen. In zahllosen Kleinkriegen kann er sie zwar schwächen, jedoch nie ganz auf seine Seite ziehen.

Leichteres Spiel hat er mit den jüngeren Familien. Denn sie sind nicht reich und auch nicht mit dem Hochadel versippt. Sie wollen erst noch die Karriere machen, die die alteingesessenen Grafengeschlechter schon hinter sich haben. Hierfür bietet die Bindung an den Herzog die beste Möglichkeit.

Heinrich weiß das. Nicht ohne Behagen spielt er bei ihnen den ebenso großzügigen wie strengen Herrn, der gleichermaßen mit Zuckerbrot wie Peitsche umzugehen versteht.

Die Peitsche schwingt er, wenn er aus seinen Vasallen enorme Ab-

129

gaben preßt, sie zur Gefolgschaft bei seinen Feldzügen preßt, ihnen immer neue Pflichten aufbürdet — um so tiefer geraten sie in die Abhängigkeit zu ihrem Herrn. Dann aber hält er wieder Zuckerbrot bereit, kann mit Geschenken und Ehrungen sehr freigiebig sein und auch seine internationalen Beziehungen für sie einsetzen. Dann kann er sogar sehr charmant sein. Und das ist nicht einmal nur Taktik.

„Unser" Herzog — „seine" Vasallen

Dieser schroffe Mann, der sich Gleich- und Höhergestellten gegenüber oft so schwer tut und dabei so arrogant und unzugänglich wirkt, ist Untergebenen gegenüber zu sehr viel spontaner Herzlichkeit und Hilfsbereitschaft fähig. Wie eine mühsam bewahrte Maske fällt dann die Pose steifer Anmaßung von ihm ab, und ein sehr sympathischer Heinrich wird sichtbar, liebenswürdig, umgänglich — solange man ihn als uneingeschränkte Autorität akzeptiert.

Auch hier also, im Kreis seines Adels, zeigen sich die zwei Gesichter des einen Mannes: einmal ein Heinrich, der rücksichtslos gegen die alten Geschlechter vorgeht und dabei kein Mittel scheut, sie zu demütigen. Einen Christian von Oldenburg zwingt er nieder, einen Widukind von Schwalenberg treibt er in die Verbannung — der gleiche Mann setzt sich aber beim Papst mit allem Eifer für einen seiner Grafen ein, vergießt beim Tod eines Freundes Tränen aufrichtiger Erschütterung und wird nicht nur vom Chronisten Helmold schlicht als „unser Herzog" angesehen.

„Unser Herzog" zeigt beim Umgang mit „seinen" Adligen durchaus schon das Gebaren späterer absoluter Fürsten.

Nicht nur in Kriegs-, auch in Friedenszeiten schart er seine Vasallen um sich, zieht sie an seine Residenz und schätzt es gar nicht, wenn sich einmal einer längere Zeit nicht blicken läßt. Und wenn er an ihrer Spitze davonreitet, hinaus auf die Jagd oder in die Schlacht, scheint sich bereits die Vision zentraler Herzogmacht erfüllt zu haben: Der eine führt — die anderen haben zu folgen.

Doch bleibt das eben Schein.

Heinrich erreicht viel in den drei Jahrzehnten seiner Glanzzeit. Eines schafft aber auch er nicht: die grundsätzliche Reform der Ver-

130

waltungsstruktur in Sachsen, die Ablösung halbwegs oder gänzlich selbständiger Grafen durch einen zentral regierten Beamtenapparat. Immerhin versucht er es.

Die neue Macht: Ministeriale

Wann immer ein Gebiet in seine unmittelbare Obhut gerät wie Stade oder Winzenburg, setzt er nicht neue Grafen ein, sondern ernennt sogenannte Ministeriale, die an seiner Stelle und unter seinem direkten Einfluß regieren. In der Regel entstammen diese Männer unbedeutenden Familien, sind rechtlich sogar Eigentum ihres Herrn, der sie verschenken, tauschen oder auch verkaufen kann — und eben hierauf zielt der Herzog, wenn er sie zu seinen Beamten macht: Schon von ihrem sozialen Status her sind sie von ihm abhängig, wie es ein Graf nie wäre.

So beschäftigt er sie nicht nur in ihren traditionellen Aufgabenbereichen seiner Hofhaltung als Marschall, Kammerherr, Truchseß oder Mundschenk, sondern setzt sie auch als Präfekte auf seinen Burgen ein, verwendet sie als herzögliche Vögte in den Städten und als Untervögte in den Klöstern. In Dithmarschen, im Leinegau, in Oldenburg und Haldensleben — überall finden sich in Heinrichs Machtbereich solche Ministeriale als „harter Kern" der herzoglichen Verwaltung.

Natürlich sind sie nicht Heinrichs Erfindung: Der Ministeriale ist ein Typ dieser Zeit, deren Mächtige sich allerorten an neuen Verwaltungssystemen orientieren. So widerfährt diesem Stand nun eine entscheidende soziale Aufwertung, und bald schon sind viele Ministeriale selber große Herren, reicher und mächtiger als mancher Graf.

Von Heinrichs Ministerialen wird Jordan von Blankenburg am bekanntesten. Offiziell gilt er als Truchseß des Herzogs, ist jedoch eher sein Premierminister, dessen Name auf herzoglichen Urkunden stolz gleich unter dem seines Herrn prangt. Als dann Jordan 1190 im Kampf gegen die Holsteiner vor Segeberg in Gefangenschaft gerät, verlangen sie für ihn mehr Lösegeld als für einen Grafen, was Jordan über die Maßen erbittert — und zugleich maßlos stolz macht: Ein solch bedeutender Mann ist er also im Dienst seines Herzogs geworden. Das aber gilt nicht nur für ihn.

131

In Heinrichs Schatten werden viele seiner Beamten große Herren: Braunschweigs Vogt Ludolf, der schlicht als „der Reiche" in die Chroniken eingeht, des Herzogs Notare Hartwig und Heinrich, die in Bremen die höchsten Kirchenämter besetzen, und vor allem Gunzelin von Hagen und Bernhard von der Lippe, seine besten Kämpfer und treuesten Gefährten.

Doch trotz dieser Fülle markanter Persönlichkeiten bleibt Heinrichs zentral regierter Verwaltungsapparat Fragment. Ein Staat der Ministeriale ist das Sachsen des Löwen nicht geworden.

Unerreichtes Vorbild Sizilien

Was Heinrich als Staatsideal vorgeschwebt haben mag, findet man um diese Zeit nur auf Sizilien. Über diesen Normannenstaat wirft tatsächlich schon der künftige Absolutismus seine ersten Schatten. In Heinrichs Sachsen bleiben sie nur blasse Schemen. Sein Land befindet sich erst unterwegs zum Staat.

Immerhin schafft Heinrich ein bemerkenswert robustes Staatsgebilde, wenn es auch dessen großes Manko ist: Es bleibt an die Person Heinrichs gebunden, an diesen Machtpolitiker durchaus schon neuen Stils.

Dieser Politiker hat eine Eigenschaft: Er liebt das Geld. Man nennt ihn deshalb geizig und habgierig, und diese Züge fehlen ihm gewiß nicht. Zu materiellen Gütern hat er eine sehr gesunde Beziehung, rechnet gern und genau und sieht Geschäftemacherei, wo immer sie Gewinn verspricht, keineswegs unter seiner Würde an.

Dahinter steht allerdings nicht nur persönliche Habsucht. Es ist auch eine politische Notwendigkeit.

Wer Burgen baut, Ministeriale unterhält und sich den Luxus eines starken Heeresaufgebots leistet, um im Ernstfall von seinen Lehensleuten unabhängig zu sein, braucht Geld. Denn ein Staatsgefüge wie das des Löwen ist nun einmal kostspielig und trägt sich nicht aus sich heraus wie das herkömmliche Lehenssystem.

So muß sich Heinrichs Interesse ganz von selbst dem Geld zuwenden — und den Methoden, mit denen man es sich beschafft.

Der Wirtschaftspolitiker Heinrich ist geboren.

11. Kapitel
Geld — und wie man es beschafft

Kaufleute unterwegs

Durch Deutschland rollt ein Wagenzug, einer von den vielen, die in wochenlangen Reisen von Süden nach Norden, von Westen nach Osten ziehen. Mühsam arbeiten sich die Karren auf den Straßen vorwärts, von denen die meisten gar keine Straßen sind, nur bessere Trampelpfade, Generationen hindurch in die Natur hineingestampft. In zahllosen Biegungen winden sie sich durch das Land, über Höhenzüge und an Sümpfen vorbei.

Immer wieder bleiben die niedrigen Gefährte in den Schlaglöchern stecken, kippen zur Seite, verlieren ein Rad. Dann kommt der Zug zum Stillstand, und mit vereinten Kräften wird der Wagen wieder hochgehievt. Weiter geht die Reise, dem nächsten Markt, der nächsten Stadt entgegen.

Diese jämmerlichen Straßen sind aber der Nebensnerv des Deutschen Reichs. Denn über sie wird transportiert, was die damalige Wirtschaft ausmacht: von Süden und Westen her Wein, Gewürze, Keramik, aus dem Osten Erze und Pelzwerk, aus dem Norden gesalzener Hering, das wichtigste Exportgut der norddeutschen und skandinavischen Wirtschaft, und vor allem, in alle Richtungen das eine wichtigste Gut: Salz.

In einer Zeit, die praktisch kein anderes Konservierungsmittel kennt, ist Salz viel wichtiger als jedes Edelmetall. Wer also Salzsalinen kontrolliert, den Salzhandel beherrscht, wird nicht nur reich. Er hat auch Macht.

Diese Macht ist denkbar ungerecht verteilt. Denn von den 31 großen Salinen des Reichs liegen nur neun im Rheingebiet, wo rund die Hälfte der gesamten Bevölkerung lebt. Die übrigen finden sich vor allem in drei Regionen: einmal in den Gebieten um Salzburg, dann im Land an der Saale und schließlich in den Elbländern mit Lüneburg als wichtigstem Zentrum. Hieraus ergeben sich zwangsläufig die Knotenpunkte jenes Straßennetzes, über das die Wagenzüge der Kaufherren rollen.

Wer in diesen Zügen mitreist, gehört für Wochen und Monate einer verschworenen Gemeinschaft an. Hier herrschen die gleichen strengen Regeln wie auf den Flußschiffen, dem anderen Transportmittel dieser Zeit, und nur eines zählt: die Ware sicher ans Ziel zu bringen.

Schlechte Witterung, miserable Straßen — das sind nur die einen Feinde. Schlimmer sind die Räuber, die an jeder Biegung lauern können, nicht irgendwelches Gesindel, sondern hochadlige Herren, die es als ihr gutes Recht ansehen, alles gewaltsam zu erbeuten, was unterhalb ihrer Burg vorüberzieht. Der Kaufmann ist für sie der Pfeffersack, seine Ware billige Beute — und für den Handel sind diese Wegelagerer die ärgste Gefahr.

Barbarossa hat erste Konsequenzen gezogen. Kaufleuten wird nun erlaubt, Schwerter mit sich zu führen — zwar nicht am Gürtel wie die Ritter, doch wenigstens unter den Waren versteckt. Das ist immerhin ein Fortschritt. Doch wirkliche Sicherheit bietet nur eines: die Macht des einzelnen Fürsten, dessen Land die Kaufleute durchziehen.

Die stillen Teilhaber

Natürlich bieten diese Fürsten diese Sicherheit gern. Denn sie lassen sich dafür bezahlen. Und so werden sie die stillen Teilhaber des Handels.

Wollen die Kaufleute ihre Waren auf einem Markt anbieten, wird zunächst einmal der Marktzoll fällig. Dann muß der Platz vom Fürsten gemietet werden. Dort stehen Geräte bereit, mit denen die Waren gemessen und gewogen werden. Auch das will bezahlt sein. Werden die Waren gelagert, wird noch Lagergebühr erhoben. Und so geht es weiter . . .

Gebühren kostet das Geleit auf den Straßen. Gebühren werden an Brücken und in Häfen kassiert. Gebühren verlangt der Fürst an bestimmten Straßenabschnitten. Und diese Gebühren sind nicht zu knapp bemessen. In der Regel richten sie sich nach dem Wert der Ware, wobei allein schon der Marktzoll, die Grundgebühr also, rund zwei Prozent ausmacht.

Für den Fürsten ist das ein ungemein ergiebiges Geschäft. Also wird er zusehen, möglichst viel Straßen zu beherrschen, möglichst viel Brücken und Häfen zu kontrollieren, möglichst viel Märkte auf seinem Territorium zu schaffen. Er dient dem Handel und damit sich selbst.

Wie so häufig folgt er zunächst nur einem Trend der Zeit, und wie so häufig besteht sein persönliches Verdienst in der Intensität, mit der er solch einen Trend erkennt und ihn seinen ganz persönlichen Vorstellungen von Macht und Machterweiterung unterordnet. Also auch hierbei ist er kein Neuerer. Doch beweist er wieder einmal, wie wach er allem Neuen gegenübersteht. Denn die Expansion der deutschen Wirtschaft im 12. Jahrhundert ist etwas Neues.

Wirtschaftswunder im 12. Jahrhundert

Wenige Jahrzehnte zuvor war das Reich politisch zwar die führende Kraft, wirtschaftlich aber tiefste Provinz. Die großen europäischen Handelswege mit ihrem einen Knotenpunkt Konstantinopel durchschnitten Frankreich und Italien. Sie führten bis nach England hinauf, tief in den Osten hinein und in den Orient hinunter. Doch Deutschland berührten sie nur am Rande. Von den großen wirtschaftlichen Entwicklungen war das Reich praktisch abgeschnitten.

So blieb Deutschland länger als jedes andere Gebiet reines Agrarland. Die Einkünfte der Fürsten hatten aus den Naturalien bestanden, die ihnen ihre Untertanen als Tribut zu zahlen hatten. Damit waren aber nun einmal keine großen Reichtümer zu gewinnen.

Doch plötzlich wechselte die Szenerie.

Oberitaliens Städte blühten auf. Flandern erlebte seinen Boom. Das griff auch ins Reich über. Schon entstanden diesseits des Rheins deutsche Handelszentren. Ihre Herren aber, die dort schon bald eine sehr selbstbewußte, hochkultivierte Schicht bildeten, hatten die eine Sorge aller Unternehmer: für ihre Waren Absatzmärkte zu schaffen. Sie hielten nach Neuland Ausschau. Nord und Ost boten sich an.

Diese Regionen mußten dem Handel erschlossen werden. Damit hatte aber eingesetzt, was als Wirtschaftswunder des 12. Jahrhunderts bezeichnet werden kann.

Wer Ware an den Kunden bringen will, braucht Straßen und Märkte. Aus Marktflecken werden Städte. Diese Städte sichern sich durch Befestigungsanlagen. Das gibt ihnen Macht genug, um den Bürgern innerhalb ihrer Mauern bestimmte Rechte zu verschaffen. Handelszentren großen Stils formieren sich. Diese Zentren suchen untereinander Kontakt. Das Straßennetz verzweigt sich, Entfernungen werden geringer, der Warenumlauf beschleunigt sich. Schon bald ist es undenkbar, Waren gegen Waren zu tauschen wie bisher. Ein neues Zahlungsmittel bürgert sich ein: das Geld.

Ursprünglich war „Gelt" jede Art von Entgelt gewesen. Doch allmählich versteht man darunter nur noch Edelmetall. Man prägt es in handliche Münzen um, hat damit ein bequemes Zahlungsmittel von annähernd gleichem Wert in allen Ländern — und die Herrschaft des Geldes beginnt.

Die Fürsten dürfen sich die Hände reiben. Denn der Geldhandel wird ihr ganz großes Geschäft. Hat erst der König an sie das Münzrecht weitergegeben, errichten sie Münzstätten im Umkreis der Märkte, und wieder können Gebühren erhoben werden: Wer sich dort Münzen prägen oder auch landesfremde Währung in die landesübliche ummünzen läßt, muß dafür bezahlen, und der Fürst kassiert. Neben Markt- und Zollrecht wird das Münzrecht seine dritte große Einnahmequelle.

Die neuen Partner

Die Fürsten brauchen die Kaufleute. Die Kaufleute brauchen die Fürsten. So kommt es zum Bündnis zweier Stände, von dem der eine wie der andere profitiert. Aus verachteten Pfeffersäcken wird ein hochangesehener Stand, der sich nach ähnlichen Prinzipien etabliert wie einst das Rittertum. Auch hier geben schon bald bestimmte Sippen den Ton an, man heiratet untereinander, und wahre Kaufmannsdynastien mit internationalen Beziehungen bilden sich heran.

Auch das Bild der Fürsten verändert sich. Im Zeichen der Geld-

136

wirtschaft sind sie nicht mehr die Stammesführer archaischer Vorzeiten, und Waffengewalt, Grundbesitz sind nicht mehr die einzigen Machtmittel. Ebenso wichtig wird das Geld.

Heinrich der Löwe wird zum Prototyp eines solch modernen Fürsten, hinter dessen herrscherlichen Attitüden das nüchterne Kalkül des rechnenden Kaufmanns aufscheint. Und bald ist er schon selbst ein Kaufmann. Das heißt nun nicht, daß er persönlich Handel treibt und irgendwelche Waren auf irgendwelchen Märkten feilbietet. Doch mit der wachen Umsicht des kaufmännischen Unternehmers sorgt er dafür, daß sein ökonomisch dahindämmerndes Sachsen zu einem international attraktiven Wirtschaftsterritorium wird — und er selbst den Zins kassiert.

Kaufmann Heinrich

Ansatzpunkt sind die Lüneburger Salzsalinen aus dem persönlichen Besitz des Herzogs. Von dort wird der gesamte Osten und Norden mit dem kostbaren Gut versorgt, und schon das sichert dem Kaufmann Heinrich eine wirtschaftliche Schlüsselstellung. Doch Salz will nicht nur gewonnen sein. Es muß auch zum Konsumenten gebracht werden. Dafür braucht es Straßen und Flüsse, Märkte und Häfen.

Ein kühnes Bild zeichnet sich ab: Des Herzogs Salz wird auf den von ihm kontrollierten Transportwegen zu seinen Märkten gebracht — und er verdient nicht nur einmal, sondern doppelt und dreifach daran. Doch dieses Bild Sachsens als eines einzigen riesigen Wirtschaftsnetzes in Heinrichs Hand bleibt Vision. Immerhin sind dafür erste Ansätze gegeben.

Die Häfen kontrolliert er: Stade und Bremen im Norden, Lübeck im Osten. Hamburg als dritter Nordseehafen ist ihm weniger wichtig. Er setzt auf Stade, dem er an der Elbe keinen lästigen Konkurrenten schaffen will.

Schwieriger wird es mit den Flüssen seines Herzogtums, mit Elbe und der Oker/Aller/Weser-Verbindung, die beide zur Nordsee führen. Am Elbufer besitzt er immerhin fünf Stützpunkte bis nach Stade hinauf, bei Oker/Aller/Weser kontrolliert er nur Anfang und Mündung, Braunschweig und Bremen.

Die großen Straßen sind das Hauptproblem. Hier zeigt sich am stärksten Sachsens innere Zerrissenheit, und nie kann Heinrich hoffen, sie auch nur annähernd vollständig in seine Hand zu bekommen. Er kann nur zusehen, möglichst viel Stützpunkte an ihrem Rand an sich zu reißen. Das aber zeigt seine Territorialpolitik in neuem Licht.

Einen Heinrich in klirrender Rüstung hat man gesehen, der mit geballter Faust auf die Rechte anderer einschlägt und ihren Besitz als seine Beute heimschleppt, einen Mann der Tat und Gewalt, den Berserker mit mehr Muskeln als Hirn. Vor dem Hintergrund von Sachsens und seines Herzogs politischer Situation gewinnt dieser Gewaltmensch bereits markanteres Profil: Nun ist er der Stratege herzoglicher Macht, der nach präzisem Plan vorgeht, wenn er die ganz oder halbwegs selbständige Territorien seines Landes unter seinen Einfluß bringt und sie nicht wieder den Zufälligkeiten des Lehenssystems überläßt. Beim Anblick dieser Territorien wird aber der Stratege zum Wirtschaftspolitiker.

Nur vordergründig liegt das auf der Hand. In Wahrheit setzt es ungeheuer viel voraus: Ein solcher Mann muß rechnen und planen können. Er muß die Gesetze der Wirtschaft kennen. Die Welt der Kaufleute muß ihm vertrautes Land sein. Er darf nicht allein auf seine Macht setzen. Er muß sie als ökonomisches Mittel einzusetzen verstehen.

Niemand hat Heinrich solche Künste beigebracht. Dennoch beherrscht er sie: Er kennt eben das Land, in dem er regiert. Aus seinen Gegebenheiten weiß er die Gesetze abzuleiten, nach denen er vorgeht. Wenn er sich Stade unterwirft oder Bremen unter seinen Einfluß bringt, geht es nicht nur um die Auseinandersetzung mit einem anderen Mächtigen. Es geht auch um Schlüsselstellungen der Wirtschaft, die für Heinrich wie für keinen anderen deutschen Fürsten seiner Zeit zum Machtmittel par excellence wird.

Treibt der Löwe also mit seiner Territorialpolitik eigentlich Wirtschaftspolitik? Oder ist seine Wirtschaftspolitik Fortsetzung seiner Territorialpolitik mit anderen Mitteln? Das eine mischt sich bei ihm so sehr mit dem anderen, daß man das kaum noch entscheiden kann. Gewiß hat aber beides in seinem Denken den gleichen Stellenwert, und er weiß auch, daß Wirtschaftspolitik nicht mehr allein vom Besitz von möglichst viel Grund und Boden abhängt. Die gezielte Kontrolle einzelner wichtiger Schlüsselstellungen kann ebenso wichtig sein. Bayern wird das beste Beispiel.

Wirtschaftsland Bayern

Als Heinrich 1156 Bayern übernimmt, muß er sich damit abfinden, hier machtpolitisch nicht viel ausrichten zu können. Anders als in Sachsen begnügt er sich also damit, ein guter Herzog gehabter Art zu sein, und seine bayerischen Großen danken es ihm. Geduldig besuchen sie seine Landtage, lassen ihn Recht sprechen — und bekommen im übrigen nicht viel von ihrem Herzog zu sehen. In den fünfundzwanzig Jahren seiner Herrschaft hält sich Heinrich insgesamt kein halbes Jahr in Bayern auf, und nicht einmal eine eigene Burg läßt er dort bauen. Von den Kämpfen um München einmal abgesehen, weiß man denn auch nur von einer einzigen ernsthaften Fehde auf bayerischem Boden.

Gegner ist dabei der Bischof von Regensburg, eine recht problematische Erscheinung, die als Lebemann einen größeren Ruf genießt denn als Kirchenfürst. Um 1160 läßt sich der Herzog mit ihm auf einen mörderischen, das gesamte Bistum verwüstenden Kampf ein, dessen Anlaß nicht recht klar wird. Zumindest scheint es dabei nicht um Regensburg selbst gegangen zu sein, denn nach Friedensschluß begnügt sich Sieger Heinrich mit der Übernahme einer einzigen Festung, wobei es sich um Donaustauf gehandelt haben dürfte, eine Burganlage an der Donau wenige Kilometer östlich von der Herzogstadt Regensburg. Mit dem Besitz von Donaustauf sind aber erhebliche Handelsrechte verbunden, und erst sie müssen den Herzog zu dieser Eroberung gereizt haben.

Unter ähnlichen Vorzeichen stehen auch die wenigen anderen territorialen Machtübernahmen auf bayerischem Boden. Eher kärglich nehmen sie sich aus, und Heinrich kann nicht ernsthaft gemeint haben, mit ihnen ein Gegengewicht zu den Besitzungen von Andechsern und Wittelsbachern zu schaffen, weder mit der Übernahme von Burghausen im Jahr 1164 noch mit der Sicherung von Grafschaftsrechten in Reichenhall.

Allerdings: Burghausen, eine Festung an der Salzach, liegt an einem der wichtigsten Transportwege des Salzhandels. Reichenhall ist wiederum einer der großen deutschen Salzproduzenten. Nicht ganz so bescheiden verhält sich also Heinrich, wenn er gerade diese Ortschaften an sich zieht. Auch hier wandelt er Macht in klingende Münze um — und wird insgesamt sehr reich dabei.

Niemand kennt die Höhe all seiner Einkünfte aus Sachsen, Bayern und den Slawenlanden. Gewiß machen sie ihn aber zu einem der reichsten Fürsten Europas, wenn nicht zum reichsten überhaupt. Und Heinrich ist nicht der Mann, der seinen Reichtum ängstlich verborgen hält: Mit seiner prunkvollen Hofhaltung zu Braunschweig stellt er seine Schätze mit gelassenem Stolz zur Schau.

Nun huldigt dieser Mann dem gesunden Grundsatz, daß viel Geld eine gute, noch mehr Geld die bessere Sache ist. Mit anderen Worten: Heinrich beschränkt sich nicht auf seine Zoll-, Münz- und Geleitrechte. Ihm genügt nicht der Part des stillen Teilhabers, sondern er wird selbst aktiv, und dabei sieht man wieder einen Mann, der die Grundregel des Marktes beherrscht: Man kann nur nehmen, wo man gibt, und man muß denen geben, die damit umzugehen verstehen — nicht irgendwelchen Rittern, sondern den Kaufleuten seines Herzogtums.

Im Bund mit den Kaufleuten

In Herzog Heinrich finden diese Kaufleute ihren großen Verbündeten. Er beherrscht nicht nur Straßen. Er macht sie auch besser und sicherer. Er schafft Märkte, Münzstätten — und er entläßt auch nicht die sächsischen Handelsherren aus seiner Obhut, wenn sie die Grenzen ihrer Heimat überschritten haben, so wie er auch die fremden Kaufleute schützt, die sein Territorium durchziehen. Denn Wirtschaftspolitiker Heinrich sieht weit über Sachsens Grenzen hinaus: „Seine" Kaufleute brauchen fremde Märkte — und für die fremden Kaufleute muß Sachsen ein attraktiver Umschlagplatz sein. Für beides schafft Heinrich der Löwe die Voraussetzungen.

Das aber ist die große Leistung dieser Epoche — und das ist dieses Herzogs größtes Verdienst: daß in seiner Ära und unter seiner Herrschaft Sachsen und damit der gesamte Norden Anschluß an das übrige Europa findet und hinaustritt aus seiner bisherigen provinziellen Isolierung.

Es hätte nicht sein können, wäre Heinrich nicht eben ein Fürst allererster Ordnung auch jenseits seiner Wirtschaftspolitik gewesen, fast so bedeutend wie der Kaiser selbst. Diese hohe Position setzt er ungeniert zugunsten seiner Kaufleute ein. Mit der Attitüde eines unabhängigen Herrschers tritt er vor die ausländischen Fürsten, wenn es um Vorteile und Privilegien seiner Wirtschaft geht. Und diese Fürsten akzeptieren das: Sachsens Herzog wird ihr ebenbürtiger Partner.

Mit Holland und England nimmt er Verbindung auf und interessiert die dortigen Handelsherren für seine Häfen in Stade und Bremen. Mit Polen und Dänemark verbinden ihn gemeinsame Interessen in den Ländern jenseits der Elbe. Mit dem Fürsten von Nowgorod schließt er ebenso Verträge wie mit dem König von Schweden, wobei sich die Herren wechselseitigen Schutz ihrer Kaufleute zusichern. Auf dem Höhepunkt dieser Entwicklung ist er dann wirklich von Thule bis Griechenland bekannt, wie es nach seinem Tod der Chronist Arnold von Lübeck beschwört: Vor allem seine Wirtschaftspolitik hat ihm zu diesem Weltruhm verholfen, und sein Reichtum beeindruckt jenseits der Grenzen mehr als seine politische Macht.

Von all diesen internationalen Kontakten wird Heinrichs Vorgehen auf Gotland am bekanntesten.

Vor Dänemarks Küste liegt diese große Ostsee-Insel, wo sich schon seit langem neben den berühmt tüchtigen gotischen Kaufleuten viele Deutsche niedergelassen hatten. Schließlich kann schon von einer deutschen Kolonie gesprochen werden, deren Mittelpunkt das spätere Wisby ist.

Bei diesem Nebeneinander gleichermaßen tüchtiger und ehrgeiziger Kaufleute verschiedener Herkunft blieb es nun nicht aus, daß es zu immer heftigeren Streitigkeiten und Konkurrenzkämpfen kam. Das wirkte sich vor allem auf den so wichtigen Handel von Heinrichs neugewonnenem Ostseehafen Lübeck aus.

Nun ist Gotland Ausland und damit eigentlich nicht Sache des sächsischen Herzogs. Nur der König könnte eingreifen. Heinrich schert sich aber um diese Feinheit nicht. Als sei er alleiniger Lenker auch außenpolitischer Geschicke, nimmt er auf, was schon sein Großvater Lothar, der immerhin Kaiser war, angestrebt hatte, und unterzeichnet 1161 die berühmten Gotland-Urkunden.

Dort erhalten jetzt die sächsischen Kaufleute ein eigenes Recht, und der „advocatus et iudex" Odalrich wird als eigener Vogt mit richterlichen Befugnissen eingesetzt. Dafür bekommen die gotländischen Kaufleute in Sachsen besondere Handelsfreiheiten eingeräumt. So können nun wieder die einen wie die anderen allen lästigen Hader vergessen und sich einem höheren Zweck zuwenden: für des Herzogs Kassen Geld zu verdienen.

Diese Pflege internationaler Kontakte samt allen Verträgen und Abmachungen mit ausländischen Fürsten sind das spektakulärste Mittel für Heinrichs Wirtschaftspolitik. Ihren wahren Höhepunkt findet diese Politik aber erst anderswo: in der konsequenten Förderung der Städte.

Im 12. Jahrhundert sind Städte eigentliche Basis und wichtigster Ausgangspunkt der gesamten Wirtschaft. Und mehr noch: Von den Städten gehen in dieser Zeit soziale und politische Strömungen aus, die nicht nur für ihre Bewohner, die Bürger, wichtig sind, sondern das gesamte gesellschaftliche Bild bestimmend verändern. Wer wirklich herrschen will, muß es mit den Städten tun. Heinrich begreift das.

Der Wirtschaftspolitiker wird zum Städtegründer.

12. Kapitel
Stadtluft macht frei

„Liubeke" — „schöner Ort"

Der Ort heißt Lübeck und hat viele Gründer. In einem sind sich alle einig: Der Platz liegt wunderhübsch.

Als erste finden das die Wenden. Im 11. Jahrhundert gründen sie auf der von Trave und Wakenitz umspülten Halbinsel eine Siedlung und nennen sie „Liubeke", was sich später über „Lubeke" und „Lübeke" zu „Lübeck" abgeschliffen haben wird. Es heißt soviel wie „schöner Ort".

Nach den Wenden entdecken ihn deutsche Kaufleute. Sie finden ihn nicht nur schön, sondern vor allem praktisch. Die Ostsee liegt nur siebzehn Kilometer entfernt und kann über die Trave bequem erreicht werden. Zugleich ist man hier aber besser vor Seeräubern geschützt als am offenen Meer.

Noch herrschen die Wenden in Lübeck. Doch schon hat sich eine größere deutsche Kaufmannssiedlung herangebildet. Lübeck ist zum respektablen Handelsort geworden und unterhält Verbindungen zu allen wichtigen Ostseestaaten. Das weckt schließlich das Interesse des Grafen Adolf II. von Schauenburg. Schon im Jahr nach seiner Ernennung zum Markgrafen von Holstein, 1143, baut er dort die Burg, die bereits gemeinsam mit dem darunterliegenden Markt das künftige Lübeck ahnen läßt.

Lübeck übersteht den unseligen Wendenkreuzzug von 1147 und entwickelt sich weiter zu einem der wichtigsten Ostseehäfen. Glück kommt hinzu: Weiter nördlich in Oldesloe werden reiche Salzvorkommen entdeckt, und die Stadt wird Umschlagplatz für das kostbare Gut. Nun macht sie schon im Norden Schleswig und im Süden Bardowiek Konkurrenz.

Die Stadt Bardowiek wird einmal Heinrichs großer Feind sein. Damals liegt sie ihm noch als „nostra civitas", als „unsere Stadt", und Handelsplatz erster Ordnung am Herzen, denn dort ist der Umschlagplatz für das Lüneburger Salz. Nun aber ziehen es schon viele Bardowieker vor, sich in Lübeck niederzulassen und mit dem Salz aus Oldesloe zu handeln. Prompt sinken Lüneburgs Einnahmen — und damit wird es gefährlich: für Heinrich wie für Lübeck selbst.

Der Herzog schätzt Erfolg, solange er ihn selber hat. Bei anderen sieht er ihn weniger gern. So überrascht er zunächst einmal den Schauenburger Grafen mit dem Ansinnen, sich in die Lübecker Erträge zu teilen. Adolf staunt nicht schlecht. Schließlich hat *er* diese Goldader erschlossen — warum sollte er sie nun mit einem anderen teilen?

Der Graf lehnt also rundweg ab.

Nun ist Adolf ein kluger, sympathischer Mann, und Heinrich sieht in ihm einen seiner wenigen persönlichen Freunde. Doch weiß der Herzog auch zwischen Freundschaft und Geschäft sehr fein zu unterscheiden, und die Lübecker Angelegenheit ist zunächst einmal ein Geschäft. Dabei versteht er keinen Spaß.

Gutes Zureden hat nicht geholfen. Also greift er zur Gewalt. Konsequenz kann ihm dabei nicht abgesprochen werden: Die Oldesloer Salinen schüttet er zu, den Lübeckern verbietet er kurzerhand, künftig noch mit anderem als Lebensmitteln zu handeln — alles in allem also, wie es der Historiker Karl Hampe nennt, „ein starkes Stück" und zugleich praktisch das Ende der eben noch blühenden Hafenstadt.

Heinrich könnte zufrieden sein. Er ist es aber nicht. Nicht aus Mitleid mit den Lübecker Bürgern, deren Existenz er zerstört hat — ihm widerstrebt es nur zutiefst, so prächtige Möglichkeiten brachliegen zu sehen. Über Lübeck ist also das letzte Wort noch nicht gesprochen.

1157 brennt die ohnehin schon darbende Stadt nieder, und was immer die Katastrophe ausgelöst hat: Heinrich kommt sie sehr gelegen. Denn nun stehen Lübecks Kaufleute vor ihm und klagen: „Es währt nun schon so lange Zeit, daß der Markt von Lübeck auf Euren Befehl verboten ist. Wir sind aber bisher in der Hoffnung, den Markt durch Eure Gnade und Wohlgeneigtheit wieder zu erlangen, in dieser Stadt geblieben. Auch konnten wir uns nicht entschließen, die mit großen Kosten aufgeführten Gebäude zu verlassen. Jetzt

144

aber, da unsere Häuser niedergebrannt sind, würde es zwecklos sein, an einem Ort, wo kein Markt sein darf, wieder zu bauen . . ." Und daher die abschließende Bitte: „Gib uns also einen Ort, eine Stadt zu gründen, wo es dir gefällt . . ."

Das ist für Heinrich das Stichwort.

Mit Feuereifer will er nun sein eigenes Lübeck schaffen, eine ganz neue Stadt. Der geeignete Platz wird im Ratzeburger Land gefunden, am Ufer der Wakenitz, und dort entsteht eine großzügige Stadtanlage mit prächtigem Hafen und jederlei erdenklichem Vorrecht für die Ansiedler. Heinrich ist sehr stolz auf seine Schöpfung, so stolz, daß er ihr den eigenen Namen gibt: Sie soll „Löwenstadt" heißen.

Bei dieser „Löwenstadt" hat man an alles gedacht. Nur eines hat man vergessen: die Wirklichkeit. Dort sieht es aber leider so aus, daß die Wakenitz viel zu wenig Wasser führt, als daß größere Schiffe von der Ostsee her in den Hafen kommen könnten. Damit ist Löwenstadts Schicksal besiegelt. Sie wird zum totalen Fehlschlag.

Heinrich hält sich nicht lange mit seiner Enttäuschung auf. Wenn nun einmal dieses Lübeck an der Trave einziger Platz zu sein scheint, wo sich ein Seehafen von internationalem Rang schaffen läßt, muß man eben diesen Platz in seine Hand bekommen, um jeden Preis.

Also neue Verhandlungen mit Adolf — und der vom brutalen Ehrgeiz seines herzoglichen Freundes aufgeriebene Graf gibt endlich nach. Die Halbinsel wechselt den Besitzer. Sie gehört nun zu Heinrichs Machtbereich.

Buchengestrüpp überkrustet den „schönen Ort", als dort des Herzogs Leute aufmarschieren: Axthiebe fallen, Erdboden wird freigelegt, um dort ein neues Lübeck zu schaffen, schöner, größer, reicher als zuvor. Denn jetzt hat hier der Herzog das Sagen, und wie schon in Stade brauchen die Bürger den Machtwechsel nie zu bereuen: Heinrich der Löwe ist nun einmal bester Schutzherr einer Stadt.

Der Konkurrent aus Föhring

Lübeck wird die eine von Heinrichs großen Stadtgründungen sein — und vielleicht nicht zufällig kommt es im gleichen Jahr 1158 zu einer zweiten, die zugleich seine einzige im bayerischen Raum bleibt. Sie vollzieht sich nach anderen Regeln als die von Lübeck. Allerdings steht das gleiche an ihrem Anfang: blanker Konkurrenzneid.

Wenn von Berchtesgaden und vom Salzkammergut her die Salztransporte nach Augsburg hinauf ziehen, müssen sie die Isar überqueren. Das geschieht bei Föhring, wo mit der Zeit ein großer Markt heranwächst, mit Zoll und Münze, ein Handelsplatz erster Ordnung.

Dieses Föhring gehört nun zum Bistum Freising, wo Jasomirgotts Bruder Otto residiert, Onkel des Kaisers und Chronist seiner Taten. Mindestens so gut wie auf das Schreiben versteht er sich aber auch aufs Rechnen und herrscht in seinem Bistum ebenso umsichtig wie selbstherrlich.

Schon das erbittert Heinrich zutiefst. Am meisten ergrimmt ihn aber das blendende Geschäft, das Otto von Freising mit seinem Isar-Übergang bei Föhring macht. Doch kann er den Bischof noch schlechter als seinerzeit den Holsteiner Grafen zwingen, ihn zum Teilhaber zu machen. Was er aber kann und prompt auch tut: dem Übergang zu Föhring mit einer eigenen Isar-Passage Konkurrenz zu schaffen.

Ein Nest namens München

Unterhalb von Föhring, rund eine Stunde entfernt, liegt ein völlig unbedeutender kleiner Ort namens „Munichen", nach seinen ersten Siedlern, einigen Mönchen, benannt und auf nie recht geklärte Art in welfischen Besitz gekommen. Hier läßt nun Heinrich *seine* Isarbrücke bauen.

Damit ist die Föhringer Konkurrenz noch nicht aus der Welt geschafft. Aber das bedeutet für Heinrich kein ernsthaftes Problem. Wieder einmal greift er zu Gewalt, läßt Föhring erobern und den Markt zerstören. So rasch geht das, daß Otto von Freising erst einmal begreifen muß, was eigentlich geschehen ist. Dann aber führt er beim nächsten Reichstag zu Augsburg um so erbittertere Klage.

146

Barbarossa gerät in große Verlegenheit.

Natürlich hat er nichts gegen Otto von Freising, einen seiner glühendsten Bewunderer. Aber er darf auch nichts gegen Heinrich haben. Eben gerade hatte sich der Löwe auf einem gemeinsamen Feldzug gegen den Polenherrscher glänzend bewährt, und außerdem steht die nächste Italienfahrt vor der Tür, bei der der Kaiser wieder auf den Welfen angewiesen sein wird.

Barbarossa entscheidet nach Staufer-Art, also mit einem Kompromiß: Zwar muß Otto von Freising an den Münchner Einkünften zu einem Drittel beteiligt werden. Der Föhringer Markt samt allen Zoll- und Münzrechten wird aber aufgehoben, der Markt von München nebst Isar-Übergang anerkannt.

Wieder einmal ist Heinrich Sieger geblieben. Denn die Abgaben an den Bischof zahlt er mit der linken Hand. Ungeteilt bleibt ihm aber die Kontrolle des Isar-Übergangs, und mehr noch: Der Weg der Salzstraße ändert sich nun und führt direkt in die schwäbischen Territorien der Welfen.

Damit hat die Gründung von München aber auch schon ihren Zweck erfüllt.

Heinrich läßt den Ort befestigen. Er sorgt dafür, daß sich dort Bewohner anderer Welfen-Niederlassungen, wie Kaufering, Schongau und Memmingen ansiedeln. Schließlich errichtet er noch als weiteren Schutzplatz der neu entstandenen Handelsstraße eine Burg bei dem alten Städtchen Phetine, das unter dem Namen dieser Burg, Landsberg, ein Hauptlagerplatz für das Salz wird — und das ist auch schon alles. Heinrich selbst dürfte seine Gründung München nie betreten haben.

Die Rolle eines Städtegründers

Worte wie „Gründung" und „Gründer" wollen in diesem Zusammenhang richtig verstanden sein. Von den Städten, an deren Anfang Heinrich der Löwe steht, sind nur zwei originale „Gründungen": eben München und jene unselige Löwenstadt. Bei allen anderen Städten aber wie Lübeck, Braunschweig oder später im Osten Schwerin, deren „Gründer" Heinrich ist, wird der Herzog auf vorhandene Muster zurückgreifen.

147

Nie hat er sich selbst über Pläne gebeugt, Straßenzüge, Markt-anlagen, Häuserzeilen skizziert oder auch nur Bauarbeiten über-wacht. Nie entwickelt er persönlichen städtebaulichen Ehrgeiz. Das hätte auch gar nicht zu der Rolle eines fürstlichen Städtegründers im 12. Jahrhundert gepaßt.

Städtebau in dieser Zeit ist die logische Folge ihrer gesamten wirt-schaftlichen Entwicklung, und sie wurde zunächst einmal von Kauf-leuten ausgelöst. Begreiflicherweise sind diese Kaufleute an der Ent-stehung möglichst vieler, möglichst freier Städte interessiert, und so gibt es zwar unter den Städten des 12. Jahrhunderts auch originale Fürstengründungen. Die Regel ist aber die Gründung durch eine Kaufmannschaft. Sie findet sich in Gilden zusammen, und diese Gil-den planen und bauen. Ihre Vorstellungen bestimmen das Bild einer Stadt. Dann erst fängt die Rolle des Fürsten an.

Er nimmt den Städtebau in seinem Machtbereich unter seinen Schutz. Den Bürgern überläßt er Grund und Boden, verhandelt dabei mit ihren Vertretern. Er fördert sie schließlich, indem er ihnen be-stimmte Rechte einräumt und seine Autorität hinter ihre Interessen stellt.

Genau das tut Heinrich der Löwe. Das erst macht ihn zum „Städte-gründer". Es ist ein ganz und gar unromantisch-nüchternes Geschäft. Heinrichs Verdienst, die Bedeutung der Stadtgründungen in dieser Zeit erkannt und gefördert zu haben, bleibt groß genug.

Lübeck, immer wieder Lübeck . . .

Auch bei Lübecks Neugründung im Jahr 1158 steht sehr wahr-scheinlich ein Kaufmannskonsortium am Anfang, dessen 24 Mitglie-der die erste Initiative entwickeln. Sie sind die Verhandlungspartner Heinrichs, mit dessen Zustimmung sie eine Stadt nach ihren Bedürf-nissen und Vorstellungen bauen. Ein großer Hafen, ein großer Markt werden angelegt. Das macht die Stadt als Handelspartner attraktiv und wichtig. Lübeck wird darüber sehr reich, sehr mächtig, als der Ostseehafen schlechthin mit einer zunehmend auf Selbständigkeit bedachten Kaufmannschaft.

Aus dem Westen zieht man hierher, um vom Lübecker Glanz zu

profitieren. Doch stoßen die Lübecker auch ihrerseits in Neuland vor, gründen Niederlassungen auf Gotland, in Nowgorod, in Livland, wo um 1200 Riga entstehen wird, bis hinauf nach Smolensk. Diese Entwicklung wäre aber, bei allem Fleiß, aller Tüchtigkeit und Findungsgabe der Lübecker Handelsherren, kaum möglich, würde sie nicht dieser Herzog fördern und seinen weltweiten Einfluß in ihren Dienst stellen.

Lübeck, immer wieder Lübeck — die Interessen dieser seiner erfolgreichsten und wichtigsten Stadt schimmern bei den meisten wirtschaftspolitischen Maßnahmen Heinrichs durch, bei seinen Verträgen mit ausländischen Fürsten, später auch bei seinen Eroberungen jenseits der Elbe. Nicht zuletzt sollen diese Eroberungen „seinem" Lübeck zum nötigen Hinterland verhelfen.

Städtepolitik — auch Machtpolitik

Nun verfolgt Heinrichs Städtepolitik nicht nur wirtschaftliche Interessen. Gleichermaßen ist sie ein Instrument mehr, dieses wiederstrebende, unausgeglichene Sachsen in den Griff zentraler herzoglicher Gewalt zu bekommen, unterstehen sie doch unmittelbar dem Herzog selbst. Zugleich haben sie auch ihren strategischen Stellenwert.

Städtebau fördert Heinrich der Löwe zunächst einmal dort, wo einem Gegner Konkurrenz gemacht werden kann.

Stade wird zum Gegengewicht für das Bremen der Erzbischöfe Adalbero und Hartwig. Das aus Richenzas Erbe übernommene, vom Löwen zielstrebig geförderte Haldensleben an der sächsischen Ostgrenze ist Konkurrent von Bischof Wichmanns Magdeburg. Diese wie andere Städte werden stark befestigt, so daß sie notfalls dem Herzog militärischen Rückhalt geben. Aus vielerlei und allesamt sehr zwingenden Gründen wendet sich also der Herzog so konsequent den Städten zu. Das beeinflußt aber auch sein Gesamtbild als Politiker des 12. Jahrhunderts. Denn eine Stadt ist nicht nur eine vergrößerte Fluchtburg oder größere Handelsniederlassung, in deren Umkreis mehr zufällig einige tausend Menschen wohnen. Im Mittelalter ist die Stadt auch eine Daseinsform. Die den Städten zugebilligten Rechte sind dafür nur das äußere Symptom.

149

Jenseits der Grenzen, in Oberitalien und Flandern vor allem, kennt man besonderes Stadtrecht schon lange. Für Deutschland wurde vermutlich im westfälischen Soest ein Anfang gemacht. Dort hatte der Bischof seiner Stadt eine neue Verfassung geben wollen und hierfür, mehr oder weniger freiwillig, die Bürger herangezogen. Erstmals konnten sie mitbestimmen, nach welchem Gesetz sie leben wollten. Das Beispiel hat Schule gemacht.

Die „Soester Verfassung" wird nun auch Städten wie Lübeck zugebilligt: Die Bürger wählen sich Stadtrat und Pfarrer selber, in ihren Händen liegt die Gerichtsbarkeit, und Heeresdienst brauchen sie nur noch zur Verteidigung der eigenen Mauern zu leisten. Doch vielleicht am wichtigsten: Zieht ein Unfreier in die Stadt, so bleibt ihm genau ein Jahr. Fordert ihn in dieser Zeit sein Herr nicht zurück, so gerät er nicht in neue Abhängigkeit, sondern wird freies Mitglied der Bürgerschaft. Denn „Stadtluft macht frei", wie das von Südfrankreich über Flandern importierte Rechtsprinzip lautet.

„Stadtluft macht frei" — schon dadurch wird die Stadt zu einem Zauberort in dieser Zeit, deren Menschen draußen auf dem Lande in totaler Abhängigkeit leben. Und das wird über den Anlaß hinaus das eine große Losungswort für die neue Lebensform in den Städten. Stadtluft macht in jeder Hinsicht frei.

Hier leben Menschen, die ihrer Rechte sicher sind und diese Rechte wiederum auf wohlerworbenen Reichtum stützen; Menschen, die an ihrer überschaubar abgesteckten Heimat einen Rückhalt haben und doch zugleich über die Grenzen hinausschauen. Denn dort, jenseits der Grenze, liegen die Märkte der anderen, mit denen man Handel treibt, die Partner sind, Nachbarn und Kunden.

Das alles gibt diesen Menschen gleichermaßen Selbstsicherheit wie Weltläufigkeit. Sie denken in größeren Dimensionen als ihre Zeitgenossen auf Burgen und in Dörfern. Viel gilt der einzelne, abstrakte Ideologie wenig. Nicht zufällig werden gerade Städte später ein Nährboden für Renaissance und Humanismus sein. Nicht zufällig ist eines der vitalsten und beständigsten politischen Bündnisse des Mittelalters ein Städtebund: die Hanse. Und gewiß nicht zufällig spielen in dieser Hanse die von Heinrich geförderten Städte die führende Rolle, Lübeck voran.

Solch weitreichende Entwicklung samt allen Konsequenzen hat Heinrich weder gewollt noch vorausgesehen. Doch findet er in den Städten und ihren Menschen seine besten Verbündeten. Nirgends wird er so geschätzt wie dort. Nirgends hält man ihm so standhaft die Treue. Er aber revanchiert sich mit einem grundsätzlichen wohlwollenden Interesse, das sich auf das gesamte städtische Leben im Sachsen seiner Zeit auswirkt.

Stade und Haldensleben haben ihre Blütezeit. Aber auch Lüneburg, wahrscheinlich auch Hannover steigen in dieser Zeit vom *vicus,* vom simplen Dorf, zur *civitas* auf, zur Stadt. Hierbei kann man Heinrichs Mitwirkung nur ahnen. Vermutlich ist sie mehr indirekter Art. Auf seinen unmittelbaren Einfluß geht aber der Aufstieg der einen Stadt zurück, die zugleich auch seine Herzogstadt ist: Braunschweig.

Die wahre „Löwenstadt"

Als Wirtschaftszentrum ist Lübeck bedeutender und für Heinrich wichtiger gewesen. Braunschweig wird aber zweifellos die Stadt, zu der Heinrich die stärkste persönliche Beziehung hat. Zwar ist diese zwischen Harz und Heide gelegene Siedlung schon lange vor Heinrich bekannt. Doch erst unter ihm findet sie ihr eigentliches Gesicht. Braunschweig wird Heinrichs wahre „Löwenstadt".

Was sich um 1150 „Brunswiek" nennt, ist zunächst noch ein Konglomerat aus einer mit den Jahrzehnten recht schäbig gewordenen Burg, einer Kaufmannssiedlung, der späteren „Altstadt", und mehreren kleinen Siedlungen, die verstreut auf den einzelnen „Klinten" liegen, auf Hügeln, die aus dem sumpfigen Umland herausragen und ausgezeichnete Rast- und Lagerstätten für die vorüberziehenden Kaufleute abgeben. Denn bei Braunschweig überschneiden sich mehrere bedeutende Straßen, und die Oker strömt dort als wichtiger Wasserweg vorüber.

Für diese Gründung der Brunonen, eines um 1090 ausgestorbenen Adelsgeschlecht, beginnt die Ära Heinrichs des Löwen, als er von Schwaben herbeigaloppiert war, um Konrads III. Angriff zuvorzukommen. Damals mag der Entschluß entstanden sein, Braunschweig künftig mit gewaltigen Befestigungsanlagen abzusichern.

So beginnt jener Ausbau mit Fachleuten aus den Niederlanden. Erst Mitte der sechziger Jahre ist er abgeschlossen. In diesen anderthalb Jahrzehnten wird aber aus einer bis dahin offen daliegenden Stadt eine kaum einnehmbare Festung geworden sein, und in ihren Mauern entsteht nach der Entwässerung des Bodens eine völlig neue Stadt, der Hagen.

Von dieser Hagenstadt aus bildet sich das neue Braunschweig heran mit einem Hafen unten an der Oker, mit prächtigen Kirchen, die vom Wohlstand der Bürger zeugen. Stolz genießen diese tüchtigen, unternehmensfrohen Kaufleute die Vorrechte, die ihnen ihr Herzog eingeräumt hat: Wie in Lübeck dürfen sie Pfarrer und Vogt wählen, sie haben ihren eigenen Rat, weitgehend freie Gerichtsbarkeit und diverse Handelsprivilegien in der Stadt selbst und unten auf der Oker.

Eine Blüte beginnt, die im Verein mit Braunschweigs politischer Bedeutung als Zentrum des sächsischen Herzogtums die Stadt zu einer Metropole von internationalem Rang macht. Die Siedlung der Brunonen wächst zu einer Weltstadt des 12. Jahrhunderts heran.

Heinrich tut viel für sein Braunschweig.

Die von ihm errichteten Mauern fassen die verschiedenen Teile zusammen und verschmelzen sie zu einer Einheit. Unten an der Oker baut er den Stapelplatz aus, und von hier ab können nun Braunschweigs Kaufleute über Oker, Aller und Weser bis zur Nordsee hinauffahren. Sie führen wertvolles Gut mit sich. Denn der Herzog hat aus Flandern Handwerker in die Stadt geholt, die Lakenmacher, und die Tuchherstellung liefert lange Zeit der städtischen Wirtschaft ihr wichtigstes Exportgut.

Vor allem aber entsteht hier — nicht am Rande in majestätischer Isolation, sondern mitten in der Stadt — Heinrichs Residenz.

Bürgerfürst in der Ritterzeit

Nach ihrem legendären Gründer Dankward heißt diese Residenz Dankwarderode. Heinrich beläßt es dabei. Doch hat schon bald sein Dankwarderode kaum noch etwas mit der nicht weiter imposanten Burg zu tun, die er vorgefunden hatte. Dort residiert er nun als ein

Herrscher, der sich inmitten seiner Bürger sehr wohl fühlt, so wie er sich stets zwischen Bürgern wohlgefühlt zu haben scheint.

Gleicht er nicht diesen Leuten? Sind seine Ziele und Vorstellungen mit den ihren nicht wenigstens verwandt? Ist dieser Herzog, den sie den Löwen nennen, im Kern seines Wesens nicht selbst ein Bürger?

Heinrich will klares Recht und gesicherten Besitz. Er will Unabhängigkeit, ohne gegebene Bindungen zu leugnen. Er schätzt Ordnung und Übersicht: lauter sehr bürgerliche Eigenschaften. Und auch was ihm fehlt: der Hang zum visionär Utopischen, zum Abenteuer mit ungewissem Ausgang — auch das berührt sehr bürgerlich. Nie spielt er den Eroberer um der Eroberung willen. Kampf ist für ihn ein Mittel, kein Zweck.

Heinrichs Gewalttaten zeugen zwar nicht von einer unbedingt edlen, doch stets pragmatischen Gesinnung. Sein Vorgehen ist nicht immer rühmenswert, doch nachvollziehbar. Wenn er Föhring zerstören läßt, Lübeck seinem besten Freund wegnimmt, treiben ihn nicht dunkle Dämonen dumpfer Herrschsucht. Eher verhält er sich wie ein hartgesottener Firmenboß, der ein Konkurrenzunternehmen gezielt in den Bankrott treibt, um es dann selbst zum Vorzugspreis dem eigenen Konzern einzuverleiben oder an seiner Stelle eine eigene Filiale zu eröffnen.

Unpathetisch, posenlos steht Heinrich vor dem Hintergrund einer Zeit, die wie kaum eine andere Pathos und Pose kultiviert: über Abrechnungen gebeugt, mit nüchternen Verwaltungsaufgaben beschäftigt, im Kreis von Beamten und Kaufleuten, die zu ihm mit ihren Sorgen kommen, von Geschäften sprechen, Ideen für ihre Städte entwickeln. Draußen in der Welt aber schwingen Ritter ihre Lanzen, wird von großen Taten geschwärmt, träumt man von einer erhabenen Vergangenheit und verwechselt sie zuweilen mit der Zukunft. Auf diese bunte Welt des Rittertums sieht ein Mann wie der Löwe mit kopfschüttelndem Unverständnis: Im Grunde ist er dort ein Außenseiter.

Machtmensch Heinrich bleibt ganz unromantisch. Schon das macht ihn zum Typ eines zutiefst bürgerlichen Herrschers, zum vielleicht ersten dieser Art, den es, wenigstens in Deutschland, überhaupt gegeben hat. Und doch findet man auch ihn bei Haupt- und Staatsaktionen wieder, für die er eigentlich ganz unbegabt ist. Sein Status als Erster Fürst des Reichs, die Freundschaft mit Barbarossa zwingen ihn dazu.

Denn in eben jenen Jahren, in denen Heinrich mit Wirtschafts- und Städtepolitik sowie den Eroberungen im Osten seine größten Erfolge hat, schickt sich der seinerseits für visionäre Aufschwünge hochbegabte Vetter an, die größte aller Utopien, die Wiederherstel- lung des deutsch-italienischen Reichs, in die Tat umzusetzen. Dazu braucht er alle Mittel. Eines seiner wichtigsten Mittel ist aber die Verbindung zur Heinrich.

Barbarossa ganz großes Italienspiel beginnt. Der Löwe muß daran teilhaben.

13. Kapitel
Das ganz große Italienspiel

Erster Herr der Christenheit?

Im Jahr der Rückgabe Bayerns kann nicht nur Heinrich, sondern auch Barbarossa Zwischenbilanz für seine Laufbahn ziehen. Nach außen hin fällt sie glänzend aus.

Als der Kaiser im Juni 1156 zum Reichstag nach Würzburg ruft, stellen sich nicht nur fast alle seine Fürsten mit Heinrich dem Löwen an der Spitze ein. Auch das Ausland schickt seine Vertreter: Dänemark und Ungarn, England und Byzanz. Sie umschmeicheln den Kaiser, nennen ihn den Ersten Herrn der Christenheit, und sie bewundern seine zweite Frau, die maskenhaft hübsche, sagenhaft reiche Beatrix von Burgund, der sicher nie das gleiche wie ihrer Vorgängerin widerfahren wird: in den Urkunden ihres Mannes nicht einmal erwähnt zu werden.

Alles wunderschön — doch genügt es schon, um wirklich Erster Herr der Christenheit zu sein?

Barbarossa ist viel zu klug, um nicht zwischen Schein und Sein zu unterscheiden. Er weiß genau, daß er um diese Zeit noch nicht sehr viel mehr als seinen rasch gewachsenen persönlichen Nimbus vorzuweisen hat. Nach wie vor fehlt seiner Macht das breite, sichere Fundament. Schwaben allein als angestammtes Reich der Staufer kann dieses Fundament nicht sein, eher schon Burgund, das nach der Heirat mit Beatrix in den unmittelbaren Einflußbereich des Kaisers geraten ist. Im Grunde gibt es aber nur einen einzigen Teil Europas, der als Basis in Frage kommt: eben Italien.

Dort sind keine deutschen Fürsten, mit deren Ansprüchen der Kaiser in Konflikt geraten mußte. Dorther könnte er die Einnahmen beziehen, die er zur Absicherung seiner Macht braucht. Kein Zweifel: Am italienischen Problem führt kein Weg vorbei.

Daß es überhaupt ein Problem ist, mag Barbarossa erst in vollem

Ausmaß auf seinem Italienzug klar geworden sein. Ein gehöriger Schuß Naivität hatte zu diesem ersten schlecht vorbereiteten und mangelhaft durchgeführten Unternehmen gehört. Danach überblickt der Kaiser die Lage besser: Italienpolitik — das steht nun fest — kann nicht in schöner Unschuld einfach dort anknüpfen, wo die seiner Vorgänger aufgehört hatte. Sie braucht jetzt ihr neues, konsequent vorangetriebenes Konzept.

Doch auch in Italien sieht man nach 1155 klarer. Fester gefügt als zuvor stehen sich in der Lombardei die zwei Parteien gegenüber: hier Kaiserfreunde wie Pavia, Pisa oder Cremona, dort seine Gegner mit Mailand an der Spitze. Überhaupt dies Mailand, seine so unverschämt reichen, selbstbewußten Bürger: Sie sind der eine große Feind Barbarossas in Italien. Der andere ist der Papst.

Sein großer Trumpf gegenüber dem deutschen Herrscher, eben die Kaiserkrönung, war dem Nachfolger Petri entwunden worden — hinterlistig, wie es Hadrian IV. empfinden mußte. Zu Recht sah er darin ein Scheitern seiner gemäßigt kaiserfreundlichen Politik, die der Kirche nun doch nicht die erhoffte Schutzmacht gegeben hatte. Hadrian blieb gleichmütig. Nun sah er sich eben nach einer anderen Schutzmacht um — und fand sie in Sizilien und dem dortigen König, im „bösen Wilhelm", der nun zum guten und vor allem zinspflichtigen Lehensmann des Papstes wurde. Auch die Römer söhnte er mit dem Hadrian aus, und Barbarossa, dem diese Entwicklung nicht verborgen blieb, wußte, daß er jetzt handeln mußte, wenn er Italien je in den Griff bekommen wollte.

Schon 1157 ist die nächste Italienfahrt beschlossene Sache. Zuvor aber, im Oktober, begibt sich der Kaiser noch ins burgundische Besançon, um die dortigen Großen für das geplante Unternehmen zu gewinnen. Dort beginnt aber ein Konflikt zwischen Kaiser und Papsttum, wie es ihn in dieser Schärfe seit Heinrich IV. nicht mehr gegeben hatte.

Die bösen Tage von Besançon

In Würzburg war gefeiert worden. In Besançon wird harte Politik gemacht. Wieder hat das Ausland seine Beobachter geschickt, und auch von Rom her kommt eine Delegation, offenbar in hochwichtiger

Mission. Denn Hadrian hat eine allererste Besetzung aufgeboten, den Kardinal Bernhard und, noch wichtiger, seinen Kanzler Roland, einen studierten Juristen, der nach seinem Eintritt in den Kirchendienst eine beängstigend steile Karriere gemacht hat — beängstigend vor allem für Barbarossa, dessen entschiedenster Gegner am päpstlichen Hof dieser Roland ist. Der Kaiser hat also Grund, den beiden Herren mit gemischten Gefühlen entgegenzusehen, auch wenn sie ihn sogleich beruhigen: Es sei nur gute Botschaft, die sie mit sich führten.

Die erste Verständigung findet noch im privaten Rahmen statt, im Zelt des Kaisers. Barbarossa bietet allen bewährten Charme auf, um die Kirchenfürsten für sich einzunehmen. Doch dann vergeht ihm das Lächeln. Die Herren ziehen einen Brief des Papstes hervor, und schon bei erster flüchtiger Lektüre weiß der Kaiser, daß in Besançon nicht geplaudert, sondern in Klarschrift gesprochen werden soll.

Vielleicht könnte die Angelegenheit im kleinen Kreis beigelegt werden. Barbarossa entscheidet sich anders. Seine Fürsten sollen erfahren, was ihm der Papst zu bieten wagt. Sie können denn auch am nächsten Tag kaum fassen, was da des Kaisers Kanzler Rainald mit lauter, jede Schärfe und Kränkung betonender Stimme aus 'dem Lateinischen ins Deutsche übersetzt.

Doch worum geht es eigentlich?

Der Anlaß ist ernst, doch noch nicht so sehr bestürzend: In Burgund hatten vor kurzem Raubritter einen notorischen Reichsfeind und Freund des Papstes, Bischof Eskil von Lund, bei der Reise von Italien nach Schweden überfallen und gefangengenommen. Daß Hadrian dafür dem Kaiser die Verantwortung zuschiebt und ihn rügt, weil er bisher nichts für die Freilassung des Bischofs getan hat, ist noch verständlich. Unverständlich wird erst der Ton, in dem das geschieht: Hier liest ein erboster Herr seinem ertappten Diener die Leviten. Das schlimmste Gift bergen aber die vermeintlich einlenkenden Schlußsätze: „Wir bereuen es ... nicht, die Wünsche deines Herzens in allem erfüllt zu haben, sondern, wenn deine Hoheit auch noch größere *Wohltaten* aus unserer Hand empfangen hätte ... würden wir uns mit Recht darüber freuen ..."

Dieses eine Wort macht es, dieses unselige „Wohltaten". Denn der lateinische Ausdruck für Wohltat, *beneficium,* kann auch ganz kon-

kret „Lehen" bedeuten: der Kaiser ein Lehensmann des Papstes —
und in der Versammlung, die ohnehin schon mit wachsendem Mur-
ren Hadrians rechthaberischen Ausführungen gefolgt ist, erhebt sich
ein ungeheurer Entrüstungssturm.

Die Situation ist brisant genug. Doch könnte sie gerettet werden,
würde nun der Abgesandte des Papstes ein versöhnliches, abschwä-
chendes Wort finden. Doch da steht nun dieser Kanzler Roland aus
dem Haus der Grafen Bandinelli, Erzitaliener, der mit einem deutschen Kaiser nichts im Sinn hat, und er schreit in die tosende Erre-
gung hinein: „Ja, von wem hat denn der Kaiser die Krone wenn
nicht vom Papst?"

Das kühne Wort könnte auch Rolands letztes sein. Denn schon
zieht der hünenhafte Otto von Wittelsbach das Schwert, um auf den
Kanzler des Papstes einzudringen, und wäre nicht Barbarossa im
allerletzten Augenblick dazwischengetreten, hätte der Reichstag von
Besançon in einem Totschlag auf offener Szene gegipfelt.

Die Katastrophe ist auch jetzt schon groß genug. Nur einer verbirgt hinter empörter Maske tiefe Befriedigung: Barbarossas Kanzler
Rainald von Dassel.

Er hatte Va Banque gespielt, als er für „beneficium" die böseste
Übersetzung gewählt hatte. Denn hätten die päpstlichen Gesandten
diese Auslegung sogleich als Verfälschung zurückgewiesen, wäre
Rainald als Scharfmacher entlarvt gewesen. Nun aber hat sich nicht
er, sondern die päpstliche Politik entlarvt. Der Kanzler sieht sich
glänzend in seiner Ansicht bestätigt, daß es bei der Frage Kaiser/
Papst kein „sowohl als auch", sondern nur ein „entweder — oder"
geben kann.

In Besançon hat dieser Mann seinen ersten großen Auftritt. Von
nun an spielt er in der gesamten kaiserlichen Politik eine allererste
Rolle — als der bedeutendste, auch zwielichtigste Staatsmann der
gesamten Stauferzeit.

Der Mann hinter dem Kaiser

Im Oktober 1157 ist Rainald von Dassel ein Mann Anfang vierzig
und seit einem Jahr Kanzler des Kaisers. Manche hatten nicht ver-

stehen können, warum dieser zweitgeborene Sproß aus sächsischem Grafenhaus den Kanzlerposten dem bereits sicheren Bistum Hildesheim vorgezogen hatte, wo er schon ein überaus erfolgreicher Probst gewesen war. Rainald weiß aber, was er tut. Hildesheim ist Provinz. Nur in unmittelbarer Nähe des Kaisers läßt sich Weltpolitik machen. Das aber will dieser geborene Machtmensch, Organisator und Taktiker.

Im Vergleich zu Rainald von Dassel wirkt Heinrich der Löwe bieder, Barbarossa verschwärmt. Sein Konzept, die unbedingte Vormachtstellung des *imperium,* der weltlichen Macht, gegenüber allen übrigen geistlichen und weltlichen Herrschern Europas, zugleich die Befreiung des Kaisertums aus den traditionellen Bindungen des deutschen Königs an seine Fürsten, kann man zutiefst reaktionär nennen oder auch höchst fortschrittlich — in jedem Fall ist es ein Konzept. Und dieser Mann hat auch Verstand und Härte genug, um es durchzusetzen.

Nun sind solche Gedanken nichts ganz Neues in der staufischen Politik. Auch schon vor Rainald hatte Barbarossa diesen Weg gewählt. Sein mehr beiläufiges Schreiben an den Papst am Tag seiner Krönung, in dem er sich als ein Herrscher von Gottes Gnaden vorstellte, bezeichnete bereits sein Selbstverständnis und auch seine Vorstellung vom Rang des *imperium,* und wenn er später leichten Herzens der Loslösung Österreichs von Bayern zustimmte, so war das nicht nur ein Kompromiß, um sich mit den Welfen zu verständigen. Hier tat der Kaiser bereits einen ersten wichtigen Schritt in jene Richtung, die einmal auch zum großen Kampf mit dem Löwen führen sollte: Zersplitterung, wenn nicht Zerschlagung der großen innerdeutschen Kräfte zugunsten eines politisch möglichst unabhängigen Kaisertums. Was also Rainald von 1157 an aufgreift, ist in Barbarossas bisherigem Denken und Handeln bereits vorgeformt.

Neu sind Rainalds Methoden.

Im Gegensatz zum Stauferkaiser hält er nichts von Kompromissen und halben Entscheidungen. Er vertritt, nicht ganz zu Unrecht, die Ansicht, daß nur Konsequenz zu solch hochgestecktem Ziel führen kann. Damit gewinnt in seiner Ära die Reichspolitik eine alle Skrupel beiseitefegende Kraft wie nie zuvor und nicht mehr danach.

Dabei ist Rainald von Dassel keineswegs der eisige Dämon, ein nur vom Intellekt her lebender Asket. Kräftig, gut gebaut, mit angenehmen Zügen unter den kurzgeschnittenen rotblonden Locken, liebt er das Leben und weiß es zu genießen. Hochgebildet, sprachgewandt, hat er eine deutliche Schwäche für die schönen Künste, kann ein glänzender Gesellschafter sein, ein liebenswerter Weltmann — und ein harter Kämpfer, ein guter Kamerad im Krieg. Doch wenn er auch Bauten errichtet, antike Philosophen liest, sich an satirischen Gedichten ergötzt — nie verliert er darüber seine politischen Vorstellungen aus dem Auge und auch nie deren Feinde. Einen Feind sieht er aber in jedem, der annähernd ähnliche Macht auf sich vereint wie der Kaiser. Schon das wird ihn zum großen Gegner Heinrichs des Löwen machen.

Der Löwe als Vermittler

In Besançon ist Rainald allerdings noch nicht der Mann, den ein Herr zweier Herzogtümer als Gegner ernst zu nehmen brauchte. Außerdem hat Heinrich andere Sorgen. Vor allem fragt er sich, wie denn nun nach diesem unseligen Reichstag der Kampf zwischen Kaiser und Papst weitergehen soll. Die zweite Italienfahrt beginnt schließlich in wenigen Monaten — und sollte es dabei zum Krieg zwischen Kaiser und Papst kommen, müßte er auf der Seite Barbarossas stehen. Zugleich ist ihm aber der traditionell gute Kontakt zwischen Welfen und Papst zu wichtig, als daß er diese politische Position ohne weiteres räumen möchte.

Heinrich der Löwe wird sehr nachdenklich. Endlich entschließt er sich einzugreifen, wird zum Diplomaten — und wenn man bedenkt, daß diese Rolle nicht eben seine Stärke ist, so macht er seine Sache gar nicht übel.

Zunächst schickt er nur Briefe nach Rom. Dann folgt eine halboffizielle Gesandtschaft. Jedesmal fordert aber der Herzog freundlich, doch bestimmt die Aussöhnung mit dem Kaiser. Hadrian begreift. Im Ernstfall wird er nicht mit der Unterstützung des Welfen rechnen können. Doch wenn er jetzt einlenkt, bleibt ihm ein mächtiger Sympathisant in der Nähe des Kaisers. Besser also, beizeiten die Macht zu stärken, die als einzige ein Gegengewicht zu diesem

160

fürchterlichen Rainald, diesem „bösen Menschen, der Unkraut sät"
(so Hadrian im Brief von Besançon) bietet.

Barbarossa hält sich bereits in Augsburg auf, der letzten Station
vor dem Abmarsch nach Italien, als ihn erneut eine Delegation des
Papstes erreicht, diesmal mit zwei kaiserfreundlichen Kardinälen an
der Spitze. Ihre Botschaft klingt anders als die bösen Worte von
Besançon: Natürlich sei mit dem fatalen „beneficium" ganz allgemein „Wohltat" gemeint gewesen, wie sie eben jeder einem anderen
erweisen könne. Nie aber — welch Mißverständnis! — hätte der
Papst behauptet, Barbarossa sei Lehensmann des Papstes. Ganz nebenbei wird auch noch dankbar auf Heinrichs segensreiche Vermitt-
lertätigkeit hingewiesen.

Der Herzog lehnt neben Barbarossas Thron, als diesmal der gemäßigte Otto von Freising das päpstliche Schreiben verliest. Die
Schmeicheleien dürften ihn nur am Rande interessiert haben. Wichtig
ist ihm vor allem, daß der bevorstehenden Kriegsfahrt ihr gefährlichster Stachel gezogen ist. Dann mag der Kaiser das verhaßte Mailand
besiegen, sich die Lombardei unterwerfen und sich deren eiserne
Krone getrost ein zweites Mal aufs Haupt setzen — Heinrich gönnt
es ihm herzlich, unterstützt die Italienfahrt mit einem imposanten
Aufgebot sächsischer Ritter und hält sich daheim in Deutschland für
den Fall bereit, daß der Kaiser ihn selbst nach Italien ruft.

Abmarsch in den Süden

Nach Barbarossas Aufbruch im Juli 1158 vergeht fast noch ein Jahr.
Auch dann handelt es sich nicht um einen sehr dringlichen Hilferuf.
Denn Heinrich läßt sich Zeit, bevor er tatsächlich, im Juni 1159, an
der Spitze von 1200 Rittern in den Süden abmarschiert. An seiner
Seite reitet eine junge Frau: die Kaiserin, von ihrem Mann ebenfalls
auf den italienischen Schauplatz zitiert.

Es bleibt nicht aus, daß sich um das zwangsläufig enge Beisam-
mensein der schönen Beatrix mit dem ebenfalls nicht unattraktiven
Herzog Gerüchte spinnen. Bewiesen werden sie jedoch nie. Für Heinrich dürfte in diesen Wochen auch nicht so sehr eine Liaison mit der
reizvollen Kusine, sondern eher die Frage wichtig sein, was ihn in

Italien erwartet. Dort steht es aber um die kaiserliche Sache nicht schlecht.

Der Triumph von Roncaglia

War die erste Italienfahrt noch mehr ein Spähtrupp gewesen, so betrat nun Barbarossa mit nicht weniger als fünfzehntausend Rittern lombardischen Boden, und selbst in Mailand war man plötzlich nicht mehr ganz so selbstsicher gewesen, als der Kaiser die Stadt zu belagern sich anschickte. Welch ein Triumph, im August 1158 Mailands Gesandte vor sich zu sehen, mit dem hölzernen Joch zum Zeichen totaler Unterwerfung um den bloßen Hals: es war ein guter Auftakt für den obligaten Reichstag auf den Roncalischen Feldern.

Dort hatte Barbarossa zu Gericht gesessen und beim Anblick der zahllosen Rechtsuchenden mit dem Kreuz in den erhobenen Händen zu scherzen geruht: Diese Italiener seien wohl nicht nur die besten Rechtskenner, sondern auch die tüchtigsten Rechtsbrecher der Welt. Im Hintergrund bereitete sich aber ein Werk vor, das keinen Zweifel lassen sollte, wie Kaiser Rotbart künftig mit der Lombardei umzuspringen gedachte.

Diese „Roncalischen Beschlüsse" ziehen fürs erste einen Schlußstrich unter städtische Unabhängigkeit: Vorrechte werden kassiert, Steuern erhoben, die dem Kaiser Einnahmen von rund dreißigtausend Pfund Silber sichern, und in den Städten regiert nun jeweils ein *podestà*, als Repräsentant der Staatsmacht, zwar vom Volk gewählt, doch strikt kaisertreu.

Das alles geht sehr weit. Eigentlich geht es *zu* weit in einem Land, das längst zu anderen politischen Strukturen gefunden hat als zu denen des kaiserlichen „Reichsitalien" früherer Zeiten. So werden die Roncalischen Beschlüsse auch nicht das Ende, sondern erst Auftakt des eigentlichen Italienkriegs sein.

„Die aber drinnen sind, zerhacken ihn gliedweise . . ."

Im Verein mit Hilfstruppen aus Pavia und Cremona belagert Barbarossa gerade Crema, als Heinrich eintrifft. Diese inmitten ausge-

162

dehnter Sümpfe gelegene Stadt gilt als ein Vorposten Mailands, das sich nach den Roncalischen Beschlüssen erneut heftig zur Wehr setzt. Vor Crema ist der Herzog in seinem Element. Mit nur vierzig Rittern prescht er bis vor Mailands Mauern, überrennt die ahnungslos ihrer Feldarbeit nachgehenden Feinde, kehrt triumphierend ins kaiserliche Lager zurück — es ist nur eines von vielen Bravourstückchen in diesen Monaten. Seite an Seite kämpfen wieder die beiden ungleichen Vettern und sind sich so nahe wie kaum zu einer anderen Zeit ihrer Freundschaft.

Was ist das aber auch für ein Krieg: „Wer von beiden Seiten in Gefangenschaft geriet, der wurde sofort gehenkt . . .", heißt es bei Rahewin. Oder auch, noch anschaulicher: „Wenn . . . der Schwertkampf entbrennt und im Wechsel des Zufalls entweder auf dieser oder jener Seite irgendein Unglücklicher gefangen wird, so durchbohren die, welche draußen stehen, angesichts der Feinde dem Gefangenen entweder mit dem Dolch den Hals, oder sie erstechen ihn mit dem Spieß; die aber drinnen sind, die zerhacken ihn gliedweise, um nicht an Grausamkeit zurückzustehen . . ."

Taktvoll bezieht Rahewin seine Schilderung allein auf die Kämpfe der Italiener untereinander. Doch auch der Kaiser selbst, ritterlichster Ritter, paßt sich an, wenn er Gefangene an die Belagerungstürme schnallen läßt, so daß sie im Geschoßhagel ihren eigenen Leuten drüben hinter der Stadtmauer als Zielscheibe dienen müssen. So gellen denn ihre Schreie durch den täglichen Kampfeslärm. So kriecht durch Cremas Straßen ein Gefangener, dem man Hände und Füße abgehauen hat, während einem anderen die Kopfhaut abgezogen wurde — lauter Scheußlichkeiten, die Barbarossas Italienpolitik blutrot färben.

Im Januar 1160 hat das Gemetzel ein Ende. Crema ergibt sich. Wieder hat man den Menschen freien Abzug gewährt, und jetzt, da alles entschieden ist, findet auch Barbarossa wieder zum alten Stil zurück: Als einer der geschlagenen Gegner beim Abmarsch strauchelt, hilft ihm der Kaiser höchstselbst wieder auf die Füße, trägt sogar sein Gepäck — die Zeit hat ihren edlen Herrscher wieder.

Barbarossa hat gesiegt. Doch das bestimmt noch nicht über den Ausgang des großen Italienspiels. Die eigentliche Entscheidung fällt in einem anderen, sehr grotesken Kampf. Er findet in Rom statt, während noch der Kaiser und seine Fürsten Crema berennen: die Papstwahl im September 1159.

Sturm im Vatikan

Ein giftiger Fliegenstich hatte in diesem September Hadrians Leben überraschend beendet. Für Barbarossa starb dieser Papst sehr gelegen. Denn spätestens die Roncalischen Beschlüsse hatten ihn wieder ganz zum Kaiserfeind gemacht. Und schon war er bereit, den Bann über dem Staufer auszusprechen, als sein Tod die Chance einer Verständigung zwischen Thron und Altar schuf. Darüber würde aber nun die fällige Papstwahl entscheiden. Zwei erbitterte Widersacher standen sich dabei gegenüber: Kanzler Roland als rabiater Verfechter eines allmächtigen *sacerdotium* und der kaiserfreundliche, mit Europas gesamten Hochadel verwandte Oktavian aus dem Haus der Grafen Monticelli, von dem seine Feinde bissig meinen, sehr viel mehr als diese Verwandtschaft hätte Oktavian auch nicht vorzuweisen.

Die Wahl kommt.

Von neunzehn Stimmen vereinigen sich acht auf Oktavian, elf auf Roland. Also neuer Wahlgang, da beschworen worden ist, nur eine einstimmige Wahl gelten zu lassen — und im Hintergrund zischeln die Kaisergegner, ob am Ende wirklich Barbarossa-Freund Oktavian auf Petri Stuhl kommen solle.

Die Flüsterpropaganda trägt Früchte. Beim zweiten Wahlgang stimmen nur noch drei für Oktavian. Aber noch immer herrscht nicht die erwünschte Einstimmigkeit. Rolands Anhänger verlieren darüber die Geduld. Schon tritt einer auf den Kanzler zu, um ihm den päpstlichen Mantel umzuhängen.

Da springt Oktavian vor und reißt den Mantel an sich. Er wird ihm wieder entwunden, doch siehe: Oktavian hat vorgesorgt. Ein zweiter Mantel ist zur Stelle, der Kardinal wirft ihn sich hastig über und eilt an den zurückweichenden Gegnern vorbei in den Petersdom: Habemus papam.

Das Volk jubelt ihm zu. Vielleicht hat es nichts von den Vorgängen mitbekommen, vielleicht sieht es auch den von Crema herangereisten Berserker Otto von Wittelsbach, der jetzt wie zufällig in der Menge auftaucht. Jedenfalls gibt es jetzt einen neuen Papst: Viktor IV., wie sich Oktavian nun nennt.

Leider gibt es aber auch noch einen zweiten Papst: Alexander III. So nennt sich Roland, der die Groteske im Vatikan nicht anerkennt. Zwar verläßt er Rom, doch nur, um sich im nahen Ninfa ebenfalls zum Papst krönen zu lassen. Also ein zweites Mal: Habemus papam — und das Schisma, die Kirchenspaltung, ist vollzogen.

Die Situation ist mehr als verworren. Doch kann sie Barbarossas große Chance sein, denn mit einigem Geschick müßte sich die Papstfrage ganz in seinem Sinn lösen lassen. Nur will er nichts überstürzen. Wenigstens dem Anschein nach soll das Recht gewahrt bleiben.

Das mißglückte Konzil

Auf Crema prasselt noch der tägliche Geschoßhagel nieder, als sich Barbarossa eine Lösung einfallen läßt: In Pavia soll ein Konzil stattfinden. Dort wird man die Hintergründe dieser Papstwahl klären.

Anfang 1161 findet das Konzil statt: eine schöne, ehrwürdige Versammlung, wallende Gewänder, wohlgesetzte Worte — und doch stimmt es mit dieser Veranstaltung nicht so, wie es sich der Kaiser gedacht hatte.

Die gesamte Christenheit sollte hier in Pavia repräsentiert sein. Doch haben sich nur Kirchenfürsten aus Deutschland, Italien und Burgund eingefunden, so daß dies Konzil von vorne herein eine reichsinnere Angelegenheit bleibt. Vor allem fehlt aber der eine Betroffene: Alexander III., der kategorisch erklärt, als legitimer Papst irgendwelche Rechtfertigung nicht nötig zu haben. Viktor IV. ist jedoch zur Stelle, rechtfertigt sich wortreich — und damit tritt genau das sein, was der Kaiser so kunstvoll hatte vermeiden wollen: Sein Konzil wirkt wie eine abgekartete Komödie, aus der — natürlich — Viktor, ein „Papst des Kaisers", als Sieger hervorgeht. Das ruft das Ausland auf den Plan.

Vor allem in England und Frankreich fragen sich die Könige zunächst erschrocken, dann empört, ob es denn wieder so weit sei, daß der Kaiser aus Deutschland nach Belieben Päpste ein- und absetze und sich damit zum obersten Herrn der *ecclesia* aufschwinge. Ein Engländer, John von Salisbury, spricht aus, was viele denken: „Wer hat denn die Deutschen zu Richtern der Nationen bestellt? Wer hat diesen plumpen und wilden Menschen das Recht gegeben, nach ihrer Willkür einen Herrn über die Häupter der Menschenkinder zu setzen?"

Barbarossa begreift: Das ihm so wichtige italienische Problem ist unlösbar mit dem des Papsttums verbunden. Das aber läßt sich nicht mehr im italienischen Rahmen, sondern nur vor gesamteuropäischem Hintergrund klären. Das Reich ist nicht mehr der allein zählende politische Faktor auf dem Kontinent.

Das bestimmt den Ausgang des militärisch so glänzenden zweiten Italienzugs. 1162 bricht ihn der Kaiser ab, um sich der wichtigeren Frage, der Beendigung dieses unseligen Schisma, zuzuwenden. Zuvor hat er allerdings noch einen großen Sieg feiern können: die Eroberung und Zerstörung Mailands.

Rollenwechsel am Kaiserthron

Welchen Anteil Heinrich der Löwe am Fall Mailands hat, ist nicht auszumachen. Wahrscheinlich ist er bei dieser Belagerung nicht einmal zugegen gewesen. Überhaupt wird seine Rolle in Barbarossas Italienpolitik immer blasser.

Nach der ersten Italienfahrt war Heinrich der wahre Sieger gewesen. Der zweite Italienzug hat hingegen seinen wahren Sieger in Rainald von Dassel. Schon gleich nach den Roncalischen Beschlüssen hat ihn der Kaiser zum Kanzler für Reichsitalien ernannt. Damit ist Rainald eigentlicher Herr der Lombardei.

Richtig hatte er gehandelt, als er seinerzeit das Hildesheimer Bistum ausschlug und auf die Karte „Barbarossa" setzte. Nun hat er ein Hildesheim nicht mehr nötig. Jetzt ist er der große Herr, vor dem die Menge bewundernd beiseite weicht, wenn er vorüberrauscht.

Und Heinrich der Löwe?

Seltsamerweise spielt der Erste Fürst des Reichs, der beste Freund des Kaisers als Barbarossas Berater kaum noch eine Rolle. In den Tagen von Crema fanden wenigstens noch wichtige Gespäche in sei-

nem Zelt statt. Später aber kann man kaum eine Spur politischer
Einflußnahme auf den Kaiser entdecken, allenfalls einige matte Versuche, in die Auseinandersetzung mit Alexander vermittelnd einzugreifen — ohne erkennbaren Erfolg.

Ist Heinrich müde geworden? Hat er vor dem übermächtigen Einfluß des Kanzlers kapituliert? Oder: ist er zu stark mit seinen eigenen Angelegenheiten beschäftigt?

Zweifellos ist der Löwe gerade in diesen Jahren anderenorts stark
engagiert. Denn fast gleichzeitig mit den Vorgängen auf der Apenninhalbinsel beginnt sein eigenes großes Spiel, das größte seines
Lebens: der Vorstoß in die Gebiete jenseits der Elbe.

Eingesetzt hat diese Entwicklung allerdings schon früher: spätestens 1156, als der erste Bischof von Heinrichs Gnaden sich auf den
Weg zu den Slawen macht.

IV. Teil
Vorstoß zur Grenze

„Tut ihm den Willen, damit die Kirchen im Slawenland erbaut und der Dienst im Hause Gottes durch
eure Hand geleitet werde. Sonst wird eure Mühe
vergeblich sein, weil weder der Kaiser noch der Erzbischof eure Sache unterstützen können, so lange
mein Herr dagegen ist. Denn Gott hat ihm dies ganze
Land verliehen . . . "

Heinrich von Witha, Vasall Heinrichs des Löwen, zu
Bischof Vizelin (lt. Helmolds „Slawenchronik").

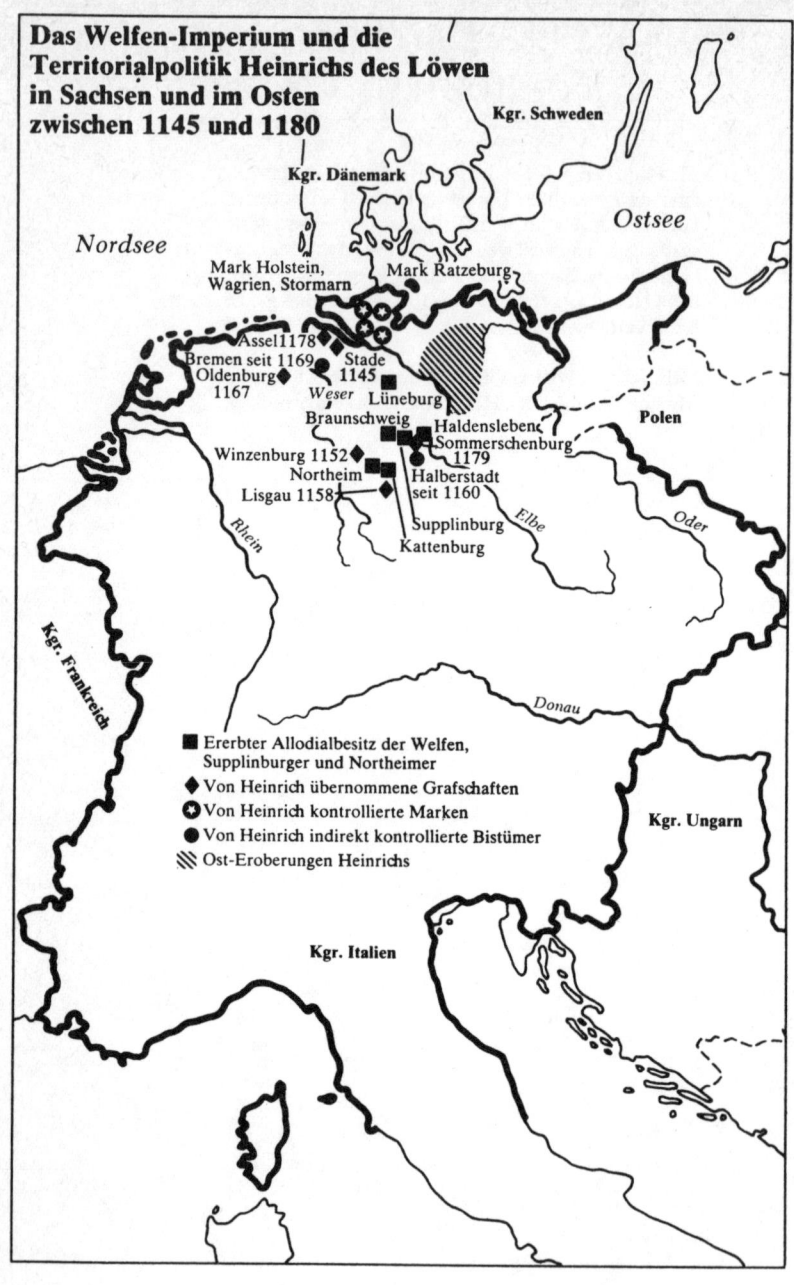

Das Welfen-Imperium und die Territorialpolitik Heinrichs des Löwen in Sachsen und im Osten zwischen 1145 und 1180

Kgr. Schweden

Kgr. Dänemark

Nordsee

Ostsee

Mark Holstein, Wagrien, Stormarn

Mark Ratzeburg

Assel 1178
Bremen seit 1169
Oldenburg 1167

Stade 1145

Weser

Lüneburg

Braunschweig

Haldensleben
Sommerschenburg 1179

Polen

Winzenburg 1152

Northeim

Lisgau 1158

Halberstadt seit 1160

Supplinburg

Kattenburg

Rhein

Elbe

Oder

Kgr. Frankreich

Donau

■ Ererbter Allodialbesitz der Welfen, Supplinburger und Northeimer
♦ Von Heinrich übernommene Grafschaften
✪ Von Heinrich kontrollierte Marken
● Von Heinrich indirekt kontrollierte Bistümer
▨ Ost-Eroberungen Heinrichs

Kgr. Ungarn

Kgr. Italien

14. Kapitel
Im Osten wird es interessant

Bischöfe für die Slawen

Eiskalt ist der Januar 1156. In seinen ersten Tagen reiten von Braunschweig aus einige Herren hinauf in das nördlich von Lübeck gelegene Aldenburg. Einer von ihnen ist der Chronist Helmold, Pfarrer zu Bosau, der den kleinwüchsigen Mann an seiner Seite begleitet: Gerold, bisher Kanonikus in Braunschweig, nun zum Bischof von Aldenburg ernannt.

Natürlich war nicht zufällig gerade ein Braunschweiger Geistlicher aus dem engsten Umkreis des Löwen Bischof geworden: Sein Aufstieg ist Heinrichs persönlicher Triumph. Dabei war es eigentlich gar nicht Einfall des Herzogs gewesen, das schon um 1066 zerstörte Aldenburger Bistum wieder ins Leben zu rufen.

Erzbischof Hartwig von Bremen war gleich nach seiner Wahl im Jahr 1149 auf die Idee gekommen. Damals hatte er noch ehrgeizige Pläne für sein Bistum gehabt, wozu auch die Wiedereinrichtung der Bistümer Aldenburg und Mecklenburg als christliche Bastionen im heidnischen Land gehörte. Hartwig hielt auch schon Kandidaten bereit: für Mecklenburg den Mönch Emmehard, für Aldenburg den alten Vizelin.

Emmehard, ergebene Kreatur seines Bischofs, braucht nicht näher zu interessieren. Vermutlich hat er sein Bistum nie betreten und findet sich auch dort in keiner Urkunde verzeichnet. Anders Vizelin, eine der großen Persönlichkeiten in der deutschen Missionsgeschichte: Von schlichtester Herkunft hatte er es allein durch Fleiß und Zähigkeit zu einem fast mythischen Ruf gebracht. Die Aldenburger Bischofswürde wäre aber Krönung seines jahrzehntelangen Kampfs um das Seelenheil der heidnischen Slawen gewesen.

Heinrich hatte nichts gegen Vizelin. Viel hatte er aber gegen seinen eigenmächtigen Widersacher Hartwig, der sich hier auf herzoglichem Boden das Investiturrecht anmaßte. An Vizelin wie an Emmehard erging also der strikte Bescheid, sich allein von Heinrich in ihre neuen Bistümer einweisen zu lassen.

Emmehard scheint sich, mit bekanntem Resultat, geweigert zu haben. Vizelin fühlte sich hingegen hilflos. Er war schließlich Missionar, nicht Politiker. In Frieden wollte er sein Missionswerk weiterführen und nicht in das Gezänk zweier Machtmenschen verwickelt sein. Doch blieb es beim Teufelskreis: Ließ er von Hartwig die Investitur vornehmen, strich ihm der Holsteiner Markgraf Adolf auf Heinrichs Geheiß die dringend benötigten Einkünfte. Unterwarf er sich aber dem Herzog, verweigerte ihm Hartwig die geistliche Weihe.

Eine fatale Situation — und einmal bat Vizelin einen Vasallen des Herzogs, Heinrich von Witha, um Rat. Der winkte nur ab: „Tut meines Herrn Willen . . .", denn „Gott hat ihm dies ganze Land verliehen . . ."

Das war in der Tat Heinrichs Vorstellung von den Ländern jenseits der Elbgrenze, und schon als blutjunger Herzog war er damit beschäftigt gewesen, Gottes Willen möglichst handfest gerecht zu werden: Bereits 1143 hatte er in Holstein Adolf von Schauenburg, in Ratzeburg Heinrich von Badwide als Markgrafen eingesetzt, und wenn sich auch nicht feststellen läßt, ob diese Herren nominell nun dem Herzog oder dem König unterstanden, so hatte in der Praxis Heinrich der Löwe doch keinen Zweifel daran gelassen, daß er in ihnen nicht Partner, sondern Untergebene sah. Keinen Zweifel ließ er nun auch daran, wer weltlicher Herr der Bischöfe war, und Vizelin mußte das schließlich einsehen.

1152, im Jahr der Thronbesteigung Barbarossas, beugte er sich dem Löwen und bekam als persönlichen Wohnort das Inselchen Bosau zugestanden. Hartwig schäumte aber vor Wut. Nun brachte er den Fall vor den König.

Der Staufer dachte gar nicht daran, Hartwigs wegen die eben geknüpfte Freundschaft mit Heinrich aufs Spiel zu setzen. 1154 erging ein klarer Bescheid: „Wir verpflichten unseren teuren Heinrich, Herzog von Sachsen, daß er in dem Land jenseits der Elbe, mit dem er durch unsere Freigebigkeit belehnt ist, Bistümer und Kirchen zur Verbreitung des Reichs des christlichen Namens setze, pflanze und errichte, und wir geben ihm freie Gewalt, daß er jene Kirchen mit

Reichsgut beschenke, wie es ihm gefällt und der Raum der Länder es gestattet . . . wir gestehen ihm und all seinen Nachfolgern in jenem Land die Investitur zu über die drei Bistümer Aldenburg, Mecklenburg und Ratzeburg: Auf daß alle, die dort zur Bischofswürde erhoben werden sollen, von seiner Hand als wie von unserer empfangen mögen, was königlichen Rechtes ist . . ."

Das war ungemein geschickt.

Hartwig hatte Barbarossa zu gewinnen gemeint, indem er auf das alleinige Investiturrecht des Königs verwies, und Barbarossa dachte auch gar nicht daran, auf dieses Recht zu verzichten: Er gab es lediglich an Heinrich weiter, konnte es also ihm, der hier nur sein Stellvertreter war, jederzeit wieder entziehen, wenn ihm einmal dieser Herzog *zu* teuer werden sollte.

Heinrich entging diese Nuance, oder er nahm sie nicht wichtig. Zunächst konnte er sich jedenfalls als Sieger fühlen: Vizelin unter seiner Kontrolle, im neugegründeten Bistum Ratzeburg ein Bischof seiner Wahl, Evermod — und für Mecklenburg würde sich schon ein geeigneter Kandidat finden. Doch gab sich Hartwig noch nicht ganz geschlagen.

Im Herbst 1154 starb Vizelin an einem Schlaganfall. Um diese Zeit befand sich der Herzog schon auf dem Weg nach Italien, doch hatte Klementia als seine Stellvertreterin ganz in seinem Sinn gehandelt, als sie den Kanonikus Gerold zu Vizelins Aldenburger Nachfolger ernannte. Jetzt spielte aber Hartwig seinen letzten Trumpf aus: Als geistlicher Oberherr von Aldenburg verweigerte er Gerold die Weihe.

Doch hatte Heinrich nicht nur seine blendenden Beziehungen zu Barbarossa, sondern auch beste Verbindung zum Papst. Und als er am Krönungstag des Kaisers Held von Rom geworden war, konnte ihm Hadrian seine Bitte nicht verweigern: Er selbst weihte den nach Italien beorderten Gerold zum neuen Bischof von Aldenburg.

Das seltsame Land hinter der Elbe

Strahlende Stimmung herrscht an Heinrichs Hof beim Weihnachtsfest 1155: Der Herzog feiert seine italienischen Erfolge, sein Kano-

173

nikus Gerold die neue Bischofswürde, und vergnügt trinken sich die Herren zu. Gerolds Vergnügen legt sich allerdings wieder, als er wenige Wochen später die Grenze seines Bistums überschreitet.

Er betritt ein seltsames Land. Vor noch nicht langer Zeit war es Mittelpunkt eines Slawenreichs gewesen. Nun residiert dort, mehr Diplomat als Kämpfer, Adolf von Schauenburg, ein Freund der Bücher, der die nicht eben kulturfreudigen germanischen Holsteiner und Stormarner dennoch zu lenken versteht, mit viel Geschick Siedler aus Westfalen in sein Gebiet lockt und die slawischen Wagrier behutsam zurückdrängt. Zu Christen hat er sie weder machen können noch wollen. Noch immer beten die Wagrier zu ihren alten Göttern und betrachten alle Missionsarbeit mit feindseligem Mißtrauen.

Das bekommt der neue Bischof zu spüren.

Ebenso trostlos wie sein Ritt durch die schneidende Kälte wird seine Ankunft. Nur eine kleine, halbverfallene Kapelle findet Gerold im menschenverlassenen Aldenburg als Zeugnis für Vizelins Missionsarbeit vor, und dort hält er seinen ersten Gottesdienst ab, mit blaugefrorenen Fingern den Meßkelch umklammernd. Seine Gemeinde ist dabei nicht eben zahlreich: Von den einheimischen Wenden hat es keiner für nötig gehalten, zu diesem Gottesdienst zu kommen.

Was aber weiß auch schon ein Missionar von dem Volk, das er da missionieren soll? Was weiß man überhaupt von diesen „Wenden" — außer eben, daß sie jenseits der Elbe leben und in der Regel „Heiden" sind?

Viele Völker und Götter: die Wenden

Eigentlich ist „Wenden" nur ein Sammelbegriff für sehr verschiedene Völkerschaften, die im Zug der Völkerwanderung hierher in den Elbraum geschoben worden sind: die Obotriten in Mecklenburg, zu denen auch die Wagrier in Holstein und die Polaben im Ratzeburger Land gehören, dann die als Seeräuber gefürchteten Ranen auf Rügen, zwischen unterer Weichsel und unterer Warthe die „am Meer" (po more) siedelnden Pommern, im Havelland die zahlreichen Stämme der Sorben und schließlich zwischen unterer Oder und

174

oberer Havel die als „tapfere Leute" hochangesehenen Liutizen oder Wilzen, zu den auch Ukrer, Rhetarier, Zirzipaner, Kissinen und Tollenzer gehören.

Ihren christlich-germanischen Nachbarn erscheinen all diese Menschen als eine amorphe Masse seltsamer Ungläubiger, die ihren Naturgöttern die abgeschnittenen Köpfe braver Christen opfern, mit Menschenblut auf ihre Siege anstoßen und christliche Frauen und Kinder in die Sklaverei verschleppen. Viel wird von ihrer Grausamkeit und List erzählt, weniger von ihrer immerhin beachtlichen Kultur.

Die Wenden sind tüchtige Fischer, Bauern, Jäger. Sie roden Wälder, machen Sümpfe urbar. Daneben treiben sie Handel und legen das Fundament für die künftige Wirtschaft im Ostseeraum. Sie haben Städte wie Gnesen, Kolberg und Stettin gegründet und griechische Künstler ins Land geholt. Im Krieg sind sie tapfere Kämpfer und im Frieden geschickte, meist recht verträgliche Kaufleute — mit weitherziger Moral: „Was du des Nachts gestohlen hast, sollst du am anderen Morgen an Gäste austeilen."

Als Otto der Große an der sächsischen Grenze seine Marken und Magdeburg als Missionsbistum gründete, war es kaum seine Absicht gewesen, diese Kultur zu zerstören. Die Billunger als erste Markgrafen hatten sich denn auch damit begnügt, die Oberhoheit des Reichs zu sichern und im übrigen den wendischen Völkern ihre eigene Welt zu lassen. Erst unter Heinrichs Großvater Lothar begann eine neue, aggressivere Ostpolitik, deren Erbe dann nicht Lothars kaiserliche Nachfolger werden, sondern eben sein Enkel Heinrich der Löwe als Herzog von Sachsen. In seiner Selbstherrlichkeit wirkt Heinrich dabei fast selbst wie ein Kaiser und dürfte sich auf der Höhe seiner Macht auch so empfunden haben.

Seine erste Maßnahme in dieser Richtung wird die Ernennung der Markgrafen Adolf und Heinrich von Badwide. Den Wenden bleibt als halbwegs selbständiges Gebiet innerhalb des sächsischen Einflußbereichs nur Mecklenburg. Doch wenn sich die Wenden Heinrich auch unterworfen haben, ihm Tribute zahlen und in ihm die oberste Instanz sehen: Ihre Eigenart und ihre Götter haben sie sich um diese Zeit noch bewahrt, da Bischof Gerold nach Holstein kommt.

Getreulich notiert Gerolds Begleiter Helmold, was ihnen bei ihrem Rundritt alles widerfährt: wie sie zum Beispiel kurz nach dem tristen Aldenburger Auftakt einen Hain passieren, der den wendischen Gottheiten geweiht ist. Gerold schwingt sich vom Pferd, ermutigt sein Gefolge, diese Stätte zu zerstören, und legt selber mit Hand an. Schließlich lodert ein Scheiterhaufen zum Himmel — aber dann machen sich die Herren doch lieber unauffällig aus dem Staub. Denn bei allem Gottvertrauen: Wer würde sie im Ernstfall vor der Wut der Bevölkerung schützen?

Weiter geht der Ritt zu einem reichen Wenden namens Theszemar. Die Besucher empfängt er mit großem Gepränge und bittet sie getreu dem Wendenbrauch zu Tisch, demzufolge derjenige, der einen Fremden nicht bewirtet, verrufen und gemein sei. Doch schmeckt den Gästen das üppige Essen nicht recht, und der kredenzte Wein würgt in der Kehle, als sie an den Wänden Folterwerkzeuge für gefangene Christen aus Dänemark entdecken.

In Theszemars Verliesen entdecken sie auch Priester, die hier schon jahrelang schmachten, und der Bischof verlegt sich zunächst aufs Bitten, versucht dann zu drohen. Der Gastgeber hebt aber nur den Becher und trinkt auf das Wohl seines Besuchs: Die Behandlung seiner Gefangenen sollen die Herren doch bitte seine Sache sein lassen.

„Wild brechen die Heiden in unseren Bezirk ein . . .“

Solche Geschichten dringen nun schon seit Jahrhunderten über die Grenze, und jede einzelne trägt dazu bei, die Wenden als Teufel in Menschengestalt zu zeigen, als „Männer ohne Mitleid, die sich ihrer Unmenschlichkeit noch rühmen“. Grausiges weiß ein Magdeburger Geistlicher zu berichten: „Die Kirchen haben sie durch Götzendienst entweiht, die Altäre haben sie zerstört, und was der Menschengeist zu hören sich scheut, das begehen sie gegen uns, ohne zurückzuschaudern. Wild brechen die Heiden in unseren Bezirk ein, schonungslos rauben, morden, zerstören sie . . . Einzelne enthaupten sie und opfern ihre Köpfe den Götzen. Anderen nehmen sie die Eingeweide

176

heraus, binden ihre abgeschnittenen Hände und Füße an und sagen dann, unseren Christus verhöhnend: Wo ist ihr Gott . . ."

So steht es in einem Bericht, der schon zwanzig Jahre vor Heinrichs Geburt im Reich kursiert, und so ist es in der Regel auch wahr. Gefangenen ziehen Wenden die Kopfhaut ab. Priestern wird das Kreuz in die Schädeldecke geschnitten. Andere schleppt man von Ort zu Ort als lebende Schaustücke, um sie schließlich in einem Winkel krepieren zu lassen. Ein Dänenkönig, um die Schilderung einiger Märtyrerschicksale gebeten, zuckt nur gelangweilt die Achseln: „Sei still, mein Sohn; wir haben in Dänemark und im Slawenland so viel Märtyrer, daß sie ein Buch kaum umfassen könnte!"

Kein Buch faßt allerdings auch die Grausamkeiten, die wiederum den Slawen angetan werden.

Schon König Heinrich I. hatte Blutbad mit Blutbad erwidert und an der Grenze Gesindel angesiedelt, das schließlich von den gepeinigten Slawen vernichtet wurde. Jeden empörte dieses Gemetzel. Niemand fragte danach, was zuvor aber jenes Gesindel angerichtet hatte, das als „Merseburger Horde" unter den Slawen wütete, bis sie sich dagegen aufgelehnt hatten.

Heinrichs Sohn Otto der Große hatte es dann mit seiner Würde als Erster Herr der Christenheit durchaus vereint, nach einer Schlacht alle Gefangenen niederzumachen, einem gefallenen Fürsten den Kopf abzuschlagen und einen seiner Ratgeber zu blenden, um ihn schließlich zwischen den Leichenbergen des Schlachtfeldes hilflos zurückzulassen. Und einen Herrscher wie Konrad II. hatte die Schändung eines Kruzifixes so sehr in seinem Zartgefühl verletzt, daß er gefangenen Slawen umgehend das gleiche antun ließ: Die Augen wurden ihnen ausgestochen, Arme und Füße abgerissen.

Die Zeit der allerschlimmsten Exzesse ist vorbei, als Heinrich der Löwe an die Macht kommt. Das heißt aber nicht, daß er mehr Achtung vor den Slawen hätte. Wenn er in den ersten Jahren seiner Regierung auch nicht ihr Leben bedroht, so preßt er doch aus ihnen an Tributen heraus, was immer sich abpressen läßt — für das propagierte Christentum ebensowenig eine Empfehlung wie die Blutbäder der Vergangenheit.

Ein Kirchenmann wie Gerold hat also einen schweren Stand. Wie schwer er ist, erfährt er, als er kurz nach der makabren Visite bei Theszemar nach Lübeck kommt und die dort zusammengeströmten Wenden aufruft, sich doch endlich taufen zu lassen.

Klein von Statur, doch scharf von Verstand, ist Gerold ein guter Redner. Sein Glaube läßt ihn große Worte sprechen, leidenschaftliche Beschwörungen, doch endlich die Götzen aufzugeben und von Raub und Mord abzulassen. Das alles klingt recht eindrucksvoll. Doch wenigstens einen seiner Zuhörer beeindruckt das nicht sonderlich. Er tritt vor und holt seinerseits zu einer Rede aus:

„Deine Worte, ehrwürdiger Bischof, sind Worte Gottes und dienen zu unserem Heil. Aber wie sollen wir diesen Weg betreten, da wir in so viele Übel verwickelt sind? Damit du unsere traurige Lage begreifen kannst, so höre voll Geduld meine Worte an. Denn das Volk, das du vor dir siehst, ist dein Volk, und es ist recht, daß wir dir unsere Not vorlegen. Dann wird es dir gebühren, mit uns Mitleid zu haben . . ."

Der Wagrierfürst Pribislaw sagt das, ein Bruder Niklots, und was zunächst fast demütig klingt, bekommt schon bald heftigere, bösere Farbe.

„Unsere Fürsten verfahren mit solcher Strenge gegen uns, daß wegen des Drucks der Abgaben und der Knechtschaft uns der Tod lieber ist als das Leben. Siehe, in diesem Jahr haben wir, die Bewohner dieses kleinen Erdenwinkels, dem Herzog volle tausend Mark bezahlt, dazu dem Grafen so viele Hunderte, und doch sind wir darüber noch nicht weg, sondern werden tagtäglich gepreßt und gepreßt, so daß wir fast ganz zu Grunde gerichtet sind . . ."

Das ist mehr als ein geschickter Gegenstreich. Hier beschwört ein aufrechter Mann die ganze Not seines Volks:

„Wie sollen wir jetzt für diesen neuen Glauben die Möglichkeit erlangen, Kirchen zu bauen und uns taufen zu lassen, wir, denen täglich die Flucht vor Augen tritt? Und hätten wir noch einen Ort, wohin wir entfliehen könnten! Aber wenn wir über die Trave gehen, so ist dort dasselbe Unglück, und kommen wir an die Peene, so ist es auch dort ebenso. Was bleibt uns also anderes übrig, als das Land zu verlassen und aufs Meer zu fahren, um in Fischerhäusern zu wohnen? Oder welche Schuld trifft uns, wenn wir, aus dem Vaterland vertrieben, das Meer unsicher machen und von den Dänen oder den Kaufleuten, die dasselbe befahren, unseren Lebensunterhalt entnehmen?"

Schließlich Pribislaws Fazit: „Sind nicht die Fürsten, die uns dazu treiben, daran schuld?"

Gerold hat wenig zu erwidern. Er kann nur mahnend den Finger heben und zu unverhohlenem Opportunismus auffordern:

„Daß unsere Fürsten bisher euer Volk mißhandelt haben, ist nicht zu verwundern, denn sie glauben an Götzendienern sich nicht eben versündigen zu können. Darum nehmt lieber zum christlichen Glauben Zuflucht . . ." — eigene Zuflucht sucht er aber bei Herzog Heinrich.

Doch kann auch der Löwe nichts tun, selbst wenn er wollte. Die Italienfahrt hat seine Mittel erschöpft. Seine Kassen sind leer. Er braucht das Geld der Slawen.

„Du sei unser Gott . . ."

Immerhin lädt Heinrich für den März 1156 zu einem Landtag nach Artlenburg an der Elbe ein. Dort sind dann auch die Wendenfürsten mit den Brüdern Niklot und Pribislaw an der Spitze zugegen. Jedoch verläuft diese Zusammenkunft nicht viel glücklicher als die von Lübeck.

Zum Prediger eignet sich Heinrich nun einmal nicht. Zwar gibt er sich Mühe, holt zu einer großen mahnenden Tirade aus, doch gibt ihm Niklot eine Antwort, deren Ironie noch böser wirkt als Pribislaws aufrichtige Empörung: „Sei der Gott, der im Himmel ist, dein Gott, und du sei unser Gott, so sind wir zufrieden. Verehre du jenen, und wir werden dich verehren!"

Das ist deutlich, und Heinrich empört die Antwort sehr — nicht nur wegen der vermeintlichen Gotteslästerung, die darin steckt, mehr schon wegen der faustdicken Verachtung, die sich hier hinter faustdicker Schmeichelei verbirgt: Der Missionar Heinrich wird von den Wenden schlichtweg nicht ernst genommen.

Er ist wohl auch nicht ernst zu nehmen. Denn wenn sich Heinrich für das Slawenland interessiert, so nicht wegen des Seelenheils seiner Bewohner, sondern allein wegen des Zuwachses an Macht und Reichtum, der dort zu holen ist. Ob die Wenden nun Christen oder Heiden sind, läßt ihn zutiefst kalt.

Doch geht es im 12. Jahrhundert überhaupt noch um die Christianisierung irgendwelcher Heiden? Ist das Missionswerk nicht längst zum Vorwand für eine ganz andere Bewegung geworden?

Noch einmal muß jener Bericht des Magdeburger Geistlichen zitiert werden, der im Grunde ein Aufruf ist. Dort heißt es zum Schluß:

„Diese Heiden hier sind die allerschlimmsten, aber ihr Land ist das allerbeste an Fleisch, Honig, Mehl, Geflügel, und wenn es ordentlich bestellt wird, an Fruchtbarkeit aller landwirtschaftlichen Erzeugnisse . . ."

Damit aber auch die allerletzten Zweifel beseitigt werden, worum es eigentlich geht, tönt nach Paukenschlag und lockendem Schalmeienklang die ermunternde Fanfare:

„Wohlan denn, ihr Sachsen, Franken, Lothringer, Flamen, ihr ruhmwürdigen Bezwinger der Welt! Hier könnt ihr zugleich für das Heil eurer Seelen sorgen und, wenn ihr wollt, das fruchtbarste Land zur Siedlung erwerben. Gott möge euch Willen und Macht geben, diese benachbarten unmenschlichen Heiden zu unterjochen . . ."

Dieser Aufruf ist also nichts anderes als eine Werbeschrift, eine recht geschickt gemachte übrigens. Raffiniert spielt sie mit Ressentiments und Sehnsüchten ihrer Zeit und richtet sich dabei an alle, denen die Heimat innerhalb der bisherigen Reichsgrenzen zu eng geworden ist. Davon gibt es aber im damaligen Deutschland viele Hunderttausende.

Kolonisation im Abseits

Im Jahrhundert der Salier, zwischen 1024 und 1125, war die Bevölkerungszahl sprunghaft gestiegen. Diesen Menschenmassen tat sich nun der Osten auf als ein Land der unbegrenzten Möglichkeiten. Dort galt der einzelne noch etwas. Dort konnte jeder mit Kopf und Muskeln sein Glück machen.

Die Geistlichkeit lockt mit Verdiensten um die unsterbliche Seele, der einzelne Markgraf mit allerlei Privilegien — und in Sachsen, Franken, Westfalen und vor allem in den völlig übersiedelten Gebieten am Niederrhein, in Holland und Flandern überlegen immer mehr Menschen, ob sie nicht die Heimat hinter sich lassen und das Abenteuer „Kolonisation" wagen sollen. Der große Zug beginnt. Im Osten ist es interessant geworden.

Zu den Phänomenen des 12. Jahrhunderts gehört aber, daß sich diese so unerhört wichtige, weit in die Zukunft wirkende Entwicklung abseits der offiziellen kaiserlichen Politik vollzieht und von ihr praktisch nicht beachtet wird. Die Salier waren immer nur nach Süden ausgerichtet, und die Staufer als ihre Erben folgen dieser Spur.

Von der kurzen Ära Lothars III. abgesehen bleibt diese Entwicklung also den „Männern an der Grenze" überlassen: Albrecht dem Bären in seiner Nordmark, Konrad von Wettin in den Marken Meißen und Lausitz, Adolf von Holstein — und schließlich Heinrich dem Löwen, dem jüngsten und erfolgreichsten in dieser Reihe.

Die Namen stehen für die große Wende in der Kolonisationsgeschichte.

Seit dem Ende ottonischer Ostpolitik hatten die großen Missionarsgestalten das Vordringen in den Gebieten jenseits der Elbe geprägt, tapfere Bischöfe, wackere Prediger, die oft den Märtyrertod fanden. Jetzt rücken an ihre Stelle nüchterne Tatmenschen, denen es nicht um die Seele der Slawen, sondern nur um ihren Grund und Boden geht. Das aber bedeutet Krieg.

Koexistenz zwischen Sachsen und Wenden?

Es hat Zeiten gegeben, in denen ein friedliches Nebeneinander beider Volksgruppen möglich schien. Immerhin bekannten sich viele Wenden zum Christentum, und es gab christliche Wendenfürsten wie König Heinrich in Alt-Lübeck, der bei einem Feldzug gegen die Ranen Bundesgenosse Lothars III. gewesen war.

Auch die Freundschaft zwischen Adolf von Schauenburg und Fürst Niklot gehört in diesen Zusammenhang. Noch 1151 war Niklot am sächsischen Hof in Lüneburg erschienen, um dort Unterstützung zu suchen und zu finden — nicht gegen Christen, sondern gegen eigene Glaubensgenossen, die aufständischen Kissinen und Zirzipanen an der Ostgrenze der Mark.

Warum sollte zwischen ihm und dem Herzog nicht im großen möglich sein, was sich bereits im kleineren bei Adolf von Schauenburg für beide Teile bewährt hatte: Koexistenz von Sachsen und Wenden?

Doch um 1156 erscheint solch eine Vorstellung bereits als Illusion. Die Zeit ist darüber hinweggegangen. Bischöfe und Markgrafen suchen ihre im Slawenland immer gefährdete Position zu schützen, indem sie möglichst viele Ansiedler in ihr Land holen. Diese Ansiedler bedrängen zunehmend die Slawen. Diese Slawen sind wiederum nicht eine dumpf ergebene Masse. Sie werden sich ihrem Schicksal nicht willig beugen. Irgendwann kommt für sie der Punkt, an dem sie sich zur Wehr setzen. Bereits in den fünfziger Jahren ist der offene Krieg nur noch eine Frage der Zeit.

Im Jahr 1158 wird es dann soweit sein: Für Heinrich den Löwen beginnt das große Spiel im Osten. Zugleich ist es auch eine Tragödie — die Tragödie der Wenden.

15. Kapitel
Die Wenden — Tragödie in drei Akten

Der Nachbar im Norden

Um die Jahreswende 1158/59 kommt es an der sächsischen Nordgrenze zu einer folgenreichen Begegnung: Am Ufer der Eider stehen sich zum ersten Mal Herzog von Sachsen und König von Dänemark gegenüber.

Vermutlich hat vor allem Heinrich auf diese Begegnung gedrungen. Denn in diesen Wochen steht schon fest, daß er bald nach Italien ziehen wird, und so will er die sächsischen Grenzen so sicher wie möglich wissen. Das heißt aber: gutes Einvernehmen mit den Nachbarn, darunter auch mit dem König von Dänemark.

Bei diesem Gedanken seufzt Heinrich schwer. Denn bislang hat er bei seiner dänischen Politik keine sehr glückliche Hand gehabt.

In diesem vom Kaiser lehensabhängigen Königreich hatte sich nach dem Tod König Erich Emunes im Jahr 1146 sein Sohn Sven mit seinem Vetter Knut um die Nachfolge gerauft. Dabei war es nicht ausgeblieben, daß auch Sachsen als benachbartes Herzogtum in die innerdänischen Wirren hineingezogen wurde. Heinrich hatte aber das bemerkenswerte Geschick entwickelt, zielsicher auf das jeweils falsche Pferd zu setzen.

Zunächst stand er auf der Seite Knuts, der zwischen 1146 und 1152 alle wichtigen Schlachten verlor und sich schließlich an den sächsischen Hof flüchten mußte. Als sich dann auch Barbarossa für Sven entschied, war Heinrich umgeschwenkt. Jedoch entpuppte sich dieser Sven schon bald als solch kompletter Versager und beim Volk verhaßter Tyrann, daß sich für ihn keine Hand rührte, als ihn 1154 der mit seinem Schwager Waldemar verbündete Knut außer Landes jagte.

Prompt beging Heinrich den nächsten Fehler.

Von Sven ließ er sich weismachen, daß die Dänen nichts so sehnlich wünschten wie die Heimkehr ihres Königs. Ein großes Heer hatte er ihm zur Verfügung gestellt und war sogar selbst an Svens Seite zur Grenze hinaufgezogen. Doch bevor sie noch dänischen Boden betreten hatten, mußte Heinrich feststellen, daß niemand auch nur daran dachte, sich jubelnd auf die Seite des heimkehrenden Despoten zu schlagen. Schließlich gab der Herzog seine persönliche Mitwirkung wieder auf und erlebte nur aus der Ferne das endgültige Scheitern dieses Königs ohne Land und Volk.

1157 lösten sich dann alle dänischen Querelen, wenn man so will, auf natürliche Weise: Sven ließ Knut bei einem Versöhnungsmahl ermorden und fiel selbst im Kampf mit Waldemar. Dieser Waldemar ist nun der neue König, und Heinrichs Gefühle dürften recht gemischt gewesen sein, als er den hünenhaft gewachsenen Dänen am Eider-Ufer warten sah: Wie würde Waldemar ihm als einstigem Verbündeten Svens gegenübertreten?

Pakt mit Dänemark

Heinrich sieht sich angenehm enttäuscht. Alles Vergangene schiebt der König zur Seite und spricht gleich von der Gegenwart: Er hat Sorgen mit den obotritischen Seeräubern aus Mecklenburg, die seit Jahrzehnten die dänische Küste verwüsten, und will tausend Mark in Silber zahlen, wenn Heinrich seinen Einfluß aufbietet, diese Überfälle zu unterbinden.

Der Herzog ist hocherfreut. Nicht nur, daß er diese tausend Mark nur allzu gut für seine Italienfahrt gebrauchen kann — im Dänenkönig findet er zugleich einen sehr nützlichen Verbündeten. Zwischen den beiden Männern kommt es zu einem Freundschaftsbund, der in manchem an die Verbindung zwischen Heinrich und Barbarossa erinnert und für Jahre Ausgangspunkt der gesamten Ostpolitik des Herzogs ist.

Wieder stehen zwei ungleiche Partner nebeneinander: der selbstherrliche, geradlinige Sachse und der schillernd gescheite Däne, um einiges älter als Heinrich, ein großer Kämpfer, kluger Politiker — und ein verschlagener Intrigant, der blitzschnell die Fronten wechseln kann. Auch dieser Bund trägt von Anfang an den Keim der Zerstörung in sich.

Zunächst bemühen sich aber noch beide Seiten redlich um die neue Freundschaft. Kaum in seine Residenz zurückgekehrt, ruft Heinrich die Slawen zusammen, um ihnen die Seeräuberei endgültig zu untersagen, und als sie sich nicht gleich bei ihm einstellen, fällt er in ihr Land ein, setzt ihnen nach bewährtem Muster solange zu, bis sie ihm jedes nur erdenkliche Versprechen geben.

Doch hat das noch nichts mit ihrer totalen Unterwerfung zu tun. Heinrich verfährt nur wie gehabt und reitet anschließend mit sich und seiner Macht zufrieden nach Italien hinunter, wo gerade die Kämpfe um Crema toben. Aber die kommende Entwicklung zeichnet sich schon ab. Die Tragödie der Wenden hat begonnen.

Es ist wirklich eine Tragödie: in drei Akte aufgeteilt, grausam folgerichtig und ohne die Möglichkeit, dieser Folgerichtigkeit zu entrinnen. Die Geschehnisse von 1158/59 sind das Vorspiel gewesen. Der erste Akt beginnt 1160.

„Die Sünden der Väter"

Natürlich halten sich die Obotriten nicht an ihr Versprechen, als sie den Herzog außer Landes wissen. Zuvor war noch sein Befehl ergangen, alle obotritischen Kriegsschiffe in Lübeck abzuliefern, und Fürst Niklot hatte Heinrich überlisten wollen, indem er nur die ältesten und schwächsten Fahrzeuge vor der Trave-Mündung vor Anker gehen ließ. Mit den übrigen segeln die Obotriten nach wie vor nach Dänemark, rauben, plündern und lassen nicht, wie Helmold sagt, „von den Sünden der Väter". Waldemar kommen aber Zweifel, ob nicht die tausend Silbermark fehlinvestiert waren.

Schon erwägt der König Rachefeldzüge nach Holstein und Mecklenburg. Das würde allerdings auch die nichtslawische Bevölkerung in Gefahr bringen und zugleich Heinrichs Hoheitsrechte verletzen. So läßt sich der Däne noch einmal vom herbeigeeilten Bischof Gerold überreden, mit Vergeltungsmaßnahmen bis zur Rückkehr des Herzogs zu warten.

1160 trifft Heinrich wieder in Sachsen ein. Von den bösen Nachrichten ist er tief betroffen. Ihm geht es nicht nur um die Freundschaft mit Waldemar. Sein gesamtes Prestige sieht er in Frage gestellt. Wie kann er künftig noch als Oberherr des Slawenlandes ernst genommen werden, wenn sein Wort so wenig gilt?

Unter diesem Vorzeichen stehen die Verhandlungen, die er in Artlenburg mit Waldemar führt. Doch noch immer spricht niemand von der totalen Unterwerfung der Obotriten. Heinrich will nur Ruhe im Land — und noch einmal versucht er es im halbwegs Guten, als er die Grenzbewohner, Sachsen wie Slawen, zu einer großen Aussprache zusammenruft. Dabei trägt dann Waldemar seine Klagen vor, findet jedoch kein rechtes Echo: Die Slawen haben es vorgezogen, Heinrichs Landtag fernzubleiben.

Jetzt steht die Tragödie schon vor der Tür.

Heinrich ist empört. Ein Exempel will er statuieren, tut die Slawen in die Acht und ruft seine sächsischen Vasallen zu einem Wendenfeldzug. Das geschieht im Mai. Im Sommer, zur Erntezeit, soll der Krieg beginnen.

Das alles erinnert an den Auftakt zum Wendenkreuzzug vor dreizehn Jahren, und vielleicht verführt diese Erinnerung Niklot dazu, die Taktik von damals ein zweites Mal anzuwenden. Ein Überfall auf Lübeck soll ein Warnzeichen setzen, bevor die Sachsen angreifen können.

Ein kleines Heer marschiert auf Lübeck zu. Schon bald erreicht es die Brücke, die über die Wakenitz hinüber zur Halbinsel führt. Über der abendlichen Stadt liegt tiefer Friede. Die Lübecker sind ebenso ahnungslos wie damals im Sommer 1147.

Der Zufall will es aber, daß an diesem Abend ein Priester namens Ethelo am Brückengeländer lehnt. Im letzten Tageslicht sieht er das heranziehende Wendenheer, und mit dem wachen Instinkt des stets gefährdeten Grenzbewohners betätigt er in fliegender Hast die Zugbrücke. Hilflos stehen die Feinde am anderen Ufer. Ihr Sturm auf Lübeck unterbleibt.

Niklots letzter Kampf

Nun greifen aber Sachsen und Dänen an, „mit Feuer und Schwert", wie Helmold schreibt: Waldemar von Norden her, Heinrich von Westen aus — und das sind nun nicht mehr Männer, die sich erst überlegen müssen, was sie eigentlich im Wendenland wollen. Niklot begreift das. Er wagt gar nicht erst die offene Schlacht, sondern zieht sich in seine Festung Werle an der Warnow zurück. Brennende Burgen markieren seinen Weg. Ilow, Mecklenburg, Schwerin und Doblin hat der Obotritenfürst in Flammen aufgehen lassen.

Schon scheint der Krieg entschieden zu sein, als von Werle aus Niklots Söhne Pribislaw und Wratislaw einen verzweifelten Ausfall wagen und dabei einige sächsische Troßknechte niederstechen. Das ist kein großer Sieg, und er wird zur Niederlage, als auf einmal sächsische Ritter auf dem Kampfplatz erscheinen, die Wenden einkreisen und die beiden Obotritenprinzen in die Flucht schlagen. An diesem Tag werden viele Gefangene gemacht, und Heinrich hat nur einen kurzen Befehl: Noch am gleichen Abend werden alle gefangenen Wenden ohne Gnade aufgehängt. Die Zeit der Grenzkriege mit all ihren grausigen Exzessen ist zurückgekehrt.

Doch Niklot gibt nicht auf.

Der alte Mann ahnt, daß die Entscheidung über das Schicksal seines Volkes unaufhaltsam heraufzieht und nur noch die Wahl zwischen Sieg oder Untergang bleibt. Seine Söhne empfängt er mit Flüchen und Schmähungen: „Ich hatte gedacht, Männer aufgezogen zu haben. Die aber fliehen eiliger als Weiber . . ." Und dann zieht er selbst in den Kampf hinaus.

Noch einmal versucht er es mit List. Nur wenige seiner Leute begleiten ihn, als er sich an die Sachsen heranschleicht und plötzlich Troßknechte vor sich sieht, die gerade Getreide auf ihre Karren laden. Sie scheinen unbewaffnet zu sein, und Niklot glaubt sich seines Siegs so sicher, daß er selbst als erster auf die Feinde eindringt. Sein Speer zielt auf die Brust des nächsten Gegners, der sich ihm entgegenstellt, doch als er ihm die Waffe in den Leib rammen will, zersplittert sie am Metall der Rüstung, die der Sachse unter seinem Leinenwams trägt. Niklot begreift zu spät, daß diese harmlosen Troßknechte in Wahrheit schwerbewaffnete Krieger sind, die auf einen solchen Überfall nur gewartet haben: Schon umringen sie ihn und schlagen ihn zu Boden, während seine Gefolgsleute davonjagen.

Der letzte bedeutende Wendenfürst ist tot.

Zunächst glauben die Sachsen selber nicht, daß wirklich der berühmte Niklot vor ihnen auf dem Boden liegt. Dem blutüberströmten, von zahllosen Schwerthieben zerhackten Leichnam schlagen sie den Kopf ab und bringen ihn zu Heinrich ins Lager. Dort erst bricht der Jubel aus: Dieser Krieg ist gewonnen!

Nun läuft in die Warnow auch die Flotte der Dänen ein, und das von seinen Bewohnern preisgegebene Rostock wird besetzt und niedergebrannt. Waldemar trifft aber mit Heinrich zusammen, und gemeinsam können die beiden Herren ein triumphales Fazit ziehen: Die Obotriten ergeben sich ohne weiteren Widerstand, und alles Land bis hinauf zur Warnow fällt endgültig dem Herzog zu. Den Slawen gehört nur noch Werle, das Niklots Söhne in Brand gesteckt hatten, bevor sie sich in die Wälder flüchteten, und Kissinen wie Zirzipaner müssen von jetzt an Tribut zahlen — ein klarer Sieg.

Die Tragödie der Wenden hat damit nicht ihr Ende. Zwei Jahre vergehen. Dann beginnt der zweite Akt.

Aufstand der Söhne

Niklot ist tot. Doch die Legende um ihn lebt weiter, am stärksten in seinen beiden Söhnen Pribislaw und Wratislaw. Sie sind praktisch machtlos, und doch gelingt es ihnen, in aller Heimlichkeit ein Heer zu sammeln und auszurüsten. So geheim bleibt es aber nicht, daß nicht doch Gerüchte von einem allgemeinen Aufstand im Wendenland zum Herzog dringen. Der Löwe zögert nicht lange. Diesmal sollen die Slawen endgültig erfahren, wer ihr Herr ist.

1163 bricht unter seiner und Adolf von Schauenburgs Führung ein Heer gegen die Obotriten auf. Deren Fürsten sind zum Widerstand entschlossen. Pribislaw zieht sich mit seinen Leuten in die Wildnis zurück. Wratislaw hingegen verstärkt Werles Befestigungsanlagen und hofft auf einen frontalen Ansturm der Sachsen, dem er standhalten zu können meint. Es wäre tatsächlich seine Chance gewesen.

Doch denkt Heinrich gar nicht daran, dem Gegner diesen Gefallen zu tun. Seine jungen, auf sofortigen Angriff drängenden Krieger ermahnt er: „Warum nähert ihr euch unnötig den Toren der Stadt und bringt euch in Gefahr? Solche Kämpfe sind zwecklos und verderblich. Bleibt lieber in euren Zelten, wo euch die Pfeile der Feinde nicht erreichen können, und gebt auf die Belagerten acht, damit euch keiner erwischt. Meine Sorge wird es sein, mit Gottes Hilfe ohne viel Unruhe und große Verluste mich der Stadt zu bemächtigen ...“ Dann hält er es aber weniger mit Gottes Hilfe als mit den Erfahrungen, die er in Italien gemacht hat.

Seine Leute läßt er in den Wäldern Holz schlagen. Daraus werden nach italienischem Muster Kriegsmaschinen gebaut: ein „Widder“, der nun täglich gegen die Mauern rammt, und ein Turm, von dem aus sich Stunde für Stunde ein Pfeilregen über Werle ergießt.

Einige Wochen hält die Festung stand. Doch dann zeigt die Mauer erste Risse. Die Befestigungen wanken in ihren Fugen. Zugleich grassieren aber Hunger und Durst, und die Menschen streiten sich um die verbliebenen Vorräte, während die Pfeile der Feinde auf die Stadt niedersurren. Einer von ihnen trifft auch Wratislaw. Schwerverletzt wird er davongetragen.

Draußen das Dröhnen des Widders, die Schreie der Menschen, das Gestöhne der Sterbenden — auf seinem Krankenlager begreift aber Wratislaw, daß seine Sache verloren ist. Jetzt will er Frieden. Und nur einer kann ihm dafür erträgliche Bedingungen verschaffen: Adolf von Schauenburg, der alte Freund seines Vaters.

Der Graf erklärt sich zu einer Unterredung bereit.

Im Lager der Sachsen sitzen sie sich gegenüber: der junge Fürst, der den Endkampf seines Volks herausgefordert hat, und der alte Graf, der noch zu einer Zeit gehört, als das Nebeneinander beider Völker möglich schien. Adolf mag verstehen, was in dem Obotriten vorgeht, doch im Hintergrund wartet ungeduldig Heinrich, und so kann der Schauenburger außer väterlichen Ermahnungen („Wer, ich bitte dich, hat dir den Rat gegeben, eine Belagerung zu bestehen?“) nur das eine sagen: „Es bleibt nichts übrig als eine Übergabe ...“

Sie verläuft recht glimpflich.

Heinrich hält sich an sein Wort, keinen zu verletzen oder zu töten. Er setzt sogar Niklots Bruder Ludemar als Werles Statthalter ein und hält die übrigen slawischen Fürsten nur so lange gefangen, bis ihre Familien das geforderte Lösegeld bezahlt haben: Auch bei diesem Sieg vergißt Geschäftsmann Heinrich nicht den Profit, der sich daraus schlagen läßt. Einzig Wratislaw bleibt in seinem Gewahrsam.

„Auf, befreie mich mit Gewalt ..."

Ein Jahr lang ist der Fürst unfreiwilliger Gast auf Burg Dankwarderode. Dort bleibt ihm Freiheit genug, um gelegentlich an seinen
glücklicheren Bruder eine Botschaft hinauszuschmuggeln. In einem
dieser Briefe heißt es aber unmißverständlich: „Ich liege hier im
ewigen Gefängnis, und du tust nichts für mich? Auf, erhebe die Waffen und befreie mich mit Gewalt ..."

Der dritte Akt der Tragödie kündigt sich an.

Pribislaw wäre allein machtlos. Aber, im Jahr nach diesem zweiten
Wendenkrieg greift unter den Slawen das Gefühl um sich, endgültig
verloren zu sein, wenn nicht noch einmal der Kampf, mit den sächsischen Eindringlingen gewagt wird, die nun schon überall im Land
kommandieren und sich so arrogant geben wie die Besatzungsmächte
aller Zeiten. Das ist Pribislaws Chance. Ein letztes Mal gelingt es
ihm, nicht nur die Obotriten, sondern auch andere Wendenstämme
wie die Kissinen und Zirzipanen zu einer großen Front zusammen-
zuschweißen.

1164 beginnt diese letzte Schlacht. Als „großer Wendenaufstand"
geht sie in die Geschichte ein.

Die letzte Flucht

Pribislaws Scharen brechen auf. Zunächst erreichen sie die nur
schwach besetzte Festung Mecklenburg, wo vor allem flämische Ansiedler wohnen. Von ihnen kommt keiner davon, als sie erst einmal
Pribislaws Aufforderung zur bedingungslosen Übergabe abgelehnt
haben und von ihm niedergezwungen worden sind. Alle Männer
werden getötet, Frauen und Kinder in die Sklaverei verschleppt.
Mecklenburg selbst geht in Flammen auf. Pribislaw zieht weiter zur
Festung Ilow. Der große Wendenaufstand scheint ein großer Siegeszug zu werden.

Daheim in Sachsen begreift Heinrich die Gefahr. Dies ist nicht
mehr eine rasch zu brechende Revolte. Hier ergießt sich eine Flut
angestauter Empörung und Kampfeslust, die auch über Sachsens
Grenze spülen könnte.

An die sächsischen Ritter ergeht der Befehl, sich umgehend zur neuen Heerfahrt einzustellen. Diesmal sind aber nicht nur Heinrichs eigene Vasallen aufgerufen, sondern auch die der Bischöfe und Grafen seines Herzogtums: Der Wendenkrieg ist eine gesamtsächsische Angelegenheit. Und Heinrich überwindet sich. Er bittet seinen ärgsten Feind Albrecht den Bären um Beistand, den der Askanier sofort gewährt. Schließlich steht auch seine eigene Sache auf dem Spiel. Zugleich nimmt der Herzog Kontakt zu Waldemar auf, dem Kumpan von 1160.

Zwischen den beiden Herren steht es nicht mehr ganz so gut wie am Anfang. Doch nun erneuern sie ihre rissig gewordene Freundschaft, und zu ihrer Bekräftigung stimmt der Herzog einer Verlobung seiner Tochter Mathilde mit Waldemars Sohn Knut zu. Mathilde, aus Heinrichs Verbindung mit seiner einzigen namentlich bekannt gewordenen Geliebten, der Lothringer Grafentochter Ida, hervorgegangen und vom Vater legitimiert, ist zwar noch ein Säugling, der Dänenprinz ein Kind von einem Jahr. Doch muß ein Fürstensproß auch schon in der Wiege herhalten, wenn mit ihm Politik gemacht werden kann.

Waldemar ist versöhnt. Seine Flotte steuert auf die Peene-Mündung zu. Zugleich setzen sich auch die sächsischen Truppen in Bewegung. Die Zeit drängt. Denn im Wendenland reiht Pribislaw inzwischen Erfolg an Erfolg.

Die Festung Ilow war von den Sachsen gehalten worden. Dort verkündete Heinrichs Kommandant Gunzelin von Hagen der slawischen Bevölkerung, daß Ilow beim geringsten Anzeichen einer Niederlage an allen vier Ecken angesteckt und mitsamt seinen Bewohnern, Sachsen wie Slawen, bei geschlossenen Toren verbrannt würde. So rief Pribislaw vergeblich die Ilower zum Aufstand gegen die Sachsen auf, als er mit seinen Truppen vor den Toren stand. Ängstlich duckten sich die Menschen in ihren Häusern, und der Fürst mußte wieder kampflos abziehen. Doch in Malchow und Kussin ergaben sich die Besatzungen ohne Widerstand, und so ist noch nichts entschieden, als Heinrich den Schauplatz des großen Wendenaufstands betritt.

Bei Malchow trifft sein Heer mit den Truppen Adolfs von Schauenburg zusammen, und hier kommt es zu einem kleinen grausigen Zwischenakt der Wendentragödie: Ein Galgen wird errichtet, und

Wratislaw, den der Herzog in seinem Gefolge mitgeschleppt hat, muß vortreten. Ohne Prozeß wird er aufgeknüpft, einzig für das Verbrechen, Pribislaws Bruder zu sein. Achselzuckend wendet sich Heinrich ab. Mit dieser Hinrichtung setzt er ein Signal: Nun geht es ihm nicht mehr um die Bändigung, sondern um die bedingungslose Unterwerfung der Wenden.

Gegen den Löwen ist Pribislaw machtlos. Er zieht sich bis nach Demmin an der Peene zurück, und die sächsischen Truppen setzen ihm nach, mit Adolf von Schauenburg an der Spitze. Bei Verchen schlägt der Graf sein Lager auf, und hier versuchen es die Wenden noch einmal mit List: Viel Geld bieten sie für einen freien Abzug aus Demmin.

Adolf wird unsicher und weiß nicht recht, was er von diesen Angeboten halten soll. Denn kaum scheint er geneigt, das eine anzunehmen, als andere Boten erscheinen und einen neuen, geringeren Preis bieten. Schließlich begreift er: Die Slawen versuchen die Zeit zu gewinnen, die sie bis zum großen Angriff brauchen.

Es kommt ein Morgen, an dem einige junge Sachsen früher als ihre Kameraden aufgestanden sind und gerade nach den Pferden sehen, als plötzlich riesige Scharen wendischer Krieger die Hügel von Verchen hinunterströmen: Pribislaws letztes Aufgebot.

Gellend rufen die Ritter Alarm. Doch alles geht so rasch, daß nur wenige Sachsen die Lage sofort begreifen, und schon stehen die Wenden im Lager. Adolf hat sich als erster gefaßt. Der erfahrene alte Kämpfer hält sich nicht mit der Abwehr der Eindringlinge auf, geht sofort zum Angriff über und treibt sogar eine Gruppe Wenden in einen Sumpf zurück. Doch das ist seine Todesfalle, denn hier wird er von den Slawen niedergehauen. Weiter dringen sie ins Lager vor, während die sächsischen Ritter vor Schreck wie gelähmt sind. Erst im letzten Augenblick lösen sie sich aus ihrer Erstarrung, und „schließlich verwirrte der Herr selbst die Sinne der Slawen so sehr, daß sie, wie vom Schwindel ergriffen, von der Hand der trefflichen Ritter fielen" — 2500 an der Zahl, wie Helmold als Chronist dieser letzten Entscheidungsschlacht berichtet.

Der große Wendenaufstand ist zusammengebrochen, der letzte Akt der Tragödie beendet — und wie eine echte Tragödie kennt sie nicht Schuld oder Unschuld: Weder haben sich die Wenden willkür-

Auf der Höhe seiner Macht demonstriert Heinrich der Löwe gelassen seine Selbsteinschätzung als königsgleicher Herrscher: Das um 1170 im Kloster Helmarshausen angefertigte Evangeliar zeigt das herzogliche Paar im Kreis welfischer Vorfahren, wie es
unmittelbar von Gott Krone und Segen erhält.
(The Warburg Institute, London)

2

Nicht als Gotteshaus für die tägliche Andacht war der Braunschweiger Dom gedacht, sondern als Grabstätte der Welfendynastie (hier nach seiner Außenrenovierung im Jahr 1970).

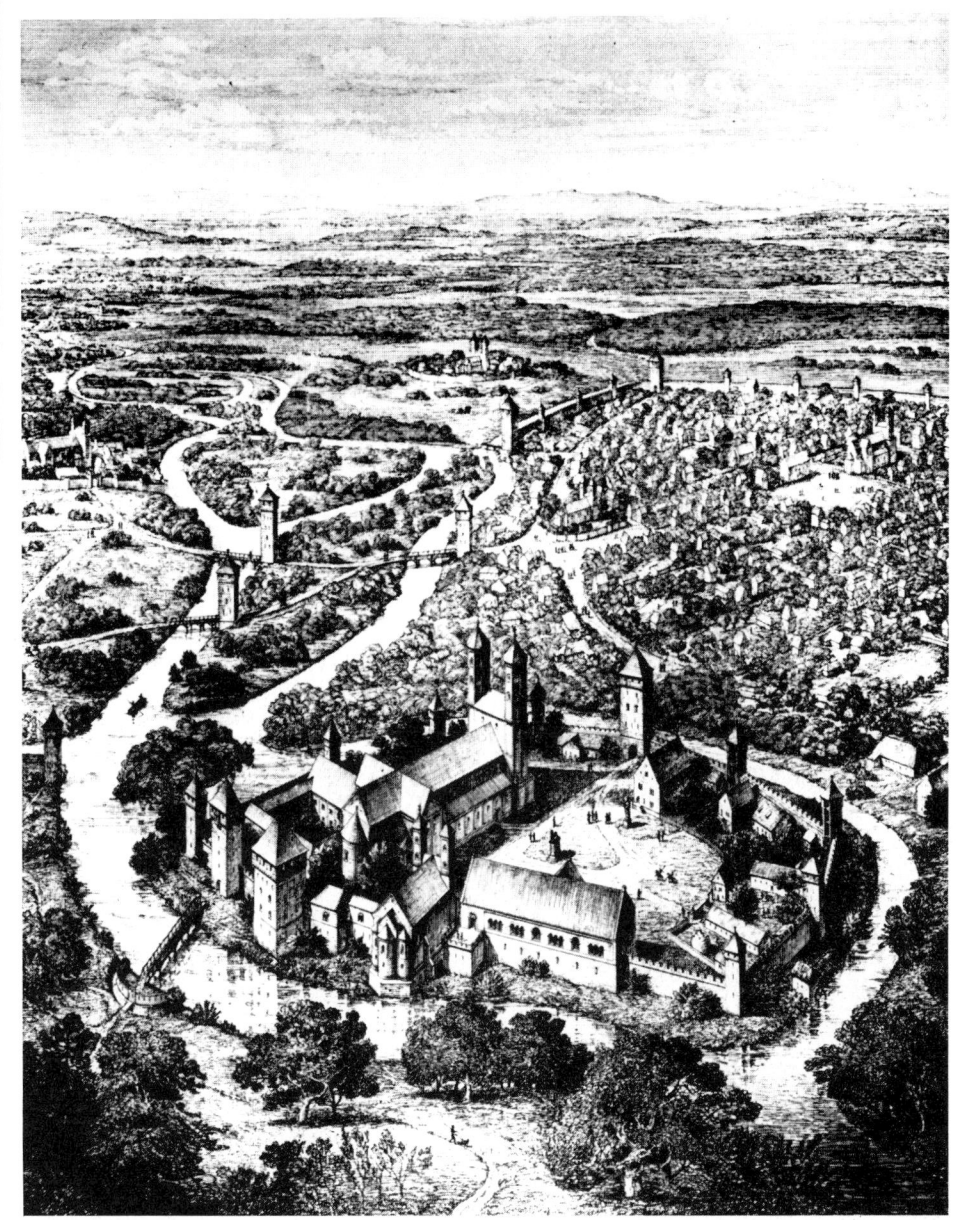

In den achtziger Jahren des letzten Jahrhunderts wurde die 1873 durch einen Brand zerstörte Burg Dankwarderode restauriert. Restaurator Ludwig Winter zeichnete um 1890 diese Rekonstruktion, die ungefähr das originale Bild Dankwarderodes in den letzten Jahren Heinrichs des Löwen wiedergibt.

4

5

Von allen Barbarossa-Porträts dürfte das Cappenberger Reliquar die größte Ähnlichkeit mit dem Kaiser haben. Friedrich I. schenkte die zwischen 1150 und 1170 angefertigte Büste seinem Patenonkel, Graf von Cappenberg.

Von Mailand her überführte Barbarossas Kanzler Rainald von Dassel die Gebeine der Heiligen Drei Könige nach Köln und ließ sich selbst am Schrein verewigen: Heinrichs größter Feind.

6

Zwei Staufer-Herrscher, die geschworene Feinde Heinrichs waren: König Konrad III. (hier abgebildet auf einem Holzschnitt nach dem zeitgenössischen Königssiegel), der schon seinen Vater hatte entmachten wollen, und Kaiser Heinrich VI., Barbarossas ältester Sohn, gegen den sich Heinrich der Löwe vergeblich durchzusetzen hoffte.
(Darstellung aus der Manessischen Handschrift; Universitätsbibliothek Heidelberg)

Das „Löwenfenster" im Ratzeburger Dom, um 1880 geschaffene Reminiszenz an Herzog Heinrich, der 1154 das Bistum Ratzeburg gründete und dort den Niederländer Evermod als Bischof einsetzte. Ebenfalls um 1880 schenkte die Großherzogin von Mecklenburg-Strelitz der Domkirche einen Abguß des Braunschweiger Löwen.

9

10   11

Im Dom von Königslutter bei Braunschweig findet sich das 1708 entstandene Grabmal für den Großvater, die Großmutter und den Vater Heinrichs des Löwen: Lothar III., Richenza und Heinrich den Stolzen.

Heinrichs des Löwen Mutter: Gertrud von Supplinburg (links), in zweiter Ehe mit Heinrich „Jasomirgott" von Babenberg verheiratet und auch auf dem Babenberger Stammbaum aus der Zeit um 1490 verewigt. Die Dame rechts im Halbprofil ist die zweite Gattin von „Jasomirgott", die byzantinische Prinzessin Theodora.
(Stiftsmuseum Klosterneuburg bei Wien)

Heinrichs des Löwen Schwiegermutter: Eleonore von Aquitanien, berühmteste Frau ihrer Zeit, von einem König geschieden und mit einem König verheiratet. Diese Darstellung entdeckte der französische Archäologe Albert Heron auf einem Wandgemälde aus dem 13. Jahrhundert in der Kapelle Sainte-Radegonde in Chinon.

12
13

14
15

Auf dieser Seite sind Heinrichs bekannteste Brakteate abgebildet: Zwischen 1150 und 1160 entstand dieses Brakteat mit dem Löwen im Perlkreis – um diese Zeit wurde Heinrich schon allgemein „der Löwe" genannt.

Den Löwen mit erhobenem Schweif auf einem Postament zeigt auch der wahrscheinlich später entstandene Brakteat. Ein königlicher Herrschaftsanspruch wird deutlich.

Einen Herrscher von königlichem Anspruch zeigt ebenfalls das Brakteat mit den beiden Löwen, die auch – als Reminiszenz an die Orientfahrt – zwei Geparden sein könnten.

Den sogenannten „Hochzeitspfennig" ließ der Herzog zur Zeit seiner Verheiratung mit der englischen Prinzessin Mathilde, im Jahr 1168, prägen.

(Alle hier abgebildeten Brakteate befinden sich im Städtischen Museum Braunschweig)

16

17

Noch populärer als der historische Heinrich wurde der Sagenheld: Die Miniatur aus der 1474 angefertigten Abschrift des Gedichts von Michel Wyssenherre zeigt den Drachenkampf. (Württembergische Landesbibliothek, Stuttgart)

Ganz Europa erzählte sich die Heinrich-Sage: Motive finden sich auch auf der Kirchentür von Valthjofstadr in Island, die in der ersten Hälfte des 13. Jahrhunderts geschnitzt wurde. (Nationalmuseet København)

18

Das Imerward-Kreuz im Braunschweiger Dom gehört zu den eindrucksvollsten kultur-
historischen Zeugnissen aus der Ära Heinrichs des Löwen: Über zwei Meter groß, ist das
Kruzifix aus einem einzigen Eichenstamm geschnitzt. Zu Heinrichs Zeit dürfte es bunt-
bemalt und mit Gold beschlagen gewesen sein.

19

Fast ebenso berühmt wie das Imerward-Kreuz: der siebenarmige Silberleuchter mit seinen Löwenfüßen, ebenfalls im Dom von Braunschweig, eines der Prunkstücke, mit denen der Herzog „seine" Kirche ausstatten ließ. Davor das Grabmal des herzoglichen Paares.

20

21

Im Juli 1935 wurde Heinrichs Grab erstmals geöffnet – die Aufnahmen Willi Birkers entstanden unmittelbar nach der Öffnung: Der Grabstein wird gehoben.

Ein ungebetener Löwen-Erbe stellt sich am 17. Juli 1935 ein: Adolf Hitler besichtigt die Fundstelle, der Dom des frommen Christen Heinrich wird „nationale Weihestätte" – Usurpierung eines historischen Mythos.

22   23

Von Heinrichs Gebeinen sind zunächst nur Teile des rechten Schienbeins und Fuß-knochen zu sehen, im übrigen nur eine schwarzbraune Masse aus Holz, Sand und Ge-websbestandteilen.

Bei den mutmaßlichen Überresten Mathildes findet sich an der sackartigen Hülle aus schwerem Leder ein golddurchwirkter Lederriemen — die Herzogin scheint auf einem Brett oder in einem Holzsarg beigesetzt worden zu sein.

Erst einige Zeit nach Heinrichs Tod entstand das Grabmal im Braunschweiger Dom, dessen Meister unbekannt blieb. Taktvoll kaschieren die Statuen von Herzog und Herzogin den vermutlich sehr beträchtlichen Größenunterschied des Paares: Heinrich scheint nur 1,63 m, Mathilde über 1,90 m groß gewesen zu sein.

5

Porträtähnlichkeit hat der Schöpfer des Grabmals nicht angestrebt: Seine Heinrich-Plastik zeigt die Idealgestalt eines Fürsten im kostbaren, wallenden Gewand mit dem Schwert als herzoglichem Hoheitszeichen und einem Modell des von ihm gestifteten Doms in den Armen.

Heinrichs wahres Denkmal: der 1166 errichtete Löwe vor dem Braunschweiger Dom — vor allem signalisiert er den Anspruch des Herzogs auf richterliche Oberhoheit, steckt aber in seiner Gestaltung und Linienführung voll psychologischer Momente, die auf Heinrichs unverwechselbare Wesensart verweisen.

lich gegen die Sachsen zur Wehr gesetzt, noch hat sie Heinrich willkürlich unterworfen. Das eine ergab sich zwangsläufig aus dem anderen — und am Ende steht der siegreiche Löwe zwischen den Leichenbergen dieser Schlacht und beweint den Tod seines väterlichen Freundes Adolf von Schauenburg.

Der Horizont färbt sich blutrot: Demmin steht in Flammen. Die Wenden haben die Festung angezündet, bevor sie flüchteten, und zwischen ihren noch rauchenden Trümmern trifft Heinrich dann auf Waldemar. Dessen Dänenscharen sind in Siegesstimmung: Vor ihnen liegt Pommern, dessen Fürsten Kasimir und Bogislaw die Obotriten unterstützt hatten, und nun könnte unter der Führung von Heinrich und Waldemar ein Eroberungszug bis weit in den übrigen Osten beginnen. Zunächst würde Pommern fallen ... und dann ... vielleicht dann noch ...

Kein Reich im Osten

Das Jahr 1164 ist für Heinrich den Löwen ein Schicksalsjahr. Noch nie zuvor und nie mehr danach bietet sich ihm so nah, so lockend deutlich die Chance, als großer Eroberer in die Geschichte einzugehen. Und wie muß solch eine Perspektive auf einen Mann seines Ehrgeizes gewirkt haben.

Doch geschieht etwas Seltsames: Heinrich, eben noch stolzgeschwellt, wird plötzlich unruhig. Dem zutiefst enttäuschten Waldemar erklärt er, umgehend nach Braunschweig zurückkehren zu müssen, wo eine hochwichtige Gesandtschaft des byzantinischen Kaisers eingetroffen ist. Wenige Tage später trifft der Herzog auf Dankwarderode ein.

Kopfschüttelnd blickt man diesem merkwürdigen Eroberer nach. Jedoch verweist in seinem Leben nichts so deutlich auf den Pragmatiker und Realisten Heinrich wie diese überraschende Kehrtwendung im Juli 1164 und der anschließende, sehr gemäßigte Friedensschluß mit den beiden Pommernherzögen.

Heinrich will kein Reich im Osten, dessen Aufbau und Lenkung die Möglichkeiten eines Sachsenherzogs entschieden überfordern würden. Und er will nicht Eroberungen, die er dann mit seinem dänischen Verbündeten teilen müßte. Denn dann würde er sich im Slawenland nur einen Konkurrenten schaffen, der für seine Vormachtstellung jenseits der Elbe noch gefährlicher werden könnte, als es Waldemar ohnehin schon ist. Indem sich aber der Herzog mit dem Erreichten zufrieden gibt, zwingt er auch den Dänen zum raschen Friedensschluß und Rückzug in sein Königreich.

Der Erfolg bleibt groß genug.

Das Land bis hinauf zur Warnow ist jetzt fester Teil von Heinrichs unmittelbarem Machtbereich. Die Wenden sind nicht mehr das ständig gärende Problem früherer Jahre. Schwertstreiche haben dies Problem gelöst. Das heißt allerdings noch nicht, daß von jetzt an im Osten Ruhe herrscht.

Lange noch wird Pribislaw von seinem pommerschen Exil aus versuchen, durch immer neue Überfälle auf Heinrichs Gebiet wenigstens einen Teil der alten Macht zurückzugewinnen. Es bringt keinen Erfolg. Lediglich hat es sächsische Strafexpeditionen zur Folge, bis sich schließlich die um ihre Sicherheit besorgten Pommernherzöge solche Störmanöver ihres Gastes verbitten. Doch eigentlichen Abschluß finden die Kämpfe erst 1166, als Heinrich, unter dem Druck des gerade einsetzenden sächsischen Fürstenaufstands, Pribislaw zur allgemeinen Überraschung wieder in Gnaden aufnimmt und ihm sogar einen Teil seiner alten Rechte zurückgibt. Das schränkt zwar seinen eigenen Spielraum ein, schafft ihm aber einen verläßlichen Verbündeten im Slawenland.

Immer Ärger mit Waldemar

Ein anderes Problem bedeutet die wechselnde Beziehung zu Dänemark: Für Waldemar gilt die alte Regel, daß der Appetit beim Essen kommt, und so stellt dieser König mit zunehmendem Erfolg der sächsischen eine eigene dänische Ostpolitik entgegen.

Schon 1163 war es zum Bruch zwischen ihm und dem Herzog gekommen, als Waldemar Rügen erobern wollte, das Heinrich seinem eigenen Machtbereich zurechnete. 1168 unterwirft dann Waldemar tatsächlich dieses Reich der Ranen, diesmal allerdings mit Unterstützung des Herzogs, der die pommerschen Fürsten angewiesen hat, dem Dänenkönig zu helfen. Doch ist dieser erneute Einklang zwischen zwei zu Rivalen gewordenen Partnern von einst zu schön, um lange wahr zu sein.

Gleich nach der Eroberung Rügens kommt es zu neuem Streit, als Heinrich die Hälfte der Beute fordert. Waldemar weigert sich, und der Herzog besinnt sich auf die obotritischen Piraten, die seinerzeit dem Dänenherrscher so viel zu schaffen machten. Nun plündern wieder wendische Seeräuber die dänische Küste, doch diesmal erhebt Heinrich keinen Einspruch.

Im Gegenteil: Die Überfälle geschehen mit seiner ausdrücklichen Billigung, wenn nicht sogar auf seinen Befehl, und Waldemar ahnt rasch, wer eigentlicher Urheber dieser Angriffe ist. Er revanchiert sich mit Überfällen auf Mecklenburg, Holstein und Pommern, versteht sich aber auch seinerseits auf das Spiel, die Wenden als Mittel zum Zweck zu mißbrauchen. Auch er wiegelt sie gegen den Löwen auf.

Doch 1171 trifft man sich wieder friedlich an der Eider und schließt die alte Freundschaft von neuem.

Heinrich bekommt seinen Anteil an den Tributen, die Ranen müssen ihm Geiseln stellen, und über Rügen werden ihm Hoheitsrechte zugebilligt. Zugleich erwägt man von neuem die verwandtschaftliche Verbindung beider Herrscherhäuser.

Die Verlobung des dänischen Kronprinzen mit Mathilde ist zwar wieder rückgängig gemacht worden. Dem immer mächtiger gewordenen Waldemar, von seinen Untertanen schon als „der Große" bestaunt, erscheint die Verbindung mit einem außerehelich geborenen Mädchen als nicht mehr standesgemäß. Dafür findet jedoch Gertrud vor seinen Augen Gnade, Heinrichs Tochter aus der Ehe mit Klementia.

Um diese Zeit ist zwar Gertrud eine schon recht reife junge Dame, die eine Ehe bereits hinter sich hat, und Waldemars Sohn Knut ist noch ein halbes Kind. Doch das soll die Harmonie nicht stören. Gertrud erklärt sich bereit, hinauf in den Norden als Dänemarks künftige Königin zu ziehen, und Heinrich ist sehr stolz: Solche familiären Verbindungen unterstreichen seine Stellung in der ersten Reihe der europäischen Fürsten.

1177 sieht man ihn ein letztes Mal gemeinsam mit Waldemar gegen die Slawen ziehen. Die große Auseinandersetzung mit den Wenden schließt aber 1164 ab, und alles andere ist nur noch Nachspiel. Bis zu seinem Sturz gerät Heinrichs Vormachtstellung im Osten nicht mehr ernstlich in Gefahr.

Wieder stellt sich aber die Frage, auf die es bei Heinrich dem Löwen vor allem ankommt: Er hat Mecklenburg erobert — doch was wird nun dieser Mann dort an der Grenze aus dieser seiner größten Eroberung machen?

16. Kapitel
Der Mann an der Grenze

Neues Land — neue Formen

„Bei allen Unternehmungen aber, die der junge Herzog im Slawenland durchführt, geht es ihm nicht um das Christentum, sondern vor allem um das Geld . . ."

Als Helmold um 1147 diesen Stoßseufzer in seine „Slawenchronik" einfließen läßt, hat Heinrich mit seiner eigentlichen Ostpolitik noch gar nicht recht begonnen. Doch die Erkenntnis stimmt auch zwanzig Jahre später noch. Es geht ihm wirklich nur um Geld, oder genauer: um die Macht, die ihm ein reiches, befriedetes Land jenseits der Elbe bringt. Das mag ein Kirchenmann wie Helmold bedauern. Das nimmt aber auch Heinrichs Vorgehen im Osten die hysterischhybriden Züge vergleichbarer historischer Prozesse.

Gleich nach dem Sieg über Niklot, im Jahr 1160, geht Heinrich daran, das neugewonnene Territorium fest in den Griff zu bekommen. Dabei hat er eine einmalige Chance: im frisch eroberten Wendenland im großen Stil zu verwirklichen, was in Sachsen selbst Ansatz bleiben muß — die Ablösung des Lehenssystems durch eine zentrale Verwaltung.

In vier große Distrikte wird das Land zwischen Elbe und Peene aufgeteilt. Schwerin, Quetzin, Malchow und Mecklenburg sind ihre Mittelpunkte. Dort erheben sich noch alte Slawenburgen, wo Heinrichs Leute jetzt ihren Einzug halten — nicht Grafen oder Untergrafen wie zu Zeiten der Billunger, sondern Ministeriale: Ludolf von Peine für Malchow, Ludolf von Braunschweig für Quetzin und Heinrich von Schathen für die Festung Mecklenburg. Im Zentrum Schwerin findet man aber Gunzelin von Hagen, nicht eben eine der subtilsten Naturen aus Heinrichs Umkreis, mehr der Draufgänger und grobe Landsknechtstyp. Jedoch schätzt der Herzog seine Loyalität und Tüchtigkeit hoch genug ein, um ihm außer Schwerin auch noch das Oberkommando über das gesamte Obotritenland anzuvertrauen. Gunzelin und seine drei Kollegen herrschen als *praefecti* über das Slawenland, als herzogliche Beamte, und ihre Macht umfaßt Militär wie Verwaltung. Doch bleiben sie ganz und gar von Heinrich abhängig, der hier seinen kühnsten Vorstoß gegen die Lehenskonvention unternimmt. In diesem Ausmaß ist er wohl auch nur hier möglich, und nach sechs Jahren wird das Experiment wieder gescheitert sein.

Der Anstoß kommt von außen.

Um 1166 erschüttert der heraufziehende sächsische Fürstenaufstand Heinrichs Position. Der Herzog ist auf jeden Bundesgenossen angewiesen. Auch ohne seinen direkten Einfluß muß er seinen Machtbereich sicher wissen. Das fordert seinen Preis.

Rückkehr zum Lehenswesen

1166 wird der bewährte Gunzelin Graf von Schwerin und damit ein Lehensmann alter Art. In diese Zeit fällt auch Heinrichs Aussöhnung mit Pribislaw, der ihm den Lehenseid leistet. Also herrscht im Obotritenland wieder ein Wende, zum guten Christen geworden und seinem alten Feind aufs innigste verbunden — und so viel bedeutet Heinrich diese neue Freundschaft, daß er sogar einer Heirat seiner vom Dänenkönig verschmähten Tochter Mathilde mit Pribislaws Sohn Heinrich Borwin zustimmt. Wer denkt da noch an Niklots Tod, an Wratislaws Hinrichtung, an die Tausende von Slawen, die in Heinrichs Kriegen auf dem Schlachtfeld blieben?

Heinrich braucht die Aussöhnung nie zu bereuen. Niklots Sohn wird einer seiner eifrigsten Vasallen, ist oft Gast in seiner Residenz und findet schließlich 1178 bei einem Turnier in Lüneburg den Tod, mit dem der Herzog seinen Besuch aus dem Slawenland ehren wollte. Auch an der Kolonisation Mecklenburgs hat Pribislaw Anteil, indem er aus dem christlichen Polen Ansiedler in seine Gebiete zieht. Fast ist also doch Niklots Traum von einer friedlichen und fruchtbaren Zusammenarbeit zwischen sächsischen und wendischen Fürsten Wirklichkeit geworden.

Das alles ist sehr schön und für Heinrich auch sehr vorteilhaft.

Doch Tatsache bleibt, daß auch hier im Slawenland die grundsätzliche Reform der alten Herrschaftsstruktur im Ansatz versandet.

Wohl regiert der Herzog, doch auf üblicher Basis: Im wagrischen Land findet sich als Markgraf der Sohn Adolfs von Schauenburg, in Polabien um Ratzeburg der tüchtige Heinrich von Badwide, dem 1164 sein Sohn Bernhard folgt, im Mecklenburger Obotritengebiet Pribislaw und Gunzelin von Schwerin. Nur Heinrichs Persönlichkeit verdeckt, wie sehr alles beim alten blieb.

Doch bietet sich dem Herzog noch eine andere Möglichkeit: Herrschaft mit Hilfe der Kirche. Immerhin ist er weltliches Oberhaupt dreier großer Bistümer im Slawenland, von denen die wichtigsten Impulsen zur friedlichen Übernahme seiner Eroberungen ausgehen.

Vor allem die Bischöfe ziehen Siedler heran. Sie lassen Kirchen bauen, und die Kirchen werden Mittelpunkt neuer Ortschaften. Sie sorgen auch dafür, daß der ihnen anvertraute Grund und Boden bebaut und verwaltet wird. Und sie betreiben die Missionierung der Slawen, die im Zeichen des Kreuzes brave Untertanen werden. Diesen hochpolitischen Aspekt der Missionsarbeit verkennt der Herzog keinen Augenblick und sorgt dafür, daß sie von Männern seiner Wahl betrieben werden: Nicht zufällig stammen die meisten seiner Kirchenfürsten aus seinem engsten Machtbereich, dem Braunschweiger Raum, und auch nicht zufällig greift er in jede anstehende Bischofswahl ein, um seinen Kandidaten notfalls auch mit Gewalt durchzusetzen.

Die Bischöfe des Herzogs

Ein schönes Bild bietet sich an: der Herzog im Kreis seiner Bischöfe, jeder einzelne von ihm ausgewählt und eingesetzt, jeder eine kraftvolle, selbständige Persönlichkeit und doch seinem Herrn unbedingt ergeben — in Aldenburg Gerold, und später, nach seinem Tod im Jahr 1164, sein Bruder Konrad, in Ratzeburg Evermod und von 1160 an in Schwerin der tapfere Berno, der während des Wendenaufstands fast sein Leben läßt und sich später zu einem der tüchtigsten Missionare entwickelt, mit einem Einflußbereich weit über Mecklenburg hinaus. Bei solch einem Stab durchweg kluger, hochgebildeter Männer muß das Regieren im neuen Land eine wahre Lust sein.

Das schöne Bild ist leider falsch.

Zwar haben die Herren nichts dagegen, vom Herzog in ihre hohen Positionen geschoben und mit Grundbesitz, reichen Einkünften sowie vielerlei Sonderrechten ausgestattet zu werden. Doch bleiben sie viel zu sehr Männer der Kirche, um nicht tiefinnerst den rigorosen Eingriff Heinrichs in kirchliche Belange zu mißbilligen. Zwischen ihnen und ihrem Fürsten bleibt ein Rest Skepsis, Unbehagen und schwelende Spannung, die wiederum Heinrichs Persönlichkeit verdecken kann, die aber doch diese Bischöfe nie wirklich zu *seinen* Leuten macht. Insgeheim fühlen sie doch ihrem geistlichen Oberhaupt, dem Erzbischof zu Bremen, mehr verbunden als dem Herzog.

Schon Vizelin hatte nur unwillig Heinrichs Investiturrecht anerkannt. Und auch Gerold, auch Evermod zögern lange, bevor sie Heinrich den geforderten Vasalleneid leisten. Gerolds Nachfolger Konrad, ohnehin schwarzes Schaf im Kreis der Kirchenfürsten, wird sich sogar während des Fürstenaufstandes zu Heinrichs Gegner schlagen, obwohl gerade ihn, den kleinen Abt des Klosters Riddagshausen, der Herzog seinem Bistum geradezu hatte aufzwingen müssen.

Allerdings hat Heinrich ein sehr probates Druckmittel in der Hand, mit dem er bischöflichen Gehorsam erzwingen kann: das Geld.

Druck durch Geld

Die Bistümer sind zwar materiell nicht direkt vom Herzog abhängig. In der Regel ist es der jeweilige Markgraf, der ihnen aus seinem eigenen Lehensbesitz Grund und Boden überläßt. Er beteiligt sie auch an den eingetriebenen Steuern, etwa am *decima Slavorum,* dem „Slawenzehnten", der sich auf drei Scheffel Weizen und zwölf Silberpfennig pro Pflug und Jahr beläuft. Am Herzog liegt es aber, diese Ansprüche durchzusetzen. Ohne ihn sind die Bischöfe machtlos.

Gerold erfährt das als erster. Nach seinem traurigen Rundritt von 1156 verbringt er ein volles Jahr als ausgehaltener Habenichts an Heinrichs Hof und bricht schließlich in die Klage aus: „Warum habt ihr mir denn dieses Amt aufgebürdet? Ich hatte es früher viel besser als jetzt . . ." Heinrich sieht das ein. Jedoch hat er hierbei in seinem Freund Adolf von Schauenburg einen hartnäckigen Gegner.

Der sehr weltlich gesonnene Graf wittert wohl im Bischof einen lästigen Konkurrenten. Also hatte er schon Gerolds Vorgänger Vizelin einen Teil seiner Einkünfte nur mit der Bemerkung abgetreten, daß dies allein aus Freundschaft zum allseits geachteten Missionar geschehe und daraus keinesfalls ein Gewohnheitsrecht abzuleiten sei. So muß er nun vom Herzog sehr nachdrücklich gebeten werden, bevor er zunächst mit hundert, schließlich mit dreihundert Hufen Land für das Aldenburger Bistum herausrückt. Das sind immerhin rund fünftausend Hektar, und davon läßt sich recht bequem leben.

Für Gerold ist also die schlimmste Zeit vorbei. In Eutin baut er sich seinen privaten Wohnsitz, gründet eine große Zahl Kirchen und treibt das fast zum Erliegen gekommene Missionswerk voran. Ihren Höhepunkt findet seine Laufbahn, als er 1160 von Eutin nach Lübeck übersiedelt, das nun Aldenburg als offizieller Bischofssitz ablöst.

Dreihundert Hufe Land fallen 1158 auch für Ratzeburgs Evermod ab, und den gleichen Grundbesitz billigt Heinrich zwei Jahre später dem Mecklenburger Bistum zu, das seinen Hauptsitz im neugegründeten Schwerin gefunden hat. Von dort aus beginnt Berno sein Bekehrungswerk.

Mit Pribislaw versteht sich der Bischof so gut, daß er 1171 den bekehrten Obotritenfürsten zur Gründung des Klosters Doberan bewegen kann, und drei Wenden, reiche Adlige aus Pribislaws Umkreis, sind es auch, die auf Bernos Drängen hin im Jahr darauf das Kloster Dargun stiften. So weit ist nun schon die von Berno zielstrebig vorangetriebene Christianisierung fortgeschritten.

Alles in allem kann also Heinrich mit „seinem" Klerus im Slawenland ganz zufrieden sein. Er revanchiert sich, indem er den Bistümern nach und nach alle direkten Abgaben erläßt. Die indirekten Einnahmen aus einem befriedeten, wohlorganisierten Land sind ihm Gewinn genug. Dieses wechselseitige Einvernehmen findet 1174 bei einem Landtag in Artlenburg seinen Höhepunkt: Noch einmal bestätigt Heinrich dabei den Bischöfen alle Schenkungen. Weniger gut kommen beim gleichen Anlaß die Slawen weg. Ihnen werden wieder einmal neue Abgaben auferlegt, ein Bündel Flachs und ein Huhn pro Person.

Die Siedler kommen

Um 1174 kann das Land jenseits der Elbe solche Reichtümer wieder bieten. Zehn Jahre zuvor, gleich nach den Wendenkriegen, stand es allerdings noch fruchtbar um diese Gebiete: Dörfer waren niedergebrannt, Städte verwüstet, in weiten Landstrichen fand sich kein einziger Bewohner mehr, und der fruchtbare Boden lag brach. Heinrich stand vor zerstörtem Land, als er sich anschickte, diese Territorien seinem Machtbereich einzuverleiben.

Darüber wird nun auch er zum Kolonisator.

Bis dahin hatte er für den allgemeinen Zug nach Osten kein sonderliches Engagement gezeigt und auch nie ähnlich flammende Aufrufe erlassen wie Adolf von Schauenburg, der schon 1143 allen Siedlern „sehr gutes, geräumiges, fruchtbares, Fisch und Fleisch im Überfluß bietendes Land und vorteilhafte Weiden" in Aussicht gestellt hatte. Zwar ziehen schon in den frühen sechziger Jahren flämische Siedler in den Umkreis von Schwerin. Doch ob sie von Heinrich eigens gerufen wurden, steht dahin, und nach dem Wendenaufstand ist jedenfalls von diesem ersten zaghaften Ansatz keine Spur zurückgeblieben. So betreten die Menschen, die jetzt in die neugewonnenen Regionen bis zur Peene hinaufströmen, wahrhaft Neuland.

Diese Menschen sind ein Schlag für sich. Eben noch galten sie in ihrer Heimat nichts, waren ohne Besitz und abhängig von irgendwelchen Herren. Nun haben sie aber die eine große Entscheidung ihres Lebens gefällt und wollen sich jetzt ihr Glück aus eigener Kraft schaffen.

Auch hier im Osten werden sie ihre Herren bekommen. Doch wie anders sind diese Herren als die Fürsten im Reich: höflich, zuvorkommend, geradezu beflissen. Sie sehen nicht hochmütig auf die Ankömmlinge herab, im Gegenteil: Sie buhlen fast um ihre Gunst, stellen jeder eintreffenden Familie zwei bis vier Hufe Land zur Verfügung und erlassen bis zu drei, manchmal bis zu zehn Jahren jeden Zins.

Kopfnickend nehmen die Siedler all dies freundliche Entgegenkommen zur Kenntnis. Sie haben Grund zu dieser Gelassenheit. Schließlich wissen sie, daß sie gebraucht werden. Sie wissen aber auch, daß sie sich dieses Entgegenkommens würdig zeigen müssen —

nicht um ihrer Herren, sondern um ihrer selbst willen. Sie haben nichts zu verlieren. Sie können nur gewinnen. Und so gehen sie nun daran, sich mit ihrer Hände Arbeit ihre eigene Welt zu schaffen.

Die Holzbauten der Anfangszeit weichen allmählich Backsteingebäuden. Aus Brachland werden Felder, und diese Felder bringen von Jahr zu Jahr bessere Ernte. Denn die Siedler haben ja nicht nur sich selbst und ihre Kraft, sondern auch Erfahrungen und Kenntnisse ihrer Heimat mitgebracht. Sie führen den eisernen Pflug ein, wo man bisher nur Holzpflüge kannte. Sie wissen, wie man Wälder rodet, Sümpfe entwässert, dort Wiesen anlegt und Gärten schafft. Eine ganz eigene Kultur reift hier heran: die Kultur des deutschen Ostens. Heinrich der Löwe erlebt davon in Mecklenburg nur erste Ansätze. Doch der Anfang ist gemacht, und dafür steht auch sein Name.

Der Osten — ein Schmelztiegel

Die Wunden der überstandenen Kriege beginnen allmählich zu vernarben. Es vernarben auch die Wunden der Wenden. Man hat die einheimische Bevölkerung nicht vertrieben und auch nicht ausgerottet. Auch unter Heinrich dem Löwen kann sie existieren.

In der ersten Zeit nach dem Wendenaufstand war zwar der Herzog mit den Slawen brutaler umgesprungen als sein toleranterer Nachbar Albrecht der Bär in seiner Nordmark, dem der Glaube seiner Untertanen völlig gleichgültig war. Heinrich hatte die Wenden immerhin vor die Wahl „Taufe oder Vertreibung" gestellt — und viele waren zu den Dänen geflüchtet. Dort gab es eine böse Enttäuschung: Denn für die Dänen waren diese Flüchtlinge nur billige Ware für ihre Sklavenmärkte gewesen.

Die meisten Wenden sind aber geblieben.

Diese Menschen haben keine Wahl. Sie lassen die Taufe über sich ergehen und fügen sich in ihr Schicksal. Mehr als alles andere trägt aber diese Christianisierung dazu bei, daß sich die Grenze zwischen ihnen und den deutschen Siedlern verwischt und ein unaufhaltsamer Assimilationsprozeß einsetzt. Das Land im Osten wird auch zum großen Schmelztiegel.

Noch finden sich Wenden in größeren Städten, wo sie in eigenen

Vierteln leben. Auch auf dem Lande gehen sie ihren alten Beschäftigungen nach, wenn ihnen auch die neuen Herren ihre Salzsiedereien genommen, Fisch- und Jagdrecht an sich gerissen haben. Doch gegen Ende des Jahrhunderts weist beispielsweise ein Ratzeburger Register von 125 Ortschaften nur noch vier als reine „Slawendörfer" aus. So gründlich hat die allgemeine Entwicklung die Reste wendischer Selbständigkeit eingeebnet. Die deutschen Siedler kommen aber gar nicht erst auf den Gedanken, daß sie vielleicht auch Unterdrücker sein könnten.

„Da werden wir wohl aufgenommen . . ."

Im allgemeinen verstehen sich die Ankömmlinge aus dem Westen mit ihren alteingesessenen Nachbarn recht gut, nehmen sie auch als Tagelöhner in ihre Dienste, und wenn auch dieses Nebeneinander zweier Volksgruppen nicht ohne Spannungen und Härten abgegangen sein dürfte, so findet sich doch in den spärlichen zeitgenössischen Zeugnissen nichts, was auf schwerwiegendere Kämpfe, blutige Auseinandersetzungen schließen läßt.

Die Siedler fühlen sich aber wohl zwischen diesen Menschen und in diesem Land. Und selbstbewußt singen sie das Lied, das die Flamen vom Niederrhein mitgebracht haben: „Dar werde wy wol upgenommen/Se heten uns willkom syn . . ." Gut aufgenommen fühlen sich also diese Menschen, sehen sich willkommen geheißen — sind sie das wirklich in Heinrichs Machtbereich?

Später heißt es, Heinrich der Löwe hätte im Grunde der Kolonisationsbewegung gleichgültig gegenübergestanden. Slawische Untertanen seien ihm lieber gewesen als diese stolz auftrumpfenden deutschen Siedler mit ihrer gelassenen Selbsteinschätzung und den hohen Ansprüchen. Hieran mag ein Stück Wahrheit sein — und doch ist es falsch.

Natürlich ist dieser Mann weder „Nationalist" noch „Rassist". Diese beiden Empfindungen kennt das 12. Jahrhundert nicht. Den Löwen lenken weder völkische Überlegungen, noch betrachtet der Schwiegervater eines Obotristen die Wenden als minderwertige Untermenschen. In seinem Reich kann leben, wer will, solange er gehorcht — und zahlt.

Das aber ist der Angelpunkt.

Zweifellos sind die Slawen die bequemeren, da leichter erpreß-baren Untertanen. Bei ihnen hatte immer nur ein Wink genügt, um Heinrichs Willen durchzusetzen. Oder, mit Helmolds Worten: „Er spricht Friede, und sie gehorchen; er befiehlt Krieg, und sie sagen: Da sind wir . . ."

Mit den deutschen Siedlern kann nicht so robust umgesprungen werden. Sie müssen erst angeworben, wollen dann umschmeichelt sein, und sie kennen ihren Wert, wissen ihn in handfesten materiel-len Vorteil umzumünzen: Der schon 1106 geschlossene Vertrag zwi-schen einem Bremer Erzbischof und einer Gruppe von Holländern, erstes bekannt gewordenes Dokument der gesamten Kolonisations-bewegung, belegt das.

Die Siedler bekommen ihr Land zu vergünstigten Bedingungen. Sie brauchen weniger Abgaben als die Slawen zu leisten, in der Regel nur einen Silberpfennig pro Hufe nebst dem obligaten Zehnten von der Ernte und dem alljährlichen Jungviehbestand. Sie haben auch ihr eigenes aus der Heimat mitgeführtes Recht, ihre eigene Ver-fassung — vor diesem Hintergrund mag ein so genau rechnender Fürst wie Heinrich zuweilen die Zeiten zurücksehnen, in denen noch das Slawenland das große Reservoir war, aus dem nach Belieben und ohne Rücksicht geschöpft werden durfte.

Aber weil eben Heinrich so genau rechnet und weil er zudem ein Rechner mit scharfem Blick für neue Erwerbsmöglichkeiten ist, sieht er doch nur allzu gut die materiellen Vorteile der Kolonisation.

Die Siedler sind nun einmal die tüchtigeren Bauern. Sie haben noch all den Elan eines Neubeginns. Und schließlich: Ein Land, des-sen Menschen ihrem Herzog als einem der ihren ganz selbstverständ-lich untertan sind, ist für jeden Staatsmann das ergiebigere Terrain, politisch wie ökonomisch. Heinrich ist aber Politiker und Ökonom genug, um all das zu erkennen und zu nutzen. So scheut er auch nicht die Investition, die eine Kolonisation zunächst einmal bedeutet — und so wird er zum Kolonisator.

„Kolonisator" will dabei ebenso differenziert verstanden sein wie das Wort vom „Städtegründer". Auch hier sind die eigentlichen Kolonisatoren die Siedler, die mit dem Herzog verhandeln und dann unter seiner Obhut das mühsame Geschäft der Kolonisation in Angriff nehmen. Außerdem ist das Gebiet, in dem Heinrich unmittelbare kolonisatorische Arbeit leistet, zwangsläufig klein und beschränkt sich nur auf den Umkreis von Schwerin, nachdem Pribislaw weite Teile Mecklenburgs zum Lehen erhalten hatte.

Das alles mindert aber die Bedeutung des Löwen in dieser Hinsicht nicht im geringsten.

Er ist der große Schatten hinter allen Kolonisationsbemühungen an seinen Grenzen. Ohne seine herzogliche Macht im Hintergrund hätten die Markgrafen und Bischöfe seines Einflußbereichs die Besiedlung ihrer Gebiete nicht so weit und erfolgreich vorantreiben können. Und die Auswahl gerade dieser Männer, die sich allesamt als Kolonisatoren so glänzend bewähren, bleibt sein Verdienst: Heinrich der Löwe hat die Grafen Adolf von Schauenburg und Heinrich von Badwide in ihren Würden eingesetzt, hat Bischof Berno und Bischof Evermod berufen — nicht zufällig gehört der Magdeburger Evermod dem Prämonstratenserorden an, der bereits an der Mittelelbe hervorragende kolonisatorische Arbeit geleistet hatte. Die richtigen Leute an den richtigen Platz zu stellen — das ist Aufgabe eines Herzogs. Heinrich wird ihr gerecht.

Seine größte Leistung bleibt aber, das neugewonnene Land zwischen Elbe und Peene der sächsischen Wirtschaft angeschlossen und damit Sachsens Handel endgültig das „Tor zum Osten" geöffnet zu haben.

Die neue Stadt am Schweriner See

Auch im Osten gipfelt Heinrichs Wirtschaftspolitik in einer Stadtgründung: Auf einer Insel in einem der zahllosen Mecklenburger Seen liegt die Burg Schwerin. Für die künftige Entwicklung Schwerins ist aber diese Burg nicht so wichtig wie die kleine Ansiedlung drüben am Ufer des Sees. Dort leben schon lange Kaufleute, Sachsen wie Slawen, denn dieser Flecken ist Kreuzweg mehrerer Handelswege. Der wichtigste führt hin zur Ostsee zum Hafen von Wismar.

Schon 1160 wird Schwerin Sitz des Oberkommandanten Gunzelin. Im gleichen Jahr verlegt auch Bischof Berno hierher seinen Sitz. Dahinter stehen klare Überlegungen: Schwerin soll Mittelpunkt des neugewonnenen Landes werden. So wird schon um 1160 diesem Ort das Stadtrecht zuerkannt, und immer mehr wächst er zu einer bedeutenden Handelsstadt heran, nicht so wichtig wie Lübeck, doch immerhin östlicher Eckstein der gesamten sächsischen Wirtschaft.

„Jetzt lenkt er sie, wohin er will . . .“

Wenn Heinrich dem Löwen wirklich immer nur das Geld wichtig ist, wie Helmold klagt, so wird in dieser Hinsicht seine Ostpolitik sein größter Erfolg. Denn als schlichtweg „ungeheuer“ bezeichnet die „Slawenchronik“ seine Einnahmen aus den Gebieten jenseits der Elbe. Ungeheuer ist zugleich auch das Ansehen, das er dort genießt.

Die Slawen sehen auf ihn wie auf einen Gott: „Er ist der einzige, vor dem sie Furcht haben. Mehr als alle Herzöge vor ihm, mehr selbst als der vielgerühmte Otto (der Große), hat er die Kraft der Slawen gebrochen und in ihre Kinnbacken den Zaum gelegt. Jetzt lenkt er sie, wohin er will . . .“ — so noch einmal Helmold. Dabei ist Heinrich im Slawenland nicht einmal Herzog. Sein Rang entspricht dem eines einfachen Markgrafen, er ist Stellvertreter des Kaisers und damit auf einer Stufe mit den Holsteiner oder den Ratzeburger Grafen. In der Praxis hat das aber nichts zu sagen: Für die Menschen jenseits der Elbe ist er schlicht „der Löwe“ — und das reicht.

„Der Löwe“ läßt sich diesen Ruhm nicht zu Kopf steigen. So wie er auf weitere Eroberungen im Osten verzichtet und sich damit begnügt, Pommern in halber Abhängigkeit zu wissen, ohne diese nächste Grenze zu überschreiten, so verzichtet er auch darauf, hier im einstigen Slawenland das neue Zentrum seiner Macht zu gründen, so verführerisch nahe das liegen mag. Doch der Osten bleibt für ihn mehr die Kolonie, die sich als Mittel zum Zweck benutzen läßt: Ein

Staatengründer Heinrich wird in östlichen Weiten ebensowenig geboren wie der große Eroberer.

Dennoch ist ein psychologischer Effekt nicht zu übersehen: Heinrich haben sich riesige Räume geöffnet. Bis hinauf zur Peene kann er jetzt sein Land durchreiten, und überall gilt nur sein Wort. Die einzige Kraft, die hier noch zählt, ist Heinrichs eigene.

Dieser Mann fällt keinem Größenwahn anheim. Dazu bleibt er von Natur aus zu sehr Realist. Doch wenn dieser Realist später zu erstaunlichen Fehleinschätzungen seiner realen Macht neigt, so hat das auch seinen Grund hier oben im Osten, wo ihm allzu selbstverständlich der größte all seiner Erfolge gelungen ist.

In den Jahren zwischen 1164 und 1172 hat es Heinrich jedenfalls leichter als sein Vetter Barbarossa, Träume in die Tat umzusetzen. Denn im gleichen Zeitraum muß der Kaiser erfahren, welch enge Grenzen auch Mächtigen gesetzt sind.

17. Kapitel
Entscheidung in Würzburg

„Vom Tag der Zerstörung Mailands an . . ."

Wieder einmal bittet der Kaiser zum Reichstag nach Würzburg, und wieder ist es eine jener prächtigen Angelegenheiten, wie sie nur dieser Herrscher zu arrangieren versteht. Aus dem gesamten Reich reiten die Fürsten herbei, und das Volk beklatscht dankbar seinen Liebling Barbarossa, bestaunt ehrfürchtig den mit großem Gefolge eintreffenden Sachsenherzog Heinrich. Auf den ersten Blick scheint also alles wie damals im Jahr 1156 zu sein, als sich der Staufer am gleichen Ort von halb Europa umschmeicheln ließ.

Doch inzwischen schreibt man 1165. In den vergangenen Jahren ist aber zu viel geschehen, als daß jetzt noch die gleiche strahlende Unbekümmertheit herrschen könnte.

Nach außen hin bietet die Versammlung das gewohnt glänzende Bild. Doch dahinter herrschen Spannung und geheime Sorge. Natürlich weiß jeder, worum es gehen wird: um die Kirchenspaltung, die nun schon drei Jahre lang die kaiserliche Politik bestimmt.

Nach Mailands Eroberung im Sommer 1162 hatte es noch ausgesehen, als sei Barbarossas Sieg komplett: die Stadt niedergebrannt, ihre Bevölkerung an vier verschiedenen Orten neu angesiedelt und die gesamte Lombardei zu Füßen des Kaisers. Auf seinen Urkunden prangte aber als neuartige Datierung „Vom Tag der Zerstörung Mailands an" — so wichtig war gerade dieser Sieg dem Kaiser.

Er hatte mehr als nur die Unterwerfung einer Stadt bedeutet. Mit Mailand war auch ein politisches Prinzip niedergezwungen worden: das selbstsicher-unabhängige Bürgertum, das im Schatten der nun mit aller Drastik durchgeführten Roncalischen Beschlüsse wieder ganz einem Kaiser alten Stils unterworfen war. Stolz trägt Barbarossa die eiserne Krone der Lombarden, mit der er sich nach dem Sieg über Mailand ein zweites Mal hatte krönen lassen.

Unsichtbar schmückt diese Krone aber auch seinen Kanzler Rainald von Dassel. Für diesen Mann mit seiner schon erotischen Beziehung zu Macht und Machtausübung war in den Jahren nach 1162 ein Lebenstraum in Erfüllung gegangen: Im Herbst 1163 war er allein durch Norditalien gezogen, und wer damals den rotblonden Sachsen mit dem schönen, kalten Gesicht an der Spitze seines Gefolges über die Straßen reiten sah, meinte, der Kaiser persönlich setze sich da in Szene. Vielleicht meint das sogar Rainald selbst: Oft genug handelt er, als sei er alleiniger Herrscher des Reichs.

Er ist es natürlich nicht. Zwar bedeutet er die treibende Kraft in der gesamten kaiserlichen Politik zwischen 1162 und 1167: kein Schritt, den er nicht wenigstens vorgezeichnet hat, keine wichtige Entscheidung, die nicht seine Handschrift trägt — jedoch will das nicht überschätzt sein.

Barbarossa ist ein Genie in der hohen Kunst, Menschen seiner Umwelt genau die Rolle zuzuweisen, die ihm gerade ins eigene Spiel paßt. So war es bei der Freundschaft mit Heinrich dem Löwen gewesen, und so ist es auch bei Rainald: In erhabener Güte kann der Kaiser über den Dingen schweben, während sein Kanzler die Rolle des bösen Engels spielt, dem im Ernstfall die Schuld an einer Fehlentwicklung zugeschoben werden kann. Ein Spiel von hoher Raffinesse — und ein sehr erfolgreiches, das in Barbarossas dritter triumphaler Italienfahrt im Oktober 1163 gipfelte: Da stellte sich niemand mehr dem Kaiser entgegen. Ganz und gar war er nun Herr seines deutsch-römischen Reichs. Nur etwas störte all die Jahre inmitten dieser Triumphe: der ungelöste Konflikt mit Papst Alexander III.

Ein Papst spielt Va Banque

Die unselige Papstwahl von 1159 und das ebenso unselige Konzil in Pavia waren nur Auftakt gewesen. Im Jahr darauf hatte Alexander den Schachzug seines Lebens getan, als er Italien kurzerhand verließ, sich nach Frankreich flüchtete und damit das Schisma zu einer gesamteuropäischen Angelegenheit machte.

Nun lag der Gegenzug an Barbarossa: Er setzte dabei auf Frankreichs Herrscher, den schwachen, unentschlossenen Ludwig VII., der über Alexanders unverhofften Besuch keineswegs erfreut war. Noch auf italienischem Boden hatte der Kaiser mit Ludwigs Bevollmächtigten, dem geschworenen Alexander-Gegner Heinrich von Troyes, eine ungemein geschickte Übereinkunft getroffen: Bescheiden wollte sich der Kaiser auf die Position vor den Beschlüssen von Pavia zurückziehen, und bei einem zweiten Konzil sollte ein Gremium aus zehn Bischöfen erneut über die Gültigkeit der Papstwahl entscheiden. Die einzige Bedingung: Bei diesem Konzil müßten sich nicht nur Barbarossa und Ludwig VII., sondern auch die beiden Päpste einfinden. Der eine sollte aber automatisch anerkannt werden, wenn der andere dem Treffen fernblieb. Nie aber, das wußte der Kaiser, würde sich Alexander III. solch einem Konzil stellen. Dann müßte Ludwig VII. seinen Schützling fallen lassen.

Der Kaiser hatte sich sehr sicher gefühlt, als er im Herbst 1162 zum Ufer der Saône aufbrach, wo die Zusammenkunft mit Ludwig stattfinden sollte. Aus Dänemark, Böhmen und Ungarn waren die Herrscher herbeigeordert, denn dies sollte nun wirklich ein Konzil des gesamten Abendlandes sein. Im kaiserlichen Palast zu Dôle trafen aber die Herren auf illustre Gesellschaft aus Deutschland. Die Fürsten des Reichs mit Heinrich dem Löwen an der Spitze, ein halbes Hundert Bischöfe — sie alle sollten Augenzeugen des trefflich vorbereiteten Schauspiels sein.

Dieses Schauspiel fand nie statt.

Ludwig VII. mochte schwach sein. Doch war er Politiker genug, um Barbarossas Absicht zu durchschauen. Er begegnete ihr mit Ausflüchten — mit Bitten um Aufschub, mit halb gegebenen, dann wieder zurückgezogenen Zusagen. Alexander III. erschien jedenfalls nicht, und im Palast zu Dôle wurde die Zeit lang. Ungeduldig blickten die geladenen Herren auf ihren immer nervöser werdenden Herrscher. Barbarossa schien endlich entschlossen, diese Ausweichmanöver mit offenem Krieg zu beantworten. Schon stand sein Heer bereit. Da fand sich unvermutet ein neuer Gegner ein: Heinrich II. von England, der das Gleichgewicht der europäischen Kräfte in Gefahr sah. Dem bedrängten Franzosenkönig stellte er sein gesamtes Heer zur Verfügung, um notfalls gemeinsam gegen den Kaiser vorzugehen.

Diese Drohung entschied über das Konzil an der Saône. Nach gerade durchstandenem Italienzug konnte der Kaiser nicht gleich noch einen zweiten Krieg riskieren. Ihm blieb nur achselzuckende Resignation — und die Renommierpose eines sogenannten „Nationalkonzils", wo dann die deutschen Herren ganz unter sich blieben, Viktor IV. seine Zuhörer mit der -zigsten Darstellung seiner Papstwahl herzhaft langweilte und schließlich Rainald von Dassel das Wort ergriff. Da wurde es spannend — und gefährlich.

Nie hatte der Kanzler viel von einem versöhnlichen Nebeneinander mit Frankreich und England gehalten. Und so mußten sich nun von Dôle aus Ludwig VII. und Heinrich II. sagen lassen, daß sie schließlich nur Unter- oder Kleinkönige seien, in deren Belange man sich ja auch nicht mische, wenn es um die Bischofswahl von Reims oder Canterbury ging. Die Papstwahl hätten sie also dem einzig dafür zuständigen Herrscher, eben dem Kaiser, zu überlassen.

Rom, Barbarossas private Domäne, die Wahl des obersten Herrn der Christenheit persönliche Angelegenheit des Kaisers — so hörte sich diese ungeheuerliche Rede an, und so war sie auch gemeint. In Frankreich wie England begriff man das sehr gut und zog die Konsequenz: Als es im Winter 1163 zu einem eigenen Konzil der französischen und englischen Kirche kam, war Alexander III. allseits umjubelter Mittelpunkt, dem Heinrich II. und Ludwig VII. ergeben den Steigbügel hielten, während nun Viktor IV. vollends zur Kreatur der Deutschen absank, den nicht anzuerkennen schon das nationale Selbstbewußtsein verlangte. Das war die Antwort auf Rainalds Schmähungen.

Der Kanzler mochte ein Genie sein. Aber in Alexander III., seinem alten Widersacher von Besançon, hatte er einen ebenbürtigen Gegner. Zunehmend gewann der Papst an Boden — nicht nur in seinem Gastland Frankreich, sondern auch in Deutschland selbst, wo sich mit der Zeit eine immer stärkere Partei gegen den Kanzler bildete. Auch auf den Kaiser blieb sie nicht ohne Einfluß.

Im Grunde lag Barbarossa nicht Rainalds Politik der Provokation um jeden Preis. Der Staufer war ein Mann des Ausgleichs, nicht der harten Konfrontation. Zudem stand es in dieser Zeit persönlich nicht gut um ihn. Auf der Italienfahrt von 1163/64 hatte seine Frau Beatrix eine Fehlgeburt erlitten, und er selbst kränkelte, zeigte sich nervös und unentschlossen: Ließ ihn der kluge Alexander nicht immer wieder behutsam wissen, daß er zur Aussöhnung mit Barbarossa bereit sei? Allerdings — von seinem Kanzler würde sich dann der Kaiser trennen müssen . . .

Rainalds kühnster Streich

Im Frühjahr 1164 hielt sich der Kaiser in Pavia auf. Rainald mied seine Nähe. Er war nach Lucca gezogen, fast schon ein verblassender Stern. Nur einer schützte ihn noch vor dem Sturz: Viktor IV. Der Kaiser konnte seinen Gegenpapst nicht aufgeben, ohne das Gesicht zu verlieren, und solange blieb auch der Kanzler unentbehrlich. Viktor war aber ein ältlicher kränkelnder Mann.

Am 20. April 1164 erfuhr Rainald von Dassel, daß Viktor IV. gestorben war. Nach menschlichem Ermessen mußte das auch sein eigener politischer Tod sein.

Nun holte aber Rainald von Dassel zum kühnsten Streich seiner gesamten Laufbahn aus. Das einzige, was ihm jetzt als Chance blieb, war die Zeit. Noch bevor der Kaiser von Viktors Hinscheiden erfuhr, ließ der Kanzler einen Nachfolger wählen, den Bischof Guido von Crema, als Paschal III. neuer Gegenpapst zu Alexander III.

Hätte Barbarossa diese beispiellose Eigenmächtigkeit rückgängig machen können?

Vielleicht — und doch beschränkte sich der Kaiser auf einen Wutanfall, dem sein Kanzler mit achselzuckender Kühle begegnete. Zu sehr waren des Staufers eigene visionäre Vorstellungen vom Wesen der Monarchie mit Rainalds unerbittlich konsequentem Konzept verwoben, als daß er jetzt seinen ersten Ratgeber hätte fallen lassen können. An beiden Politikern lag es nun, aus dieser neuen Zuspitzung der Lage das Beste zu machen.

In der Folge entwickelten die beiden Herren hektische Betriebsamkeit. Rainald reiste zu Ludwig VII. und Heinrich II., um sie auf Paschals Seite zu ziehen. In Deutschland besann sich aber Barbarossa auf seine Freundschaft mit Heinrich dem Löwen.

Sie waren noch immer Freunde, aber eben auch nicht mehr die unzertrennlichen Kumpane der ersten Stunde. In der höfischen Politik gab Rainald von Dassel den Ton an, und für sein Italienspiel brauchte der Kaiser den Vetter nicht mehr. Heinrich war wiederum vollauf mit seinen Kriegen im Osten beschäftigt — das alles verdeckte noch, daß sich die Vettern nicht mehr so viel zu sagen und zu geben hatten wie noch vor drei, vier Jahren.

Nun wurde das wieder anders.

Bei einem Hoftag in Bamberg gegen Ende 1164 sah man die Herren so lebhaft wie lange nicht mehr diskutieren, und in den ersten Wochen des nächsten Jahres war Barbarossa nach Sachsen gereist. Ohne recht erkennbaren Grund hielt er sich dort fast zwei Monate auf. Er selbst wußte aber, warum er sich jetzt wieder so lebhaft für den Löwen interessierte.

Es ging um die Aussöhnung mit England. Heinrich, ganz im Glanz seiner Wendenerfolge, war gern bereit, hierfür das Seinige zu tun, sich beispielsweise mit einer Tochter Heinrichs II. zu verloben. Immerhin war das eine Partie von internationalem Rang, Barbarossas Ehe mit Beatrix von Burgund vergleichbar. Zudem tat man dem Freund und Kaiser einen Gefallen — es gab also keinen Anlaß, sich gegen eine Verbindung zu sperren.

So steht es also um Barbarossa und Heinrich, als das Pfingstfest 1165 herangekommen ist und der Kaiser seine teils hoffnungsvollen, teils bang ahnenden Fürsten zum Reichstag in Würzburg versammelt.

Der große Coup

Die Fürsten stehen bereits um Barbarossas Thron geschart, als Rainald von Dassel den Saal betritt. Schon seit einigen Tagen hält er sich in der Nähe des Kaisers auf, doch die Anwesenden können den

Eindruck erhalten, als sei er eben erst im allerletzten Augenblick vom Hof Heinrichs II. zurückgekehrt. Auch im übrigen ist dieser Auftritt wohlinszeniert. Der Kanzler ignoriert Skepsis und Ablehnung, die ihn empfangen, und ergreift sogleich das Wort.

Rainald ist ein vorzüglicher Redner. Genüßlich läßt er sich Zeit, bevor er zur eigentlichen Sache kommt. Zunächst beschuldigt er alle Alexander-Sympathisanten, ihren Kaiser im Stich zu lassen, zeichnet die Situation gleichermaßen bedrohlich wie hoffnungsvoll — hoffnungsvoll natürlich nur, wenn man allein auf ihn, den Kanzler, hört. Dann erst serviert er den Eklat: Zur Überraschung der Versammlung wird ausgerechnet Englands Heinrich II. als leuchtendes Beispiel beschworen — an der Spitze von fünfzig englischen Bischöfen hätte sich der König zu Papst Paschal bekannt.

Das ist in der Tat eine Sensation. Ein Sturm bricht los, begeistert, empört, ungläubig. Doch stimmt, was der Kanzler behauptet.

Heinrich II. befand sich gerade in einer fatalen Situation, als Rainald zu ihm gekommen war: Soeben hatte ihm sein einstiger Kanzler Thomas Becket, jetzt Erzbischof von Canterbury, die Freundschaft aufgekündigt und war zu Alexander III. geflohen. Nun war nur noch ein Anstoß nötig, um den König zu Alexanders Gegnern hinüberzuziehen. Diesen Anstoß gab sein Gast aus Deutschland.

In Würzburg ruft man nach Beweisen für Heinrichs Gesinnungswandel. Rainald nickt gelassen, winkt zur Tür. Zwei englische Bischöfe treten ein und bestätigen seine Ausführungen Wort für Wort. Heinrich II. scheint tatsächlich für die kaiserliche Sache gewonnen zu sein.

Doch mehr noch: Der Herrscher aus dem Haus der Plantagenets wünscht verwandtschaftliche Verbindung zu Barbarossa. Seine jüngste Tochter Eleonore wird dem gerade geborenen Sohn des Kaisers versprochen, während sich Barbarossas Vetter Heinrich der Löwe mit ihrer älteren Schwester Maud verlobt.

Rainalds erster großer Coup ist gelungen. Gleich holt er zum zweiten, noch größeren aus: Die Würzburger Versammlung soll beschwören, nie einen anderen Papst als Paschal anzuerkennen. Und nicht nur die Versammelten sollen schwören: Der Schwur soll weitergegeben, soll noch vom geringsten Pfarrer, dem unbedeutendsten Lehensmann geleistet werden — das gesamte Reich gerät damit in den Griff Rainaldscher Politik.

Es ist fast ein Staatsstreich.

Barbarossa lehnt ruhig in seinem Stuhl. Er scheint nicht überrascht zu sein: Hat er sich bereits vom Kanzler überzeugen lassen? Oder hat er gar selbst diesen Einfall gehabt? Man weiß es nicht. Man sieht nur, wie er sich jetzt erhebt und als erster den Eid auf die Bibel leistet, die ihm sein Kanzler entgegenstreckt. Dann sind die anderen an der Reihe, erst die Bischöfe, dann die weltlichen Fürsten. Dort steht Heinrich an erster Stelle. Für den Löwen ist der Augenblick seiner schwersten und folgenreichsten Entscheidung gekommen.

Heinrich weiß, was für ihn der Schwur bedeutet: Er hat nichts gegen Alexander III. und war schon einige Male bemüht gewesen, zwischen ihm und dem Kaiser zu vermitteln, so wie er schon bei Hadrian IV. vermittelt hatte. Das Wichtigste aber: Die noch offene Entscheidung für oder gegen einen der beiden Päpste sichert dem Herzog politischen Spielraum zwischen den Machtblöcken Kaiser- und Papsttum. Legt er sich nun auf Paschal fest, bindet er damit seine eigene Politik unlösbar an die des Kaisers und kann nicht mehr im Fall eines Bruchs mit Barbarossa eine Parteinahme für Alexander III. gegen ihn ausspielen.

Natürlich weiß Heinrich gleichfalls, daß er die Freundschaft mit dem Staufer riskiert, wenn er den Eid verweigert. Jedoch: er ist nicht irgendein kleiner Vasall, sondern verfügt über mehr Macht und Einfluß als jeder andere hier im Saal, zumal seine Loyalität gegenüber dem Kaiser außer Frage steht. So müßte es ihm eigentlich möglich sein, sich der geforderten Festlegung zu entziehen, ohne es mit der einen oder anderen Seite ganz zu verderben.

Dennoch tritt Heinrich vor. Er leistet den Schwur. Und es ist wohl so, daß der Politiker Heinrich in diesem Augenblick schlichtweg überfordert wird. Sein geradliniger, zielsicher auf die nächstliegenden Dinge ausgerichteter Verstand ist der Raffinesse eines Rainald nicht gewachsen. Der Pragmatiker unterliegt dem Visionär.

Der Schwur und seine Folgen

Die Tage von Würzburg sind vorüber. Für Deutschland beginnt eine Zeit tiefsten Zwiespalts. Denn der Schwur bedeutet auch Haß und

Kampf innerhalb der eigenen Grenzen. Bischöfe wie der Wittelsbacher Konrad von Mainz und der Babenberger Konrad von Salzburg stellen sich gegen den Kaiser. Geistliche verlassen das Land. Die Mönche des Zisterzienserordens müssen auswandern, als sie sich nicht für Paschal entscheiden. Es sind böse Jahre.

Vor diesem Hintergrund scheint Heinrichs Gehorsam zunächst richtig gewesen zu sein. Obwohl im Fall Salzburgs als bayerischer Herzog unmittelbar betroffen, kann er sich aus den meisten Wirren heraushalten. Barbarossa verstrickt sich jedoch immer mehr im Netz seines Kanzlers.

Das Weihnachtsfest 1165 feiert der Kaiser in Aachen mit der Heiligsprechung seines Vorbilds Karls des Großen durch „seinen" Papst Paschal, und der Aachener Karlsschrein entsteht, das unermeßlich kostbare Behältnis für die Gebeine des Karolingers. Barbarossa selbst ist aber kein Karl der Große. Zerrissenheit im eigenen Reich, Isolation jenseits der Grenzen: das sind die Folgen der Entscheidung von Würzburg. Heinrich II. hat wieder sein Bekenntnis zu Paschal mit vielen Ausflüchten relativiert. Ludwig VII. von Frankreich steht fester denn je zu Alexander. Der aber ist wieder in Italien am Zug.

Jubel empfängt den Papst, als er im November 1165 nach Rom zurückkehrt — kein ganz spontaner Jubel, dem blankes Gold nachgeholfen hat. Doch als Politiker ist er nun wieder eine Größe erster Ordnung, von vielen Seiten umworben: von Byzanz, Sizilien, von den Städten im Norden Italiens. Alexander kann sich die Bundesgenossen wählen: Er paktiert mit Sizilien und konspiriert mit der Lombardei.

Schwarze Wolken im Süden

In der Lombardei herrscht eine ähnliche Stimmung wie im Wendenland nach Niklots Tod. Das Land sieht sich niedergezwungen und ausgepreßt. Seine Menschen verharren in dumpf schweigender Wut. Der Kaiser aus Deutschland ist eben nicht mehr in gleicher Weise Herr diesseits und jenseits der Alpen. Vor norditalienischem Hintergrund wirkt Barbarossa wie ein fremder Eroberer, sind seine Leute eine verhaßte Besatzungsmacht. Und das gilt nicht nur für die tradi-

217

tionellen Kaiserfeinde. Auch die übrigen Städte wenden sich gegen den Schöpfer der Roncalischen Beschlüsse, und selbst im treuen Pavia war schon 1164 Barbarossa unverhohlen die Aufkündigung der alten Freundschaft angedroht worden.

1166 zeichnet sich bereits ein allgemeiner Aufstand ab. Die ersten Burgen brennen nieder, und von Byzanz aus schickt Kaiser Manuel Truppen, um im Italienspiel mitzumischen. In Rom residiert aber unangefochten Alexander III. und belächelt allenfalls seinen Konkurrenten Paschal, der sich bar jeder Macht in Viterbo verkrochen hat.

Barbarossa muß also wieder eine Italienfahrt wagen. Und so begibt er sich im Oktober 1166 zum vierten Mal auf den langen Weg in den Süden. Heinrich der Löwe ist nicht dabei, und auch seine sächsischen Ritter fehlen im Zug, der sich in drei Kolonnen über die Alpen quält.

In Italien bricht Panik aus, und beim ersten Reichstag in Lodi sieht noch Barbarossa seine Untertanen auf den Knien. Doch dann legt sich der erste Schrecken. Der große Aufstand setzt ein. Die Bürger von Mailand sind aber zu ihrer alten Stadt geströmt, und die Hauptbastion aller Kaiserfeinde entsteht von neuem.

Dann kommt das Fieber . . .

Noch ist nichts entschieden, als im Frühjahr 1167 der Kaiser die Stadt Ancona belagert. Da kommt aus dem Süden eine sensationelle Nachricht: Rainald von Dassel und der neue Mainzer Erzbischof Christian von Buch sind mit einem eigenen Heer bis nach Rom vorgedrungen und haben vor den Mauern der Ewigen Stadt einen glänzenden Sieg über die Römer erfochten.

Barbarossa setzt jetzt alles auf eine Karte. Gleich nach der Übergabe von Ancona setzt sich sein Heer in Bewegung und stößt in Eilmärschen ins Zentrum vor. Im Juli trifft es vor Rom ein und geht sofort zum Angriff über.

Schon viele Schlachten hat Barbarossa ausgefochten. Die hier ist seine wildeste und grausamste. Stück um Stück wird die Stadt erobert. Nur der Vatikan bleibt noch unbezwungen. Da öffnen sich aber auch dessen Tore, und Feuer lodert auf. Am Petersdom züngeln bereits erste Flammen, als sich die letzten Anhänger des Papstes ergeben. Durch die Nacht hastet aber Alexander, als Pilger verkleidet. Unten am Tiber nimmt ihn ein Boot auf, bevor des Kaisers Schergen zupacken können. Noch einmal ist er entkommen.

Barbarossa hat gesiegt. Stolz schreitet er an der Seite von Beatrix in den noch von Rauchschwaden durchzogenen Petersdom, wo Papst Paschal wartet. Zum zweiten Mal wird er gekrönt: Friedrich I. aus dem Haus der Staufer hat sein höchstes Ziel erreicht.

Dann kommt das Fieber.

In den Sümpfen um Rom liegen die Brutstätten der Malaria, und dieser Gefahr waren die deutschen Ritter schon immer ausgesetzt gewesen — so schon im Sommer 1155, so nun auch zwölf Jahre später. Doch diesmal werden nicht nur einige wenige, sondern Hunderte, schließlich Tausende befallen.

Ein Troßknecht hier, der zusammenbricht, ein Soldat dort, der über Nacht gestorben ist — so fängt es an. Doch dann greift die Seuche um sich und wird von Tag zu Tag schlimmer. Niemand bleibt verschont: nicht Welfs VI. Sohn, der gegen den Willen des Vaters am Italienzug teilgenommen hatte, nicht Barbarossas Vetter Friedrich von Rothenburg, der Sohn Konrads III., nicht der Herzog von Böhmen. Der vierte Italienzug ist zu einem Massensterben ohne Beispiel geworden.

Die Leichname faulen in der glühenden Sonne, denn die Zeit reicht nicht, um sie sofort zu begraben. Die Luft, das Wasser sind von ihrem Gestank verpestet, und das Lager der Deutschen gleicht einem Schlachtfeld mit einem unfaßbaren, allgegenwärtigen Feind. Nicht einmal Flucht hilft, denn dieser Feind holt auch Flüchtende ein, und darunter ist denn auch der eine, der wenige Wochen zuvor seinem Kaiser triumphierend berichtet hatte, „kein einziger Mann" sei bei seinen Kämpfen vor Rom gefallen: Rainald von Dassel.

Dem Kanzler bleibt noch Zeit, sein Testament zu machen. Dann empfängt er die Sakramente. Und dann ist er tot, der kühnste, genialste, böseste Staatsmann seiner Zeit. Sein Kaiser, dessen „Ehre und Ruhm", aber auch dessen „Entsetzen" er fast ein Jahrzehnt lang gewesen war, spricht ihm den Nachruf: „Sein höchstes Ziel und sein beharrliches Streben galt der Ehre und der Vergrößerung des Reichs.

Er hat es mit glühender Leidenschaft verfochten und dabei nie an seinen eigenen Vorteil gedacht . . ."

Fast aufdringlich wirkt die Symbolik bei diesem Fiebertod Rainalds inmitten der verseuchten Höllenglut eines italienischen Hochsommers. Doch von aufdringlicher Symbolik strotzt ohnehin schon diese gesamte vierte Italienfahrt: ihr halbwegs ermutigender Auftakt; die immer größer werdenden Schwierigkeiten; der vermeintliche Triumph zu Rom; und nun auch dieser radikale Umschwung.

Bild reiht sich an Bild: wie sich der Kaiser in den Norden durchschlägt, Beatrix an seiner Seite, beide das Schwert in der Hand; wie er von dort aus den nun wie einen Steppenbrand daherrasenden Aufstand der Lombarden zu zügeln sucht; und wie ihm jetzt als eherne Front Italiens Städte gegenüberstehen, zusammengeschweißt zum kaiserfeindlichen „lombardischen Bund", dem großen Gegner der kommenden Jahre.

In den Geschehnissen dieses einen Jahres wirkt des Kaisers gesamte Italienpolitik wie auf einer grausam genauen Karikatur eingefangen.

Noch einmal davongekommen: Barbarossa

Barbarossa selbst kommt davon. Im wahrsten Sinn: Ihm bleibt lediglich eine jämmerliche Flucht über die Grenze, nicht würdiger als zuvor die Flucht seines Gegners Alexander, der von seinem sizilischen Exil aus diese schlimmste Niederlage seiner Feinde als Gotteszeichen bejauchzt. Als Knecht verkleidet, von nur fünf Gefolgsleuten begleitet, stiehlt sich der zweimal gekrönte Kaiser davon und hat davor noch ein letztes schreckliches Zeichen gesetzt: Seinen Fluchtweg entlang ließ er alle sich noch in seiner Hand befindenden lombardischen Geiseln Mann für Mann aufknüpfen.

Die Katastrophe von 1167 ist nicht der Abschluß für Barbarossas Italienpolitik. Doch ist es das Ende seines groß angelegten und fast schon gelungenen Versuchs, die alte deutsch-römische Reichspolitik ottonischer Prägung mit anderen und neuen Mitteln fortzusetzen. Völlig neue Akzente werden nötig sein, wenn sich der Stauferkaiser wieder dem italienischen Problem zuwendet.

Das heißt aber zunächst einmal, daß sich der Kaiser fürs erste wieder auf deutsche Dimensionen zurückgewiesen sieht: Mit deren Problemen muß er sich nun vor allem auseinandersetzen. Dabei gerät aber zwangsläufig der Mann in das Zentrum kaiserlicher Politik, der innerhalb deutscher Grenzen mehr als alles andere eine eigene Macht darstellt: Heinrich der Löwe.

Vom Tag seiner Rückkehr an muß sich Barbarossa mit dem Welfenvetter beschäftigen. Zunächst geschieht das noch zu Heinrichs Gunsten. Denn der Herzog befindet sich gerade in einer Lage, in der er Barbarossas Beistand dringend braucht.

Durch Sachsen tobt die Löwenjagd.

18. Kapitel
Die mißglückte Löwenjagd

Heinrich — die große Provokation

Im Jahr des Würzburger Schwurs wird noch ein anderer Eid geleistet: Eine Schar Ritter gelobt im August 1165, sich nicht mehr ihre
von den Vorfahren übernommenen Rechte verringern zu lassen. Das
klingt sehr selbstverständlich — nur eben nicht in einem Land, dessen Herr die Rechte seiner Großen unablässig verringert: im Sachsen
Heinrichs des Löwen. Gegen ihn richtet sich dieser Schwur.

Von Jugend an hatte sich Heinrich mit seinen Fürsten im Zwist
befunden. So war ein gemeinsames Bündnis gegen ihn eigentlich nur
eine Frage der Zeit. Schon 1163 war es erstmals dazu gekommen —
mit dem alternden Bären Albrecht als treibender Kraft, der auch
nichtsächsische Große gegen den Herzog aufzuwiegeln suchte. Doch
hatte der Kaiser von diesem Plan erfahren und ihm das Fundament
entzogen, indem er diesen anderen Fürsten die Teilnahme untersagte.
Das hatte denn auch die Sachsen resignieren lassen. Aber der Gedanke, Heinrich den Löwen gewaltsam zu stürzen, war nun einmal
aufgekommen und verschwand nicht mehr aus dem Bewußtsein der
sächsischen Großen.

Doch was haben sie eigentlich gegen ihn?

Helmolds „Slawenchronik" weiß die Antwort: „Weil aber der
Ruhm Neid erzeugt und in menschlichen Dingen nichts Dauerndes
ist, so sahen auf den so großen Namen des Helden alle Fürsten Sachsens mit Scheelsucht hin . . ."

Eines verschweigt diese Antwort allerdings: die Methode, mit der
Heinrich zu seinem großen Namen und vor allem zu Macht und
Reichtum gekommen ist. Sein Prinzip, zunächst einmal zuzuschlagen
und dann erst nach irgendwelchen Rechten anderer zu fragen, hinter-
ließ Wunden, die auch die Zeit nicht heilt.

Heinrichs Mangel an Diplomatie rächt sich. Seine Alles-oder-

Nichts-Praktiken schaffen selbst im friedfertigsten Fürsten den Eindruck, daß es auch für diesen Mann einmal eine Grenze geben muß — und ihm dort nur mit Gewalt begegnet werden kann.

Also nicht nur schnöder Neid, sondern auch blanker Selbsterhaltungstrieb führt die Fürsten in die Front gegen den Herzog. Das sind die einen Gründe. Ein anderer, der wichtigste, kommt noch hinzu: Für die konventionelle gesellschaftliche Struktur seiner Zeit ist Heinrich der Löwe eine ständige Provokation.

Er provoziert die Unabhängigkeit der Bischöfe und die Macht der Grafen. Er provoziert selbst noch den geringsten Lehensmann, wenn er das Lehenswesen mit seiner Ministerialenwirtschaft unterläuft. Er provoziert den Adel schlechthin, wenn er sich den Bürgern zuwendet und ihre Stellung stärkt. Kurz: Ohne es bewußt zu wollen, ist dieser Herzog als Staatsmann der große Spielverderber im eingeschliffenen Lehenswesen seiner Zeit.

Im Grunde steht bei der Auseinandersetzung Heinrichs mit den Fürsten ein Kollektiv gegen einen Außenseiter — und das macht diese Fürstenaufstände der sechziger Jahre zu einem Symptom für die sozialen Umschichtungen im 12. Jahrhundert.

Nun ist nicht anzunehmen, daß den meisten der Verschwörer gegen den Herzog das „Problem Heinrich" in diesem Ausmaß klar wird: Albrecht der Bär und sein Anhang, der Thüringer Landgraf und der Pfalzgraf Adalbert von Sommerschenburg, ein Sohn von Heinrichs Freund und Vormund Friedrich, der Hildesheimer Bischof Hermann, der Markgraf Otto von Camburg, die Grafen von Dassel, Dasenburg und Oldenburg — sie alle handeln aus persönlichen Motiven. Nur bei einem kann man erwarten, daß er weiter denkt: bei Rainald von Dassel. Deshalb wird es für Heinrich den Löwen auch erst wirklich gefährlich, als sich nach dem Fehlschlag von 1163 der Bund gegen ihn zwei Jahre später von neuem bildet und des Kaisers Kanzler dazugehört.

Der große Herr aus Köln

Um 1165 ist Rainald von Dassel nicht nur Erster Diener seines Kaisers, sondern auch noch, sozusagen nebenbei, Erzbischof von Köln, wozu er 1159 mit diskreter Nachhilfe Barbarossas gewählt wurde. Doch wenn dieser Mann etwas anpackt, so geschieht das eben nicht nur „nebenbei". Vom Tag seiner Wahl an geht er mit einer Energie ohnegleichen daran, aus dem zerrüttetsten und ärmsten aller Erzbistümer des Reichs das reichste und bestorganisierte zu machen. In Dôle, Lucca und Würzburg treibt er Weltpolitik — in Köln läßt er Wälder roden, Klöster bauen und Güter ankaufen. Die zunächst mißtrauischen Kölner jubeln aber schließlich ihrem „lieben Bischof" zu, der Kirchen und Paläste errichtet und der Stadt von Mailand her als unschätzbar wertvolle Reliquie die Gebeine der Heiligen Drei Könige zuführen läßt. Ein goldener Schrein faßt sie, und an seiner Außenfront wird auch Rainald von Dassel selbst verewigt, schmalgesichtig, kaltäugig, mit seltsam ironischem Lächeln um den Mund: Kölns großer Bischof — und Heinrichs des Löwen größter Feind.

Beider Machtbereiche überlappen sich: Güter des Kölner Erzbistums liegen auf westfälischem Boden, wo wiederum Heinrich herzogliche Rechte ausübt. Der Löwe ist aber nicht der Mann, der solche Rechte zurückstellt, nur weil ihm zufällig der größte und gefährlichste Politiker seiner Zeit gegenübersteht. Als Freund großer grober Worte läßt er vielmehr unmißverständlich wissen, daß seine Macht schließlich bis zum Rhein reiche und eigentlich sogar noch darüber hinaus, mindestens einen Speerwurf weit.

Vielleicht hat er es nicht ganz so gesagt. Doch so wird es Rainald hinterbracht. Von nun an mustert der Erzbischof seinen Nachbarn mit nachdenklicher Skepsis: Man wird wohl diesen herzoglichen Prahlhans in die Reihe seiner Feinde aufnehmen müssen.

Dennoch: bei Gegnern solchen Formats geht es um mehr als nur um einen Grenzstreit.

Ein Staatsmann wie Rainald erkennt die prinzipielle Gefahr um diesen Löwen — nicht nur für den Adel, sondern vor allem für das Kaisertum seiner Vorstellung. Er sieht den „Staat im Staat", der da im Schatten Heinrichs heranwächst. Er weiß, daß Barbarossa nie wirklich Herr des Reichs sein kann, solange es diesen Herzog von Sachsen und Bayern gibt.

Provokateur Heinrich: Hier provoziert er das von Rainald vorbereitete universale Kaisertum der Stauferherrscher.

1166 ist Rainald von Dassel vollauf mit der Vorbereitung des vierten Italienzugs beschäftigt, der im Jahr darauf in der Fieberkatastrophe vor Rom und mit seinem eigenen Tod endet. Vollauf beschäftigt ihn aber auch das Komplott gegen den Löwen. Jetzt erst gewinnt es Format und Kraft.

Der Erzbischof geht systematisch vor. Zunächst verständigt er sich mit dem Magdeburger Kollegen Wichmann. Damit stehen die Eckpfeiler des Bündnisses. Dann werden die Querverbindungen gezogen: nach Thüringen im Süden, nach Oldenburg im Norden, dazu Linien nach Hildesheim und in die Nordmark Albrechts des Bären — das ist nun schon eine Löwenfalle, deren Tore nur noch zuzufallen brauchen. Sehr zufrieden kann also der Kanzler im Oktober 1166 nach Italien aufbrechen.

Die Front steht. Noch soll sie geheim bleiben — schon des Kaisers wegen, der von der geplanten Jagd auf seinen besten Freund nichts zu wissen braucht. Doch hat die Verschwörung ein Ausmaß erreicht, daß sie gar nicht mehr ganz geheim bleiben kann. Heinrich muß also das heraufziehende Unwetter sehen — und reagiert doch zunächst erstaunlich passiv.

Gewiß gründet seine Würzburger Entscheidung auch in der Furcht vor dem nahen sächsischen Sturm. Gewiß läßt er Burgen und Städte befestigen, sieht sich nach Bündnispartnern um. Doch fast das gesamte Jahr 1166 hält er sich selbst unten im Süden auf und scheint sich um die Entwicklung im Norden nicht weiter zu sorgen. Erst im Spätherbst trifft er in Sachsen ein, wo es zu Gegenmaßnahmen fast schon zu spät geworden ist.

Jetzt aber zeigen sich bei Heinrich die Züge, die erst sein persönliches Format ausmachen: Bei weitgespannten Entscheidungen tut er sich oft so schwer, wirkt dann blaß und phantasielos — jedoch reagiert er prompt und mit aller Kraft, wenn er einer Gefahr unmittelbar gegenübersteht.

Befehle gehen hinaus. Binnen kurzem stampft der Herzog ein Heer aus dem Boden. Es rekrutiert sich vor allem aus Westfalen, und den Befehl erhält Bernhard von der Lippe, ein besonders übler, wegen seiner Grausamkeit berüchtigter, allerdings auch besonders treuer und zuverlässiger Mann. Für Heinrich ist er der Bluthund, den der Herzog bei gegebener Gelegenheit von der Kette lassen wird: Die Menschen von Magdeburg sollen es zu spüren bekommen.

Was kann der Herzog sonst noch tun?

Ihm müssen die Gebiete sicher sein, deren Fürsten nicht zu den Verschwörern gehören: Holstein im Norden und das neugewonnene Land im Osten. Hierfür hat Heinrich allerdings schon gesorgt: Aussöhnung mit Pribislaw, Ernennung Gunzelins von Hagen zum Grafen von Schwerin, neues Bündnis an der Eider mit Waldemar von Dänemark — das sind seine wichtigsten Aktivitäten des Jahres 1166.

Es bleibt Holstein.

Dort regiert zwar im Namen ihres unmündigen Sohnes Adolf die Witwe des gefallenen Grafen als loyale und tüchtige Fürstin. Doch mag Heinrich an seine eigene Jugend denken, als ihm sein damaliger Vormund Friedrich von Sommerschenburg die entscheidende Stütze war. Also stellt er nun auch dem kleinen Schauenburger einen männlichen Vormund an die Seite, Heinrich von Schwarzenberg, Onkel des jungen Grafen.

Ausbruch aus der Falle

Noch ist es in Sachsen ruhig. Jeder wartet auf den ersten Schlag des anderen. Erst im Winter kommt das Zeichen zum Angriff. Albrecht der Bär und Wichmann von Magdeburg rücken gemeinsam gegen Haldensleben vor und treffen am 20. Dezember vor dieser Stadt ein, die Heinrich als Gegengewicht zu Magdeburg aufgebaut hatte. Wenig später beginnt oben in Friesland ein allgemeiner Aufstand mit Christian von Oldenburg an der Spitze. Schon marschiert der Oldenburger auf Bremen zu.

Der Löwe sieht sich eingekesselt. Noch hat er sich nicht so weit gerüstet, daß er an zwei Fronten kämpfen könnte. Er greift zur List:

Die Haldenslebener Geistlichen, die zwischen dem Herzog und seinen Feinden vermitteln wollen, finden einen erstaunlich mild gestimmten Heinrich vor. Er zeigt sich zum Kompromiß bereit: Wenn sich Albrecht und Wichmann zu einem Waffenstillstand bereit erklären, wird er Haldensleben zu Ostern 1167 kampflos räumen lassen.

Den Herren aus Magdeburg und der Altmark mag inzwischen vor dem eigenen Mut ein wenig bange geworden sein. Denn schon streifen Heinrichs westfälische Hilfstruppen durch das Land. Sie dringen bis Magdeburg vor, fallen in Thüringen ein, zerstören die Gegend um Hildesheim — rauchende Fanale für die noch ungebrochene Kraft des Löwen. So gehen Albrecht und Wichmann schließlich auf das Angebot ein.

Heinrich hat die Atempause, die er braucht.

Er wendet sich dem Oldenburger zu, dem sich inzwischen Bremens Tore kampflos geöffnet haben. Die Bürger begrüßen den Grafen als Befreier, leisten ihm den Treueeid — und ob dies nun aus Opportunismus oder aufrichtiger Überzeugung geschieht: Überall scheint bereits die Meinung zu herrschen, daß des Löwen Zeit in Sachsen abgelaufen sei.

Das ist eine fatale Fehleinschätzung.

Christian von Oldenburg, mit seinen Truppen bereits an der Gethe östlich von Bremen zum Kampf aufmarschiert, hält dem Herzog nicht stand. Er muß sich in seine Festung Oldenburg flüchten, wo er bald darauf stirbt. Vor den erbebenden Bremern steht aber Heinrich, und sie wissen, was sie erwartet: Viele haben sich in die Moore der Umgebung geflüchtet, die anderen erwarten zitternd ihr Schicksal.

Heinrich will die Stadt zerstören lassen. Da meldet sich von Hamburg aus Erzbischof Hartwig und bietet viel Geld, wenn der Herzog Bremen noch einmal verschont. Immerhin tausend Silbermark will er zahlen — und in Heinrich siegt der Geschäftsmann über den rachedurstigen Eroberer. Er verzichtet auf die Brandschatzung, und Bremen ist noch einmal gerettet.

Darüber ist es Sommer geworden.

Nach seinem Erfolg im Norden denkt Heinrich gar nicht daran, nun noch sein Haldenslebener Versprechen zu halten. Allerdings hat sich seine Position auch noch nicht so verstärkt, daß jeder Kampf gegen ihn aussichtslos wäre. In Magdeburg und der Altmark rüstet man also zum neuen Überfall auf den Löwen.

„Herzog von Braunschweig"

Unten in Italien stürmt Rainald von Dassel gerade gegen Rom vor. Die Verhältnisse in Deutschland verliert er aber nicht aus den Augen. Vermutlich auf seinen Wink hin wird im Juli 1167 das brüchig gewordene Fürstenbündnis erneuert.

Von Köln her reist Propst Bruno mit großem Gefolge nach Magdeburg. Mit Erzbischof Wichmann schließt er einen Pakt, der die beiden Bistümer auf Gedeih und Verderb zusammenschweißt. Nur gemeinsam oder gar nicht wollen sie mit Heinrich Frieden schließen: So wird es am 12. Juli feierlich beschworen. Dieser Schwur ist aber Auftakt für ein noch weiter gespanntes Bündnis.

In Sandersleben bei Magdeburg finden sich zwei Tage später alle sächsischen Feinde Heinrichs in bemerkenswerter Vollständigkeit zusammen. Das ist nun kein Geheimbund mehr. Laut wird das gemeinsame Ziel verkündet: den wunden Löwen endgültig zu erlegen.

Aller angestauter Haß auf Heinrich macht sich jetzt Luft. Schon fühlen sich die Verschwörer als Sieger, und jeder rechnet sich bereits das Stück vom Löwenfell aus, das er an sich zu reißen gedenkt. Den Herzog von Sachsen scheint es gar nicht mehr zu geben. Nur noch vom „Herzog von Braunschweig" ist die Rede, denn diese seine liebste Stadt will man Heinrich allenfalls lassen.

Zwei Feinde fehlen allerdings in der Runde.

Lübecks Bischof Konrad wollte ursprünglich die Gelegenheit nutzen und sich gegen Heinrich stellen. Dann zog er es aber doch vor, nach Frankreich zu fliehen und sich dort der Partei Alexander III. anzuschließen. Auch Hartwig von Bremen ist nicht erschienen. Mit den Jahren wurde Heinrichs Lieblingsfeind müde und gibt wohl weder sich noch den Fürsten eine Chance, diesen Herzog wirklich niederzuzwingen. Immerhin läßt er es zu, daß seine Festungen Freiburg und Harburg verstärkt werden. Danach begibt er sich sicherheitshalber zu seinem Freund Wichmann nach Magdeburg. Von diesen Festungen aus setzen dann tatsächlich die neuen Kämpfe gegen den Löwen ein.

Heinrich schickt Truppen nach Freiburg und läßt die Festung bis auf die Grundmauern zerstören. Er marschiert vor Harburg auf, muß aber wieder abziehen: Die inmitten von Sümpfen gelegene Burg erweist sich als uneinnehmbar. Aber auch die Feinde stürmen jetzt vor, nunmehr entschlossen, endgültig über den Herzog zu siegen.

Ganz Sachsen wird zum Schlachtfeld. Und immer weniger scheint auf lange Sicht hin der Herzog solch einem massiven Ansturm gewachsen zu sein: Vergeblich hat er das feindliche Goslar auszuhungern versucht, und bis tief in den Harz sind schon seine Feinde vorgestoßen, wo sie Festungen und Klöster aus dem herzoglichen Besitz zerstören. Eigentlich kann nur noch ein Wunder helfen.

Dieses Wunder geschieht. Allerdings ist es mehr eine Verkettung von Zufällen: Wenn nicht in Italien die Seuche gewesen wäre ... Wenn Rainald von Dassel überlebt hätte ... Wenn Barbarossa in Italien Sieger sein würde ...

Doch Barbarossa hat nicht gesiegt. Ein geschlagener Mann kehrt nach Deutschland zurück. Er wird künftig Heinrich brauchen, wie Heinrich jetzt ihn braucht. Sofort stellt er sich also auf die Seite des Löwen. Schon von Italien aus hatte er für den Winter 1167/68 einen Waffenstillstand durchgesetzt. Jetzt, im Mai 1168, befiehlt er Frieden.

Rettung durch den Kaiser

Noch sind die Fürsten im Siegesrausch. Sie überhören die Stimme ihres Herrn, der sie zum Reichstag ruft. Doch ist Barbarossa kein Konrad III., der sich das von den Sachsen hätte bieten lassen müssen. Allgemeine Ernüchterung setzt ein, als der Kaiser so entschieden für den Herzog eintritt. Wie ertappte Schuljungen stehen die Fürsten schließlich am 29. Juni vor dem wutschäumenden Herrscher.

Barbarossas Wut ist echt.

Seine letzte Chance in Italien wäre es gewesen, wenn nach der Seuche des Sommers 1167 Heinrich sofort mit all seinen Rittern verfügbar gewesen wäre. Eben das hatte der Fürstenaufstand verhindert. Jetzt müssen sich die Herren vom erbitterten Kaiser sagen lassen, daß sie die größere und wichtigere Sache zugunsten ihrer Privatinteressen verraten hätten.

Doch schwingt in dieser Wut auch Theaterdonner mit.

Nicht nur aus Loyalität stellt sich der Kaiser vor seinen Herzog. Schon jetzt plant er als ersten Schritt seiner neuen, mehr nach Deutschland hin orientierten Politik seinen Sohn zu seinem Nachfolger wählen zu lassen und damit die Position der Staufer zu stärken. Für diese Wahl braucht er aber auch die Stimme Heinrichs des Löwen.

Doch wie immer: Heinrich kann aufatmen.

Er der loyale Fürst, die anderen die Bösewichter — dieses Bild paßt ihm bestens. Seine Feinde resignieren aber. Schon beim nächsten Reichstag schließen sie offiziell mit ihm Frieden und bekräftigen ihn endgültig am 1. November 1168. Keines ihrer Ziele haben sie erreicht. Der „Herzog von Braunschweig" ist jetzt wieder, unangefochtener denn je, Herzog von Sachsen.

Aller Krieg hätte sich nun wieder in heiteren Frieden umgewandelt, merkt die „Slawenchronik" an. Und wenn sich auch niemand besonders heiter fühlt, so fügen sich doch alle in ihr Schicksal: Die Feinde Hartwig von Bremen und Albrecht der Bär sind alt und verbraucht. Von Frankreich her schleicht sich Bischof Konrad in sein Lübecker Bistum zurück und darf froh sein, daß Kaiser und Herzog seinen doppelten Verrat vergessen zu haben scheinen. Die anderen finden sich achselzuckend damit ab, daß dieser Herzog offensichtlich unbesiegbar ist. Doch das täuscht.

Wer bleibt Sieger?

Die Ereignisse von 1167/68 sind für Heinrich eine böse Erfahrung: Die zwanzig Jahre seiner herzoglichen Laufbahn haben ihm Erfolge, aber keine Freunde gebracht, keinen einzigen Verbündeten im Kreis seiner Adligen, die noch wie ein Mann hinter ihm standen, als sich in den vierziger Jahren Konrad III. und Albrecht der Bär am Welfenerbe vergriffen. Jetzt steht er allein, wurde aber auch nicht so unangreifbar, daß ihm die anderen nicht mehr gefährlich werden könnten. Der Löwe ist verwundbarer, als er es wohl bis dahin selber wußte. Und nicht nur er selbst, auch der Kaiser kennt jetzt die große Schwäche seines stärksten Fürsten.

Nach außen hin steht Heinrich glänzend da. Bremen wird er endgültig in seine Gewalt bringen. Später fallen ihm noch nach bewährtem Muster die Grafschaften Oldenburg und Assel zu. Seine wichtigsten Feinde sind tot oder außer Gefecht gesetzt. Barbarossa steht fest zu ihm. Wer sollte ihn noch anzurühren wagen?

Allenfalls der Kaiser selbst . . .

Der Staufer ist der eigentliche Sieger von 1168. Auch für ihn sind diese Ereignisse eine Erfahrung, allerdings eine höchst ermutigende und gute: Er hat sich als ein Herr der Fürsten gezeigt, wie es der Löwe nie sein wird, trotz aller Siege und Erfolge, trotz aller persönlichen Tüchtigkeit. Daran knüpft sich aber gleich die eine Frage: was wohl sein wird, wenn der Kaiser einmal seine so große Autorität nicht *für*, sondern *gegen* seinen Welfenvetter einsetzt.

Doch dieses Problem steht noch weit im Hintergrund. Zunächst sind in Heinrichs Laufbahn die Jahre der großen Kämpfe vorbei. Eine Zeit beginnt, die Heinrichs beste, glücklichste überhaupt sein wird.

Der Löwe steht jetzt in der Sonne.

V. Teil
Der Löwe in der Sonne

„Also hast du den Ruhm, viel Kirchen gegründet
zu haben.
Kein Volk ist, das dich nicht bewundert, gedenkt
es des Segens,
den du hienieden verbreitest. Dich kennt das
äußerste Thule,
hat dir das Seine verehret; auch Griechenland
hat dich gefeiert,
und Jerusalem selbst, dein frommes Opfer er-
wägend,
ehret dich dankbar, es schätzt dich der Patri-
arch und der Herrscher . . ."

Aus dem Nachruf Arnolds von Lübeck

19. Kapitel
Das Haus des Herzogs

Ein Herr in den besten Jahren

Wenn Sonne auf ihn fällt, glänzt er goldgelb: dieser aus Bronze gegossene, von einer dünnen Goldschicht überzogene Löwe, den Sachsens Herzog irgendwann in den sechziger Jahren bei einem Meister des Braunschweiger Raums in Auftrag gegeben hat.

Man kennt nicht den Namen des Künstlers. Doch ein „Meister" muß er gewesen sein. Denn sicher hat er nie einen lebenden Löwen gesehen, kennt höchstens die Portallöwen oberitalienischer Städte oder die gerade modernen Aquamanile, kleine bronzene Wasserbehälter in Löwengestalt — und doch gelingt ihm eine so lebensechte, ausdrucksstarke Arbeit, daß nur Spötter meinen, dieser Löwe sei wohl eher ein großer Hund.

1166 läßt Heinrich das Standbild im Hof seiner Braunschweiger Burg Dankwarderode aufstellen, und vom Tag an ranken sich Gerüchte um den Löwen. Ist er wirklich mit Gold gefüllt? Schaut er so zähnefletschend nach Osten, weil sich dort gerade die große Fürstenverschwörung zusammenbraut? Oder schnuppert er von den Gebieten jenseits der Elbe her Morgenluft?

Fest steht nur, daß dieses Bild Heinrichs Anspruch auf die oberste Gerichtsgewalt in Sachsen ausdrückt. Fest steht auch, daß sich auf solche Weise zum ersten Mal ein Fürst verewigt hat. Und fest dürfte stehen, daß dieser Fürst nicht zufällig gerade Heinrich ist. Dieser Löwe paßt zu ihm wie er zu diesem Löwen.

Wenn er von seinem Fenster aus morgens in den Burghof blickt, sieht er als erstes den Löwen. Dann darf er stolz sein. War nicht schon sein Vater zuweilen „der Löwe" genannt worden? Benutzt nicht auch sein Onkel Welf VI. ein Löwensiegel? Doch wenn irgendwo vom Löwen die Rede ist, meint man nur ihn, den Herzog von Sachsen und Bayern.

Er ist nicht mehr der stürmisch aufbegehrende Junge seiner ersten Jahre. Er wurde reifer, ruhiger, ein Mann Anfang vierzig, den seine Erfolge nicht weniger selbstbewußt, doch gelassener gemacht haben. Sein Herrschaftsanspruch wirkt jetzt selbstverständlicher, seine Würde weniger aufgesetzt. Und auch seine Zeitgenossen scheinen sich allmählich mit diesem Herzog auszusöhnen. Selbst Rahewin, kein Welfenfreund, entdeckt an ihm viele rühmenswerte Eigenschaften: außer der kaiserlichen Abstammung Kraft und Verstand, Unbestechlichkeit, Sinn für Recht und Ordnung.

Heinrich hat sich also durchgesetzt, nicht nur als Welfe und Machtpolitiker, sondern auch als ganz eigene Persönlichkeit mit unverwechselbaren Zügen. Er lebt in einer selbst geschaffenen Welt, und hier in Braunschweig hat sie ihren Mittelpunkt.

Die Burg der Brunonen

Seit der Gründung des Hagen hat sich die Stadt erstaunlich entwickelt, und ihre ständig wachsende Bevölkerung weiß, wem sie das alles verdankt: die zunehmende Bedeutung als Wirtschaftszentrum und politische Metropole, den Besucherstrom aus aller Welt. In dankbarer Bewunderung blickt man auf den Mann, der in herrischer Pose vorüberreitet, hinaus zu neuen Kämpfen oder hin zu seiner Burg, Braunschweigs größter Attraktion.

Nur wenig erinnert noch an den schon etwas windschiefen Holzbau der Brunonen mit seinen angefaulten Wänden und mürbe gewordenen Fundamenten. Dieser Bau war nur ein größerer Gutshof gewesen, strohgedeckt und unbequem. Jetzt aber wächst am Ufer der Oker auf rund 28 000 Quadratmetern eine wahrhaft imposante Anlage heran, die keinen Vergleich mehr zu scheuen braucht.

Alles schließt sie ein, was die Residenz eines modernen Fürsten ausmacht: einen Palas als Repräsentationsraum, ausgedehnte „Kemenaten", die von Kaminen beheizten Privaträume des Herzogs und seiner Familie, Wirtschaftsgebäude, Stallungen, Wohnhäuser für die Dienstmannen, ein Gerichtsgebäude, eine Kapelle, die Vogtei, Magazine und Speicher, auch Kerkergewölbe für Heinrichs Gefangene. Ein Küchenhof ist vorhanden, Gräben finden sich an allen Seiten, die nicht von der Oker umflossen werden, und über den Fluß führt ein Steg zu einer künstlich angelegten Insel, dem sogenannten „Jägerhof". Dort werden dann im Schutz von Palisaden auch kleine Feste gefeiert, Spiele gespielt, wird sich die Zeit mit Vogelfang vertrieben.

In der Wohnung eines Millionärs

Aus hellem Backstein ist diese moderne, übersichtliche Szenerie gebaut. Davor rollt das Schauspiel fröhlich-bunten Hoflebens ab: Im Hof warten Pferde neben dem Stein, von dem aus sich die Reiter in die Sättel schwingen, Boten jagen hinaus, Besucher treffen ein. Ministeriale hasten durch die Gänge, ausländische Gesandte sprechen vor. Auf Gängen und Treppen warten Vasallen auf ihren Herrn, huldvoll nickend rauschen die Großen des Hofs vorbei: Es wird geplaudert und gelacht, geklatscht und intrigiert.

Der Strom reißt nicht ab.

Bald sind es Schweden oder Dänen, die in den Burghof einreiten, dann wieder Gesandtschaften aus England, den Slawenländern oder Rußland. Einmal treffen Byzantiner ein, dann wieder Herren aus den übrigen Teilen des Reichs. In der Stadt flüstert man von prominenten Namen, bestaunt fremde Gesichter und exotische Trachten: Der herzogliche Hof ist immer für ein Schauspiel gut.

Oben in seinem Privatraum neben dem Palas residiert der Herzog inmitten allen Prunks, den sich ein reicher Mann seiner Zeit leisten kann: Fenster aus farbigem Glas, kostbar gestickte Vorhänge an den Wänden, erlesen gewirkte Teppiche auf dem mit bunten Marmorplatten belegten Boden, geschnitzte Tische, üppig gepolsterte Ruhebetten, Gerätschaften aus Edelmetall. Besuchen Heinrich besonders liebe oder besonders vornehme Freunde, so werden sie auch in diese Privatgemächer geführt. In unmittelbarer Nähe des Herzogs bekommen sie dann ihre eigenen exquisit ausgestatteten Räume zugewiesen. Alle sind gleichermaßen von dieser Anlage mitten im Herzen einer Großstadt beeindruckt. Kein anderer deutscher Fürst hat solch eine Residenz aufzuweisen, höchstens der Kaiser.

Das ist kein Zufall.

Bei der Ausgestaltung Dankwarderodes geht Heinrichs Blick oft

237

hinüber zu den kaiserlichen Pfalzen, nach Goslar vor allem. Bei jedem Besuch beeindruckt ihn dieser Monumentalbau aus der Zeit der Sachsenkaiser von neuem. Schließlich dient er auch Dankwarderode als Modell. Mit dieser Burg hat sich der Herzog seine eigene Pfalz geschaffen, die das Vorbild zwar nicht an Größe, wohl aber an Eleganz und Bequemlichkeit übertrifft. Außerdem genießt dort Heinrich noch den einen unschätzbaren Vorzug: daß er über längere Zeiträume hinweg in seinem Haus auch wirklich leben kann und nicht nur vorüberhasten muß wie der durch sein Amt ruhelos von Burg zu Burg getriebene Kaiser. So kann auf Dankwarderode auch tatsächlich höfisches Leben stattfinden und höfische Kultur entstehen.

Heinrich hat Geld und Macht genug, um sich solch einen Hof leisten zu können. Doch damit ist es nicht getan. Bei allem Prunk und Ausmaß wäre auch Dankwarderode nur eine Residenz von vielen, würde sich nicht jemand finden, der allzu grelle, grobe Farben mildert, ihnen verhaltenere, noblere Töne hinzufügt. Diese Persönlichkeit hat Heinrich in seiner zweiten Frau.

Eine Dame für den Herzoghof

In ihrer englischen Heimat heißt sie Maud. In Sachsen wird sie Mathilde oder auch Mechthild genannt. Als sie dort 1168 eintrifft, liegt Klementias Abgang schon sechs Jahre zurück. In der Zwischenzeit hatte Ida le Castrois dem herzoglichen Haushalt vorgestanden, wie es Beobachter taktvoll nennen, und dieser Pflicht so hingebend genügt, daß sie dem Herzog schließlich eine Tochter schenkt. Damit ist Idas Rolle allerdings auch schon ausgespielt.

Heinrich geniert sich dieser Liaison keinen Augenblick. Er erkennt seine Tochter an und räumt ihrer Mutter die Stellung einer nicht ganz legitimen, doch allseits geachteten Ersten Dame ein. Doch mehr als nur ein amüsanter Zeitvertreib, eine dekorative Übergangslösung dürfte die Lothringer Grafentochter nicht gewesen sein, und Heinrich erwägt auch nie, sie zu seiner Herzogin zu machen. So verschwindet Ida denn wieder so diskret, wie sie gekommen war, während ihre Tochter später den Obotriten Heinrich Borwin heiratet. Ihren großen Einzug hält aber Prinzessin Mathilde aus dem Haus der Plantagenet, von Rittern ihres Vaters geleitet.

238

Als sich Heinrich zu dieser Verlobung entschließt, meint er zu wissen, was ihn erwartet: eben die Tochter des englischen Königs — und das heißt neben einer üppigen Mitgift aus Gold, Silber und Juwelen zunächst einmal nur Bestätigung und Steigerung seines internationalen Ansehens sowie politische Beziehungen, die noch von Nutzen sein können.

Doch ist Mathilde nicht nur die Tochter des ebenso begabten wie wankelmütigen, ebenso tüchtigen wie skrupellosen Heinrichs II., sondern auch die der Eleonore von Aquitanien, der berühmtesten Frau ihrer Zeit, der vielgerühmten, vielbeklatschten „Königin der Troubadoure".

Von einem König geschieden, mit einem König verheiratet, ist die einstige Gemahlin Ludwigs VII. von Frankreich und jetzige Frau des um elf Jahre jüngeren Heinrichs II. in ihrem Jahrhundert die Diva par excellence: mit hinreichend verruchtem Ruf, um Neugier wachzuhalten, mit einer Aura von Skandalen und Anekdoten, stets an der Seite berühmter Männer gesehen und mit jedem von ihnen in der Phantasie ihrer Zeitgenossen liiert, von Troubadouren besungen und geliebt, Gesprächspartnerin Thomas Beckets und Bernhards von Clairvaux — eine schöne, elegante, absolut souveräne Frau, die zielbewußt am eigenen Mythos wirkt, wenn sie ihre Residenz in Poitiers zum legendären Musenhof des 12. Jahrhunderts ausgestaltet.

Solch schillernden Ruhm erreicht ihre Tochter nie. Doch haben auch bei Mathilde die Jahre am Hof der Mutter Spuren hinterlassen. Vielleicht fehlt ihr die unerschütterliche Charakterstärke der bärbeißigen Richenza, die korrekte Geduld Klementias, auch ist sie im Gegensatz zu Barbarossas Frau Beatrix eine gänzlich unpolitische Natur — dafür repräsentiert diese hochgewachsene blonde Frau ganz und gar den Typ der großen Dame.

Ein Hauch von Poitiers

Als Heinrich seiner um einiges größeren, um vieles jüngeren Braut erstmals im westfälischen Minden gegenübertritt, wo im Februar 1168 die Hochzeit stattfindet, und mit ihr dann zu weiteren Festlichkeiten nach Braunschweig weiterreitet, sieht der reife Mann eine hübsche Zwölfjährige vor sich, die wie alle Fürstentöchter ihrer Zeit nur auf das eine vorbereitet ist: sich ihrem Gatten bis zur Selbstaufgabe anzupassen. Auch Mathilde paßt sich an. Sie wird eine gute Herzogin und gute Ehefrau, sie wird sechs Kinder gebären, zunächst, im Jahr 1173, die Tochter Richenza, von deren Schicksal man seltsamerweise nicht das geringste weiß, dann den ersehnten männlichen Erben, schließlich noch die Söhne Otto, Lothar und Wilhelm sowie eine zweite Tochter, Mathilde. Mit Takt spielt sie die heikle Rolle einer jungen Frau an der Seite eines schon älteren, ein wenig gesetzten Herrn in den besten Jahren — und gibt dieser Rolle zugleich eine eigene, unverwechselbare Tönung.

Zunächst muß es für sie schwer gewesen sein.

An Frankreichs helle Farben, heitere Menschen gewöhnt, steht nun diese junge Frau unter drückend grauem Himmel. Sie durchreitet eine karge Landschaft ohne jede Lieblichkeit, spricht zu ungelenken, schwerfälligen Menschen. Auf unverwöhnte sächsische Gemüter mag Dankwarderode wie ein Gipfel aller Herrlichkeit wirken: Eleonores Tochter kann dazu nur melancholisch lächeln.

Mathilde hat die großen Troubadoure ihrer Zeit gehört. Nun sind ihr Umgang Männer vom Schlag eines Gunzelin von Schwerin und Bernhard von der Lippe. Am Hof der Mutter wird über Poesie und Philosophie diskutiert, hier über Tribute aus dem Slawenland, aufrührerische Fürsten und den nächsten Feldzug. Und Heinrich selbst mag eine imponierende Persönlichkeit ein. Idol eines jungen romantischen Mädchens ist dieser kleine, untersetzte Mann wohl kaum.

Eine weniger starke Persönlichkeit würde resignieren. Mathilde resigniert nicht. Mit der Zeit gelingt es ihr sogar, wenigstens einen Teil des entschwundenen Glanzes in die neue Heimat hinüberzuretten.

Nicht, daß nun Dankwanderode ein Musenhof würde wie Poitiers — doch immerhin denkt man schon bald nicht mehr ausschließlich an Wirtschaft und Politik, wenn von Heinrichs Residenz die Rede ist. Auch im kulturellen Leben spielt sie eine Rolle, und das liegt nicht nur an Mathilde, so sehr sie ihrem Hof einen „Hauch von Poitiers" zu vermitteln versucht. Es liegt an dieser Zeit. Auch für Kunst und Kultur vollzieht sich im 12. Jahrhundert ein Umschwung.

Kunst kommt an die Höfe

Noch zu Beginn des Jahrhunderts war Literatur Sache der Geistlichkeit gewesen. Jetzt treten aber auch weltliche Adlige als Dichter hervor, und die großen Namen der Zukunft kündigen sich an: Wolfram von Eschenbach, Walther von der Vogelweide. Ihre Heimstatt ist nicht mehr das Kloster, sondern der Fürstenhof, und ein Mann wie der Herzog von Sachsen braucht gar nicht erst als Mäzen tätig zu werden. Schon die Existenz seines Hofs ist Mäzenatentum genug.

Auf daherziehende Künstler wirkt solch ein Hof wie ein Magnet. Sie kehren ein, bestaunen Prunk, genießen Bequemlichkeit, mindern ihrerseits die Langeweile höfischen Treibens durch Kostproben ihrer Kunst — und haben in dem berühmten Herzog und seiner schönen, klugen Frau angenehme Gastgeber, die sie zu rühmen nicht vergessen. Darüber verliert Dankwarderode viel von der Reitsaal-Kargheit seiner ersten Jahre und gewinnt neue, leuchtende Farben.

Der Herzog selbst ist kein musischer Mensch. Ihm fehlt die unmittelbare und sinnlich spontane Beziehung zu den Künsten, wie sie etwa Rainald von Dassel als Kölner Bischof zeigt. Doch viel zu sehr ist auch Heinrich Kind seiner Zeit, als daß er sich der allgemeinen Strömung verschließen würde. Und viel zu genau erkennt der stets wache Politiker, welche Aufwertung seines herzoglichen Prestiges ein reiches, vielfarbiges Hofleben in den Mauern von Dankwarderode bedeutet.

Viel Geld für große Feste

Fast kann man in den Glanzjahren vergessen, daß diese Burg schließlich auch als Festung gedacht und angelegt ist — mit einem durch Zugbrücke und zwei Fallgitter geschützten Tor, mit Türmen, Mauern und dem Erdwall entlang der Oker. Anderthalb Meter ist der Verteidigungsgang auf der sieben Meter hohen Ringmauer breit, und es fehlen weder künstliche Gräben noch Arsenale für den Fall der Belagerung.

Dieser Fall tritt zu Heinrichs Lebzeiten nie ein. Die kriegerischsten Unternehmen dieser Zeit bleiben in Dankwarderode die großen Turniere, die unten im Hof abgehalten werden. Dann drängt sich das Gesinde auf dem Rundgang, nehmen die Ehrengäste auf der Freitreppe zum Palas Platz. An solch festlich bunten Tagen zeigt der Herzog, daß er nicht nur zu arbeiten, sondern auch zu feiern versteht.

Um 1175 läßt er diesen Palas bauen, eine zweigeschossige Festhalle, die jedem Neuling sogleich anzeigt, vor welch reichen und mächtigen Mann er hintritt.

Schon von Dankwarderodes Westtor aus, dem allgemeinen Zugang zur Burg, fällt der erste Blick auf den drohend aufgereckten Löwen. Gebührend beeindruckt steht dann der Besucher vor der Front des Palas, steigt über die kolossale Freitreppe hinauf, vorbei am Dienstbotensaal im Erdgeschoß, und betritt den ersten Stock, der eine einzige große Halle ist. Vierzig Meter lang erstreckt sie sich — mit buntbemalter Balkendecke, mit Teppichen an den Wänden und auf dem Boden, mit breiten Türen und hohen Fenstern, mit zwei gewaltigen Kronleuchtern. In vielen Farben schimmert der Marmorboden, schwer hängen gestickte Vorhänge herab, und abends erstrahlt all diese Herrlichkeit im Schein Hunderter von Kerzen und Fackeln, während in zwei Kaminen große Feuer prasseln.

In der Mitte des Saals, leicht erhöht, steht Heinrichs Thronsessel, und von dort aus, in schwere Kissen hingelagert, empfängt er die Gesandtschaften fremder Herrscher, spricht zu seinen Vasallen, erteilt Rat und gibt Befehle. Hier unterzeichnet er Verträge und Urkunden, führt Verhandlungen und ißt zuweilen auch im Kreis seines Hofs, der sich dann auf den breiten Bänken entlang der Wände niederlassen darf.

Hochzeiten, Weihnachtsfeste, Hoftage, Besuche hoher Herren — das alles wird in diesem Palas mit großen Festlichkeiten gefeiert. Oft ziehen sie sich über Tage, manchmal über Wochen hin. Tische werden dann in die Halle getragen, zusätzliche Standleuchter aufgestellt. Den Boden bedecken Blumen, Gras und Laub. Musikanten spielen auf, Dichter rezitieren ihre Verse, Spielleute kolportieren jüngsten Klatsch. Man tanzt, trinkt, ißt — noch ist die Küche nicht sehr abwechslungsreich, gipfelt meist im Wildbret, das bei den großen Jagden im nahen Harz erlegt wird. Viel Wein strömt auch bei solchen Gelegenheiten, und dabei soll es dann einmal vorgekommen sein, daß der Herzog (in anderer Version: nur einige seiner Hofleute) auf dem Höhepunkt eines solchen Festes hinaus auf den Hof ging und sich damit vergnügt hat, dem Bronzelöwen Goldstücke ins aufgesperrte Maul zu werfen — von allen unglaubwürdigen Geschichten um Heinrich die wohl unglaubwürdigste. Denn für Goldstücke hatte gerade dieser Mann andere Verwendung, als sie irgendeinem in den Rachen zu werfen.

Eine solche Hofhaltung verschlingt viel Geld. Doch hierbei zeigt Heinrich nie den Geiz, der ihm so oft angelastet wird. Sehr viel läßt er sich seine Residenz und ihre Ausstattung kosten. Zweifellos macht sich aber diese Investition bezahlt, denn gerade der Glanz von Dankwarderode unterstreicht den Nimbus dieses Mannes — das mag ihm als Zins genügen.

Die Dichter der Herzogin

Herzogin Mathilde geht es um mehr als um den schönen Schein großer Feste. Ihr Hof soll Heimstatt der Künste werden, vor allem der Dichtkunst. Schließlich sind dies die Jahre, in denen die großen Damen dieser Zeit Dichtkunst fördern und Poeten in ihre Nähe ziehen: Frauen wie Margarethe von Cleve oder Agnes von Looz. Auch Mathilde von Sachsen entwickelt diesen Ehrgeiz.

Im Frankreich ihrer Jugend sind ihr Troubadoure wie Maître Wace und Christian de Troyes begegnet. Dort besingt das blutjunge Genie Bertran de Born ihre Mutter als „mos Aziman", als „meinen Leitstern". Nur gar zu gern würde nun auch ihre Tochter solch ein Leitstern sein. Nur braucht es dazu auch Talente wie Christian oder Bertran.

Mathilde macht sich auf die Suche.

Zu ihrer geistigen Mitgift gehören auch die großen Sagenstoffe ihrer Heimat, und die will sie nun in Deutschland heimisch machen, das Rolandslied zum Beispiel oder die bittersüße Geschichte um Tristan und Isolde. Jedoch ist die Herzogin wählerisch. Was sich in Sachsen als mögliche Nachdichter anbietet, läßt sie nur indigniert die Schultern heben. Bis nach Regensburg muß man schließlich hinuntergehen. Dort wird im Pfarrer Konrad ein halbwegs brauchbarer

243

Poet gefunden, der sich mit mehr Eifer als Inspiration an die Arbeit macht. Was er schließlich vorlegt, ist nicht ganz das, was sich seine im französischen Geist erzogene Fürstin gewünscht haben mag.

Sehr deutsch und ein wenig schwerfällig gerät dem biederen Pfaffen seine Version des Rolandslieds, und seine holprigen Reime erinnern mehr an die konventionellen Kaiserchroniken als an gallischen Esprit. Doch immerhin ist ein Ansatz gemacht.

Diesen Ansatz führt die deutsche Fassung der Tristan-Sage fort, die wahrscheinlich ebenfalls auf Mathildes Einfluß zurückgeht. Eilhard von Oberg dichtet sie nach, ein sächsischer Ministeriale mit musischen Neigungen, den die amourös-psychologische Komponente des Tristan-Stoffs weniger interessiert. Eher formt er ihn in eine der üblichen Heldensagen um, mit Tristan als sehr germanischen Recken. Und germanisch-bieder, voll buntester Abenteuerschilderungen wird auch das Volksbuch vom Herzog Ernst, die dritte nennenswerte Dichtung dieser Ära. Ihr Verfasser bleibt zwar unbekannt, doch kann auch sie auf Impulse des sächsischen Hofs zurückgeführt werden.

All diesem redlichen Bemühen begegnet Heinrich mit jener amüsierten Nachsicht, die man denen entgegenbringt, deren Eifer man wohlwollend billigt, ohne ihn recht zu verstehen. Denn von allen Künsten liegt ihm selbst die Poesie am wenigsten, und mit einer Welt übersteigerter, zu Reimen hochstilisierter Gefühle kann eine Natur wie die seine nichts anfangen. Überhaupt interessiert ihn die Wissenschaft viel mehr als Kunst, und bezeichnenderweise ist es denn auch ein wissenschaftliches Werk, mit dem sein eigener Name verbunden bleibt.

In deutsch und Prosa: der „Erleuchter"

Schon gibt es Enzyklopädien, die das Wissen dieser Zeit zusammenfassen und übersichtlich darstellen. Doch sind sie in der Regel lateinisch abgefaßt. Heinrich, der Latein vermutlich nur mangelhaft beherrscht, wünscht sich aber ein solches Werk in deutscher Sprache. Er selbst ist nicht gebildet. Doch zieht es den hochintelligenten Mann zu gebildeten Menschen, und sie findet er vor allem im Kreis seiner Geistlichkeit. Ihre Vertreter spielen eine gewichtige Rolle am Hof, und aus ihrem Kreis rekrutieren sich auch die Autoren jenes Werks, das als „Lucidarius", als „Erleuchteter" über Jahrhunderte hin zum Volksbuch wird.

Der Feldherr, Politiker und Kaufmann wird zum neugierigen, auch lästigen Mentor seiner Autoren. Immer wieder drängt er ihnen seine persönlichen Vorstellungen auf, ist einmal nicht mit dem Titel zufrieden, fordert dann wieder den Verzicht auf die konventionelle Reimform, denn in leichter zu lesender Prosa will er das Werk abgefaßt wissen.

Die Braunschweiger Kaplane haben keine Wahl. Seufzend geben sie nach. Und schließlich liegt ihre Arbeit in drei Bänden vor. Der dritte dürfte allerdings erst nach Heinrichs Zeit entstanden sein, so wie sich die Entstehungsjahre des „Lucidarius" ohnehin kaum exakt nennen lassen.

So wird also in Buchform das Weltganze „erleuchtet": der Kosmos mit Himmel, Hölle und der Erde, ihre Kontinente, die einzelnen Länder, Menschen und Tiere, schließlich noch die vier Elemente, das Meer, die Erkenntnisse über Wind und Witterung, am Ende der menschliche Organismus. Der zweite Teil befaßt sich mit den wichtigsten Heilmitteln der Kirche. Im dritten Band geht es um die allerletzten Dinge, um das Leben nach dem Tod.

Klar und anschaulich liest sich solches Werk. Seine Sprache ist ganz nach Heinrichs Geschmack: ohne Abgründe und Widersprüche, ohne Spitzfindigkeiten und verschlungene Gedankenketten, denen sein praktisch ausgerichteter Intellekt nicht folgen könnte. Diese Lektüre wirkt genauso handfest wie Baukunst und Kunsthandwerk, jene anderen beiden Künste, für die der Herzog eine Vorliebe besitzt.

Hochsaison für Kunsthandwerk

Für Baumeister und Handwerker ist es eine gute Zeit. Auftrag über Auftrag geht hinaus: In Braunschweig entstehen große Gotteshäuser, in den zahllosen Werkstätten aber, wo Schmelz-, Email- und Goldschmiedekunst eine wahre Blüte erleben, wird an der Austattung dieser Gotteshäuser gearbeitet, an Reliquaren, Kruzifixen, schweren Leuchtern. Auch hierbei zeigt Heinrich keinen Geiz, und wenn auch wenig aus dieser Zeit erhalten blieb, so legt doch selbst noch dieses Wenige Zeugnis von Reichtum und Vielfalt dieser Jahre ab.

Vom Löwen, in dem man lange Zeit eine byzantinische Arbeit vermutete, ist schon gesprochen worden. Fast ebenso berühmt wird der riesige siebenarmige Leuchter mit seinen Löwenfüßen. Im Dom findet er seinen Standort, und dort hängt auch das Kruzifix des Imerward, die aus einem einzigen Eichenstamm geschnitzte Darstellung des Gekreuzigten, über zwei Meter groß, ganz ohne jede Süße in ihrer strengen Stilisierung, zu Heinrichs Zeiten wohl noch bemalt und mit Gold beschlagen.

In diesen Werken gipfelt „seine" Kunst. Andere Höhepunkte findet sie in der gleichfalls von ihm geschätzten, von vielen Werkstatten betriebenen Buchmalerei. Hierfür liegt der Psalter vor, das Gebetbuch des herzoglichen Paares, und schließlich aus der Helmarshausener Werkstatt Herimanns berühmtes Evangeliar. Seine Darstellung des Herzogs sagt denn auch über Heinrich sowie sein Gottes- und Weltverständnis mehr aus als die meisten Wertungen, die positiven wie die negativen, in den Chroniken seiner zwangsläufig befangenen Zeitgenossen.

In diesem Evangeliar sieht man ihn neben seiner Frau, deutlich kleiner als sie, offensichtlich auf den Knien, wenn auch seine Haltung aufrecht, ungebeugt wirkt. Unmittelbar von Gott empfängt er den Segen, ein nicht allzu großer, doch fest in sich ruhender Mann, der seinem Schöpfer Dank, nicht Demut entgegenbringt. Und Dank, nicht Demut prägt denn auch jenes Werk, das zu Heinrichs wahrem Denkmal wird: der Dom auf der Oker-Insel, der dort die alte Stiftskirche aus brunonischer Zeit ablöst.

Mit dem Grabmal vor Augen

1173 wird mit dem Bau des Doms begonnen. Er ist nicht so sehr für die Gottesdienste des herzoglichen Hofs gedacht, sondern soll Monument und Grabmal für Sachsens Herzöge sein, die bisher in Königslutter ihre letzte Ruhe fanden. Für den Alltag des religiösen Lebens wird dagegen neben dem Palas eine zweigeschossige Kapelle errichtet. Hierher zieht der Hof zu seinen Gottesdiensten, das Gesinde in das untere, der eigentliche Hof mit dem herzoglichen Paar an der Spitze in das obere Geschoß: Eine Öffnung im Boden verbindet die beiden Stockwerke, so daß gleichermaßen gemeinsam wie getrennt zum gleichen Gott in der gleichen Andacht gebetet werden kann. Das paßt zum Weltverständnis des Mittelalters, wie es ebenso dazu paßt, daß der Herzog sich nicht scheut, bei jedem Blick aus dem Fenster mit seinem Grabmonument konfrontiert zu sein.

Über zwanzig Jahre wird am Dom gebaut, dessen Schutzheilige St. Blasius und Johannes der Täufer sind — im 13. Jahrhundert kommt noch Thomas von Canterbury hinzu. Die Nußberg-Brüche bei Braunschweig liefern den rötlich-braunen Stein, aus dem nahen Elm-Höhenzug wird Muschelkalk herbeigekarrt, und so wächst das Monument heran, Schritt um Schritt, der erste Gewölbebau im norddeutschen Raum, der dort die Zeit der Flachbasiliken beendet.

Dom und Löwe: Heinrichs Welt

Es ist nicht der einzige Dom, der im Sachsen Heinrichs des Löwen entsteht. In Lübeck, wo den streitlustigen Konrad der weniger problematische Bischof Heinrich abgelöst hat, ist der Herzog dabei, als der Grundstein für den dortigen Dom gelegt wird, und dieses Unternehmen unterstützt er generös mit hundert Silbermark im Jahr. Das dritte große Gotteshaus wird dann der Dom zu Ratzeburg, mit dessen Bau allerdings wohl schon in den sechziger Jahren begonnen wurde. Im 19. Jahrhundert wird ihm ein Abguß des Braunschweiger Löwen an die Seite gestellt.

Dom und Löwe — aufbegehrende Kraft und ruhevolle Gelassenheit: das ist die bleibende Spiegelung, die Heinrichs Wesen und Welt in diesen berühmtesten kulturellen Zeugnissen seiner Ära widerfährt. Beide Momente, undenkbar das eine ohne das andere, finden zu ihrer glücklichsten Einheit in eben jenen Jahren, in denen Sonne über der Welt des Löwen liegt.

In dieser Zeit kann es sich Heinrich leisten, mit großer, selbstbewußter Geste vorzuzeigen, was seine Welt zu bieten hat: Burgen und Dome, ein befriedetes Land, ihn selbst vor dem Hintergrund eines in üppigen Farben aufleuchtenden Hoflebens, eine Blüte für Wissen-

247

schaft und Kunst. Und mit der gleichen großen, selbstbewußten Geste tritt er jene Reise an, die zum Höhepunkt seiner goldenen Jahre wird. Sie bringt ihm all die ehrenvolle Genugtuung, die er für sich und sein Reich beansprucht.

Im Jahr 1172 begibt sich Herzog Heinrich der Löwe auf Pilgerfahrt ins Heilige Land.

20. Kapitel
Einmal Orient und zurück

Ein Hauch von Haupt- und Staatsaktion

In Braunschweig herrscht erwartungsvolle Unruhe. Stunde um Stunde treffen prominente Besucher ein: Von Schwerin her kommt Graf Gunzelin geritten, von Mecklenburg her Fürst Pribislaw, aus Lübeck der seit dem Fürstenaufstand bemerkenswert diensteifrig gewordene Bischof Konrad. In der Stadt selber bereiten sich Männer wie Abt Heinrich und Truchsess Jordan von Blankenburg auf eine offensichtlich lange Reise vor. Überall klirren Waffen, stampfen Pferde, wird Proviant auf Karren verladen: In diesem Januar 1172 rüstet Heinrich der Löwe zu seiner Pilgerfahrt ins Morgenland.

Der Plan beschäftigt ihn schon lange.

Nicht nur, daß es für einen Mann seiner Position zum guten Ton gehört, einmal im Heiligen Land gewesen zu sein — so viel erzählen die Kreuzfahrer von den märchenhaften Ländern des Orients, daß jeder sie selbst gesehen haben will, der es sich irgendwie leisten kann.

Der Herzog kann es sich in jeder Hinsicht leisten.

Über Sachsen liegt jetzt Frieden. Von Heinrichs Feinden sind die wichtigsten tot: Albrecht der Bär seit zwei, Hartwig von Bremen seit drei, Rainald von Dassel nun schon seit fünf Jahren. Außerdem schreibt das Gesetz einen „Gottesfrieden" für das Land dessen vor, der auf Pilgerfahrt weilt. So kann es sich Heinrich sogar erlauben, nun Sachsen samt Herzogin für die Zeit seiner Abwesenheit dem Magdeburger Erzbischof Wichmann anzuvertrauen.

Mathilde selbst folgt ihrem Mann nicht ins Morgenland. Seit einigen Wochen schwanger, wird sie von Dankwarderode aus ihren Mann vertreten. Mit Ekbert von Wolfenbüttel und dem Lüneburger Vogt Heinrich stellt ihr der Herzog dafür zwei seiner tüchtigsten Ministeriale als Berater an die Seite.

Die Lage in Sachsen ist also geregelt.

249

Von Braunschweig aus bricht der Herzog nach Verden auf, wo er noch einen letzten Landtag abhält. Dann reitet er nach Regensburg hinunter, um sich dort von den bayerischen Großen zu verabschieden. Auch dort schließen sich noch Ritter dem Zug an, und so sind es schließlich mitsamt dem Troß über 1200 Mann, die ihrem Herzog folgen. Ein kleines Heer zieht also der Grenze entgegen.

Von Anfang an liegt über diesem Unternehmen ein Hauch von Haupt- und Staatsaktion. Viel Sorgfalt hat Heinrich dabei auf die Zusammenstellung seines Gefolges verwandt.

Geistliche und weltliche Fürsten in wohlausgewogenem Verhältnis, Grafen aus dem Osten, aus dem eigentlichen Sachsen und aus Bayern, persönliche Berater wie Jordan, insgesamt also ein repräsentativer Querschnitt durch die Führungsschicht seines Reichs, an dessen Spitze er selbst daherzieht und somit jedem gleich zeigt, welch großer Herr zu den heiligen Stätten aufgebrochen ist — solch Aufwand hat nur noch wenig mit einer Pilgerfahrt schlichter Gläubiger zu tun. Ein Mann wie der Braunschweiger Abt Heinrich, der dieses Unternehmen beim Wort nimmt, sich in härene Kutten hüllt und sich mit Fasten und Beten auf die Begegnung mit dem Land Jesu vorbereitet, wirkt denn auch ein wenig verloren in dieser Schar glänzend selbstbewußter Ritter, deren glänzendster der Herzog selbst ist.

Heinrich verspricht sich viel von dieser Fahrt.

Was immer er bislang getan hatte, die Wiedergewinnung Bayerns, die Eroberung des Ostens, die Stärkung seiner sächsischen Position — das alles waren zwar Erfolge gewesen, doch nicht Erfolge jener Art, die außerhalb seiner Herzogtümer zu schäumender Begeisterung hinrissen. Diese Reise soll nun aller Welt Heinrichs Rang vor Augen führen.

Ihre Route ist denn auch nicht zufällig so umständlich ausgefallen. Denn möglichst viele Länder sollen durchzogen, möglichst viel berühmte Männer dabei getroffen, möglichst zahlreiche Staatsvisiten abgehalten werden.

Empfang in Österreich

Die erste Visite findet gleich hinter Bayerns Grenze statt. Im österreichischen Klosterneuburg empfängt den Herzog mit ausgebreiteten

Armen sein einstiger Stiefvater Jasomirgott. Waren Babenberger und Welfen je Todfeinde gewesen? Hatte Heinrich nicht in den vierziger Jahren Jasomirgott bei jeder Gelegenheit bezichtigt, ein Rechtsbrecher und Thronräuber zu sein? Alles vergessen, nie geschehen, höchstens noch ein kurzer Blick auf Gertruds Klosterneuburger Grabstätte — in diesen Tagen kann es keine intimeren Freunde geben als diese beiden Arm in Arm einherschreitenden Herren.

Österreichs Herzog zeigt sich von seiner großzügigsten Seite: Nicht nur, daß er nach einem großen Empfang in Wien die Sachsen mit allem nötigen Proviant versorgt und Schiffe seiner eigenen Flotte für die Donaufahrt bereitstellt — höchstselbst gibt er sich die Ehre, den lieben Sohn von damals bis zur ungarischen Grenze zu geleiten.

Noch ein weiterer Gast hat sich in Wien den Pilgerfahrern zugesellt und begleitet sie bis Konstantinopel: Bischof Konrad von Worms, Abgesandter Barbarossas — und das ist seltsam. Was will dieser Mann im Gefolge des Herzogs? Geht es ihm wirklich darum, für Barbarossas ältesten Sohn um die Hand einer byzantinischen Prinzessin anzuhalten? Oder hat er im Auftrag des Kaisers darauf aufzupassen, daß sich der Herzog mit Manuel von Byzanz nicht allzu gut versteht?

Die Fahrt verläuft angenehm. Gemächlich treiben die Boote den Fluß hinunter, am Ufer führen die Troßknechte die Pferde am Zügel, und abends trifft man sich zu gemeinschaftlicher Rast. Dann versammelt man sich zur Andacht, die Abt Heinrich mit großer Inbrunst abhält.

Die Reise verspricht ein Idyll zu werden. Allerdings wird sie auch ein Abenteuer. Das zeigt sich erstmals schon kurz hinter der ungarischen Grenze.

In Ungarns Stromschnellen

Noch von Sachsen aus hatte Heinrich Ungarns König Stephan III. um freies Geleit durch sein Land gebeten, und der Schwager Jasomirgotts gewährte das gern. So empfängt schon an der Grenze sein Abgesandter Floridus den Zug, um ihn sicher durch Ungarn zu führen. Doch zunächst kommt man nur bis zur Festung Gran. Dort erwartet die Ritter eine böse Nachricht.

251

Über Nacht ist König Stephan verstorben. Viel spricht dafür, daß ihn sein Bruder Bela hat vergiften lassen. Im Land droht jedenfalls Aufruhr, und Jasomirgott zieht die schleunige Abreise ins sichere Wien vor. Für Heinrich stellt sich aber nun die Frage, ob weiterhin die königliche Zusage gilt.

Seine Geistlichen schickt er nach Gran, wo man Stephans Begräbnis vorbereitet, und dort treffen sie auf Ungarns Primas, der sich seinerseits mit den ungarischen Adligen berät. Endlich fällt das erlösende Wort: An Stephans Zusicherung wird festgehalten, und die Deutschen dürfen unbehelligt weiterziehen. Erleichtert besteigen sie wieder ihre Boote, treiben die Donau hinunter, blicken zu den grünen Ufern der friedlich hingestreckten ungarischen Tiefebene hinüber.

Das Wetter ist klar, der Strom ruhig. Doch hat er auch seine Tücken.

Bei Porecz springen Felsen in den Fluß vor, und dort gerät Heinrichs Schiff in einen Strudel. Gerade hat der Herzog mit Jordan von Blankenburg und dem Schweriner Grafen zusammengesessen, als das Boot herumwirbelt und gegen die Steine prallt. Sie selbst werden ins Wasser geschleudert, mitsamt Waffen und schweren Panzerhemden, und sie wären ertrunken, wenn nicht von einer nahen Festung aus der Unfall beobachtet worden wäre. Boote rudern heran, Heinrich wird im letzten Augenblick aus dem Wasser gezogen — dieses Abenteuer ist noch einmal gut gegangen.

Die Mündung der Braniczewa wird erreicht. Sand knirscht dort unter dem Kiel der Schiffe, denn hier ist das Wasser zu flach für die Weiterfahrt, und die Ritter müssen nun über Land weiterziehen. Der Weg führt durch den berüchtigten Bulgarenwald, der schon byzantinisches Gebiet ist. Auch hierfür hatte Heinrich vorgesorgt, als er seine Boten noch vor der Abreise nach Konstantinopel geschickt und Kaiser Manuel um friedliche Passage durch sein Reich gebeten hatte. Doch scheren sich die Serben des Bulgarenwalds nicht um irgendwelche Oberhoheit. Im Dickicht versteckt beobachten sie hämisch, wie sich der Zug vorwärtskämpft.

Das Frühjahr ist angebrochen. Die Schneeschmelze weicht den Boden auf, und die schmalen Waldpfade ertrinken im Schlamm. Immer wieder bleiben die Wagen stecken, bricht ein Rad, kippt eines der schwerfälligen Fuhrwerke zur Seite. Endlich befiehlt Heinrich, soviel Lebensmittel wie möglich auf die Pferde zu laden und die Wagen mit den übrigen Vorräten zurückzulassen. Schon leicht lädiert trifft der Zug vor dem Städtchen Ravenell ein.

Gesandte Kaiser Manuels sind den Deutschen entgegengeritten und versuchen ihnen zu helfen. Doch Ravenells Bürger stellen sich taub, und ihre Tore bleiben verschlossen. Wutknirschend müssen sich die Ritter ihr Lager vor der Stadt suchen. Dort steht nun Heinrich vor seinen Leuten und hält eine empörte Rede: „Eigentlich ziemt es sich, daß wir als Pilger ruhig und friedfertig unseres Wegs ziehen. Da aber diese Söhne Belials, den Frieden verschmähend, uns mit Krieg zu bedrohen scheinen, so laßt die Fahnen wehen und rückt vor! Der Gott unserer Väter, dem zu Ehren wir die Pilgerfahrt unternehmen und dessen Geboten gehorsam wir Haus, Weib, Kinder und Brüder verlassen haben, sei mit uns! Hier gilt es, Kraft zu zeigen. Kämpfen wir tapfer! Geschehe, was dem Herrn gefällt! Wenn wir leben oder sterben, so sind wir des Herrn!" — so zeichnet es Arnold von Lübeck auf, getreulichster Protokollant dieser Orientfahrt.

Die Situation kann aber nicht nur mit großen Worten bestanden werden. 1200 Männer in einem unbekannten Land stellen keine allzu bedeutende Macht dar, und die Serben wissen das. Schon schwärmen sie aus, um die Ritter aus dem Hinterhalt zu überfallen, und ein erster Pfeil schwirrt bereits ins Lager der Deutschen, wo er sich direkt vor Jordan von Blankenburg in den Boden bohrt. Zugleich kommt vom Lager Bischof Konrads die Nachricht, daß dort zwei Ritter erschlagen worden sind.

Heinrich behält die Nerven. Zwanzig Krieger schickt er hinüber zum Bischof, und sie halten den Ansturm der Serben nicht nur auf, sondern töten auch ihren Anführer. Das entscheidet über den Ausgang des nächtlichen Spuks. Die Angreifer flüchten in die Wälder zurück, und im klaren Licht des nächsten Morgens können die Deutschen nach Konstantinopel weiterziehen. Am Karfreitag treffen sie dort ein, und Manuels Kapitale zeigt an diesem Tag noch gedämpfte Farben. Zwei Tage später teilt sich aber der Vorhang über einer Szenerie kaum noch faßbaren Glanzes: Mit allem Prunk des Orients versetzt der Kaiser seine Besucher in ein Märchenland.

Byzanz in Samt und Seide

Alle Großen des Byzantinischen Reichs sind zu Ehren des sächsischen Herzogs nach Konstantinopel zitiert, und in ihrer Mitte erwartet sie der Kaiser vor dem Hintergrund des Konstantinopler Hippodroms. Hier hat jeder dieser Großen sein Zelt aufgeschlagen, aus Purpurstoff, mit einer Goldkuppel geschmückt, und es gleißt und glimmt in der Sonne dieses Ostermontags. Wie geblendet lassen sich die Deutschen in das Zelt des Kaisers führen, über purpurne Teppiche hinweg, im matten Schein goldener Ampeln, die von der Seidendecke herunterhängen.

Auch in Deutschland läßt sich Luxus entfalten. Hier kommt aber noch die Raffinesse byzantinischen Zeremoniells hinzu: feierliche Auf- und Abgänge, große Gesten, der gemeinsame Gang zur Messe, wo dann Heinrich neben dem zierlichen älteren Herrn im Kaiserornat sitzen darf.

Der Herzog kann sich am Ziel aller Träume fühlen: Der zweitmächtigste Herrscher der Christenheit behandelt den Welfen fast wie seinesgleichen, ist ganz Charme und Höflichkeit. Sogar ein Streitgespräch zwischen seinen Geistlichen und denen des Herzogs über Unterschiede und Vorzüge beider Kirchen läßt er zu, und Abt Heinrich tut sich bei diesem Wortduell besonders hervor. Natürlich bleiben die Deutschen Sieger — oder auch byzantinische Liebenswürdigkeit, die dem Gast das letzte Wort läßt.

Dieses Übermaß an Aufmerksamkeit bleibt nicht ohne Folgen. In den Augen vieler kompromittiert es den Herzog und läßt den Verdacht aufkommen, Manuel hätte in Heinrich einen Bundesgenossen gegen Barbarossa gesucht — und gefunden. Die kühne Theorie wird allerdings nie bewiesen werden.

Auf den Herzog geht ein Regen üppiger Geschenke nieder, für den er sich nur ein wenig kärglich mit gestickten Gewändern aus sächsischem Leinen, mit Waffen und einigen ausgesucht schönen Pferden revanchieren kann. Leuchtend bunte Felle, ballenweise kostbarer Samt werden vor die Deutschen hingelegt, und die Kaiserin selbst überreicht jedem Ritter einen Zobelpelz. Gipfel byzantinischer Freigebigkeit ist aber das Schiff, das die Pilger hinüber nach Vorderasien führt.

Bisher war bei diesem Unternehmen noch nicht allzu viel von religiöser Verzückung zu spüren gewesen. An Bord des Schiffes macht sich aber doch schon die Ausstrahlung des Ziels bemerkbar, dem man entgegenstrebt. Bereits will ein Teilnehmer eine nächtliche Marienvision erlebt haben, und siehe, am nächsten Tag wird denn auch das Schiff aus nicht allzu bedrohlicher Seenot gerettet.

Jubelchöre zum Empfang

Akkon, die alte phönizische Hafenstadt, ist das Tor für alle Jerusalem-Fahrer. Nun teilt es sich auch für Pilger Heinrich. Er hält sich dort nicht lange auf. Gleich geht die Reise zum Endziel hin, wo die Deutschen bereits erwartet werden.

Schon vor der Heiligen Stadt begrüßen Ritter des Templer- und Johanniter-Ordens die Gäste. Gemeinsam reiten sie nach Jerusalem, und dort empfängt die versammelte Geistlichkeit den Zug mit Jubelchören: Wie ein Triumphator durchreitet der Herzog die Straßen, und wie ein allererster Herrscher wird er sogleich von Jerusalems König Amalrich in seinen Palast geladen. Geschmeichelt läßt Heinrich alle Ehrungen über sich ergehen, um sodann zu den erhabenen Stätten der Christenheit zu schreiten.

Voll Andacht kniet er in der Grabeskirche, geht die Via dolorosa hinunter und steigt nach Golgatha hinauf. Nach Nazareth reitet er hinüber und nach Bethlehem, besucht den Ölberg und wagt sich in Gesellschaft ansässiger Ritter bis zum Jordan vor. Inmitten seines schließlich mehr erschöpften als ergriffenen Gefolges unternimmt er auch den Aufstieg zum Berg Ephraim, wo einst der Versucher geflüstert hatte: „Dies alles will ich dir geben, wenn du niederfällst und mich anbetest." Jetzt liest hier in der sengenden Hitze eines Julitags der Abt Heinrich eine Messe.

Der Herzog ist nicht mit leeren Händen nach Jerusalem gekommen. Seine Dotationen sind eines reichen Fürsten würdig: Für die Grabeskirche stiftet er einen Mosaikboden sowie puren Silberbezug für die Türen und schließlich noch drei Ewige Lampen zur „Erlassung von seinen, seiner Gemahlin, seiner zukünftigen Erben und seines ganzen Geschlechts Sünden". Tausend Silbermark erhalten Johanniter und Templer — noch lange soll man von diesem großzügigen Herzog und seinem Besuch sprechen.

Damit hat die Reise ihren Zweck erfüllt und könnte eigentlich zu Ende sein.

Doch hält es den Herzog noch auf dem fremden Kontinent. Er ist neugierig geworden. Und so wählt er denn für die Rückfahrt auch nicht den Seeweg, sondern reist von Akkon aus nach Antiochia, wo Manuels Schwager Bohemund residiert. Dort beginnt aber erst das eigentliche Abenteuer „Morgenland", nachdem sich Heinrich in Jerusalem nur unter Menschen seiner Hautfarbe und Religion bewegt hatte.

Morgenland — so und so

Zwanzig Ritter in der bunten Tracht der Sarazenen stehen in Antiochia vor dem Herzog, der seine Rückreise nach europäischem Muster zu organisieren gedenkt: höfliche Bitten um freies Geleit an die Fürsten, deren Länder man durchzieht, und dann die Gewißheit, sich auf solche Versprechen auch verlassen zu können. So zeigt er sich hocherfreut und sehr beruhigt, als ihm diese zwanzig Sarazenen als Abgesandte des Sultans von Armenien diese Zusicherung geben, und muß erst von Bohemund nachdrücklich darüber aufgeklärt werden, daß er auf dem besten Weg in eine Todesfalle ist. Denn dieser Sultan gehört zu Bohemunds schlimmsten Feinden und dürfte nur allzu begierig darauf warten, dessen Gast Heinrich ans Messer zu bekommen.

Der Herzog begreift, daß er hier nicht abendländischen Maßstab anlegen darf. Zu Schiff setzt er nun nach Kleinasien über. Ikonium wird dort seine nächste Station. Dabei lernt er wiederum ein ganz anderes Morgenland kennen: nach unberechenbarer Grausamkeit überströmende Gastfreundschaft.

Ein alter, an beiden Beinen gelähmter Herr wird dem Herzog und seinen Begleitern entgegengetragen: der Sultan von Ikonium. Mit allem Überschwang des Orients umarmt und küßt er den Besucher, nennt ihn einen Blutsverwandten, was Heinrich nicht schlecht staunen läßt. Diese so hymnisch apostrophierte Verwandtschaft erweist sich denn auch als zu weitläufig, um weiter ernst genommen zu werden. Doch umgibt den Herzog in den nächsten Tagen eine Welt, die zu bunt und zu fremd ist, als daß er sie ganz fassen könnte.

Heinrich steht vor Zelten aus schwarzem Filz, sieht Sklaven und Kamele und kann nur benommen nicken, als der Sultan sechs solcher Zelte auf Kamelen verladen läßt und diese kleine Karawane nebst dazugehörigen Sklaven seinem Gast als Präsent verehrt. Ein Rock und ein Mantel aus schillernd bunter Seide werden dem Deutschen übergeworfen, der zu Hause diese Aufmerksamkeiten zu Priesterornaten verarbeiten läßt. Nicht viel mehr weiß er mit den beiden gezähmten Geparden anzufangen, die ihm der Sultan als Jagdtiere überläßt. Doch ist er auf sie so stolz, daß er sich später in ihrer Mitte auf einer Münze verewigt.

Noch immer findet der Strom der Geschenke kein Ende. Achthundert Pferde tänzeln vorüber. Große Geste des Sultans: Ein jeder Ritter möge sich doch ein Tier nach eigenem Belieben aussuchen. Ein zweiter Wink — und dreißig weitere Pferde werden herbeigeführt, mit silbernem Zaumzeug und Elfenbeinsätteln: spezielle Gabe für den Herzog. Das größte Geschenk macht aber der Gastgeber erst zum Schluß: Zu Ehren Heinrichs werden alle christlichen Sklaven in die Freiheit entlassen.

Das alles ist vielleicht zu viel, als daß es Heinrich ganz verstehen würde. Er begreift nicht, daß hier lediglich ein geschätzter Gast nach orientalischem Brauch ausgezeichnet werden soll. So meint er denn ernsthaft, sozusagen als Gegenleistung, nunmehr die Seele dieses bezaubernden, wenn auch leider ungläubigen alten Herrn vor sicherer Verdammnis retten zu müssen. Hat er schließlich nicht, unter welchem Vorzeichen auch immer, so viele Slawen zum wahren Glauben geführt, daß sie nun als gute Christenkinder „Satans Wut verlachen" dürfen, wie Arnold von Lübeck später schreibt?

Es kommt zu einem tragisch-komischen Zwischenspiel, und Heinrich blamiert sich dabei gründlich.

Die verunglückte Bekehrung

Im Palast von Ikonium lagern Herzog und Sultan Seite an Seite, und inmitten sanfter Wohlgerüche, gedämpften Lichts und allgemeiner Freundlichkeit ereifert sich nun Heinrich sehr. Eindringlich malt er alle Schrecken aus, die den Ungläubigen im Jenseits erwarten, nennt die Religion seines Gastgebers einen heidnischen Aberglauben und preist bewegt Vorzüge wie Richtigkeit des Christentums — sogar Arnold von Lübeck, selbst schließlich Kirchenmann, schüttelt über so viel plumpes Ungeschick den Kopf.

Armer Heinrich — als Redner macht er vor einer Schar kampfeslustiger Ritter bessere Figur als bei diesem klugen alten Mann, der seiner monumentalen Taktlosigkeit mit lächelnder, sehr orientalischer Ironie begegnet: „Es ist nicht schwer zu glauben, daß Gott, der den ersten Menschen aus Ton gebildet hat, in einer unbefleckten Jungfrau Fleisch geworden ist."

Rückkehr mit schwerem Gepäck

Dennoch sind es schöne Tage in Ikonium. Heinrich und seine Leute brauchen sie. Denn für den weiteren Weg hat der Herzog zufällig oder mit Bedacht den gleichen Weg gewählt, auf dem einst Konrad III. mitsamt seinem Heer fast zugrunde ging. Nun mag sich der Herzog ausmalen, was ihm damals erspart geblieben ist: Hitze, Fieber, Durst und die trostlose Monotonie dieser verkarsteten, abweisenden Landschaft.

Noch einmal Konstantinopel, diesmal nur als kurze Zwischenstation: Manuel hält sich gerade in Manipolis auf, und dort begegnen sich die beiden Herren ein zweites Mal. Von neuem überreicht der Kaiser Geschenke, vierzehn mit Gold, Silber und Seide beladene Maultiere, doch Heinrich lehnt bescheiden ab. Lieber seien ihm einige Reliquien, und Manuel erfüllt die Bitte, die so bescheiden wieder nicht ist. Denn Reliquien bedeuten für ihren Aufbewahrungsort verstärkte Besucherströme, und Kaufmann Heinrich dürfte das durchaus vor Augen gehabt haben.

Mit schwerem Gepäck tritt er die eigentliche Heimreise an: wieder durch den Bulgarenwald, die Donau hinunter durch Ungarn nach Österreich und von dort heim nach Deutschland: Was hat nun diese Reise gebracht?

Heinrich kann zufrieden sein: Überall sah er sich als ein Erster Fürst bestätigt — soweit war diese religiös gefärbte Good-will-Tour ein voller Erfolg. Politisch hat sie allerdings kaum Bedeutung.

Für den Herzog eröffnet sie keine neue Perspektiven, Ziele und Möglichkeiten. Weder verengt noch bereichert sie seine persönliche Macht. Und er selbst kehrt ganz unverändert aus Ländern zurück, die zu fern und zu fremd sind, als daß sich ihre Eigenart seinem Wesen mitteilen könnte. So bedeutet also diese Pilgerfahrt ins Heilige Land, die am 13. Januar 1172 in Braunschweig begann und fast auf den Tag genau ein Jahr später an der gleichen Stelle endet, nicht mehr als „einmal Orient und zurück".

Heinrich muß aber erleben, daß bei einer Reise das Aufregendste die Rückkehr sein kann.

21. Kapitel
Vom Ende einer Freundschaft

Ein peinliches Gelöbnis

Heinrich ist höflich. Gleich nach seiner Rückkehr aus dem Orient macht er in Augsburg Zwischenstation und erstattet dem Kaiser Bericht. Auch noch das Weihnachtsfest 1172 feiern sie gemeinsam. Erst dann reitet der Herzog nach Braunschweig weiter.

Also alles wie immer: herzliches Einvernehmen zwischen beiden Männern, Vertrauen, Höflichkeit — doch der Schein trügt.

Immer deutlicher wird, daß sich die Freundschaft zwischen Barbarossa und dem Löwen zu erschöpfen beginnt. Das ist nicht die Entwicklung eines Augenblicks. Sie zieht sich über Jahre hin. Doch in diesen Jahren mehren sich die Anzeichen wachsender Entfremdung. Mit immer größerer Skepsis betrachten sich Kaiser und Herzog: Wer ist der andere eigentlich? Hat man ihn vielleicht nicht in seinem eigenen Schatten allzu groß werden lassen? Ist der Freund im Grunde nicht ein — Feind?

Vor diesem Hintergrund wirken selbst noch nicht so wichtige Vorgänge bedrohlicher, als sie es eigentlich sind.

Gleich nach seiner Rückkehr kommt Heinrich eine Geschichte zu Ohren, in der Barbarossa eine recht merkwürdige Rolle spielt: Während seiner Abwesenheit soll der Kaiser einigen sächsischen Vasallen den Eid abgenommen haben, im Fall von Heinrichs Tod nur ihm selbst, Barbarossa, ihre Burgen zu übergeben. Eine Formsache und Vorsichtsmaßnahme am Rande, so scheint es — und doch muß sich der Herzog seltsam berührt fühlen, daß sich sein bester Freund bereits so intensiv mit dem Gedanken an die Zeit nach seinem Ableben beschäftigt. Außerdem verstößt es gegen jenes ungeschriebene Gesetz ihrer Freundschaft, daß für den einen die Interessensphäre des anderen tabu ist.

Doch was heißt noch „Freundschaft"? Gibt es sie überhaupt

noch? Haben ihr nicht die letzten zwanzig Jahre so völlig neue Vorzeichen gegeben, daß ihr ursprünglicher Sinn geradezu in sein Gegenteil verkehrt wurde?

Denn nicht nur die Situation im Reich, auch diese beiden Männer haben sich seit jenem Jahr 1152 gründlich verändert. Der Kaiser ist nun ein Mann nahe den fünfzig, noch immer eine blendende Erscheinung, doch auch nicht mehr der strahlende Jüngling. Der werbende Charme seiner frühen Jahre wirkt distanzierter, sein Pathos weniger überspannt. Mit gelassener Hoheit steht er als *der* Kaiser da. Seine Fehlschläge haben ihm nicht schaden können. Im Gegenteil: Sein Nimbus nimmt noch ständig zu. Und das ist eigentlich seltsam. Denn an seinen früheren Versprechungen gemessen hat Barbarossa eher wenig erreicht. Trotzdem hat das Reich durchaus Grund, von diesem Kaiser begeistert zu sein.

Gründe einer Begeisterung

Das ganz große Italienspiel mißlang — doch kann ein allgemeiner Aufschwung des Reichs nicht übersehen werden: Die furchtbare Unsicherheit, das allgemeine Gefühl von Untergang und Endzeit aus den Jahren Konrads III. sind vorbei. Im Reich herrscht weithin Frieden. Polen, Böhmen werden vom Kaiser abhängig. Die Ehe mit Beatrix hat Burgund in Barbarossas unmittelbaren Machtbereich gebracht: Das alles wertet die Kaiserwürde insgesamt so sehr auf, daß jeder einzelne das Gefühl haben darf, nun wieder in einem geordneten und starken Reich zu leben. Vor diesem Hintergrund kann der Staufer getrost am weiteren Ausbau seiner Macht arbeiten.

Nach wie vor steht dabei Italien im Mittelpunkt seines Denkens. Nur die Methode wechselt. Mit Rainald von Dassel starb auch die Zeit der weitgespannten Konzepte, die zunächst die großen Fragen, dann erst die kleineren Probleme lösen sollten. Rainalds Stelle als Erster Berater nehmen nun der vitale, stets in Schulden und Frauengeschichten verwickelte Christian von Buch sowie der wegen seiner Schönheit berühmte und wegen seines hemmungslosen Ehrgeizes berüchtigte Kölner Erzbischof Philipp von Heinsberg ein, zwei kluge, hochgebildete Männer, die aber doch den toten Kanzler nicht ersetzen können. Barbarossa steht allein. So kehrt er wieder zur typischen Staufer-Politik zurück, zu kleinen Schritten, geschmeidigen Kompromissen, fast unmerklichen Machtverschiebungen. Gezwungenermaßen konzentrieren sie sich nach der Katastrophe von 1167 allesamt auf Deutschland.

Mehr Besitz für die Staufer

Schon immer hat Barbarossa die eine große Schwäche der Staufer zu beheben versucht: den relativ geringen Besitz an eigenem Grund und Boden. Der nicht ganz legitime Tauschhandel von 1158 mit Heinrich dem Löwen war dafür ein erster Schritt gewesen. Zielstrebig ging Barbarossa auf diesem Weg voran.

Eine „Königslandschaft" entstand im mitteldeutschen Osten. In der Schweiz wechselten Güter in staufischen Besitz über. Später kamen noch Gebiete in Ostfranken hinzu. Dies war nun schon ein Machtbereich, der sich neben dem der Welfen sehen lassen konnte. Und wie der Vetter in Sachsen war auch Barbarossa bemüht, diesen Besitz fest in seine Hand zu bringen.

Reichsburgen entstanden: in Hagenau und Trifels, Kaiserslautern und Nürnberg, Dortmund und Gelnhausen, schließlich in Altenburg und Eger, den Mittelpunkten jener östlichen „Königslandschaft". Daneben wurden aber auch sogenannte „Dienstmannenburgen" gebaut, nicht so prächtig wie die Pfalzen, doch vielleicht noch wichtiger. Denn von dort aus verwalteten strikt nach Barbarossas Weisung Reichsministeriale die kaiserlichen Ländereien.

Nicht nur das erinnert an Heinrichs Versuche einer neuartigen Administration. Wie der Löwe schaltet sich auch Barbarossa in das Wirtschaftsleben ein, verhilft unter anderem Augsburg und Ulm zum Stadtrecht und fördert den Handel, um den stets leeren kaiserlichen Kassen neue Einnahmequellen zu erschließen. Er wird darüber kein „Bürgerkaiser" wie Heinrich ein „Bürgerfürst". Das *politische* Moment im erwachenden Bürgertum seiner Zeit bleibt ihm zutiefst wesensfremd: Vor allem seine große Ahnungslosigkeit, sein kopfschüttelndes Unverständnis gegenüber den lombardischen Städten ist dafür der zwingendste Beleg. Doch braucht der Kaiser das Geld, das ihm bürgerfreundliche Politik bringt.

Der Romantiker als Realist

Der Romantiker Barbarossa war immer schon ein Realist. Ganz und gar realistisch geht er dann nach dem vierten Italienzug im Jahr 1168 daran, die Position der Staufer innerhalb Deutschlands fest zu verankern: Schon 1169 wird sein Sohn Heinrich in Aachen zum König und Nachfolger gekrönt — ein wichtiger Schritt zum Erbrecht der Stauferdynastie. Zugleich verstärkt der Kaiser das Fundament dieser Dynastie, unter der er nun schon seine engste Familie versteht. In geradezu makabrer Weise wird dafür die Seuche von Rom zu seinem großen Vorteil, den er ohne Hemmung nutzt.

Mit dem Tod so vieler Ritter sind auch viele Lehen frei geworden, und Barbarossa kassiert sie allesamt. Zugleich schanzt er die schwäbische Herzogwürde, bis dahin in der Hand seines am Fieber gestorbenen Vetters Friedrich von Rothenburg, seinem ältesten Sohn zu und bedenkt auch seine anderen Söhne großzügig. Rothenburg erhält sein Sohn Konrad, die Statthalterwürde von Burgund und Arelet sein Sohn Otto. Der jüngste schließlich, Philipp, wird mit Krongütern und kirchlichen Lehen ausgestattet. Zunehmend spannt sich über Deutschland ein immer dichteres Netz, dessen Fäden der Kaiser in der Hand hält. Der größte Brocken entzieht sich aber diesem Netz: das Reich Heinrichs des Löwen in Nord und Ost.

Heinrich — ein heimlicher Kaiser?

Aufmerksamer denn je betrachtet in diesem Stadium der Entwicklung der Kaiser seinen Freund aus dem Norden: Da steht also dieser Welfe als Herr zweier reicher, glänzend organisierter Herzogtümer. Er hat seinen Adel niedergezwungen, die Geistlichkeit unter seinen Einfluß gebracht und kontrolliert seinen Machtbereich, als sei kein Kaiser über ihm.

Wie zeigt ihn doch sein Evangeliar aus den sechziger Jahren?

Zwar kniet dort Heinrich — doch kniet er vor Gott, nicht vor dem Kaiser, und Gott, nicht der Kaiser reicht ihm und seiner Frau die Kronen, wobei welfische Ahnen das Paar umstehen. Deutlicher läßt es sich nicht sagen, und der Text dieses Evangeliars brauchte gar nicht mehr eigens Sachsen als *imperium* auszuweisen, Heinrich brauchte sich auf Urkunden gar nicht erst ausdrücklich Herzog von *Gottes* Gnaden zu nennen, wie er es tut: Dieses eine Bild spricht seine hinreichend klare Sprache. Heinrich der Löwe sieht sich als Erbe eines Welfenreichs, dessen höchster Rang, die Herzogwürde, ihm unmittelbar von Gott verliehen wird. Der Kaiser gerät darüber zur benachbarten Instanz, deren Obergewalt an den Grenzen des eigenen Reichs endet.

Solches Selbstverständnis wirkt sehr anmaßend. Doch darf man nicht vergessen, daß Heinrich im Schicksalsjahr 1152 durchaus berechtigte Ansprüche auf die höchste Würde im Reich zurückstellte, um von nun an einem bis dahin gleichrangigen Partner, eben dem Staufer Friedrich, ein loyaler Fürst zu sein. Ob er das nun bewußt auf sich nahm oder von der Entwicklung überrollt wurde, bis ihm nichts anderes übrigblieb, als sich mit einem Stauferkönig abzufinden — in beiden Fällen vergaß darüber der Kaiserenkel Heinrich diesen ursprünglichen Anspruch nicht.

Immer wieder sieht man ihn Muster aufgreifen, die sein Großvater Lothar III. vorgezeichnet hat: bei den Gotland-Urkunden, bei seiner gesamten Politik jenseits der Elbe, auch bei seinem Verhalten innerhalb sächsischer Grenzen — er führt dabei Ansätze weiter, die Lothar in einer Zeit schuf, als der Supplinburger Kaiser und Herzog zugleich war und die problematische sächsische Herzogwürde in einer Weise aufwertete, daß man kaum noch unterscheiden konnte, ob da der Kaiser oder der Herzog handelte. Das gleiche tut auch sein Enkel. Nur ist Heinrich eben *kein* Kaiser.

Nicht, daß er nun selbst nach der Kaiserwürde strebt, obwohl das immer wieder behauptet wird — er nimmt nur als Herzog von Sachsen einen Status in Anspruch, in den sich kaiserliche Rechte mischen und der nichts mehr mit der Herzogwürde nach Billunger-Art gemein hat. Entsprechend verhält er sich.

Mit Königen verkehrt er wie mit seinesgleichen. Mit einer Königstochter ist er verheiratet. Seinen Söhnen gibt er Namen Erster Herrscher. Seine Burg baut er nach dem Muster einer Kaiserpfalz. Oft und gern betont er auch seine Abstammung von Karl dem Großen. Und erinnert nicht der Bronze-Löwe vor Dankwarderode verdächtig an eine ähnliche Statue vor Karls Aachener Pfalz?

Später wird es heißen, Heinrich hätte nach dem Königstitel gestrebt. Das wäre nicht abwegig gewesen. Denn zum Wesen dieses im Aufbruch begriffenen Jahrhunderts gehört auch die neue Definition machtpolitischer Positionen und Würden, die in die alten Kategorien nicht mehr passen. Warum hätte Heinrichs Sachsen eine Ausnahme machen sollen, da doch in dieser Zeit Böhmen Königreich wird und Jasomirgott für Österreich ähnliches versucht? Das braucht noch nichts mit Separationsbestrebungen zu tun haben. Nur hätte es dann eben innerhalb des deutschen Reichs ein halbwegs oder weitgehend selbständiges Königtum mehr gegeben, Dänemark oder Polen vergleichbar.

Es geht aber nicht um Titel. Es geht um den Status quo. Dabei muß sich der Barbarossa der Jahre zwischen 1168 und 1176 damit abfinden, daß innerhalb seines Reichs mit dem Sachsen Heinrichs des Löwen ein „Staat im Staat" herangedieh, dessen Herr nur noch bedingt unter kaiserlichem Einfluß steht.

Das ist aber das große Problem.

Mit einem Reich, das sowohl Deutschland wie Italien umfaßt, wäre solch ein internes Staatsgefüge vereinbar gewesen. Anders sieht es aus, wenn für den Kaiser Deutschland das einzige Territorium seiner Macht darstellt. Hier fängt für Barbarossa das „Problem Heinrich" an, das im Grunde das „Problem Sachsen" ist. Dieses Problem bestimmt die dritte und letzte Phase ihrer Freundschaft.

Letzte Station einer Freundschaft

In der ersten Phase hatte die strikte Gegenseitigkeit einer Interessengemeinschaft geherrscht. Dann war jene Zeit gefolgt, in der beider Interessen nebeneinanderliefen, ohne sich zu stören. Es war die vielleicht beste und fruchtbarste Zeit dieser Verbindung, und Heinrich konnte tatsächlich vorübergehend wie ein Zweit- oder Nebenkaiser wirken. Barbarossa billigte das. Für die Zeit seiner Abwesenheit während des zweiten Italienzugs war Heinrich ganz offiziell sein Stellvertreter und wurde sogar, wenn auch mehr symbolisch, als möglicher Nachfolger deklariert. An Kaisers Statt nahm Heinrich der Löwe in dieser zweiten Phase auch außenpolitische Interessen des

Reichs wahr: Noch 1168 zog der Herzog in kaiserlichem Auftrag und von Barbarossas Ersten Ratgebern Christian und Philipp flankiert nach Rouen zu Heinrich II., um den stets schwankenden und unberechenbaren Engländer wieder fest auf den Kurs des Kaisers zu bringen. Diese diplomatische Mission brachte zwar kaum mehr als die erste persönliche Begegnung des Löwen mit seinem um einige Jahre jüngeren Schwiegervater. Doch markiert sie immerhin die politische Einheit, die damals noch Kaiser und Herzog waren — und den Stellenwert, den dabei Heinrich für Barbarossa einnahm.

Jetzt aber braucht der Staufer keinen Stellvertreter mehr, und seine Erben werden seine inzwischen geborenen Söhne sein. Damit beginnt die dritte Phase der Freundschaft zwischen Rotbart und Löwe. Die Gemeinsamkeit zerbrach. Es bleibt Rivalität. Beide Männer sind jeweils zu mächtig geworden, als daß in Deutschland noch lange Platz für zwei Machtmenschen ihres Schlags und Anspruchs sein kann.

Barbarossa rechnet nach

Barbarossa rechnet kühl und genau: Italien muß er fürs erste verloren geben. Hierfür braucht er also die Hilfe des Welfen nicht mehr. Ein Bündnis zwischen dem Löwen und Alexander III. ist seit dem Würzburger Schwur nicht mehr möglich. In Deutschland bedeutet dieser übermächtige Herzog nur eine Belastung der kaiserlichen Position. So bahnt sich unter neuem Vorzeichen ein alter, fast vergessener Konflikt wieder an: der Kampf zwischen Welfen und Staufern.

Ganz war er nie zur Ruhe gekommen, hatte jedoch nur die zweite Garnitur beider Sippen beschäftigt: Noch 1163 war Heinrichs schwäbischer Vetter Welf, Sohn Welfs VI., gegen den Stauferherzog Friedrich von Schwaben aus nichtigem Anlaß ins Feld gezogen, und sein Vater, unverbesserlich, hatte mit Alexander III. konspiriert. Heinrich der Löwe hielt sich allerdings aus diesen Querelen strikt heraus. Einmal lag ihm seine süddeutsche Verwandtschaft ohnehin nicht, und außerdem ging seine eigene Staufer-Familienpolitik andere, friedlichere Wege: Drei Jahre nach jener Fehde mit dem jungen Welf hatte der gleiche Herzog Friedrich, Sohn Konrads III., Heinrichs älteste Tochter Gertrud geheiratet — ein weiteres Band zwischen den beiden Sippen, das allerdings mit Friedrichs Tod vor Rom auch gleich wieder zerrissen war.

Barbarossa will nicht die Wiederbelebung des alten Welfen/Waiblinger-Zwists. So gehen zunächst noch seine Versuche, Heinrichs Macht zu schmälern, eher unauffällige Wege. Das seltsame Gelöbnis, das er während des Herzogs Orientfahrt den sächsischen Vasallen abgenommen hatte, ist dafür ein erstes Beispiel, und Heinrich reagiert zutiefst gekränkt. Jedoch irrt er sich, wenn er es für einen einmaligen Faux pas seines Kaisers hält. Wenig später muß er an einem zweiten Beispiel erkennen, daß Barbarossa durchaus nach System vorgeht. Anlaß wird dafür ausgerechnet beider Onkel Welf VI.

Der Lebegreis auf der Ravensburg

Für Welf VI. war es ein furchtbarer Schlag gewesen, als sein Sohn Welf VII. vor Rom an Fieber starb. Denn an diesen jungen Mann hatten sich all seine ihm noch verbliebenen Hoffnungen geknüpft. Jetzt mußte er sehen, wie auch noch diese letzte Hoffnung verschwand: Dem war er nicht gewachsen. Vor aller Augen vollzog sich mit dem alten Haudegen ein grotesker Wandel.

Seine Frau Uta jagte er davon. Die Ravensburg öffnete er jedem Spielmann, jeder Dirne, die vorüberzogen. Feste und Jagden ließ er sich ein Vermögen kosten und trat dabei mit Christian von Buch in den unedlen Wettstreit, größter Lebemann seiner Zeit zu sein. Dann wieder quälten ihn Gewissensbisse, und ein weiteres Vermögen schleuderte er für den Bau von Kirchen und Klöstern heraus.

Welf VI. war reich genug, um sich Lotterleben und Wohltätigkeit eine Zeit lang leisten zu können. Doch kommt der Punkt, an dem der alte Mann bankrott ist. Da erscheint er vor Heinrich mit einem Angebot. All seine italienischen Güter soll der Löwe nach seinem Tod erhalten und auch als Erbe seiner deutschen Besitzungen eingesetzt werden, wenn er ihn das fröhliche Leben auf der Ravensburg weiterführen läßt.

Von Meer zu Meer Welfenbesitz in einer Hand — dieser verlockenden Aussicht kann Heinrich nicht widerstehen. Er geht also zunächst auf das Angebot ein. Dann kommen ihm doch Bedenken: Schließlich sind es nicht Pfennige, die sein Onkel verlangt — verschleudert also nicht Heinrich ein Vermögen für etwas, das ihm eines Tages ohnehin zufallen wird?

Ein wenig zu schlau ist der Herzog, als er zwar mit Welf VI. den Vertrag schließt, mit der Zahlung aber zögert, bis sein Onkel ungeduldig wird. Dem ist inzwischen eingefallen, daß er ja auch noch einen zweiten Neffen hat: Kaiser Friedrich Barbarossa.

Barbarossa greift sofort zu, als ihm der von seinen Gläubigern bedrängte Welf den gleichen Vorschlag macht wie zuvor dem Löwen. Gold wechselt die Kassen, Welf VI. kann zu neuen Festen laden — und der Staufer ist jetzt offiziell Erbe des zweitgrößten Welfenbesitzes.

Nun mustert aber auch Heinrich den Mann dort auf dem Kaiserthron mit wachsender Skepsis: Wird hier bereits in aller Stille an der gemächlichen Aushöhlung seiner Macht gearbeitet?

Heinrichs Gegenrechnung

Vertrauen gegen Vertrauen — das hatte die beiden Männer bisher aneinander gebunden. Jetzt ist dieses Vertrauen erschüttert. So macht denn nicht nur Barbarossa, sondern auch Heinrich Bilanz. Auch er rechnet nach: Was hat er noch von diesem Kaiser zu erwarten?

Mächtiger, als er ist, kann der Löwe nicht mehr werden. Dieser Macht meint er sicher zu sein. Zu Barbarossas italienischen Ambitionen hat er nie eine innere Beziehung gehabt. Warum soll er also noch einen Mann bei der Ausweitung seiner Macht unterstützen, wo der andere diese Macht gegen ihn auszuspielen beginnt?

Damit ist das Bündnis von 1152 endgültig absurd geworden. Diese Freundschaft, die keine Freundschaft, sondern ein Rollenspiel war, hat ihren Zweck erfüllt. Jetzt wenden sich ihre Gesetze gegen die Beteiligten. Ihre Rollen sind gespielt, haben sich selbständig gemacht und stehen sich nun nur noch im Weg. Man wird sich also ihrer entledigen müssen.

Doch wird einer dabei auf der Strecke bleiben. Das ist offensichtlich.

Das alles hat nichts mit persönlichen Empfindungen zu tun. Selbst in den Zeiten schärfster Gegnerschaft wird sich kein Zeichen persönlichen Hasses zwischen diesen beiden Männern finden. Doch bleibt das ohne Bedeutung. Persönliches stand nicht am Anfang des Bundes und wird auch nicht an seinem Ende stehen. In den siebziger Jahren erkennen lediglich zwei Politiker, daß ihre Wege nicht mehr die gleichen sein können. Nun fragt sich noch, wann diese Wege zur Konfrontation dieser beiden Politiker führen.

Zunächst scheint noch alles unverändert. Kaiser und Herzog sind häufig beisammen, wechseln höfliche Briefe, nicken sich wohlwollend zu. Doch unter der Oberfläche knistert es. Zu offener Gegnerschaft fehlt nur noch der Anlaß.

Dieser Anlaß kommt.

VI. Teil
Der Prozeß

„. . . wir haben daher nach erfolgter Beratung mit den Reichsfürsten, auf ihren gemeinsamen Rat hin, das Herzogtum, welches Sachsen heißt, in zwei Teile geteilt . . .“

Aus der Gelnhauser Urkunde vom 13. April 1180

Die Gelnhauser Urkunde — eines der wichtigsten und folgenreichsten Dokumente deutscher Geschichte: Mit diesem Urteil zerstückelte Kaiser Friedrich I. den „Staat" Heinrichs des Löwen. Früher im Besitz des Hauptstaatsarchivs Düsseldorf, wurde die Urkunde im Zweiten Weltkrieg vernichtet.

22. Kapitel
Das Rätsel Chiavenna

Vorspiel einer Einladung

Im Frühjahr kann es in der Gegend um den Comer See sehr schön sein. Doch noch ist es Winter, als Heinrich der Löwe dorthin reitet, um in der kleinen Ortschaft Chiavenna seinen Kaiser zu treffen.

Beide haben keinen allzu weiten Weg.

Heinrich kommt von Bayern her, wo er gerade einen langwierigen Streit zwischen dem Reichsberger Propst und einem aufsässigen Ritter zu schlichten sucht. Barbarossa trifft wiederum aus Pavia ein, seinem Standquartier während des fünften Italienzugs, zu dem er anderthalb Jahre zuvor, im Herbst 1174, aufgebrochen war.

Lange sah es so aus, als sei dem Kaiser Italien nicht mehr so wichtig. In der Tat überschritt in den Jahren zwischen 1168 und 1174 Barbarossa kein einziges Mal die deutschen Grenzen und konzentrierte sich auf deutsche Probleme, doch war diese ruhigste Ära seiner Laufbahn nur eine Pause, die Stille zwischen zwei Stürmen.

Der Schock von 1167/68 hatte sich wieder gelegt. Barbarossas Position im Reich blieb unberührt, und im Ausland ergaben sich mit der Zeit Machtverschiebungen, die den Kaiser allmählich aus der großen Isolation der Ära Rainalds von Dassel herauslösten.

Der gleichermaßen wichtigste wie unzuverlässigste Partner war zunächst noch Englands Heinrich II. gewesen. Dann geschah es aber, daß dessen jahrelanger Streit mit dem Erzbischof von Canterbury in eine Katastrophe mündete: 1170 war Thomas Becket im Dom von Canterbury ermordet worden, und alle Welt hatte Heinrich II. die Schuld gegeben. Ganz Europa war damals von ihm abgerückt, voran Barbarossa, der mit solch einem Verbündeten nichts mehr zu tun haben wollte. Alexander III. zeigte weniger Skrupel. Nachdem erst Heinrich hinreichend inbrünstig sein „Mea culpa" gerufen hatte, schloß der Papst ihn mit väterlicher Güte in die Arme — und hatte

273

einen diensteifrigen, da bußfertigen Anhänger mehr. Dafür nahm Barbarossa Verbindung zum bisher feind!ichen Frankreich auf, wovon er sich vor allem eines versprach: Aussöhnung mit Alexander III. Denn das wollte er: endlich Frieden mit dem Papst.

Das Schisma war längst Farce geworden. Jeder sah in Alexander den alleinigen und wahren Papst, wohl auch Barbarossa selbst, der schon bei der Krönung seines Sohnes vom Würzburger Schwur keine Silbe mehr hatte verlauten lassen. Zielstrebig arbeitete er auf einen Kompromiß mit Alexander hin. Schon 1168 hatte er damit begonnen, als Paschal III., Papst von Rainalds Gnaden, starb.

Damals hatten seine Anhänger rasch einen der ihren als Kalixt III. zum neuen Gegenpapst gewählt. Doch ließ sich diesmal der Kaiser nicht überrumpeln und zögerte lange, bevor er Kalixt als „seinen" Papst anerkannte. Zuvor war noch emsig mit Alexander III. verhandelt worden, doch ohne Resultat, und Barbarossa, tief enttäuscht, hatte schließlich ein weiteres Mal geschworen, Alexander niemals anzuerkennen. Aber das war schon nicht mehr ganz ernst zu nehmen.

Der Kaiser wußte selbst, daß er mit seinen Gegenpäpsten gescheitert war und der Kirche ebensowenig einen Kalixt wie vorher einen Viktor als Oberhaupt aufzwingen konnte. Doch gab es noch das eine Hindernis für den Frieden mit Alexander: den Städtebund der Lombarden. Zu eng war der Papst mit ihm verbunden, als daß er diesen Partner um der Versöhnung mit Barbarossa willen hätte preisgeben können. Die Konsequenz hieß also, Papst und lombardischen Bund voneinander zu trennen, den Bund selber zu zerschlagen. Unter diesem Vorzeichen stand von nun an des Kaisers Italienpolitik. Erst dahinter rangierte die Hoffnung, in der Lombardei wieder Herr zu sein.

Ein Bund zerfällt

Unmittelbar nach 1168 wäre der Gedanke an einen Sieg über die Lombarden noch pure Illusion gewesen. Damals hatte sich der Städtebund auf solcher Höhe seiner Macht befunden, daß seine Mitglieder über den Kaiser dort jenseits der Alpen nur lächeln konnten: Was wollte überhaupt noch dieser Mann, den man wie einen Hund außer

Landes geprügelt hatte? Stolz erhob sich zwischen Asti und Tortona die 1168 gebaute und nach ihrem Schutzherrn Alexander benannte Zwingburg Alessandria, steinernes Symbol lombardischer Unabhängigkeit. Doch allmählich verlor sich wieder die Schutz- und Trutz-Euphorie der ersten Stunde.

Im grauen Alltagslicht zeigte dieses Bündnis so vieler und verschiedener Partner immer tiefere Risse: Das von neuem erstarkte Mailand machte Cremona den Führungsanspruch streitig. Einst kaisertreue Städte wie Pavia und Pisa sahen sich mehr wie Unterworfene als Verbündete behandelt und wollten ihren Kaiser Barbarossa wiederhaben. Barbarossa selbst blieb wiederum nicht untätig. Mit der Lombardei hatte er schließlich nicht gleich ganz Italien verloren. In Rom blieb sein Einfluß stark, und in Mittelitalien besaß er Stützpunkte, von denen aus sein Kanzler Christian von Buch bewies, daß er sich nicht nur auf „Maultiere" verstand, wie Spötter sowohl die zahllosen Pferde wie auch die Geliebten des lebensfrohen Mainzer Bischofs nannten. Von 1171 an bewährte sich Christian in Mittelitalien als ein glänzender Diplomat, der nicht nur das ursprünglich zum Bund gehörende Venedig aus der lombardischen Umklammerung löste, sondern auch die Städte der Toscana fest auf die kaiserliche Seite ziehen konnte.

1172 war es dann wieder soweit. Von neuem beschloß der Kaiser eine Italienfahrt, die nun die Entscheidung bringen sollte.

Zum fünften Mal: Italien

In diesem Jahr 1172 nehmen die Fürsten die Ankündigung einer neuen, der fünften Italienfahrt Barbarossas mit sehr gemischten Gefühlen auf. Den stärksten Beifall erhält der Kaiser von der Geistlichkeit, die am dringlichsten die Beendigung des Schisma wünscht. Die weltlichen Fürsten bleiben kühler und zeigen wenig Sehnsucht nach einer Wiederholung der Katastrophe von 1167. Allerdings scheint sich Barbarossa auch nicht sehr um ihre Teilnahme bemüht zu haben, wie er überhaupt bemerkenswert gelassen an die Vorbereitung dieses seines größten Abenteuers geht.

Ganze achttausend Mann sind es schließlich, die ihm im September 1174 über die Alpen folgen, Söldner vor allem, die viel Geld kosten und ein ständiges Sicherheitsrisiko bedeuten. Barbarossa gibt sich dennoch zuversichtlich: Geht es ihm überhaupt so sehr um den militärischen Sieg? Hofft er nicht eher, allein schon durch seine Rückkehr auf den italienischen Schauplatz eine Situation zu schaffen, aus der sich dann das Beste herausholen läßt?

Warum nur der Süden?

So macht sich also dieser Kaiser ein fünftes Mal auf den langen Weg in den Süden und stellt damit seine Umwelt wieder einmal vor die eine Frage: Was zieht nur diesen Mann und auch später seine Nachfolger eigentlich in dieses unsichere, aufsässige, Kräfte aufreibende Italien?

Vom germanischen Urtrieb zu Sonne und Wärme wird die Rede sein, von reaktionärer Romantik, auch schlicht von staufischem Größenwahn — doch so versponnen ist die Politik der Staufer wieder nicht.

Nach wie vor braucht ein deutscher König die Erhöhung zum Kaiser, will er sich zwischen den Machtblöcken seiner Fürsten behaupten. Zugleich braucht er auch die Lombardei als Einnahmequelle, denn immer noch sind die Welfen den Staufern an Besitz überlegen: Das Reich Heinrichs des Löwen ist dafür der sichtbarste Beweis. Dort bezieht der Herzog „ungeheure" Einkünfte aus dem Osten. Barbarossa hat diese Möglichkeit nicht.

Hat er sie wirklich nicht?

Eben dies wird später als das große Versagen der Staufer bezeichnet: daß sie den Osten als wahren deutschen Lebensraum verkannten und sich statt dessen — schlechte Deutsche, schlechte Politiker — in ihre überholten Visionen von einem universalen Kaisertum mit deutsch-römischer Basis verrannten. Das ist nicht nur falsch. Es ist geradezu absurd.

Der Osten — das ist zunächst einmal Sumpf, Wald, unfruchtbares Land. Hierin im 12. Jahrhundert eine Alternative zu einem so reichen, kulturell wie politisch attraktiven, wirtschaftlich voll erschlossenen Land wie Italien zu sehen, hätte schon prophetische Gaben verlangt.

276

Heinrich der Löwe ist kein Prophet, als er sich dem Osten zuwendet: Für den Herzog von Sachsen sind die Gebiete jenseits der Elbe lediglich der nächstliegende Machtbereich. Und ein Prophet ist auch nicht Barbarossa. Er ist nicht einmal der verschwärmte Romantiker, zu dem ihn seine Gegner stempeln. Einem Kaiser wie ihm läßt seine Zeit gar keine andere Wahl, als sich immer wieder dem Süden zuzuwenden. Sonst würde er daheim in Deutschland zu einem Schattenherrscher absinken — zumindest, solange es dort einen so mächtigen und reichen Konkurrenten wie Heinrich den Löwen gibt. Auch das gehört zu Gründen und Vorzeichen dieses abermaligen Italienzugs.

Sturm und Flaute

Von Genf her rückt der Kaiser nach Italien vor. In Susa gibt er sein schaurig-triumphales Debüt: Die Stadt geht in Flammen auf, worauf viele andere Städte ernsthaften Widerstand gar nicht erst riskieren. Das ist mehr, als Barbarossa hoffen durfte. So zeigt er sich denn auch milde und verzeiht jedem, der sich ihm zu Füßen wirft.

Schon strömen dem kaiserlichen Heer Hilfstruppen aus Pavia und Montferrat zu. Schon meint der Kaiser, nur noch ein kräftiges Zeichen setzen zu müssen, um die gesamte Lombardei in die Knie zu zwingen. Dieses Zeichen soll die Unterwerfung Alessandrias sein, der gehaßtesten aller italienischen Städte. Als Festung genießt sie keinen allzu großen Ruf: Nicht einmal Türme zieren ihre Mauern, und von einer „Strohstadt" sprechen ihre Nachbarn, von lauter Gesindel, das dort stationiert ist.

Doch dies Gesindel versteht zu kämpfen. Ein erster Angriff mißlingt. Barbarossa muß sich wieder einmal zu einer langwierigen, nervenzermürbenden Belagerung entschließen.

Bis weit in das Frühjahr 1175 zieht sie sich und bringt kein Resultat. Zunehmend wird der Kaiser nervös. Denn schon desertieren viele aus seinem ohnehin zu kleinen Heer, und schon haben sich die Lombarden von ihrem ersten Schrecken erholt. Ein Heer marschiert auf Alessandria zu. Es wagt noch nicht den offenen Angriff auf die kaiserlichen Truppen. Doch auch Barbarossa kann eine solche Schlacht nicht riskieren.

So wird zunächst noch nicht gekämpft, sondern verhandelt. Notgedrungen gibt sich der Kaiser bescheiden, entläßt weitere Teile seines Heers und will sich künftig in der Lombardei mit dem Status seines Vorgängers Heinrich V. zufriedengeben. Von den Roncalischen Beschlüssen fällt kein Wort mehr. Nur in zwei Punkten bleibt Barbarossa hart: Alessandria muß zerstört werden, und den lombardischen Bund erkennt er offiziell nur an, wenn er nicht zugleich auch den Papst anerkennen muß.

In die Verhandlungen schalten sich die als neutral geltenden Konsuln von Cremona ein. Sie handeln einen Vertrag aus, der es den Betroffenen überläßt, ihn als besonders günstig oder ungünstig anzusehen. Barbarossa betrachtet ihn als günstig und ist zur Unterschrift bereit — in einzelnen Städten zeigt man sich jedoch von diesem Dokument empört und zerreißt es öffentlich. Eine neue Front erhebt sich gegen den Kaiser.

Barbarossa wägt ab.

Noch immer bleibt ihm in der Lombardei eine gute Chance. Nur muß er sie behutsam nutzen. Denn zwar verfügt er über ein nur unzulängliches Heer. Doch die Alpenpässe befinden sich in seiner Hand, und der Kölner Bischof Philipp von Heinsberg macht sich bereits auf den Weg nach Deutschland, um Nachschub herbeizuführen.

Vielleicht kommt es aber nicht einmal so sehr auf Truppenstärke an. Viel wichtiger könnte ein nachhaltiges Signal sein, das die Lombarden sofort wieder in die Defensive drängt. Wenn jetzt zum Beispiel ein Mann auf der italienischen Szene erscheinen würde, dessen Nimbus allein schon jedem Italiener einen Schrecken einjagt . . . ein Mann wie Heinrich der Löwe, der Held von Rom und Crema . . .

Es ist inzwischen Herbst geworden. Barbarossas Überlegungen kreisen immer intensiver um den Vetter im Norden. Schließlich schickt er Boten über die Alpen. Sie treffen einen Herzog an, der zunächst nicht recht begreift, was der Kaiser eigentlich will.

Löwe dringend gefragt

Gerade hat der Löwe in Sachsen an der Seite des Landgrafen von Thüringen eine blutige Fehde mit Bernhard von Anhalt ausgefochten und diesem ältesten Sohn Albrechts des Bären gezeigt, wo die Grenzen eines Askaniers sind. Nun begibt er sich nach Bayern und läßt sich dort auf einem prunkvollen Landtag feiern. Aus dieser festlichen Stimmung stört ihn Barbarossas Notruf auf. Heinrich blickt verwundert hoch: Die Teilnahme an diesem Feldzug des Kaisers hat er wie so viele andere deutsche Fürsten nicht beschworen, sie fällt also nicht unter die Lehenstreue, die er dem Herrscher schuldet, und außerdem sind ihm Barbarossas italienische Ambitionen schon lange herzlich gleichgültig — warum sollte also gerade er den Retter in der Not spielen?

Doch immer neue Boten treffen ein.

Heinrich kann Barbarossa nicht länger ignorieren. Nach wie vor ist er zwar entschlossen, sich aus dem italienischen Abenteuer herauszuhalten. Doch kann er das dem Kaiser schlecht durch Boten mitteilen. So begibt er sich denn schließlich in Begleitung Jordans von Blankenburg nach Chiavenna am Comer See, wohin ihn der Vetter zu einer Unterredung gebeten hat.

Man schreibt den Januar 1176.

Weiß Heinrich, was ihn erwartet? Ahnt er, daß nun die Frage nach dem Sein oder Nichtsein seiner gesamten Laufbahn gestellt wird? Daß es mindestens im gleichen Maß um ihn selbst wie um Barbarossa geht?

Das Rätsel Chiavenna beginnt.

So unvergleichlich ist die Konstellation, so exemplarisch für die Beziehung der beiden mächtigsten deutschen Fürsten, daß diese Begegnung Scharen von Chronisten auf den Plan ruft. Jeder weiß besser als der andere, was sich denn nun genau zugetragen hat, und das alarmiert wiederum weitere Scharen, die jede Einzelheit bestreiten und beweisen, daß es *so* nun ganz gewiß nicht gewesen sei — bis hin zu der Behauptung, dieses Zusammentreffen sei überhaupt nur eine einzige Erfindung. Man bleibt also auf Mutmaßungen angewiesen.

„Steh auf und merk dir das . . .“

Ende Januar, vielleicht Anfang Februar 1176 trifft Heinrich in Chiavenna ein. Barbarossa empfängt ihn sofort. Betont privat ist der

Rahmen ihrer Zusammenkunft gehalten: Nur Jordan begleitet seinen Herrn, und in einer Ecke lehnt, kühl und schön wie stets, Kaiserin Beatrix — ostentativ gibt sich Barbarossa also nicht als Herrscher, sondern als Freund und Verwandter, der dem anderen keine Befehle erteilen, sondern ihn um Unterstützung bitten will. Denn er weiß recht wohl, daß er dem Vetter nicht befehlen kann, sondern ihn umwerben, ihm schmeicheln muß. Ganz ist der Staufer also Charme, liebenswerte Herzlichkeit. Geschickt spielt er beider Freundschaft aus, ihre Blutsverwandtschaft, die Kumpanei der frühen Jahre.

Dieses Feuerwerk schillernder Überredungskunst stimmt Heinrich unbehaglich. Er selbst ist ein miserabler Redner und weiß auch nicht recht, was er dem anderen sagen soll: Daß er das italienische Unternehmen für eine verfehlte Sache hält und ihn sein Ausgang völlig kalt läßt? Daß der Herr eines so unruhigen Herzogtums wie Sachsen für seine Truppen bessere Verwendung hat, als seinem Vetter die Kastanien aus dem lombardischen Feuer zu holen?

Das sagt er also nicht.

Doch versucht auch er es jetzt mit einem Schuß Komödienspiel: Müde sei er, zu alt zum Kriegsspiel — recht seltsame Auskünfte aus dem Mund eines Mannes, der acht Jahre jünger als der Kaiser ist und gerade erst wieder einen Krieg hinter sich gebracht hat. Barbarossa geht denn auch auf diese faulen Ausflüchte gar nicht weiter ein, sondern bringt nun seine Verdienste um Heinrich ins Spiel, die Vermittlung beim Fürstenaufstand, seine Parteinahme im Fall der Bremer Bischofswahl.

Dem Herzog wird immer unangenehmer zu Mute. Barbarossa spürt das genau. Jetzt ist er ganz und gar in der Rolle des großen Bittenden, der dem anderen gegenüber seine Seele bloßlegt, und so erhebt er sich schließlich, geht auf den irritiert zurückweichenden Herzog zu — und sinkt in die Knie.

Das ist schon peinlich genug. Noch peinlicher wird es aber, als sich in diesem Augenblick die Krone von Barbarossas Kopf löst und Heinrich vor die Füße rollt. Betretene Stille, die schließlich Jordans fröhliches Gelächter durchschneidet: „Da euch nun die Krone vor die Füße gefallen ist, Herr, wird sie euch bald auf das Haupt kommen!" Doch noch eine andere Stimme meldet sich zu Wort. Aus dem Halbdunkel ihrer Ecke herrscht Beatrix ihren fußfälligen Mann an: „Steh auf, und merk dir das, wie sich das Gott merken möge!"

Nach diesem Zwischenfall kann es nicht mehr beim ersten „Nein"
bleiben. Das merkt selbst Heinrich. Er lenkt also ein — auf seine
Art. Seinem Kaiser hat er einen sehr probaten Vorschlag zu machen:
Er wird zwar nach Italien ziehen. Nur erwartet er dafür einen an-
gemessenen Preis.

Der Preis heißt aber Goslar.

Barbarossa meint nicht recht gehört zu haben: Ist es Heinrich
ernst mit diesem Vorschlag? Glaubt er wirklich, seinem Kaiser auf
diese Weise ein Lehen abpressen zu können? Dazu ein Lehen wie
die Reichsstadt Goslar, den Standort einer der bedeutendsten kaiserlichen Pfalzen? Will er sich für etwas bezahlen lassen, was schließlich seine Pflicht ist — wenn schon nicht als Lehensmann, so doch
als Erster Fürst des Reichs, als Freund und Vetter, den sein Kaiser
wieder und wieder vor seinen Widersachern schützte, dessen Manöver er gedeckt, seine Rechtsbrüche abgeschirmt, ihn vor seinen wut-
entbrannten Fürsten gerettet hatte?

Jetzt ist es am Kaiser, schroff „Nein" zu sagen. Heinrich schlägt
plötzlich eine Kälte entgegen, die ihn mehr erschreckt als empört.
Als ihn aber der Kaiser mit knapper Handbewegung aus dem Zimmer winkt, packt ihn der alte Jähzorn: So wird eben der Staufer
künftig ohne den Welfen auskommen müssen. Die Freunde von einst
trennen sich grußlos.

Soweit die Geschichte dieser Begegnung — was ist an ihr glaubwürdig, was Erfindung oder Übertreibung?

Was in Chiavenna möglich war

Um 1176 hätte Barbarossa Heinrichs Unterstützung auf dem italienischen Schauplatz gut gebrauchen können. Heinrich wiederum kann
um diese Zeit nur wenig Neigung gehabt haben, sich von neuem mit
Barbarossas Papst- und Italienpolitik zu identifizieren, nachdem der
unselige Schwur von Würzburg allmählich in Vergessenheit geriet.
Die Voraussetzungen eines solchen Gesprächs waren also gegeben.
Daß Barbarossa dabei seine flehentlichen Bitten bis zu einem Knie-
fall steigerte, bleibt bei seinem Sinn für theatralische Effekte immerhin glaubwürdig. Unglaubwürdig, wenn auch belanglos, sind dagegen
Jordans Ausruf und Beatrix' höhnischer Einwurf.

281

Zweifellos gehört die Kaiserin zu den Welfengegnern — spätestens von jenem Zeitpunkt an, da sowohl Barbarossa wie auch Heinrich männliche Erben haben und die kluge Politikerin befürchten muß, daß eines Tages die Söhne des Löwen ihren eigenen die Kaiserwürde streitig machen könnten. Also widerspricht die Freundschaft zwischen ihrem Mann und dem Löwen zutiefst ihrem dynastischen Interesse, und das mag sie immerhin dazu führen, dem Kaiser stets vor Augen zu führen, was für eine Gefahr der Löwe für das eigene Haus bedeutet. Daß sie das allerdings auch in Heinrichs Beisein tut, paßt nicht recht zum Bild dieser sich stets im Hintergrund haltenden, dort eisig dominierenden Herrscherin, die von Diplomatie fast ebenso viel versteht wie ihr Mann.

Völlig abwegig wirkt aber der Ausruf Jordans von Blankenburg, es sei denn, es hätte sich bei Heinrichs Erstem Berater um einen ausgemachten Trottel gehandelt. Denn Jordans Worte sind nicht nur taktlos, sondern schlichtweg dumm. Die Krone, die in Chiavenna zu Boden gefallen sein könnte, war die eiserne Krone der Lombardei: Wann aber hätte der Herzog je ausgerechnet nach dieser Krone streben sollen? Warum sollte das sein Erster Ministeriale und engster Vertrauter vermuten?

Es bleibt die Forderung nach Goslar. Auch sie ist umstritten, klingt jedoch logisch.

Schon einmal, wohl von 1152 an, hatte diese Stadt zu Heinrichs Machtbereich gehört, war jedenfalls von einem seiner Ministeriale verwaltet worden. 1168 hatte sie dann wieder Barbarossa übernommen, vielleicht als Lohn für seine Vermittlung im Fürstenaufstand. Es wäre ein stolzer Preis gewesen. Denn dieses im Harz gelegene „Rom des Nordens" mit seinen über vierzig Kirchen war dank seiner Silber- und anderen Erzvorkommen Sachsens reichste Stadt.

Für Heinrich wäre Goslar die perfekte Abrundung seines sächsischen Besitzes gewesen — begreiflich, daß er die Stadt an sich reißen wollte. Für Barbarossa war Goslar wiederum der letzte Stützpunkt innerhalb Heinrichs Machtbereich — also ebenso begreiflich, daß er ihn nicht hergeben konnte.

Dennoch: war seine Lage in Italien wirklich so ernst und er von Heinrichs Hilfe tatsächlich so abhängig, wäre auch Goslar kein zu hoher Preis gewesen. Entscheidend ist anderes: die grundsätzliche

Haltung des Herzogs gegenüber seinem Kaiser, die er hier demonstriert.

In Chiavenna verhält sich Heinrich wie ein Kaufmann, der sein gutes Geld dem schlechten seines Geschäftspartners nur bei angemessener Sicherung und entsprechend hohem Zinssatz nachzuwerfen bereit ist. Sicher kränkt er seinen Kaiser nicht bewußt. Nur macht er ihm in schöner Unschuld klar, was ihm Barbarossa bedeutet: ein gleichberechtigter Fürst ohne moralische Autorität über ihn. Das erst macht die eigentliche Kränkung von Chiavenna aus.

Kaiser und Herzog: Zwischen Sieg und Niederlage

Allerdings kann diese Erkenntnis für Barbarossa nicht völlig überraschend gekommen sein. Seine innere Unabhängigkeit vom Kaiser hat der Herzog schon oft genug gezeigt. Das Rätsel Chiavenna bezeichnet ein anderes Problem.

In diesem Winter 1176 steht Barbarossa zwischen Sieg und Niederlage seiner gesamten bisherigen Politik. Siegt er, wird er sich auch weiterhin mit dem Löwen arrangieren können. Unterliegt er aber, bleiben zwei Möglichkeiten: mit des Herzogs Hilfe weiterhin Italienpolitik zu betreiben und damit für Heinrich nach dem Muster von Goslar unbegrenzt erpreßbar zu werden — oder Italien endgültig verloren zu geben und sich nur noch in Deutschland als der Erste Herr zu behaupten. Das wird aber angesichts der Machtfülle des Welfen nur *gegen* Heinrich, nicht *mit* ihm möglich sein.

Was wirklich in Chiavenna geschah, ist deshalb gar nicht so wichtig — nicht einmal, ob es überhaupt zu dieser Begegnung gekommen ist. Was sich in dieser Episode ausdrückt, ist nicht die Entwicklung weniger Augenblicke, sondern nur vorläufiger Endpunkt für die Krise zwischen Kaiser und Herzog, die sich nun schon seit Jahren abzeichnet.

Im Winter 1176 hat diese Krise einen Punkt erreicht, daß sie nur noch der offene Kampf zwischen den beiden stärksten Mächten im damaligen Deutschland beenden kann — es sei denn, Barbarossa bleibt in Italien Sieger.

Von diesem Sieg hängt also nicht nur für den Kaiser, sondern auch für Heinrich den Löwen alles ab.

23. Kapitel
Das Netz zieht sich zusammen

Legnano: Sieg der Bürger

Venedig am 24. Juli 1177: Dem Markusplatz treibt die Galeere des Dogen entgegen, und der Doge selbst ist an Bord. Doch nicht' deshalb drängen sich die Menschen, wo immer sie einen Blick auf das vorübergleitende Prunkboot werfen können. Sie wollen den Mann neben dem Dogen sehen: Kaiser Friedrich Barbarossa, mit Krone und Mantel, unterwegs zu Papst Alexander III., der ihn vor der Markuskirche erwartet.

Was war geschehen?

Über ein Jahr liegt hinter der mutmaßlichen Begegnung von Chiavenna. Damals war Barbarossa wieder nach Pavia zurückgekehrt, mehr mißmutig als verzweifelt. Noch hatte er gute Aussicht auf einen Sieg in der Lombardei. Nur mußte es Philipp von Heinsberg gelingen, aus Deutschland genügend Truppen rechtzeitig über die Alpen zu führen.

Tatsächlich war solch ein Heer eingetroffen, und Barbarossa ritt sofort nach Como hinüber, wo es sein Lager aufgeschlagen hatte. Doch sein Anblick war nicht eben imposant. Denn zwar hatte der Kölner Bischof in Wichmann von Magdeburg einen Verbündeten gefunden, mit dem er gemeinsam so viel Leute wie möglich mobilisierte. Schließlich waren es aber doch nur knapp zweitausend Mann, die sie ihrem Kaiser zuführen konnten.

Barbarossa erholte sich von seiner ersten Enttäuschung: Jetzt kam es auf schnelles, entschiedenes Handeln an. Denn von Süden her rückte Christian von Buch mit einem Heer heran, und wenn es gelang, diese Truppen mit den eigenen zu vereinen, konnte der Kaiser den großen Angriff auf seine lombardischen Gegner wagen. Allerdings mußte zu diesem Zweck Mailänder Gebiet durchzogen werden.

In Mailand kennt man diesen Plan. Man weiß auch, daß man ihn durchkreuzen muß, bevor die Ritter des Kaisers das stark befestigte Pavia erreicht haben. Dazu muß man allerdings den offenen Kampf riskieren.

Sorgenvolle Gesichter bei Mailands Bürger: Bisher war es noch nie zu einer großen Schlacht zwischen Rittern und Bürgern gekommen, und allgemein galt bisher die Regel, daß auf offenem Feld Bürgerheere ohne Reiterei den schwergepanzerten Männern auf ihren Schlachtrössern hoffnungslos unterlegen waren. Doch blieb den Mailändern keine Wahl: Am Morgen des 29. Mai 1176 öffneten sich die Tore der Stadt, und die schwerfälligen „Carrocios" rumpelten heraus, gefolgt vom Fußvolk mit seinen langen Spießen. Nur wenige Reiter galoppierten voraus. In der Nähe Mailands trafen sie auf Barbarossas Truppen.

Der Ort hieß Legnano, und an diesem Tag standen sich dort nicht nur zwei Heere gegenüber, sondern auch zwei Zeitalter: die Ritter den Bürgern, ein Heer alter Art einer Armee der Zukunft.

Barbarossas Ritter gingen sofort zum Angriff über. Binnen kurzem hatten sie die Mailänder Reiterei aufgerieben und stürmten nun auf die Fußtruppen ein, die sich um die Carrocios zum spießbewehrten Block zusammengeballt hatten. Schwerthiebe hagelten auf die Mailänder Soldaten nieder, immer tiefere Breschen schlugen die Ritter in die Kolonnen des Bürgerheeres, und schon hatten die ersten die Carrocios erreicht. Ganz vorn sah man Barbarossa. Die kaiserliche Standarte flatterte hoch über den Köpfen der ängstlich zurückweichenden Bürger. Diese Schlacht schien schon gewonnen zu sein.

Doch nun bewährte sich die Taktik der Mailänder.

In einem Meer von Spießen fand sich der einzelne Ritter wieder, und von allen Seiten wurde auf ihn eingestochen. Dem Ritter selbst in seiner Rüstung konnte das noch nicht gefährlich werden, doch wenn sein Pferd zusammenbrach, stürzte auch er zu Boden. Dort war er aber in seinem schweren Panzer hilflos, wurde eingekreist und niedergehauen.

Noch wehte die kaiserliche Standarte. Doch Barbarossas Pferd war zu Boden getaumelt und hatte den Kaiser unter sich begraben. Panik brach aus. Die Flucht begann. Bis an das Ufer des Adige wurden die Deutschen gejagt, und viele, die der Schlacht entronnen waren, fanden nun in seinen Fluten den Tod. Das war das Ende von Legnano.

Am Morgen hatte die Schlacht begonnen. Am Abend hatte Barbarossa seine größte Niederlage erlitten. Er selbst galt als tot, und in Como legte Kaiserin Beatrix bereits Trauerkleidung an.

„Die Beute ist jenseits jeder Schätzung ..."

Ungeheurer Jubel in der gesamten Lombardei: „Die Zahl der Erschlagenen, Ertrunkenen, Gefangenen ist zu groß, um gezählt zu werden. Der Schild des Kaisers, sein Kreuz und seine Lanze fielen in unsere Hände. Das Gold, Silber und die andere Beute sind jenseits jeder Schätzung ..." — das berichteten die triumphierenden Mailänder nach Bologna. Um diese Zeit waren sich noch alle darin einig, daß Barbarossas Ära in Italien nunmehr endgültig abgelaufen sei.

Es sollte anders kommen.

Vergeblich hatten die Mailänder unter den Toten von Legnano auch Barbarossas Leichnam gesucht. Der Kaiser war davongekommen. Zu Fuß, mit dem blanken Schwert in der Faust, hatte er sich bis Pavia durchgekämpft. Dort konnte er feststellen, daß ihm mehr Ritter geblieben waren, als er zunächst befürchten mußte, und noch immer bestand für die Deutschen Aussicht, sich mit Waffengewalt in der Lombardei zu halten. Doch war Barbarossa klug genug, um jetzt andere Wege zu suchen.

Das Genie am Verhandlungstisch

Noch immer durchraste ein Freudentaumel Norditalien. Um die Person des Kaisers grassierten abenteuerlichste Gerüchte: Zwar war er nicht tot, doch der Tag von Legnano hatte seine Sinne verwirrt. Er war ein gebrochener, über Nacht zum Greis gewordener Mann am Rande schwermütigen Wahnsinns — so glaubten und hofften seine Feinde.

Dabei waren Barbarossas Sinne jetzt wacher und gesünder denn je. Und hatte man sich bisher zuweilen fragen müssen, ob nicht dieser Herrscher entschieden überschätzt worden war, so zeigte er sich nun als Politiker wahrhaft großen Formats. Mit aller staufischen Geschmeidigkeit hatte sich der Kaiser über Nacht auf die neue Situation eingestellt. Jedoch überstürzte er nichts. Schritt um Schritt ging er daran, seine Niederlage in einen halben Sieg umzuwandeln. Dabei behielt er auch schon die fernere Entwicklung im Auge, vor allem seine künftige Politik in Deutschland, wo nun der Kampf mit Heinrich dem Löwen unvermeidlich geworden war. Auch dafür sorgte er jetzt schon vor.

Friede mit den lombardischen Städten — zu äußerster Großzügigkeit zeigte sich der Kaiser bereit. Nur auf einem Punkt beharrte er nach wie vor: Auch weiterhin sollte Alexander III. aus allen Verhandlungen ausgeschlossen bleiben. Im feindlichen Lager sah man sich erstaunt an: Wer war denn noch dieser Kaiser, daß er solche Bedingungen zu stellen wagte? Natürlich würde man fest zum Papst halten — so wie der Papst zu seinen Verbündeten. Was man dabei nicht wußte: daß inzwischen schon eine Gesandtschaft des Kaisers unter Führung der Bischöfe Christian von Mainz und Wichmann von Magdeburg auf dem Weg zu Alexander III. waren. Sie sollte einen Separatfrieden aushandeln.

In Agnani hatte der Papst die Herren empfangen. Sie sahen einen verbrauchten Greis vor sich, der nur noch einen Wunsch kannte: vor seinem Tod sein Haus zu bestellen. Doch hierbei sah es trübe aus: Zwar hatte sich Alexander weltweit behaupten können und wurde außerhalb Deutschlands überall anerkannt. Doch das hatte seinen Preis verlangt: Die Finanzen der Kirche waren zerrüttet, der Papst bankrott. Zudem wußte auch Alexander, daß weder er noch Barbarossa ihr höchstes Ziel je erreichen würden. Beiden blieb nur noch der Kompromiß. Dafür machten ihm aber nun die Gesandten des Kaisers ein Angebot, wie er es sich nicht besser hätte wünschen können.

Natürlich würde ihn der Kaiser anerkennen und sich von Kalixt III. lossagen. Natürlich sollte der Kirchenstaat von der Reichshoheit befreit werden. Selbst die Güter der Markgräfin Mathilde, dieser ewige Streitpunkt zwischen Kaiser und Papst, sollten zurückerstattet werden. Dafür müßte Alexander lediglich Barbarossa vom Bannfluch befreien und ihm samt Frau und Thronfolger als Katholische Majestäten anerkennen.

Das alles klang geradezu verführerisch gut. Alexander witterte aber die eine Falle: Wie stand es denn um den Frieden mit den Lombarden und dem König von Sizilien, dem anderen Verbündeten des Papstes? So fand er sich zunächst nur zu einer Art Vorvertrag bereit, der erst nach dem Friedensschluß mit den beiden Partnern bindend werden sollte. Im Oktober 1176 wurde das Dokument unterzeichnet.

Mehr brauchte Barbarossa nicht.

Einige gezielte Indiskretionen — und bei den Lombarden entstand der Eindruck, Alexander hätte sie verraten. Vergebens beteuerte der Papst die Vorläufigkeit seiner Entscheidung. Der erste wichtige Keil war jetzt in das Bündnis getrieben, und Barbarossa brauchte nur noch zu warten: Nun mußten sich die Lombarden um einen günstigen Frieden bemühen, und der Papst würde ihn vorantreiben, schon aus eigenem Interesse. Daraus könnte sich aber noch mancher Vorteil für den Kaiser ziehen lassen.

Barbarossa bewies vorzügliche Nerven. Fast ein Jahr wartete er geduldig. In diesem Jahr drang auch nach Deutschland, was unten in Italien geschah. Einen erfüllten die Nachrichten mit besonderer Sorge: Heinrich den Löwen.

In dumpfer Unruhe: Heinrich der Löwe

Heinrich kannte seine Zeit und seinen Kaiser gut genug, um eines zu wissen: Nichts war seiner eigenen Position gefährlicher als ein auf dem Schlachtfeld besiegter, am Verhandlungstisch erfolgreicher Barbarossa, der mit einem halben Sieg zurückkehren und dann versuchen würde, die andere Hälfte hier in Deutschland auszugleichen. Denn das konnte nur auf Kosten des Löwen gehen.

Heinrich wußte nicht recht, woran er war. Und hierbei zeigte sich bei ihm wieder jener Zug, der schon gelegentlich bei ihm beobachtet werden konnte: War eine Lage nicht recht zu fassen und zu durchschauen, so reagierte dieser Mann seltsam unbeholfen und unentschieden. Ziellos flüchtete er sich in lauter kleine Manöver ohne rechtes Resultat.

Zunächst bemühte er sich als Diplomat, suchte plötzlich Freunde und Verbündete — ausgerechnet er, der Freundschaft nie gepflegt und kaum ein Mittel gescheut hatte, sich allerorten Feinde zu schaffen. Nun zeigte er sich in Bayern um einige Kirchenfürsten wie Albrecht von Freising bemüht und machte ihnen Zugeständnisse, wie er sie sich zuvor nie hätte ablocken lassen. In Schwaben wurde er wiederum bei den Grafen von Zollern und Veringen gesehen: Dort, in ihrem angestammten Herzogtum, wo sie nicht weniger emsig als Heinrich Besitz um Besitz an sich gerissen hatten, waren die Staufer bei ihrem Adel ebenso unpopulär wie in Sachsen die Welfen, und zu dieser Staufer-Opposition suchte nun der Löwe Kontakt. Vielleicht ließ sie sich gegen Barbarossa ausspielen.

Dann wieder traf er im österreichischen Enns mit Jasomirgott zusammen, wohl in der Hoffnung, im Babenberger einen Feind des Kaisers gefunden zu haben — und schien ganz zu vergessen, daß er selbst schließlich der Anlaß zur Entfremdung von Staufern und Babenbergern gewesen war. Endlich schickte er noch eine Gesandtschaft zum Schwiegervater, Englands König Heinrich II. Aber auch dort erntete er nur unverbindliche Höflichkeitsbekundungen. Niemand schien sich in dieser ungeklärten Lage allzu fest auf Heinrich einschwören zu wollen.

So nahmen sich all diese diplomatischen Manöver mehr wie kleine ängstliche Renommierposen aus. Mit ihnen konnte der Herzog allenfalls auf seine internationalen Verbindungen verweisen. Was sie in der Praxis bedeuteten, blieb völlig ungewiß.

Mehr als nur eine Renommierpose war die frischbelebte Beziehung zum Dänenkönig Waldemar gewesen.

Schon war das Jahr 1177 gekommen, als sich der Nachbar aus dem Norden bei Heinrich meldete. Er bat um Unterstützung gegen die Pommernherzöge, deren Leute dänische Gesandte ausgeplündert, ein dänisches Schiff gebrandschatzt hatten. Unter anderen Umständen wären dem Herzog Waldemars pommersche Querelen von Herzen gleichgültig gewesen. Jetzt zeigte er sich aber erstaunlich diensteifrig. Aus Leistungen ließen sich vielleicht Ansprüche auf Gegenleistungen ableiten: Also brach der Herzog an Waldemars Seite zu einem Feldzug auf, der dann der letzte Zug des Löwen ins Slawenland sein sollte.

Im Frühsommer 1177 steht Heinrich an der pommerschen Grenze.

289

Er belagert die Festung Demmin, wo dreizehn Jahre zuvor der große Wendenaufstand seinen blutigen Abschluß gefunden hatte. Die Belagerung zieht sich länger hin als erwartet, und der Herzog zeigt sich auch nicht strategisch auf alter Höhe. In dieser kritischen Situation erreicht ihn eine Botschaft. Als Heinrich sie hört, weiß er, daß es nun soweit ist: Der Kampf mit dem Kaiser hat begonnen. Barbarossa wirft sein Netz aus. In diesem Netz soll der Löwe gefangen werden.

Die neuen Freunde von Venedig

Barbarossa hat jetzt Zeit für solche Manöver: Das italienische Problem ist gelöst. Sowohl mit Sizilien als auch mit den Lombarden hat er langfristige Waffenstillstände abgeschlossen, die den Weg zur Aussöhnung mit dem Papst öffnen. Damit kann zur Beendigung des Schisma geschritten werden.

Auf Venedig als neutralen Schauplatz hat man sich geeinigt. Dort wird nun ein Thronsessel auf den Stufen der Markuskirche aufgestellt, wo Alexander seinen neuen Freund erwarten kann. Ausdrücklich lädt er zu dieser Begegnung ein, schickt Kardinäle und Bischöfe als Sendboten, und schließlich eilt noch der Doge selbst nach Chioggia hinüber, wo der Kaiser auf seinen Auftritt wartet. Alles ist für ein wunderschönes Tableau schillerndster Verlogenheit vorbereitet.

Der 24. Juli 1177 kommt.

In erhabener Würde thront der Kaiser auf dem Deck der Galeere, als sie am Markusplatz anlegt. Langsam geht Barbarossa ans Ufer und steigt die Stufen zum Dom hinauf. Sein Blick, ernst, doch freundlich, fällt auf den Papst in seinem Thronsessel. Programmgerecht erfaßt ihn gerührte Demut, und Tränen überströmen sein bisher so beherrschtes Gesicht. Wieder einmal sinkt er in die Knie, und nicht genug: Wie zufällig gleitet sein Mantel von den Schultern. In der Pose hingebungsvoller Verehrung liegt er einem Mann zu Füßen, den er über fast zwei Jahrzehnte lang mit den schlimmsten Flüchen bedacht und ihm jede nur erdenkliche Niederlage gewünscht hatte.

Das ist das Stichwort für den Papst.

Auch Alexander kennt seine Rolle. Ein wenig mühsam, doch unbeirrt erhebt er sich, neigt sich zum Kaiser und richtet ihn unendlich

290

liebevoll auf, um ihn zu küssen und zu segnen. Sein Gesicht ist gleichfalls tränenüberströmt, und während sich noch Papst und Kaiser weinend in den Armen liegen, wählen die Umstehenden die passende Geräuschkulisse: Sie stimmen ein Tedeum an.

In diesem Stil geht es weiter.

Auf ausdrücklichen Wunsch des Kaisers liest der Papst am nächsten Tag die Messe und hat dabei keinen eifrigeren Zuhörer als den ergriffen lauschenden Kaiser, der auf diesen Augenblick schon seit Jahren gewartet, ihn inbrünstig herbeigefleht zu haben scheint. Pflichtschuldigst führt er auch Alexanders Roß am Zügel, und jeder beteuert dem anderen, wie sehr sie sich doch gegenseitig schätzen. Kurzum: der Friede von Venedig wird zu einem Jubelfest, von dessen Glanz man sich nur schwer trennen kann.

Doch wartet im Hintergrund glanzlos harter Alltag.

Dieser Alltag ist noch härter, als die Augenzeugen der Freudentage von Venedig ahnen können. Seine Härte trifft vor allem den, der zwar einige tausend Kilometer entfernt ist, doch schon im Mittelpunkt von Barbarossas Denken steht: Heinrich den Löwen.

Der erste Schlag

Mit dem Frieden von Venedig hat der Kaiser dem Welfen endgültig die Möglichkeit versperrt, sich doch noch auf die Seite des Papstes zu schlagen. Denn zu den ungeschriebenen Abmachungen dieses Friedenspakts gehört auch, daß der Papst dem Kaiser im Norden freie Hand läßt. Nun braucht der Kaiser nur noch einen Ansatzpunkt für den Kampf mit dem Löwen. Er ist rasch gefunden.

Im Vertrag zwischen Kaiser und Papst gibt es einen scheinbar beiläufigen, nun aber hochwichtigen Passus. Er besagt, daß jenseits der Alpen zwei der nicht von Alexander geweihten Bischöfe ihrer Ämter enthoben werden sollen. Wie zufällig handelt es sich dabei aber um Gero von Halberstadt und Balduin von Bremen.

Angeblich ist das eine Forderung des Papstes. Doch wäre es für Barbarossa ein Leichtes gewesen, diesen Passus zu verhindern: Sowohl Philipp von Heinsberg als auch Christian von Buch waren als Bischöfe von Köln und Mainz nicht von Alexander geweiht worden und galten überdies als erklärte Feinde des Papstes. Doch hatte Alexander an sie nicht zu rühren gewagt. Warum wagt er es dann bei den unbedeutenden Herren Gero und Balduin? Weiß er, daß für sie Barbarossa keinen Finger rühren wird? Daß ihm ihre Enthebung sogar willkommen ist? Oder hat ihn gar erst der Kaiser unauffällig auf diesen Punkt gelenkt?

Zumindest tut Barbarossa nichts, um diese Bedingung zu verhindern. Das verdient festgehalten zu werden. Denn jeder weiß, daß sowohl Balduin wie Gero getreue Kreaturen Heinrichs des Löwen sind, über die der Herzog fast uneingeschränkt in ihren Bistümern gebietet.

Doch kann es sich hier noch um eine mehr zufällige Mißachtung herzoglicher Interessen handeln, läßt der zweite Streich kaum noch Zweifel am Ziel dieser Maßnahme zu: An Geros Statt soll wieder der von Heinrich verjagte Bischof Ulrich in Halberstadt einziehen. Ulrichs erste Tat wird aber sein, vom Herzog all die Lehen zurückzufordern, die sein Vorgänger dem Löwen nur allzu willig überlassen hatte. Wer Heinrich kennt, weiß, daß das nur Krieg bedeuten kann.

Barbarossa kennt seinen Vetter genau. Von Italien aus kann er ruhig zusehen, wie sich mit größter Selbstverständlichkeit die eine Masche seines Netzes an die andere knüpft.

Ein paar Fallen hier und dort

Ulrich kehrt nach Halberstadt zurück. Die Bürger begrüßen ihn mit dem gleichen Jubel, den sie fast zwei Jahrzehnte zuvor seinem Abgang hinterhergeschickt hatten. Sogleich fordert er Heinrichs Lehen aus Halberstädter Besitz. Das ist die Nachricht, die Heinrich im Sommer 1177 vor Demmin erreicht. Schleunigst bringt er die Belagerung zum halbwegs erfolgreichen Abschluß, begnügt sich mit Geiselnahme und Tributen und kehrt dann nach Sachsen zurück. Dort hat der Bischof inzwischen mit dem Bau einer Festung begonnen, der Horneburg — auch das eine Provokation des Herzogs, der in seinem Machtbereich Burgenbau als sein alleiniges Vorrecht ansieht.

Das ist nun schon der Fehdehandschuh. Heinrich nimmt ihn auf. Er läßt die Burg zerstören. Doch ist das schon nicht mehr eine der prahlenden Posen, mit denen er früher seine Macht zu zeigen liebte. Der Herzog ist nervös geworden. Denn schon spürt er, wie sich mit dem Frieden von Venedig die politische Landschaft verändert.

Von Schwerin aus hat bereits der sonst so loyale Berno beim Papst behutsam angefragt, ob er ihm wohl sein Bistum bestätigt. Seinen Herzog übergeht er dabei. Drüben in Bremen stirbt aber Balduin, und es zeichnet sich schon ab, daß nun doch noch Siegfried, der seinerzeit beiseitegedrückte Sohn Albrechts des Bären, in die wieder vakante Würde aufsteigt. Ulrich von Halberstadt findet indessen für seinen Kampf mit dem Herzog überraschend zahlreiche Verbündete: Siegfrieds Bruder Bernhard von Anhalt, Otto von Meißen, schließlich als wichtigsten Partner Philipp von Heinsberg, Erzbischof von Köln.

Der erste Angreifer

Philipp ist gerade aus Italien zurückgekehrt. Nun schickt er sich an, in Heinrichs Domäne einzubrechen. Handelt er dabei nur aus eigener Initiative? Oder hat er guten Grund zur Annahme, daß sein Kaiser ein Vorgehen gegen den Löwen dulden, vielleicht sogar wünschen würde?

Solche Überlegungen hätte Barbarossa nicht einmal auszusprechen brauchen. Schon Andeutungen können genügen, ein paar flüchtig hingeworfene Worte: vielleicht über die Kränkung von Chiavenna, vielleicht auch nur ganz ganz allgemein über gewisse Fürsten, die man zu groß werden ließ — und schon kursieren Gerüchte, breitet sich eine bestimmte Grundstimmung aus. Schon kann sich ein Mann wie der brennend ehrgeizige Philipp zum Angriff auf den Löwen ermutigt sehen.

In Kassel sitzen sich Ulrich und Philipp gegenüber. Nun beraten sie schon über ein reguläres Bündnis gegen Heinrich. Ganz wohl kann ihnen dabei nicht sein, denn immerhin nehmen sie in ihre Abmachung einen beteuernden Passus auf, nichts gegen den Kaiser selbst unternehmen zu wollen. Doch die Kernsätze des Vertrags lauten: „Wegen der vielen Beeinträchtigungen und Beschädigungen, die dieser Herzog der Kölnischen Kirche zufügte, verbinden wir uns mit weisem und klugen Rat durch das feste Band der Liebe und Freundschaft dem Herrn Bischof Ulrich von Halberstadt ..." Das erinnert ganz an die Fürstenverschwörung von 1167, und die Zahl der Feinde ist kaum geringer.

Ein seltsamer Vermittler

Zu Heinrichs Feinden gehört um diese Zeit noch nicht der gleichfalls aus Italien zurückgekehrte Wichmann von Magdeburg. Im Gegenteil: bei diesen ersten Kämpfen betätigt er sich noch wiederholt als Friedensstifter — aus unerwarteter Neigung zu Heinrich? Oder ebenfalls auf einen Wink des Kaisers hin?

Fest genug hält Barbarossa die Fäden seines Netzes in den schlanken Händen, um sie gelegentlich auch noch lockern zu können: Nur nichts überstürzen, nur nicht eine Entwicklung so beschleunigen, daß sie außer Kontrolle gerät — das scheint des Kaisers Taktik zu werden. So könnte Wichmann als Korrektiv eingeschaltet sein, wo seinem Kölner Kollegen der Part des Provokateurs zufällt.

Heinrich läßt sich nur allzu leicht provozieren.

Schon befindet er sich mitten im Kleinkrieg mit seinen Nachbarn. Über ein Jahr ziehen sich die Kämpfe quälend hin: In Westfalen kämpft Philipps Graf von Altena gegen Bernhard von der Lippe; dann dringen Kölner Truppen bis an die Weser vor. Heinrich schickt wiederum ein Heer gegen seine ostsächsischen Feinde und erleidet am Harzrand eine klägliche Niederlage. Und immer wieder geht es um die Burg, die Ulrich von Halberstadt, nun unter den Namen „Bischofsheim" auf dem Hopelberg, bauen läßt. Eines Nachts ist sie in Flammen aufgegangen, und jeder bezichtigt den Herzog der Brandstiftung. Heinrich stellt sich inzwischen aber die eine und entscheidende Frage: Wie steht der Kaiser zu diesen Kämpfen? Auf wessen Seite wird er sich schlagen, wenn er erst nach Deutschland zurückgekehrt sein wird?

Barbarossa läßt sich Zeit. Dann greift er, noch von Italien aus, überraschend in die sächsischen Kämpfe ein — und zwar zu Heinrichs Gunsten: Dem Halberstädter Bischof wird der Wiederaufbau von Bischofsheim untersagt, bis der Kaiser selbst die Lage geklärt hat.

Das scheint eindeutig — und ist doch von Barbarossas Manövern dieser ersten Zeit das vieldeutigste und geschickteste: Er legt sich nicht fest, nimmt nicht Partei. Jeder der Betroffenen kann den Kaiser auf seiner Seite meinen — vor allem Heinrich. Er darf sich der Illusion hingeben, die Situation von 1168 sei wiedergekehrt.

Über Burgund kehrt Barbarossa im Herbst 1178 nach Deutschland zurück. Schon dort hat er erfahren, daß die Niederlage von Legnano seinem Ruf innerhalb der Reichsgrenzen nicht im geringsten geschadet hat: Von allen Seiten waren Fürsten ihrem Kaiser entgegengeritten und hatten offenbar gar nicht erwarten können, Barbarossa wieder in ihrer Mitte zu haben. In ihrer Gesellschaft überschreitet er die Grenze und reist zunächst nach Speyer. Dort bittet er zum ersten Reichstag.

Der Herzog hört von Barbarossas Ankunft. Er setzt alles auf eine Karte. Jetzt will er wissen, wie Barbarossa zu ihm steht.

Im November 1178 reitet Heinrich der Löwe zu seinem Kaiser nach Speyer.

24. Kapitel
Der Löwe vor Gericht

Angeklagter Ankläger

Heinrich steht vor Barbarossa. Er sprudelt heraus, was er gegen seine Feinde vorzubringen hat, vor allem gegen den Bischof von Köln. Er fühlt sich dabei durchaus im Recht: Was geht schließlich den Kölner seine Auseinandersetzung mit Ulrich von Halberstadt an?

Für Barbarossa ist die Entscheidung gekommen: Ergreift er jetzt Heinrichs Partei, kann der Herzog weiterhin auf die alte Freundschaft setzen. Nimmt er aber für den Bischof Stellung, ist das eine klare Kampfansage an den Löwen.

Doch im November 1178 hat der Kaiser noch nicht vor, sich schon jetzt in sein Spiel schauen zu lassen.

Unbewegt hört er dem aufgeregten Vetter zu, wie er da das Treiben der Kölner „Rotten" bei ihrem von Brand und Raub gezeichneten Zug hinauf zur Weser schildert. Dann blickt er zu Philipp von Heinsberg hinüber, der dort zwischen den übrigen Fürsten steht, schön, kalt, überlegen, ganz der große, selbstherrliche Kirchenfürst. Keinen Augenblick wird er zögern, sich später auch gegen Barbarossa zu stellen, als ihm das gerade günstig scheint. Einstweilen ist aber Heinrich der Löwe sein ärgster Feind. Nun wird sich zeigen, wer von beiden künftig mit kaiserlicher Unterstützung rechnen kann.

Barbarossa nickt Philipp zu. Der Bischof hat das Wort. Das ist schon das erste bedrohliche Signal. Denn damit weicht der Kaiser von der Regel ab, sich vorbehaltlos auf Heinrichs Seite zu stellen.

Philipp von Heinsberg beginnt zu reden.

Eigentlich hat er nicht viel zu sagen. Von der Übernahme der Grafschaft Assel spricht er und von den Rechten seiner Schwester, die der Herzog dabei verletzt hat. Noch immer hat also Barbarossa die Möglichkeit, diese Gegenklage kurz abzufertigen.

Doch geschieht etwas Seltsames: Barbarossa scheint bei den Worten des Bischofs sehr nachdenklich geworden zu sein. Schließlich verweist er Klage und Gegenklage an das Fürstengericht des nächsten Reichstags. Damit hat er seine Rolle gewählt: die des überlegenen Beobachters, der den Dingen ihren Lauf läßt und sich dabei ganz unparteiisch gibt. Nichts kann geschickter sein — und nichts für Heinrich so gefährlich: Denn nun ist er der großen Rechtsunsicherheit in dieser Zeit ausgeliefert. Nun muß er sich mit den Mitteln des Gesetzes gegen das Gesetz behaupten, ausgerechnet er, der nur das eine Gesetz kennt: sich selbst.

Barbarossa hat also seine Waffe gut gewählt.

Das mag Heinrich begriffen haben, als er nun nach Sachsen zurückkehrt. Schon ist er weniger Kläger als Angeklagter in dem Prozeß, der sich da anbahnt, und seine Ankläger werden Männer sein, die sich in Italien an des Kaisers Seite trefflich bewährt haben, während er, der große Ungetreue, sich abseits hielt. Im Hintergrund dieses Prozesses wird aber dieser Kaiser stehen, der nun schon aller Welt gezeigt hat, was er noch von seinem Ersten Fürsten hält.

Die große Verweigerung

Schauplatz des nächsten Reichstags ist Worms. Dort treffen sich die Fürsten in der zweiten Januarhälfte 1179, und sehr viele sind gekommen, besonders aus Sachsen. Außer dem angeklagten Kläger Philipp sieht man Bernhard von Anhalt, den Bischof von Halberstadt, auch Bischof Wichmann aus Magdeburg, der nun wieder zu Heinrichs Feinden gehört.

Nur einer fehlt: Heinrich der Löwe selbst.

Böse Wochen müssen vorausgegangen sein, lange Nächte, in denen dieser Mann über die beste Taktik nachgrübelte, ohne zu einem anderen Schluß zu kommen als zum Versuch dieses Va Banque-Spiels. Denn dies ist ein Va Banque-Spiel ohnegleichen: Der Herzog verweigert sich der vom Kaiser einberufenen Instanz. Er stellt sich außerhalb der von Barbarossa bestimmten Ordnung. Nie war er so sehr der große Außenseiter wie jetzt.

Dennoch hat Heinrich Aussicht auf Erfolg.

Jasomirgott war nicht anders verfahren, als es um Bayern ging, und es hatte ihm ein selbständiges Österreich gebracht. Er selbst hatte diese Taktik gegenüber Konrad III. gewählt und war Sieger über den schwachen Stauferherrscher geblieben. Nur: Barbarossa ist kein schwacher Stauferherrscher. Er ist auch nicht mehr der Barbarossa, der zum Ausgleich mit seinen Fürsten gezwungen war. Jetzt befindet er sich auf der Höhe seiner Macht und seines Ansehens. Jetzt kann er auch die Konfrontation mit seinem mächtigsten Fürsten wagen, zumal er weiß, wie isoliert Heinrich dasteht. Nur sich selbst hat der Welfe gegen die Autorität seines Kaisers zu stellen. Trotzdem wagt er es.

Hier überschätzt der Löwe zum ersten Mal sich selbst.

Der Reichstag von Worms beginnt. Zunächst war Heinrichs Streit mit dem Kölner Bischof nur ein Punkt unter vielen gewesen, die hier abgehandelt werden sollten. Doch zunehmend gerät er ins Zentrum. Schon ist Heinrich ganz und gar der Angeklagte, gegen den jeder vorbringen kann, was er schon immer gegen ihn hatte vorbringen wollen, und viel, sehr viel kommt zusammen: die Aneignung der Grafschaften Assel und Oldenburg, Heinrichs Verhalten gegenüber dem Halberstädter Bischof, all die Übergriffe auf benachbarte Gebiete.

Das Material stapelt sich. Barbarossa ist zufrieden. Er setzt einen nächsten Reichstag fest, auf dem nun schon der „Fall Heinrich" einziger Punkt der Tagesordnung sein wird. Entsprechend die Wahl des Schauplatzes: In Magdeburg, im sächsischen Raum also und zugleich in der Residenz eines Hauptgegners des Löwen, soll der anberaumte Reichstag stattfinden.

Freispruch gegen Bezahlung?

Auch diesmal will der Herzog nicht erscheinen. Doch gibt er sich schon weniger selbstsicher. Zwar kommt er nicht nach Magdeburg, als der Juni 1179 heranrückt und die anderen Fürsten sich in Wichmanns Bistum versammeln. Doch wie zufällig nimmt er in unmittelbarer Nachbarschaft, in Haldensleben, Quartier. Den Kaiser erreicht aber eine diskrete Botschaft. Heinrich fragt an, ob man sich vielleicht nicht doch noch verständigen, sich wenigstens noch einmal sprechen könne.

Barbarossa ist bereit.

Bei Haldensleben treffen sich die Herren, und der Tag von Chiavenna scheint noch einmal stattzufinden. Nur ist nun Heinrich der Bittende, und der Kaiser hört mit freundlicher Kühle zu. Doch er begeht nicht den taktischen Fehler schroffer Ablehnung, gibt sich liebenswürdig und hilfsbereit: Gern, nur allzu gern sei er zu jedem Freundschaftsdienst bereit. Nur müsse es eben ein Freundschaftsdienst bleiben, denn Heinrich dürfe nicht erwarten, daß der Kaiser das Gericht seiner Fürsten bevormunde. Doch könne er immerhin vermitteln, schlichten helfen — natürlich hätte das seinen Preis.

Heinrich horcht auf. Er will den Preis wissen. Barbarossa nennt einen präzisen Betrag: fünftausend Silbermark, also eine Vielmillionensumme. Damit sollen alle von Heinrich angerichteten Schäden ausgeglichen werden.

Eine Buße also, ein Sühnegeld, ein in Silbermark vorgelegtes Schuldbekenntnis — und Heinrich schweigt dazu, wie in Chiavenna Barbarossa zu Heinrichs Forderung nach Goslar geschwiegen hatte. Dann reitet er davon, denn ihm „dünkte das Verlangen zu hart", wie es Arnold von Lübeck nennt — zu hart selbst für die Aussicht, noch einmal das drohende Unwetter abzuwenden.

Man wird Heinrich Geiz vorwerfen. Doch geht es nicht um Geld. So wie seinerzeit Barbarossa die Folgen sah, wenn er Goslar dem Herzog überlassen hätte, sieht nun Heinrich die Folgen dieses nur scheinbar großherzigen Angebots: Vor aller Welt hätte er als der Sünder dagestanden, der sich nur mit Geld das Wohlwollen seines Kaisers erhalten kann. Von da an wäre er Freiwild für alle Feinde gewesen — das erst macht Barbarossas Ansinnen „zu hart"

Der Tag von Haldensleben verlief also ohne Ergebnis. Aber auch den Tagen von Magdeburg droht das gleiche Resultat. Mag sich auch Barbarossa dort in vollem Ornat mit der Kaiserkrone auf den rotblonden Locken zeigen — äußerer Glanz täuscht nicht darüber hinweg, daß der Prozeß gegen den Herzog allmählich in einen Leerlauf gerät.

Die gleichen Kläger, die gleichen Klagen: In Magdeburg haben sie viel von ihrer ursprünglichen Brisanz eingebüßt. Barbarossa spürt diese Strömung. Ein kräftiger Akzent, eine spektakuläre Wendung sind nötig, um dem Verfahren wieder den alten Schwung zu geben.

Diese Wendung kommt auf das Stichwort genau — fast zu genau, als daß man nur an Zufall glauben könnte.

Die neue Anklage: Hochverrat

Ein Mann meldet sich zu Wort, der schon in Worms dabei war, dort aber noch nicht weiter auffiel: Dietrich von Landsberg, Markgraf in der Lausitz. 1176 war er einer jener ostsächsischen Ritter gewesen, die zu Barbarossa über die Alpen gezogen waren. Im übrigen gehört er zu Heinrichs erklärten Feinden, nimmt dort aber einen eher zweitrangigen Platz ein. Der Herzog hatte sich denn auch im Jahr zuvor nicht sonderlich besorgt gezeigt, als sich auch Dietrich von Landsberg gegen ihn stellte. Getreu nach Helmolds Regel („Er befiehlt Krieg, und sie sagen: Da sind wir . . .") hetzte er damals die Wenden auf den Markgrafen und ließ von ihnen die Lausitz verwüsten.

Jetzt kommt für Dietrich der Tag der Vergeltung.

Die Versammlung zuckt zusammen, und auch der Kaiser wirkt verstört, als sich der Markgraf zum Hauptankläger aufschwingt: Er wirft dem Herzog nichts Geringeres als Hochverrat vor. Man ruft nach Beweisen. Dietrich antwortet mit einer großen Geste. Den abwesenden Löwen fordert er zum Zweikampf heraus, zum Gefecht Mann gegen Mann. Gott selbst würde dann zeigen, wer im Recht sei.

Nie wird klar, was Dietrich eigentlich mit seinem großen bösen Wort vom Hochverrat gemeint hat. Keine der bisherigen Anklagen fällt in diese Kategorie. Heinrich müßte schon mit „Reichsfeinden" wie den Byzantinern, Lombarden oder Engländer konspiriert haben, um ein Hochverräter zu sein. Will das Dietrich von Landsberg behaupten?

Der Punkt verdient nähere Betrachtung.

Nie wird das Gerücht verstummen, Heinrich hätte Hochverrat betrieben, vielleicht schon in den sechziger Jahren, spätestens aber nach dem Tag von Chiavenna. Als Beweise gelten seine Verbindung zu den Plantagenets, der Welfen-Besitz in Norditalien samt traditioneller Bindung an die Apenninhalbinsel und auch der Besuch in Byzanz, dem eine Visite byzantinischer Gesandter in Braunschweig gleich nach dem großen Wendenaufstand vorausgegangen war. Doch hat jeder dieser Beweise auch sein solides Gegenargument.

Die Bindung an den englischen König geschah auf Barbarossas eigenen Wunsch hin. Die Lombarden sahen spätestens nach Tortona und Crema im Herzog keinen Freund und möglichen Verbündeten mehr. Die byzantinischen Kontakte wurden zu einer Zeit geknüpft, als auch Barbarossa an einem Ausgleich mit Kaiser Manuel interessiert war und sich sogar um eine byzantinische Prinzessin als Schwiegertochter bemühte. Doch vor allem: was hätte sich Heinrich der Löwe von solch einer Verschwörung gegen den Kaiser versprechen können? Barbarossas Sturz? Die Krone für das eigene Haupt, wie es Jordan von Blankenburg prophezeit haben soll?

All das fällt so sehr aus dem Rahmen des erkennbaren Heinrich-Konzepts, daß solch ein Hochverrat nur ein leichtfertiges Spiel mit dem Schicksal gewesen wäre. Und Heinrich mochte zuweilen bedenkenlos sein: Leichtfertig war er nie.

Doch selbst wenn an all diesen Gerüchten etwas Wahres gewesen wäre und sie wenigstens hinreichend stichhaltig sein würden, um als ernsthafte Argumente gegen ihn vorgetragen zu werden: warum bringt sie dann ausgerechnet ein kleiner Markgraf zur Sprache? Warum nicht Philipp von Heinsberg, der als Erster Berater des Kaisers ganz andere Einblicke in außenpolitische Zusammenhänge hat als Dietrich von Landsberg? Und Barbarossa selbst — sollte ihm nie zuvor von all diesen Gerüchten etwas zu Ohren gekommen sein? Braucht er einen Mann aus der Lausitz, um sich darüber aufklären zu lassen?

Rätsel über Rätsel um diese seltsame Anklage von Magdeburg — und das größte Rätsel bleibt, warum der Kaiser überhaupt darauf eingeht. Doch zeigt er sich der Kölner Königschronik zufolge von *fraus et perfidia* des Vetters, von Betrug und Arglist des Welfen zutiefst erschüttert — und der Prozeß gegen den Löwen hat wieder den Schwung, den er braucht.

Was tun mit diesem Sünder?

Ein dritter Reichstag wird angesetzt. Diesmal soll Kaina Schauplatz sein, ein so unbedeutender ostsächsischer Ort, daß manche Chronisten sich schlichtweg zu glauben weigern, ausgerechnet dort hätte der auf Repräsentation und Glanz so bedachte Barbarossa einen Reichstag stattfinden lassen. Kurzerhand verlegen sie ihn in das nahe, ungleich größere und wichtigere Goslar. Doch hat der Kaiser Kaina mit Bedacht gewählt. Der Ort liegt in nächster Nachbarschaft zur Lausitz, dem Machtbereich Dietrichs — immerhin ein Signal, wie ernst Barbarossa die Anklage des Markgrafen und seine Herausforderung zum Zweikampf nimmt.

Dieser Zweikampf findet niemals statt. Heinrich erscheint auch in Kaina nicht. Damit hat er sich selbst das Urteil gesprochen.

Nach dreimaliger Weigerung, trotz ausdrücklicher Ladung vor Gericht zu erscheinen, gilt ein Angeklagter automatisch als schuldig. Barbarossa braucht denn auch gar nicht erst auf die Anklage Dietrichs einzugehen. Dafür wendet er sich treuherzig an die Versammlung und fragt als der ahnungslose Engel, der er ist, was eigentlich das Gesetz für einen solch widerspenstigen Angeklagten vorsehe.

Dort sitzt aber Bernhard von Anhalt aus der Sippe der Askanier, der nun wieder auf das Traumziel seiner Familie, die sächsische Herzogwürde, hoffen darf. Dort sitzt Philipp von Heinsberg, der sich bereits seinen Anteil an der Beute ausgerechnet haben dürfte. Dort sitzen Wichmann von Magdeburg, Ulrich von Halberstadt, der Landgraf von Thüringen, Dietrich von Landsberg. Alle Feinde des Löwen sind versammelt, und einstimmig tönt ihr Chor: Solch ein Mann gehört in die Acht, enteignet und all seiner Ämter und Würden entkleidet. Barbarossa nickt. Er ist am Ziel.

Dennoch zögert der Kaiser, diese Acht samt allen Folgen jetzt schon auszusprechen. Denn in diesen Augusttagen von Kaina werden auch Stimmen laut, die auf einen möglichen Formfehler im gesamten Verfahren verweisen: Dem Gesetz nach ist Heinrich Schwabe — er kann verlangen, auf schwäbischem Boden und von schwäbischen Fürsten gerichtet zu werden. Doch waren weder in Magdeburg noch in Kaina Schwaben zugegen.

Der Kaiser klagt an

Barbarossas bisher so bravourös durchgehaltene Taktik des gleichsam neutralen Beobachters gerät in eine Krise. Nach bewährter Staufer-Art legt er höchsten Wert darauf, daß stets der Schein des Rechts gewahrt bleibt, schon gar in diesem Prozeß, der auch über den künftigen Weg seines eigenen Hauses entscheidet. Nun wird es aber problematisch.

Barbarossa hatte sich bis dahin so souverän aus dem eigentlichen Prozeß heraushalten können, weil er nach *Landrecht* geführt wurde und damit eine innersächsische Angelegenheit blieb. Dieser Prozeß war spätestens mit dem Tag von Kaina abgeschlossen und hatte die erwünschte Verurteilung des Löwen gebracht. Doch war mit dem Urteil selbst noch nicht das Entscheidende erreicht: Es mußte auch vollstreckt werden. Barbarossa konnte jedoch berechtigten Zweifel hegen, ob sich dabei die sächsischen Großen gegenüber dem noch immer mächtigen Herzog durchsetzen würden.

So zwingt ihn nun gleich zweierlei zum persönlichen Eingreifen: Einmal kann nach erfolgter Verurteilung der Kaiser als Kläger selbst in die Vollstreckung des Urteils eingreifen und dabei seine Macht, seine Autorität im Endkampf mit dem Löwen einsetzen. Heinrichs mögliche Forderung, nur in Schwaben abgeurteilt zu werden, kommt hinzu. Ein Prozeß nach schwäbischem Landrecht hätte aber wenig Aussicht auf Erfolg: Die Kläger wären Sachsen, die Richter jedoch Schwaben — die wenig Grund haben, gegen Heinrich eingenommen zu sein.

Aus doppeltem Anlaß muß also nun Barbarossa als Kläger auftreten: Aus dem bisher nach Landrecht geführten Prozeß wird jetzt ein Lehensverfahren, zu dem die Fürsten des gesamten Reichs, nicht nur Sachsens oder Schwabens, zugelassen sind. Danach kann dann von allen, auch vom Kaiser selbst, gegen den Verurteilten vorgegangen werden. Außerdem hat ein kaiserlicher Kläger das größere Gewicht als irgendwelche in ihren persönlichen Belangen verletzte Fürsten aus Sachsen.

Auf Barbarossas Klage darf man gespannt sein: ob nun vom Hochverrat die Rede ist oder doch wenigstens von der verweigerten Hilfeleistung beim Italienzug. Doch denkt der Kaiser gar nicht daran, in dieser entscheidenden und zugleich kritischen Phase seinen Gegner zum politisch ebenbürtigen Rivalen aufzuwerten oder gar noch das Ausland als seinen Verbündeten auf den Plan zu rufen.

Hinter verschlossenen Türen, im Kreis vor allem jener Fürsten, die kein unmittelbares Interesse an den sächsischen Querelen haben, mag er auch hiervon sprechen: von Heinrichs Erpressung, von der Demütigung des Kaisers — und manche übertreibende Darstellung des Tags von Chiavenna könnte hier ihre Wurzel haben mitsamt Fußfall, rollender Krone und Jordans unverschämtem Ausruf. Denn so stolz ist dieser Kaiser nicht, daß er eine persönliche Kränkung nicht zugeben und ausschmücken würde, wenn er sich davon Wirkung verspricht. Der Kaiser vor dem Welfen auf den Knien — das ist kein für Barbarossa sehr schmeichelhaftes Bild. Dafür greift es jedem Betrachter gebührend ans mitfühlende Herz.

Juristisch bleibt das alles ohne Belang. Denn rechtlich hat sich Heinrich damals nicht gegen den Kaiser vergangen. Und so liest sich denn auch recht bieder, was Barbarossa als offizielle Klage gegen seinen Vetter vorzubringen hat. Weitgehend übernimmt er lediglich die Anklagen der Fürsten und macht sich zu ihrem Sprecher, der sich als Wahrer des Reichs durch Heinrichs sächsische Umtriebe gleichermaßen angegriffen und geschädigt fühlt. Persönliche Zutat ist nur die Wendung *reus maiestatis,* mit der hier Heinrich bezeichnet wird: Der Herzog steht als Beleidiger der Majestät da, was alles oder auch nur sehr wenig bedeuten kann, zum Beispiel nur Heinrichs dreimaliger Affront gegenüber einem vom Kaiser einberufenen Fürstengericht.

Mit Barbarossas Klage ist also der Prozeß gegen Heinrich zum Lehensverfahren geworden. In Würzburg soll er stattfinden, und als Termin wird der Januar 1180 festgesetzt. Bis dahin vergeht nach Kaina noch fast ein halbes Jahr. In dieser Zeit zeigt Barbarossa bemerkenswerte Geduld. Die sächsischen Fürsten sind ungeduldiger. Schon in Kaina hatten sie mit stillschweigender Billigung des Kaisers eine Heerfahrt gegen den Herzog beschlossen. Im Herbst 1179 ziehen sie gegen ihn ins Feld.

„Jene Frevler vollbrachten auch noch anderes . . .“

Vor Haldensleben marschieren sie auf: von Magdeburg her Wichmann, den der Thüringer Landgraf und auch Christian von Buch unterstützen, von Köln her Philipp von Heinsberg. Wieder ziehen seine Rotten durch das Land, angeworbene Söldner, die morden, schänden und brandschatzen. Sie verschonen weder Kirchen noch Klöster und verwüsten selbst noch Friedhöfe. Priestern wird während des Gottesdienstes das Meßgerät entrissen, Nonnen werden vergewaltigt — und Arnold von Lübeck, sonst nicht penibel, bricht seine Schilderung aller Scheußlichkeiten mit dem Seufzer ab: „Jene argen Frevler vollbrachten auch viel anderes, was zu unnatürlich war und zu unerhört, als daß nicht schon seine Erwähnung unsittlich wäre . . ."

Aller Brutalität zum Trotz wird jedoch der erste große Sturm auf Heinrich kein Erfolg. Gegen den Haldenslebener Kommandanten Bernhard von der Lippe mag manches einzuwenden sein, nicht aber, daß er sich nicht aufs Kämpfen versteht, und im übrigen brechen unter den Belagerern schon bald Zwistigkeiten aus. Die einen sind für, die anderen gegen die totale Zerstörung der noch gar nicht eroberten Stadt, so daß sich darüber schließlich das gesamte Bündnis auflöst. Philipps Rotten ziehen wieder ab, Wichmann sieht sich aber nun in seinem Magdeburger Bistum der Rache des Löwen ausgeliefert: Nun fallen die Scharen des Herzogs ihrerseits brennend und mordend ins feindliche Gebiet ein.

Schon zuvor hatte Heinrich einen anderen Erfolg kassiert: die Eroberung von Halberstadt.

Kurz nach Kaina hatte Heinrich ein Heer in Bischof Ulrichs Reich geschickt, und schon im September war es wieder zurückgekehrt. In nur wenigen Tagen war Halberstadt gefallen, und die Stadt samt allen Gotteshäusern ging dabei in Flammen auf. Über tausend Menschen, die sich in diese Kirchen geflüchtet hatten, kamen dabei um, doch einer wurde im letzten Augenblick aus den niederqualmenden Mauern gerettet: Bischof Ulrich selbst. Heinrichs Leute führen ihn nun im Triumph nach Braunschweig.

Der Löwe zeigt sich zunächst über diesen Sieg mehr entsetzt als erfreut. Die Brandschatzung der Stadt hatte er nicht geplant, die Zerstörung der Kirchen belastet ihn sehr. Schon einmal hatte ihn Ulrich in den Bann getan, und gegen seine sonstige Gewohnheit war Heinrich damals eilends zu ihm hingezogen, hatte kniefällig um Loslösung gebeten. Auch in ihm wirkte noch der Schock nach, den Barbarossas Unterwerfung unter Alexander III. weltweit ausgelöst hatte.

Jetzt empfängt der Herzog seinen prominenten Gefangenen mit ausgesuchter Höflichkeit, und Mathilde wendet allen Charme auf, dem alten Herrn das Exil so angenehm wie möglich zu machen. Zu Weihnachten 1179 kommt es sogar zu einer Art Friedensschluß, und noch einmal scheint Heinrich Sieger zu sein: Ulrich überläßt ihm die Lehen, die er nach seiner Rückkehr in sein Bistum vom Herzog zurückgefordert hatte. Danach wird der kränkelnde Kirchenfürst in seine Heimat entlassen.

An diesem Weihnachtsfest macht Heinrich eine recht befriedigende Bilanz: Die feindliche Koalition war an sich selbst zerbrochen und der eine Feind fast zum Freund geworden — mit Gelassenheit meint der Herzog dem neuen Jahr entgegenblicken zu können.

Auch Barbarossa sieht diesem Jahr gelassen entgegen. Nichts hat er unternommen, die Niederlage der Fürsten zu verhindern. Im Gegenteil: Ihm kann es nur recht sein, wenn dem Löwen genügend Spielraum bleibt, um sich immer stärker ins Unrecht zu setzen. Um so leichter wird es dann sein, die übrigen Fürsten des Reichs von der Notwendigkeit seiner Verurteilung zu überzeugen.

Das Urteil von Würzburg

Am 15. Januar 1180 beginnt in Würzburg der Reichstag, der für Heinrich den Löwen die Entscheidung bringen soll. Er bringt auch noch etwas anderes: Vor seinem Hintergrund präsentiert sich das Lehenswesen des Reichs in neuer Form. An der Spitze steht nun der Herrscher, den einer seiner Lehensleute gekränkt haben soll. Über den Angeklagten haben jetzt aber seine Standesgenossen zu befinden — ungeachtet ihrer Zugehörigkeit zu einem bestimmten Herzogtum: Der neue Stand der „Reichsfürsten" hat in diesen Würzburger Tagen seinen ersten großen Auftritt. Der Prozeß um Heinrich ist dafür Anlaß und Forum.

Auf diesem Forum fehlt der eine: der Angeklagte.

Heinrich hat den Fürsten als Kläger getrotzt. Nun trotzt er dem Kaiser selbst. Auch *seiner* Anklage stellt er sich nicht. Das ist nun schon die direkte Konfrontation von kaiserlicher und herzoglicher Gewalt, die nur zugunsten des einen oder des anderen ausgehen kann und jeden Kompromiß ausschließt. Gegen Heinrich stehen jetzt alle Kräfte des Reichs: So weit hat es der Herzog gebracht — oder auch der Kaiser, der ihn Schritt für Schritt in diese Lage hineintrieb.

Zufrieden überblickt Barbarossa die Versammlung. Niemand fehlt, der ihm wichtig ist. Selbst der alte Welf VI. kommt von seiner Ravensburg her angezogen. Sein Erscheinen weiß der Kaiser ganz besonders zu schätzen: Ein Welfe unter den Anwesenden bringt keinen auf den Gedanken, hier würde vielleicht gar nicht Recht gesprochen, sondern lediglich der alte „Hie Welf! Hie Waibling!"-Zwist neu aufgelegt.

Zum ersten Mal haben Fürsten über die Majestätsbeleidigung eines der ihren zu befinden. Ihr Urteil steht bald fest: Einstimmig wird Herzog Heinrich von Bayern und Sachsen für schuldig befunden, „offensichtlich" die Majestät beleidigt zu haben. Ferner steht nun fest, daß der Angeklagte die Freiheit von Kirchen Gottes und von Edlen des Reichs schwer unterdrückt hat, „ihre Besitzungen an sich riß und ihre Rechte schmälerte" und auch nicht aufhörte, „die Kirchen Gottes und die Freiheit der Reichsfürsten zu verletzen". Dafür werden ihm nun alle Lehen aberkannt und er selbst in die Acht getan.

Teile und herrsche!

Dieses Urteil hält jenes Dokument fest, das drei Monate nach dem Spruch von Würzburg in der Kaiserpfalz von Gelnhausen angefertigt wird. Dorthin hat Barbarossa den engeren Kreis der beteiligten Fürsten gebeten, und dort geht es nun nicht mehr um irgendwelche Rechtsprechung, sondern nur noch um die Aufteilung der Beute.

Jetzt zeigt der Kaiser, worauf es ihm von Anfang an bei diesem Prozeß angekommen ist: mit der Beseitigung des Löwen-Reichs dem Kaiserhaus endlich die vorrangige Stellung in Deutschland zu verschaffen.

Divide et impera — nach diesem bewährten Prinzip geht Barbarossa in Gelnhausen vor und später noch einmal in Altenburg, wo über das bayerische Herzogtum verfügt wird: Dort achtet dann der Kaiser darauf, daß die beiden mächtigsten bayerischen Sippen, die Wittelsbacher und die Andechser, zu gleichen Teilen begünstigt werden, indem den Wittelsbachern das eigentliche Bayern zufällt, der Graf von Andechs jedoch zum Markgrafen von Istrien und Herzog von Meranien erhoben wird. Auch die Steiermark steigt zum eigenen Herzogtum auf. Damit ist vollendet, was sich schon nach der Abtrennung Österreichs anbahnte: Das bislang größte deutsche Herzogtum ist nunmehr als Einheit zerschlagen — teile und herrsche!

In Gelnhausen geht es aber zunächst einmal um Sachsen.

Am 13. April 1180 hat man sich geeinigt, was mit Heinrichs eigentlichem Reich geschehen soll. Vor den Herren liegt, mit roter Seide und leuchtend goldenem Siegel prachtvoll ausgestattet, das Dokument zur Unterschrift bereit:

„Im Namen der heiligen und unteilbaren Dreieinigkeit Friedrich von Gottes Gnaden römischer Kaiser.

Da das menschliche Gedächtnis unzuverlässig ist und für die Fülle der Ereignisse nicht ausreicht, so hat die erhabene Autorität der erhabenen Kaiser und Könige der Vorgänger unserer Zeit bestimmt, schriftlich aufzuzeichnen, was das Alter der vergangenen Zeiten dem Wissen der Menschen zu entfremden pflegt. Deshalb soll die Gesamtheit sowohl der augenblicklichen als auch der künftig Getreuen des Reichs wissen, wie Heinrich, einstmals Herzog von Bayern und Sachsen, es unterließ, vor unserer kaiserlichen Majestät zu erscheinen, obwohl er aufgrund einer gegen ihn erhobenen Klage der Reichsfürsten und der meisten Edlen durch dreimalige Ladung berufen war, und wie er sich wegen dieser Versäumnis als Spruch der Reichsfürsten und seiner schwäbischen Standesgenossen unsere Acht zuzog ..."

Dann hebt es an.

Von nun an gibt es zwei Sachsen. Der eine Teil, aus der Kölner und der Paderborner Diözese zusammengesetzt, wird zum Herzogtum Westfalen erhoben und dem Erzbischof von Köln, „unserm geliebten Philipp", unterstellt. In den Rest, kaum größer als einst der Bereich der Billunger, zieht nun als neuer sächsischer Herzog Bernhard von Anhalt ein. Den Kaiser stört dabei nicht im geringsten, daß dieser Sohn Albrechts des Bären auch nicht von fern das Format seines Vaters hat. Im Gegenteil: bei diesem Mann steht nie zu fürchten, daß er je ein Herzog in der Art Heinrichs des Löwen wird.

Das sind die wichtigsten Folgen des Urteils von Gelnhausen. Vier

Erzbischöfe, vier Bischöfe, zwei Äbte, ein Propst, ein Landgraf, drei Herzöge, zwei Markgrafen, elf Grafen und sieben andere Adlige unterzeichnen es als Zeugen. Barbarossas Kanzler Gottfried überprüft seine Richtigkeit. Zum Schluß prangt aber das Zeichen des „Herrn Friedrich", des „stets siegreichen römischen Kaisers" — „gegeben auf einem feierlichen Hoftag zu Gelnhausen im Mainzer Gebiet an den Iden des April".

Der Prozeß ist abgeschlossen.

Im Dienst der Macht: das Recht

Man wird ihn den ersten großen politischen Prozeß in der deutschen Geschichte nennen, und das ist er: ein Prozeß, bei dem nicht Macht vor Recht gegangen ist, sondern Recht im Dienst der Macht gestanden hat. Lautlos und korrekt, mit tödlicher Genauigkeit, wurde dabei ein Mensch erledigt. Das aber läßt an diesem Prozeß so schaudern: wie da ein einzelner in eine Maschinerie gerät, die ihm keine Chance läßt — fast ist es schon ein Prozeß nach Kafka-Art.

Heinrich wird nun „friedlos". Kein Gesetz schützt ihn noch. Jeder kann gegen ihn Krieg führen, ohne damit den „Reichsfrieden" zu verletzen. Er ist erledigt.

Allerdings ist er es zunächst nur auf dem Papier. Nun muß sich zeigen, wie stark Heinrichs Löwenhöhle ist und welche Macht er tatsächlich besitzt — ohne Abschirmung durch den Kaiser, ohne Bindung an Recht und soziale Struktur seiner Zeit, ohne die Privilegien eines anerkannten Fürsten.

Die Treibjagd durch Sachsen beginnt.

25. Kapitel
Treibjagd durch Sachsen

Stille vor dem Sturm

Noch einmal herrscht Waffenstillstand, den Heinrich bei seinen Feinden unter dem Eindruck seiner Erfolge aus dem vergangenen Jahr durchgesetzt hat. Am 27. April 1180 soll er enden. Doch schon nach dem Prozeß in Würzburg steht fest, daß danach kein Frieden kommt.

Heinrich hat die Wahl. Er kann sich in Sachsen aus eigener Kraft zu behaupten versuchen. Er kann auch nach Partnern im übrigen Europa Ausschau halten, um eine internationale Koalition gegen Barbarossa zu schaffen. An diese zweite Möglichkeit wagt er sich zunächst. Als Verbündete sind England, Dänemark und die Slawen denkbar.

Die Slawen hatte der Herzog schon gegen Dietrich von Landsberg eingesetzt, und bis in das Jahr 1180 hinein fallen Liutizen und Pommern in das Gebiet der Lausitz ein. Lange scheint es, als würde ihr Herzog Kasimir Heinrichs wichtigster Verbündeter sein. Doch Kasimir stirbt in der zweiten Jahreshälfte von 1180. Sein Bruder und Nachfolger Bogislaw, immer schon der welfenfeindlichere der beiden Pommernherzöge, zieht sich von Heinrich zurück und wird sich schließlich ganz auf Barbarossas Seite schlagen.

Auch die Mecklenburger Obotriten werden keine Bundesgenossen sein. Nach Pribislaws Tod im Jahr 1178 hatte sich sein Sohn Heinrich Borwin nicht recht gegen seinen energischeren Vetter Niklot durchsetzen können. Der junge Niklot sieht aber wenig Grund, dem Mörder seines Vaters Wratislaw beizustehen.

Es bleibt Waldemar von Dänemark.

Im Frühjahr 1180 sieht man Heinrich wieder einmal am Ufer der Eider stehen, wo er nun schon so oft dem Dänenherrscher gegenübertrat. Stets hatte er dabei streng auf das Zeremoniell geachtet und war dem dänischen Kollegen nie weiter als bis zur Mitte der Brücke entgegengekommen. Diesmal eilt er aber diensteifrig auf das andere Ufer, als sich dort Waldemar aus dem Sattel schwingt. Lebhaft redet er auf ihn ein und malt die Möglichkeiten eines Bündnisses gegen Barbarossa in den lockendsten Farben.

Doch bleibt der Däne kühl. Die Freundschaft mit Heinrich war ihm nie etwas anderes als Mittel zum Zweck, und jetzt sieht er wenig Grund, sich des Herzogs wegen mit dem Kaiser zu überwerfen, der schließlich offiziell sein Lehensherr ist. Eher erkennt er die Chance, seinen großen Rivalen im Slawenland künftig auszuschalten.

Immerhin ist Waldemar vorsichtig genug, um sich nicht ganz mit dem Löwen zu überwerfen. In allgemeinen Wendungen ergeht er sich, bis der Herzog auf ein Ja oder Nein dringt. Da flüchtet sich aber der große Unklare aus dem Norden in ölige Frömmelei: Nicht den Kampf mit dem Kaiser scheue er, wohl aber den Kampf mit Gott, den Heinrich beleidigt hätte, indem er kirchliche Lehen einbehielt. Heinrich begreift, daß bei Waldemar nichts auszurichten ist. Mit dem zornigen Ausruf, am Zorn der Pfaffen liege ihm weniger als an der eigenen Macht, reitet er wieder heim.

Beim Schwiegervater in England scheint er zunächst größere Resonanz zu finden. Denn Heinrich II. arbeitet nun schon seit Jahren an der Einkreisung des Kaisers, und in diesen Ring würde sich ein unabhängiges Sachsen mit dem eigenen Schwiegersohn trefflich einfügen.

Doch auch Europas zweitmächtigster Herrscher ist vorsichtig. Für den sich hier anbahnenden Krieg sind noch weitere Verbündete nötig, und so fühlt Heinrich II. behutsam in Flandern und Frankreich vor, was man denn dort von einem Bündnis gegen Barbarossa halte. In Frankreich findet er den stärksten Nachhall. Dort herrscht nun der junge energische Philipp August, und fast ist er schon zum Pakt gegen den Kaiser bereit. Dann folgt er aber doch den Warnungen seiner Ratgeber: Dieses Spiel würde nur dem englischen Nachbarn nützen, könnte zugleich aber auch den eigenen Adel auf dumme Gedanken bringen, wenn sein König einen fremden Fürsten im Kampf gegen den eigenen Herrscher unterstützt. Mit Philipp Augusts Absage hat aber auch Heinrich II. an diesem Abenteuer das Interesse verloren.

Immerhin durchzieht dieses diplomatische Geplänkel fast das ganze Jahr 1180. Doch schon davor weiß Heinrich, daß von seinen ausländischen Trümpfen kein einziger recht stechen will, nicht einmal die verwandtschaftliche Beziehung zu den Plantagenets, auf die er immer so stolz gewesen ist. Illusion war es also, sich jenseits der Grenzen für etwas anderes und größeres zu halten als die übrigen Fürsten des Reichs. Das ist der erste persönliche Schlag für den Löwen im Kampf gegen Barbarossa. Er weiß jetzt, daß er in diesem Kampf allein sein wird.

Ein schwächerer Charakter als der seine würde vielleicht bei dieser Aussicht kapitulieren. Doch wieder zeigt sich bei ihm der eine, seine gesamte Natur im Guten wie Bösen bestimmende Zug: Sieht sich dieser Mann erst vor unausweichliche Tatsachen gestellt, kann er mit einer Geschwindigkeit und niederschmetternden Wucht reagieren, die seinen Gegnern den Atem nimmt — so auch jetzt in den Wochen nach dem Urteil von Gelnhausen, als dort für den Sommer 1180 der allgemeine Reichskrieg gegen den Löwen beschlossen wird und sich Heinrich dafür ohne Bundesgenossen weiß.

Die ersten Schläge des Löwen

Heinrich wartet diesen Reichskrieg nicht erst ab. Gleich nach dem Ende des provisorischen Waffenstillstands bricht sein Heer auf. Das erste Ziel heißt Goslar. Diese Bastion Barbarossas mitten im Sachsenland hat sich der Löwe nicht erhandeln können. Nun läßt er ihre Mauern berennen und die Hüttenwerke, Quell ihres Reichtums, rücksichtslos zerstören — ein erstes Fanal, das sofort seine Gegner auf den Plan ruft, Thüringens Landgrafen Ludwig und den neuen sächsischen Herzog Bernhard. Von Süden her marschieren sie gegen den Herzog.

Die Nachricht von ihrem Anmarsch genügt.

Blitzschnell läßt Heinrich von Goslar ab und wendet sich den neuen Feinden zu. Er bricht in Thüringen ein, zieht an Nordhausen vorbei, und dessen qualmende Trümmer markieren seinen Weg. Am 14. Mai stehen dann seine Truppen nahe der Unstrut dem feindlichen Heer gegenüber, und so erbarmungslos dringt der Herzog an der Spitze seiner Ritter auf die entsetzt zurückweichenden Gegner ein, daß ihre Front beim ersten Ansturm zersplittert und sie von Heinrichs Leuten bis nach Mühlhausen gejagt werden. Dort erst, nach Mühlhausens totaler Zerstörung, läßt der Löwe von ihnen ab und zieht sehr zufrieden nach Braunschweig zurück. Blickt er hinter sich, sieht er viele hundert Gefangene in seinem Gefolge. Auch der Landgraf und dessen Bruder gehören dazu.

Es bleibt nicht Heinrichs einziger Erfolg.

Gleich nach Gelnhausen haben unten in Westfalen verschiedene Grafen eine welfenfeindliche Allianz gebildet, zu ihnen gehört auch Simon von Tecklenburg, bisher ein Freund des Herzogs. Siegessicher belagern sie Osnabrück, als plötzlich ein Heer des Löwen erscheint, mit Anführern wie dem Ratzeburger Grafen Bernhard, Gunzelin von Schwerin und dem blutjungen Schauenburger Adolf, als drittem seines Namens Nachfolger seines großen Vaters in Holstein. Nach dem Tod seines Vormunds Heinrich von Schwarzenberg hatte er vorzeitig für mündig erklärt werden müssen, doch zeigt sich nun, daß er als Erwachsener durchaus schon bestehen kann. Denn hier bei Osnabrück prescht er mit seinen berüchtigt wilden Holsteiner Kriegern so unerbittlich vor, daß er am Abend der siegreichen Schlacht als Held der Stunde dasteht. Die Allianz der Grafen ist wieder zerschlagen.

Zwei Siege binnen kurzer Frist — Heinrich kann stolz sein und sich in seiner Braunschweiger Residenz emphatisch feiern lassen. Man weiß nun, daß auch nach Gelnhausen mit ihm gerechnet werden und erst noch vieles geschehen muß, bevor dieses Urteil vollstreckt werden kann.

Alle Welt zeigt sich vom Löwen beeindruckt. Nur einer bleibt ruhig: der Kaiser.

Ein Kaiser ohne Eile

Mit kühler Gelassenheit notiert Barbarossa die Siegesmeldungen aus dem Norden. Für ihn sind sie noch lange kein Grund, nun unverzüglich in das Kriegsgeschehen einzugreifen. Sein wohlkalkulierter Auftritt soll erst über die Bühne gehen, wenn dafür die Zeit reif ist.

Mit wahrhaft majestätischer Ruhe begibt sich der Kaiser noch im Sommer 1180 hinunter nach Regensburg. Dort wird im Kreis der bayerischen Großen der Prozeß gegen den Löwen ein zweites Mal durchgespielt, und keine Hand regt sich für Heinrich, kein Wort der Verteidigung wird vorgebracht. Alle Versammelten nicken zu dem Beschluß, daß dem Welfen nun auch sein zweites Herzogtum samt allen Lehen abgesprochen wird. Dann erst zieht Barbarossa selbst gegen den Vetter in den Krieg.

Hier ist eben ein Meister am Werk: Längst dürfte klar sein, worum es dem Kaiser geht. Doch keinen Augenblick lang fällt Barbarossa aus der Rolle des Urteilsvollstreckers, der allein im Namen der Gerechtigkeit handelt. Diese Rolle sitzt ihm nahtlos, und er steigert sie sogar noch, als er sächsischen Boden betritt.

Brennende Burgen? Niedergemetzelte Menschen? Auch diese Mittel benutzt Barbarossa, wenn es sein muß. Fürs erste zückt er jedoch noch eine ganz andere Waffe.

Heinrich sieht dem Angreifer ruhig entgegen. Jetzt, da Versöhnung nicht mehr möglich ist, will er bis zum letzten kämpfen und glaubt dafür gerüstet zu sein. Immerhin sechzig Burgen sind in seiner Regierungszeit entstanden, und auf jeder einzelnen kommandiert ein zuverlässiger Ministeriale. Diese Löwenhöhle kann auch ein Kaiser nicht aufbrechen — das meint jedenfalls Heinrich.

Doch läßt sich Barbarossa mit dem Sturm auf Heinrichs Festungen viel Zeit. Schon ist es August, als er in Werle an der Oker eintrifft, sehr ruhig, ganz abgeklärte Majestät. Noch immer kein Kampf — als sei ringsum tiefer Friede und lauere kein Heinrich hinter den Mauern seines uneinnehmbaren Braunschweigs, bittet der Kaiser zu einem Hoftag. Dort gibt er eine Erklärung ab: Alle Vasallen des Herzogs werden aufgefordert, sich spätestens bis zum 11. November des gleichen Jahres kampflos zu ergeben. Sonst würden auch sie ihre Lehen verlieren und gleichfalls in die Acht getan.

Auf Heinrichs Burgen zieht Unruhe ein.

Besorgt blicken sich die Ministeriale an: Gewiß, die meisten verdanken ihrem Herrn alles. Manche dienen ihm schon ein Menschenalter lang, und unter dem Löwen war es für sie eine gute Zeit gewesen. Doch fragen sie sich jetzt beklommen, was wohl von dieser guten Zeit übrigbleibt, wenn sie sich nun für ihren Herrn entscheiden. Dort wartet aber mit lächelnder Geduld der allseits geschätzte Kaiser und läßt bereits anklingen, daß er mit Überläufern großmütig verfahren will. Seufzend erheben sich die Herren und rufen nach ihren Pferden. Bis Werle ist kein weiter Weg . . .

Abfall der Getreuen

Leichthändig pflückt Barbarossa die Früchte seiner Taktik. Einer nach dem anderen fällt von Heinrich ab — so steht es also in Wahrheit um seinen Verwaltungsapparat. Das ist nun dessen Stabilität. So zuverlässig sind seine Beamten. Den Herzog trifft ihre Treulosigkeit tief.

Am meisten schmerzt ihn vielleicht, daß zu den ersten Überläufern ausgerechnet Adolf von Schauenburg gehört, eben noch junger Held in Heinrichs Diensten. Allerdings muß sich in seinem Fall der Herzog eingestehen, daß weniger den Grafen als ihn selbst die Schuld trifft.

In der Schlacht bei Osnabrück waren viele Gefangene gemacht worden, darunter manche von Rang und Vermögen, was gutes Lösegeld versprach. Heinrich forderte denn auch prompt all diese Gefangenen für sich, und sowohl Bernhard von Ratzeburg wie Gunzelin von Schwerin waren dieser Weisung gefolgt, nur einer nicht, eben Adolf. Der Feldzug in Sachsen hatte ihn ruiniert, und schon sah er sich zwar siegreich, aber als Bettler in seine Heimat zurückkehren. Er brauchte also das Lösegeld.

Heinrich hätte das verstehen müssen. Er verstand es nicht. Zwischen ihm und dem Grafen war es zum Streit gekommen, und Gunzelin, wohl neidisch auf den jüngeren und erfolgreichen Kollegen, hatte sich einige hämische Bemerkungen über dessen Loyalität nicht schenken können. Der junge Graf schlich schließlich weinend davon — und begab sich geradewegs zu Barbarossa, der ihm nur allzu bereitwillig die väterlich tröstenden Arme öffnete. Alle übrigen Vasallen Heinrichs hatten aber nun ein einprägsames Beispiel für die Dankbarkeit ihres Herzogs.

315

Noch hatte Barbarossa kaum einmal das Schwert erheben müssen —
und doch kassiert er hier in Werle schon seinen ersten Sieg. Mit
einem Gleichmut, als handle es sich hier in Sachsen um einen be-
liebigen Verwaltungsakt und nicht um den Kampf mit dem bisher
gefürchtetsten seiner Fürsten, wendet er sich sodann wieder vom
Norden ab und zieht im Herbst in den Süden, nach Altenburg. Dort
findet der Reichstag von Gelnhausen sein schon erwähntes bajuwa-
risches Gegenstück.

Auch dieses Herzogtum wird zerstückelt. Auch hier wird ein Kai-
serfreund belohnt. Otto von Wittelbach kassiert den Preis für jahr-
zehntelange Treue und sieht sich mit der Herzogwürde ausgezeichnet.
So beginnen in diesem Herbst 1180 die rund siebenhundert Jahre
Wittelsbachscher Herrschaft in Bayern. Otto selbst genießt die neue
Würde allerdings nur drei Jahre lang.

Der Herzog in Panik

In Sachsen sinkt Heinrichs Reich immer mehr zusammen. Schon
bleibt ihm nur noch nackte Gewalt, wenn er sich wenigstens zwischen den Trümmern einstiger Macht behaupten will. Seine Wut
richtet sich zunächst gegen Holstein, wo Plön erobert, die noch von
seinem Großvater Lothar errichtete Festung Segeberg belagert wird.

In Segeberg führt Adolfs Mutter Mathilde den Befehl, und so gut
macht die wehrhafte Dame ihre Sache, daß der erste Sturm mißlingt
und eine langwierige Belagerung beginnt. Am Ende muß den Belagerten freier Abzug gewährt werden, und voran reitet die Gräfin
selbst, hinunter zu ihren Schauenburger Besitzungen in Westfalen.
Von dort aus hat inzwischen ihr abtrünniger Sohn den Angriff auf
Heinrich eröffnet.

Die Jahreswende 1180/81 kommt.

In seiner Lüneburger Residenz feiert Heinrich das Weihnachtsfest,
und die Herzogin ist an seiner Seite, sehr ruhig, würdevoll, ganz die
Tochter der großen Eleonore, deren Haltung auch Unglück nichts
anhaben kann. Man wahrt den Schein, begeht das Fest so glanzvoll

wie stets. Doch hinter diesem Glanz verbirgt sich bereits nackte Verzweiflung. Dumpf brütet Heinrich vor sich hin: Er hatte gemeint, Barbarossa trotzen zu können und wenigstens in Sachsen selbst sicher zu sein. Jetzt winkt aber dieser Staufer nur lässig mit der Hand — und schon gerät eine viele Jahrzehnte hindurch geformte und gefestigte Macht ins Wanken, erweist sich als totale Ohnmacht im Kampf mit dem kaiserlichen Vetter.

Tatmensch Heinrich neigt sonst nicht zu Grübelei und Depressionen. Doch in diesen Lüneburger Weihnachtstagen müssen ihn Depressionen gepackt haben, gepaart mit äußerster Gereiztheit. Anders ist der peinliche und erschreckende Auftritt kaum zu verstehen, den er sich jetzt leistet.

Nicht allzu viel Freunde haben sich in Lüneburg eingefunden. Einer der wenigen ist Bernhard von Ratzeburg, der sich eben noch vor Segeberg als zuverlässiger Heerführer bewährt hatte. Jetzt gibt er sich betont zuversichtlich, erwidert die Gastfreundschaft des Herzogs mit einer Einladung zu einem Fest in Ratzeburg — und da geschieht es.

Vor versammeltem Hof überläßt sich der Herzog einem hysterischen Wutanfall. Mit dem Finger weist er auf den völlig überraschten Bernhard und bezichtigt ihn, bei diesem geplanten Fest ihn und seine Frau ermorden zu wollen — eine haltlose, jedenfalls nie bewiesene Verdächtigung, wahrscheinlich aufgrund irgendwelcher vagen Gerüchte entstanden, wie sie in dieser Zeit naheliegen. Doch Heinrich ist es ernst damit, und schon zerren seine Knechte den Grafen in den Kerker.

Wenig später bricht Heinrich nach Ratzeburg auf. Mitten im Winter erscheint er vor den Toren der Stadt und erzwingt ihre Übergabe mit Hilfe der Bürger von Lübeck, die noch nie gut auf den Ratzeburger Konkurrenten zu sprechen waren und nun mit fröhlichem Eifer Leute und Kriegsmaschinerie herbeischaffen.

Der Graf selbst wird wieder freigelassen. Zutiefst gedemütigt zieht er sich in das Nest Gadebusch zurück. Doch noch immer gibt sein Herzog keine Ruhe. Ein zweites Mal läßt er Bernhard gefangensetzen und hat damit nun in Ratzeburg einige Feinde mehr. Der Graf flüchtet sich aber zu dem neuen Sachsenherzog in den Süden.

317

Im Norden ein tobender, blind um sich schlagender Heinrich — von Süden her zieht aber ein zweites Mal Barbarossa heran, überlegen und siegesbewußt. Ein starkes Heer begleitet ihn, doch eigentlich braucht er es gar nicht. Burg um Burg öffnet sich ihm, kampflos strecken auch die restlichen Vasallen des Herzogs ihre Waffen. Heinrich erleidet indessen Fehlschlag über Fehlschlag.

Haldensleben hat bisher allen kaiserlichen Lockungen widerstanden. Nun marschiert dort wieder einmal Wichmann auf, begleitet von Halberstadts neuem Bischof Dietrich, dem Nachfolger des 1180 verstorbenen Ulrich, dessen sanft erpreßten Friedensschluß mit Heinrich der Kaiser nie ernst genommen hatte. Mit Dietrich ist denn auch wieder ein zuverlässiger Welfenfeind an der Macht, und gemeinsam mit Wichmann geht er jetzt daran, den Streitpunkt Halberstadt für immer aus dem Weg zu räumen.

Zwei Flüsse umspülen diese Stadt. Das nutzt Wichmann aus. Er läßt einen Damm bauen, und das aufgestaute Wasser dringt durch die Mauern in die Stadt, überflutet die Straßen, ergießt sich in die Häuser. Bis zu den Dächern steigt es schließlich hinauf, und schon können die Angreifer auf Booten an die Befestigungsanlagen herantreiben. Am Ende steht die Flut so hoch, daß die Toten im Dachgestühl der Kirchen aufbewahrt werden müssen.

Haldensleben ist zum Schauplatz eines gespenstischen Kampfs gegen die Natur geworden. Ihm gegenüber zeigt sich selbst der tüchtige Bernhard von der Lippe machtlos. Er flieht. Haldensleben wird aber vollständig zerstört, und der jahrzehntelange Konkurrenzkampf mit dem Rivalen Magdeburg findet damit sein grausiges Ende. Nie wieder erlebt diese Stadt eine ähnliche Blüte wie zu Heinrichs Zeit.

In die Enge getrieben

Im Juni 1181 steht das kaiserliche Heer tief in Sachsen. Heinrichs Harzfestungen sind gefallen, diese steinerne Schranke zum Süden hin, mit deren Undurchlässigkeit der Herzog fest gerechnet hatte. Im Land hält außer Braunschweig und Lüneburg nur noch Blankenburg stand, das schließlich einem Angriff Dietrichs von Halberstadt zum Opfer fällt. Nun wären aber eigentlich Braunschweig und Lüneburg fällig. Doch schenkt sich der Kaiser ihre Eroberung. Lediglich postiert er Truppen in ihrer Nachbarschaft, dann marschiert er auf die Elbe zu. Dort ist dem Herzog noch Holstein mit Lübeck geblieben.

Der Krieg wird zur Treibjagd.

Heinrich hetzt durch sein Herzogtum, die Verfolger dicht auf seiner Spur. Über die Heide galoppiert er und wird — fast gefangengenommen. Doch noch einmal kann er knapp entkommen: Er kennt sich in diesem Land besser aus als sie, findet noch Schlupflöcher und Schleichwege.

Als er in Lübeck eintrifft, meint er sogar, einen letzten Gegenschlag wagen zu können: Von neuem zieht er nach Ratzeburg, und die Tore öffnen sich ihm sogar. Beruhigt will er weiterziehen. Doch kaum hat der letzte seiner Männer das Stadttor passiert, als es wieder zufällt und sich knirschend ein Riegel davorschiebt. Auf den Mauern erscheinen aber hohnlachend Anhänger des Grafen Bernhard, die nun den Herzog endgültig ausgesperrt haben. Rasend vor Wut wendet er sich von neuem gegen die Stadt, doch da dringt schon die Nachricht durch: Das kaiserliche Heer ist in der Nähe — also weiter, hin zum nächsten Schlupfloch.

Außer Atem trifft Heinrich in Artlenburg an der Elbe ein. Dort gönnt er sich einen Augenblick der Ruhe: Vielleicht, daß sich vom stark befestigten Artlenburg aus der Feind doch noch stoppen läßt, den man schon am Horizont zu erkennen meint.

Heinrich sieht auf die wenigen, die jetzt noch zu ihm halten — halten sie wirklich zu ihm? Wer wird der nächste Verräter sein? Braucht dieser furchtbare Kaiser nicht nur vor den Mauern zu erscheinen, und schon eilen sie zu ihm, werfen sich ihm zu Füßen, geben ihren bisherigen Herrn preis?

Heinrich ist in Panik: keine Sicherheit für ihn, nirgends, auch nicht hier in Artlenburg, wo er so oft die Slawenfürsten um sich versammelt hatte, ihr gottgleicher Herr, der nur zu befehlen brauchte, um seinen Willen durchzusetzen. Jetzt ist dieser Halbgott nur noch ein armer, gehetzter Mensch, der nirgends mehr eine Höhle zu finden scheint, in der er sich verkriechen könnte.

Flammen lodern auf.

Heinrich hat sich entschieden. Er wird nicht hier in Artlenburg bleiben und geduldig warten, bis ihn die eigenen Freunde ans Messer liefern. Auf seinen Befehl hin steckt man die Festung in Brand. Er selbst begibt sich wieder auf die Flucht.

Die Elbe treibt ein Boot hinunter. Auf seinem Boden kauert Heinrich, ein Flüchtling, der vielleicht noch entkommen kann. Aber seine Laufbahn als Herzog schließt mit dieser Flucht ab. Sie endet dort, wo für den Flüchtling einmal sein Aufstieg zu einem der reichsten und mächtigsten Männer seiner Zeit begonnen hatte: in Stade.

26. Kapitel
Das Urteil wird vollstreckt

Städte — die einzigen Verbündeten

Ende Juni ist Heinrich in Stade gelandet. Wenig später überschreitet Barbarossa die Elbe. Doch schon zeigt er sich an einer weiteren Verfolgung des flüchtenden Herzogs wenig interessiert. Er marschiert nach Lübeck.

Hinter dem Kaiser liegt der glänzendste und müheloseste Siegeszug seiner Laufbahn. Doch vor Lübeck wird es noch einmal gefährlich. Denn diese Stadt ist nicht eine jener Festungen, wie sie sich in den letzten Monaten so widerstandslos ergeben haben. Lübeck ist Heinrichs Stadt — und will es bleiben.

Einige Getreue des Herzogs, die letzten überhaupt, haben sich dort eingefunden: Bernhard von Wilpe, der Oldenburger Graf von Oldenburg und Markrad, Plöns bisheriger Befehlshaber. Das Oberkommando führt aber ein Mann, der vor einem Jahr zur welfenfeindlichen Allianz westfälischer Grafen gehört hatte und in der Schlacht vor Osnabrück gefangengenommen worden war: Simon von Tecklenburg, eines der wenigen Beispiele für Heinrichs Geschick im Umgang mit Menschen. Denn diesem Simon hatte der Herzog nicht nur wieder die Freiheit geschenkt, sondern ihn auch so für sich eingenommen, daß er dem Grafen nun die Verteidigung seiner wichtigsten Stadt anvertrauen kann.

Doch nicht das macht Lübecks Einnahme so schwierig.

Heinrichs Vasallen würden wenig ausrichten, wüßten sie nicht Lübecks Bürger hinter sich. Diese Menschen, deren Stadt dem Herzog so vieles verdankt, revanchieren sich nun mit entschiedenem Widerstand gegenüber seinem größten Gegner, mag es sich dabei auch um den Kaiser selber handeln. Jener selbstbewußt stolze Bürgersinn meldet sich, wie er sich in Heinrichs Städten heranbilden konnte: Allen politischen Wechselfällen zum Trotz — ihren Herrn wollen sich die Lübecker immer noch selber wählen.

321

Das bleibt höchst bemerkenswert.

Bei Heinrichs Ministerialen hatte Barbarossas' Ultimatum von Werle genügt; die Bischöfe im Slawenland quittieren den Wechsel der weltlichen Obergewalt mit einem Achselzucken; von den Slawenfürsten steht keiner zum Herzog — in all diesen Fällen vollzieht sich der Machtwechsel so reibungslos, als hätte es Heinrich den Löwen nie gegeben.

Die Städte sind die Ausnahme.

Haldensleben hatte erst unter Wasser gesetzt werden müssen, bevor es sich ergab; Braunschweig und Lüneburg halten bis zuletzt stand; Stade bietet dem Flüchtling bereitwillig Obdach; und in Lübeck zeigt man sich entschlossen, es auch mit einem Barbarossa aufzunehmen — das Bürgertum seiner Zeit ist Heinrichs des Löwen wahrer und einziger Bundesgenosse.

Barbarossa beginnt mit Lübecks Belagerung. Doch liegt die Stadt am Meer, kann vom Wasserweg nicht vom Land aus abgeschnitten werden — der Kaiser braucht also eine Flotte, wenn er die Lübecker niederzwingen will. Der Dänenkönig Waldemar fällt Barbarossa ein. Als seinem Lehensmann könnte ihm der Kaiser befehlen, seine Flotte zur Verfügung zu stellen, da der Krieg gegen Heinrich schließlich ein „Reichskrieg" ist.

Barbarossa befiehlt nicht. Er kennt Waldemars Empfindlichkeiten, weiß natürlich auch von seinen Verbindungen zum Welfen. Hier will wieder einmal mit den Fingerspitzen gearbeitet werden — doch darauf versteht sich dieser Kaiser ohnehin wie kein zweiter.

Ein verlockendes Angebot erreicht den Dänen: Barbarossas Söhne sollen sich mit Waldemars Töchtern verloben. Das ist fast schon zuviel der Ehre gegenüber einem Königshaus, das aus der Sicht des Kaisers eine nur zweitrangige Stellung einnimmt, und ganz ernst ist es Barbarossa mit dieser Offerte auch nicht. Doch tut sie ihre Wirkung: Ein sehr geschmeichelter Waldemar erscheint im Lager des Kaisers, und über die Ostsee segelt seine Flotte der Holsteiner Küste entgegen.

Barbarossa versprüht Charme und Herzlichkeit, als er den Gast aus dem Norden begrüßt. Er nötigt ihn auf einen Thron an seiner Seite, ist ganz der Kollege, der im anderen den gleichberechtigten Partner sieht. Der Däne schreitet denn auch wie auf Wolken, als er nun vom Kaiser zur eigentlichen Verhandlung in sein Zelt gebeten wird: Das ist wahrhaft ein anderer Stil als Heinrichs ruppige Aufdringlichkeit.

In der Stille des Verhandlungszimmers und auch später bei einem gemeinsamen Spaziergang am Strand legt sich allerdings wieder diese Euphorie. Der eben noch so selbstsichere Waldemar wird sehr blaß, als er von der Mitgift hört, die der Kaiser für die beiden Prinzessinnen erwartet: Solche Verbindung kann sich der König buchstäblich nicht leisten. Doch sofort zückt Barbarossa einen seiner Kompromisse: Dann wird es eben nur eine statt zwei Verlobungen geben — und Waldemar atmet auf, schlägt ein, das Bündnis wird beschworen. Der Kaiser hat aber wieder einmal erreicht, was er wollte: an der Stelle der bisherigen welfisch-dänischen Verbindung ein Staufer-Dänen-Bündnis und die Unterstützung durch Waldemars Flotte bei Lübecks Belagerung. Bedrohlich kreuzen nun die schlanken Schiffe vor der Trave-Mündung. Damit ist die Stadt eigentlich verloren.

Ein peinliches Gespräch

Doch noch immer geben die Bürger nicht auf. Sie gehen zu ihrem Bischof, dem einstigen Braunschweiger Abt Heinrich, einem allseits geachteten, weit über die Grenzen seines Bistums hinaus bekannten Mann: ob er nicht mit dem Kaiser sprechen und ihm klarmachen kann, aus welch guten Gründen sie sich ihrem Herzog verbunden fühlen und ohne seine ausdrückliche Weisung die Stadt dem Kaiser nicht ausliefern dürfen.

Der alte Bischof, obgleich nicht gesund und immer wieder von Fieberanfällen geschüttelt, ist zum schweren Gang bereit, und Barbarossa zeigt sich liebenswürdig-zugänglich. Später wird er dem greisen Herrn seinen eigenen Leibarzt schicken, vorerst hört er sich aber geduldig an, was ihm der Kirchenfürst zu sagen hat — und ob nun aus Treuherzigkeit oder Raffinesse trifft der Bischof genau den Punkt, wo sein Gesprächspartner am empfindlichsten ist.

Von der engen Verwandtschaft zwischen Kaiser und Herzog spricht er, von den Verdiensten, die sich der Löwe schließlich auch erworben hat — und das alles ist Barbarossa äußerst peinlich. So sorgsam hat er nun darauf hingearbeitet, nur ja nicht als der böse Vetter zu erscheinen, der einen Freund aus persönlichen Motiven vernichten will, so akkurat wurde jeder Anschein eines Staufer/ Welfen-Zwists vermieden, und in der Tat hat noch niemand den Kaiser gefragt, warum er denn dem Herzog auf einmal all das so verübelt, was er jahrzehntelang bei ihm geduldet und gefördert hat. Jetzt sitzt da aber dieser alte Bischof und appelliert ausgerechnet an das, woran Barbarossa am wenigsten erinnert werden möchte.

Der Kaiser reagiert sehr heftig und ausführlich. Wortreich unterstreicht er die unendliche Geduld, die er mit seinem Vetter gehabt hat. Schließlich beschwört er Gott selbst als eigentlichen Richter des Löwen, „denn eines so Übermächtigen Sturz ist nicht durch unsere Macht bewirkt, sondern vielmehr eine Vergeltung aus der Hand des allmächtigen Gottes". Doch muß er den Wunsch der Lübecker erfüllen: Sie dürfen den Herzog selbst um die Erlaubnis zur Übergabe bitten.

Sofort reitet eine Gesandtschaft nach Stade hinüber. Sie trifft auf einen düsteren Heinrich. Noch nennt er sich auf Urkunden „Herzog von Bayern und Sachsen". Im Grunde hat er aber schon aufgegeben.

An der letzten Station

Anfangs hatte Heinrich noch gehofft, wenigstens Barbarossas Übergang über die Elbe zu verhindern. Eine Flotte war ausgerüstet worden, die elbaufwärts segeln sollte. Doch schon bei der Nachricht vom Herannahen des kaiserlichen Heeres hatte ihre Kommandeure solch eine Panik gepackt, daß sie schleunigst die Anker lichteten und weit auf die Nordsee hinaus flohen.

Heinrich bleibt zurück, nur mit Gunzelin von Schwerin an seiner Seite, dem einzigen Begleiter bei dieser letzten Etappe seiner Laufbahn. Gemeinsam gehen sie daran, Stade für den Fall eines Angriffs zu rüsten: Die Mauern werden verstärkt, Kriegsmaschinen herbeigeschafft, und „jene prächtige Festung Stade" büßt einiges an Pracht ein, als Gunzelin Türme ihrer Kirchen abtragen läßt, die bei der Verteidigung hinderlich sein könnten.

Doch sind das nur letzte Regungen eines schon geschlagenen Mannes. Sie ändern nichts mehr.

Endlich hat der Löwe Barbarossas Taktik durchschaut: Dieser Gegner sucht gar nicht die unmittelbare Auseinandersetzung, sondern entzieht ihm Schritt für Schritt die Basis seiner Macht — und hat damit auch ohne große Schlacht den nötigen Erfolg. So begegnet Heinrich der Anfrage aus Lübeck nur mit müdem Achselzucken: Er kann die Eroberung der Stadt ohnehin nicht mehr verhindern.

Wieder stehen vor dem Kaiser Gesandte aus Lübeck. Doch wenn er vielleicht gemeint hatte, diese Bürger nun auf den Knien zu sehen, so irrte er sich. Nicht die bedingungslose Übergabe bieten sie an, sondern stellen sehr genaue Forderungen — und Barbarossa bleibt erstaunlich geduldig, stimmt dem meisten sogar zu. Denn hier zeigt sich ihm eine unwiederholbare Chance: in dieser so wichtigen und reichen Stadt unauffällig Heinrichs Nachfolge anzutreten. So wird sie samt allen bisherigen Rechten freie Reichsstadt und gehört unmittelbar zum kaiserlichen Machtbereich — und dem Kaiser schlägt aufrichtige Begeisterung entgegen, als er nun in ihre Straßen einreitet. Mit zufriedenen Lächeln grüßt er zurück: Behutsam hat er dieses Juwel aus der alten Fassung gelöst und dem eigenen Kronreif hinzugefügt.

„In diesem Land war ich gewohnt, Geleit zu geben . . ."

Inzwischen zieht Heinrich trübe Bilanz: Nach dem Fall von Lübeck stehen außer Stade nur noch Braunschweig und Lüneburg auf seiner Seite. In der Nähe von Braunschweig, in Leiferde, lagern aber schon die Rotten des Kölners, und nach Lüneburg, dem Quartier der Herzogin und ihrer Kinder, marschiert jetzt Barbarossa, um dort sein Heer mit den Truppen Bernhards von Anhalt zu vereinen. Heinrich selbst könnte fliehen, zu Schiff hinüber nach England, und vielleicht wäre diese Lösung dem Kaiser am liebsten: der Herzog ehr- und rechtlos in fremdem Land . . .

Heinrich flieht nicht. Er gibt auf.

Auf dem Zeltberg bei Lüneburg hat Barbarossa sein Lager aufgeschlagen. Er zögert noch mit dem Angriff auf die Stadt. Kein schönes Bild wäre es, einen Kaiser gegen eine Frau kämpfen zu sehen — da trifft der Bote ein, dessen Nachricht ihn aller Skrupel enthebt.

Nun weiß er, daß dieser Krieg abgeschlossen und gewonnen ist. Denn Heinrich der Löwe bittet um freies Geleit. Er will zum Kaiser nach Lüneburg kommen.

So durchreitet der Herzog in diesem Herbst das Land, das eben noch ihm gehört hatte. Über Sachsen liegt aber eine seltsame Stimmung, als sei alle Angst und Anspannung der letzten Monate umgeschlagen in euphorische Erleichterung: Im Lager des Kaisers schwingen sich Ritter in die Sättel, um dem nahenden Herzog entgegenzureiten, und als sie seinen kleinen Zug erreichen, wetteifern sie miteinander in Höflichkeiten, bieten Schutz und Begleitung an. Heinrich lächelt melancholisch: „In diesem Land war ich gewohnt, Geleit zu geben, nicht anzunehmen!"

Bald darauf meldet sich auch das Ausland zu Wort.

Alle Welt scheint plötzlich um Heinrichs Schicksal besorgt zu sein. Als erster schickt sein Schwiegervater Gesandte, läßt Barbarossa Geschenke überreichen und zugleich um Vergebung für Heinrich bitten. Später treffen auch aus Flandern und vom französischen Hof Fürbitten für den geschlagenen Herzog ein. Auf schon groteske Weise sieht sich der Löwe doch noch in seinem internationalen Rang und Ansehen bestätigt.

Barbarossa beobachtet diese überraschende Entwicklung nicht ohne Sorge. Zu Recht fürchtet er eine Situation, die ihm gar nichts anderes übrig läßt, als Heinrich vor aller Welt und in aller Form zu vergeben. So rosarot soll aber das sächsische Abenteuer nun wieder auch nicht enden.

Schon als sich Heinrich Lüneburg nähert, zieht Barbarossa die eilige Abreise nach Goslar vor, um einer persönlichen Begegnung aus dem Weg zu gehen. Denn er weiß, daß solch eine Begegnung nicht ohne Aussöhnung enden dürfte: Das verlangt schon das Bild vom Kaiser als eines überirdisch gerechten Herrn, vor dessen Antlitz jeder Gnade finden muß. Leider weiß das auch Heinrich, und so bittet er immer dringlicher um die direkte Aussprache. Einige Zeit lang stellt sich Barbarossa taub. Dann setzt er schließlich zur Klärung alles weiteren einen Reichstag in Quedlinburg fest.

Heinrich hat sich vom ersten Schock erholt. In Quedlinburg ist er fast wieder der alte und bietet dem ebenfalls anwesenden Bernhard von Anhalt eine Szene, die an seine schönsten Streitigkeiten mit

Albrecht dem Bären erinnert. Schleunigst bricht Barbarossa diesen Reichstag ab, ohne sich selbst blicken zu lassen, und setzt einen nächsten Termin fest.

Heinrich begreift, daß er zu weit gegangen ist. Zum nächsten Termin läßt er sich dann gehorsam von seinem alten Feind Wichmann begleiten: Hier soll die Welt einen anderen, einen geläuterten Heinrich sehen. Man schreibt den 11. November 1181. Schauplatz ist Erfurt.

Wer stürzte den Löwen?

Heinrich betritt den Platz, wo Kaiser und Kaiserin auf ihn warten. Er geht auf den Thron zu. Kein Wort fällt. Schweigend sinkt der Herzog vornüber. Er greift nach dem Fuß des Kaisers und drückt seinen Kuß darauf: Der Löwe liegt vor Barbarossa auf dem Boden. Das besiegelt seinen Sturz.

Die große Frage bleibt: Wer hat nun Heinrich den Löwen wirklich gestürzt?

Natürlich ist dieser Sturz zunächst einmal Barbarossas Werk. Doch wird man nie erfahren, wann ihn der Kaiser endgültig beschlossen hatte: in Chiavenna, schon davor, gleich nach Legnano oder beim Frieden von Venedig, erst danach oder gar erst beim Reichstag zu Speyer, als ihm Heinrich selbst mit seiner wütenden Klage gegen den Kölner Bischof das ideale Stichwort seiner eleganten und rechtlich strikt abgesicherten Liquidierung zuspielte. Denn dieser Meister diplomatischer Taktik ist auch ein Meister im Spurenverwischen.

Allen Ernstes wird es sogar heißen, der Kaiser hätte Heinrichs Sturz gar nicht gewollt. Vielmehr sei er von den Fürsten gedrängt, vom Löwen provoziert worden, und immer wieder hätte er Möglichkeiten gesucht, wenigstens das Schlimmste abzuwenden, um schließlich doch, sozusagen händeringend, die Vernichtung des Löwen zu vollziehen, Sklave seines Amtes, der dafür sogar den Freund und Vetter opfert.

Das ist ein schönes Bild, und sicher wäre Barbarossa sehr glücklich, daß es noch Jahrhunderte nach seiner Zeit gelegentlich beschworen wird. Denn so wollte er wohl sich selber bei Heinrichs Sturz verstanden sehen. Leider bleibt es aber nur ein Bild.

Zwar waren in Barbarossas Taktik wiederholte Möglichkeiten eines ehrenvollen Rückzugs eingebaut, die dem Herzog die totale Niederlage erspart hätten. Zweifellos war es Heinrich, der diese Möglichkeiten in den Wind schlug. Hätte er allerdings anders gehandelt, wäre er eben nicht Heinrich gewesen — und wenn jemand seinen Vetter kannte, war es Barbarossa.

Dieser Mann wußte, was er tat und damit wollte: mit der Wiedereinsetzung des Halberstädter Bischofs; mit dem Verweis der Klage Heinrichs an das Fürstengericht; mit der Umwandlung eines Landrechtsprozesses in ein Lehensverfahren, das erst Heinrich zum Reichsfeind stempelte und damit seine Vernichtung durch den Kaiser selbst möglich machte.

Viele Richter — ein Gewinner

Natürlich hat Heinrich viele Richter gehabt: Bischöfe wie Philipp von Heinsberg, die Askanier mit ihrer alten Rechnung, auch viele, die sich lediglich bereichern wollten. Doch heißt es Barbarossa unterschätzen, in einem Mann seines Formats das Werkzeug einer gegen Heinrich verschworenen Clique zu sehen. Eher war diese Clique das Werkzeug Barbarossas. Und spätestens die klassische Kriminalistenfrage *Cui bono?* gibt eine klare Antwort: Von Heinrichs Sturz hatte niemand so viel Nutzen wie der Kaiser selbst, außen- wie innenpolitisch.

Außenpolitisch: Barbarossas größte Sorge muß die Einkreisungstaktik Heinrichs II. sein, der seit seinem Abfall vom Kaiser mit Byzanz und den Lombarden konspirierte und daneben gezielte Heiratspolitik trieb: Schon war eine seine Töchter Frau des feindlichen Königs von Sizilien. Stets hatte Barbarossa dabei zu befürchten, Heinrichs des Löwen sächsisch-bayerisches Reich könne plötzlich zum innerdeutschen Bollwerk englischer Interessen werden. Dieses Problem ist mit Heinrichs Sturz gelöst.

Doch noch größer bleibt der innenpolitische Nutzen.

Der Barbarossa dieser Zeit ist bereits ein Mann, der die Zeit nach seinem Tod, die Zukunft seiner Dynastie vor Augen hat. Für diese Zukunft stellt aber Heinrichs Reich die größte Belastung dar. Denn vor dem Hintergrund dieses so starken und mächtigen Reichs läßt sich sogar vorstellen, daß die Welfen eines Tages auch wieder zur Kaiserkrone greifen. Damit erhält aber der „Fall Heinrich" erst die Dimension, die weit über Anlaß und Person hinausführt.

Es geht nicht um den Herzog selbst. Den Löwen zeitlebens in Zaum zu halten, darf sich Barbarossa guten Mutes zutrauen. So wird in den Jahren zwischen 1179 und 1181 auch nicht so sehr ihm, sondern seiner Macht der Prozeß gemacht. Vor Gericht steht in Wahrheit der „Staat im Staat", den Heinrich geschaffen hat. Für die Staufer wäre er — über Heinrich und Barbarossa hinaus — die ständige Bedrohung. So mußte er in Stücke geschlagen werden. Das ist spätestens in Erfurt vollzogen. Dem *Menschen* Heinrich kann danach der siegreiche Kaiser wieder guten politischen Gewissens die alte Herzlichkeit zuwenden.

Ein Friedenskuß mit Folgen

Barbarossa hat sich erhoben. Er neigt sich zum Liegenden herab. Während er ihn aber zu sich behutsam hinaufzieht, drückt er ihm einen Kuß auf die Wange — und die Umstehenden sehen Tränen in Barbarossas Augen. Noch lange werden sie erzählen, daß dieser Herrscher sogar noch den Sturz seines ärgsten Feindes beweint — und so kann auch dieses Spiel mit einer schönen großen Staufer-Pose schließen.

Immerhin werden einige der anwesenden Fürsten unruhig. Sie haben nicht mit aller Kraft zu Heinrichs Sturz beigetragen, damit sich zum Schluß Kaiser und Herzog versöhnend in den Armen liegen. So drängen sie sich am Abend im Zimmer des Kaisers und beschwören ihn, hart zu bleiben. Lächelnd gibt er sein Wort: An den politischen Konsequenzen des Prozesses wird sich nichts ändern.

Anders steht es mit den persönlichen Folgen.

Nach dem Versöhnungskuß vom Vortag kann Barbarossa schlecht wieder zum erbarmungslosen Richter werden, der das ursprüngliche Urteil, totale Aberkennung aller Lehen und allen Allodialbesitzes, im ganzen Ausmaß aufrecht hält. Zudem wäre das politisch unklug: Ein völlig erniedrigter Heinrich könnte zum Märtyrer werden.

Also bleiben Braunschweig und Lüneburg samt allen damit verbundenen Burgen und Ländereien Besitz des Löwen. Es bleibt ihm auch der Herzogtitel. Allerdings darf er sich nur Herzog von Braunschweig nennen, wie ihn schon einmal seine Gegner ahnungsvoll tituliert hatten. Einen Rest von Macht und Ansehen hat sich also Heinrich mit seiner Erfurter Unterwerfung bewahrt.

Nur über den einen Punkt kann auch der Kaiser nicht leichthin weggleiten: über die Schuld, die sich Heinrich mit seinem Widerstand in einem „Reichskrieg" aufgeladen hat. Doch auch dafür findet Barbarossa einen eleganten Kompromiß: Fürs erste wird Heinrich verbannt, nach England, wo ihn sein Schwiegervater mit allen Ehren aufzunehmen verspricht.

Die Tage von Erfurt sind vorbei. Heinrich kehrt nach Baunschweig zurück und winkt müde seinen applaudierenden Bürgern zu. Barbarossa zieht nach Merseburg weiter. Er hat all seine Ziele vollauf erreicht.

Die wirklichen Gewinner

Heinrichs sächsisches Reich gibt es nicht mehr. Es gibt nur noch die beiden Herzogtümer aus der Gelnhauser Urkunde, ferner die Marken Holstein und Ratzeburg, deren Herrn Adolf und Bernhard gar nicht daran denken, sich dem neuen sächsischen Herzog unterzuordnen. Stade übernimmt der Bremer Bischof Siegfried aus dem Haus der Askanier, während der Thüringer Landgraf Ludwig seinen Bereich um die Sommerschenburger Grafschaft vergrößert sieht.

Losgelöst Lübeck, losgelöst die Slawenlande, deren Fürsten Bogislaw und Niklot schon während der Lübecker Belagerung dem Kaiser direkt den Lehenseid geleistet hatten, losgelöst von herzoglicher Oberhoheit auch die Bistümer — es finden sich also jetzt lauter kleine Herren auf eigenen kleinen Territorien, von denen jeder einzelne viel zu schwach ist, als daß seine Macht Gegengewicht zu der des Kaisers sein könnte. Über sie wird er gebieten, wie er über Heinrich den Löwen nie geboten hatte, hier in Sachsen wie unten im gleichermaßen zerstückelten Bayern. Das ist Barbarossas eigentlicher, sein größter Erfolg am Ende des Prozesses gegen den Löwen.

Doch noch einmal muß man fragen: *Cui bono?* Wem nützt nun wirklich diese Zertrümmerung eines bisher geschlossenen Macht-bereichs unter einheitlicher Führung?

Barbarossa, der hier übergeordneter kaiserlicher Macht und damit einem einigen Reich zu dienen glaubt, kann nicht wissen, daß aus-gerechnet er künftiger Kleinstaaterei den Weg geebnet hat. Doch genau das ist der Fall: Die „Reichsfürsten" sind die eigentlichen Ge-winner des Prozesses. Vom Kaiser unmittelbar belehnt, werden sie zu Herren kleiner Territorien, die sich zu staatenähnlichen Gefügen heranbilden. Auf deutschem Boden wird es deshalb nie einen so geschlossenen und zentralen „Nationalstaat" wie Frankreich oder England geben. Diese Strömung geht am Reich der Staufer und ihrer Nachfolger vorbei.

Letzter Gruß für den Löwen

Das also ist das Schicksal des Welfenreichs. Das Schicksal seines Schöpfers nimmt vorläufig einen geruhsameren Weg. Noch einmal sieht man ihn bis zu seiner Abreise nach England im Juli 1182 in politischer Aktion. Doch handelt es sich nur um die Bezeugung einer Urkunde, mit der ein Abt aus dem Helmstedter Raum zehn Hufen Land an den Magdeburger Bischof verkauft. Im übrigen bereitet sich der Herzog auf seine Zeit in der Verbannung vor.

Die Herzogin wird ihn begleiten, auch seine Tochter Mathilde, auch die beiden ältesten Söhne Heinrich und Otto, während der jüngste, Lothar, wohl als eine Art Geisel zurückbleibt. Geleit gibt ihm auch eine stattliche Schar sächsischer Ritter — zwar nur mehr symbolisch, da sie hinter der Grenze wieder umkehren wird, doch immerhin freiwillig, was beachtlich bleibt. Fast scheint es, als sei der nie wirklich populäre Löwe doch noch populär geworden.

In der einen Stadt wird Heinrich allerdings niemals populär: in Bardowiek, die über Lübeck fast vergessene „nostra civitas" von einst. Diesen Absturz in völlige Bedeutungslosigkeit haben die Bar-dowieker dem Herzog nie verziehen.

Jetzt hören sie, daß Heinrichs Weg in die Verbannung an ihrer Stadt vorüberführt. Sie stürzen aus ihren Häusern, drängen sich auf den Mauern. Jeder will den gestürzten Löwen sehen, alle möchten ihm noch ein Schimpfwort nachrufen, eine Schmähung hinterher-spucken.

Als dann der herzogliche Zug die Stadt passiert, erreichen Johlen und Toben ihren Höhepunkt. Und die Bardowieker lassen ihre Hosen herunter, strecken dem Herzog die nackten Hintern entgegen: das Satyrspiel nach der Tragödie, groteskes Finale für den einstigen Herrn zweier Herzogtümer, ein letzter Gruß für den Löwen. Er murmelt einen Fluch zu Bardowieks Mauern hinauf.

Den Herzog von Bayern und Sachsen gibt es nicht mehr. Doch noch gibt es Heinrich. Mit ihm wird weiterhin zu rechnen sein.

VII. Teil
‚Ein recht sehenswertes Grab ...'

„Wie die Seinigen über den Tod nicht geringe Trauer
hatten, so empfanden seine Feinde große Freude.
Jedoch haben wir hernach diejenigen, welche ihn
gehaßt haben, den Ruhm und die Tapferkeit des
Fürsten loben hören, und sie wünschten aufs sehnlichste, daß er lebe . . ."

Aus der „Chronik von Stederburg"

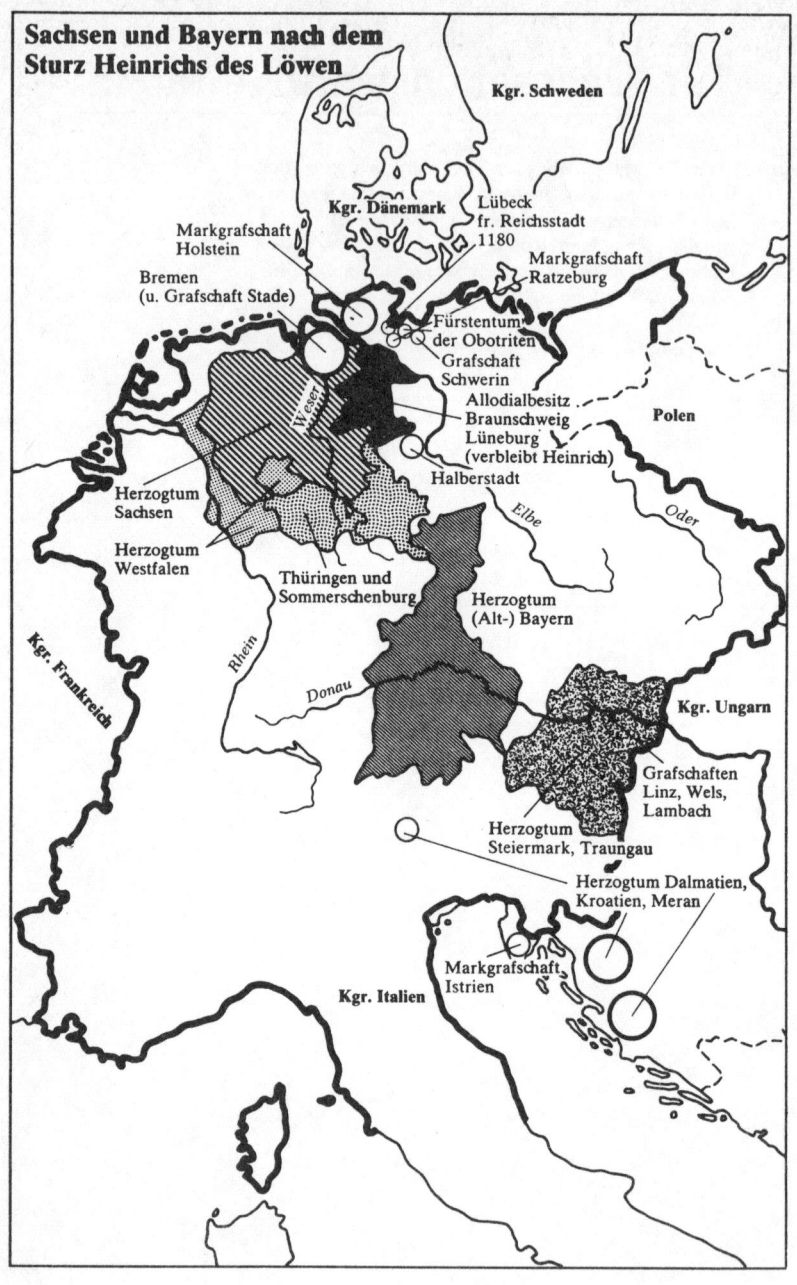

Sachsen und Bayern nach dem Sturz Heinrichs des Löwen

Kgr. Schweden

Kgr. Dänemark

Lübeck
fr. Reichsstadt
1180

Markgrafschaft
Holstein

Markgrafschaft
Ratzeburg

Bremen
(u. Grafschaft Stade)

Fürstentum
der Obotriten

Grafschaft
Schwerin

Polen

Allodialbesitz
Braunschweig
Lüneburg
(verbleibt Heinrich)

Halberstadt

Herzogtum
Sachsen

Elbe

Oder

Herzogtum
Westfalen

Thüringen und
Sommerschenburg

Herzogtum
(Alt-) Bayern

Kgr. Frankreich

Rhein

Donau

Kgr. Ungarn

Grafschaften
Linz, Wels,
Lambach

Herzogtum
Steiermark, Traungau

Herzogtum Dalmatien,
Kroatien, Meran

Markgrafschaft
Istrien

Kgr. Italien

Weser

27. Kapitel
Löwe im goldenen Käfig

Eine schreckliche Familie

Nur rund einen Monat dauert die Reise in die Normandie, und doch scheint in diesen Wochen Heinrich in eine ganz andere Welt überzuwechseln. Denn in seinem Schwiegervater und dessen Sippe lernt der Herzog eine Familie kennen, neben der sich Welfen und Staufer geradezu kleinbürgerlich ausnehmen.

Heinrich II. hält sich gerade in Poitou auf, als er von der Ankunft seines Schwiegersohns erfährt. Sofort reitet er zu seinem Empfang nach Chinon hinüber, und dort liegen sie sich gerührt in den Armen: Europas zweitmächtigster Monarch und der einst mächtigste Fürst des Reichs.

Es ist ihre zweite persönliche Begegnung. Beim ersten Mal war Heinrich noch in kaiserlicher Mission gereist, fast selbst ein Kaiser — nun steht ein Verbannter vor dem englischen Herrscher. Allerdings hat auch Heinrich II. an äußerem Glanz eingebüßt.

Auch er ist nun schon ein alternder Mann, im Äußeren schlampig und mit den Jahren fett geworden. Jagd und Frauen sind wichtigste Leidenschaften dieses Königs mit seinem Gefolge aus Huren, Glücksjägern und Hofnarren, in dessen Kreis er sich am wohlsten fühlt.

Nach außen hin steht sein England glänzend da als der zweifellos mächtigste europäische Staat nach dem Reich — mit der britischen Insel selbst, mit weiten Teilen Frankreichs, der Normandie und der Bretagne, mit Anjou, Maine, Tourraine und der Mitgift seiner Frau, dem Herzogtum Aquitanien. Nach außen hin erstrahlt sein Hof in den sattesten, glühendsten Farben. Doch hinter der schimmernden Fassade stimmt nichts. Die Gäste aus Sachsen werden das nur allzu bald erfahren.

Schon lange sind Eleonore und Heinrich nicht mehr das Paradepaar im Ensemble der europäischen Fürsten. Die beiden wurden sich fremd. Und während Heinrich Vergnügen seines Geschmacks suchte, schuf sich Eleonore ihren Musenhof zu Poitiers, diskutierte mit Philosophen, ließ sich von Troubadouren umschwärmen— und hetzte nebenher ihre Söhne zielbewußt gegen den Vater auf. Nun bilden sie eine feste Front gegen den König, und nur der jüngste, schon früh als „John Lackland" verlacht, als „Johann ohne Land", hat bessere Beziehungen zu Heinrich II., so wenig Illusionen sich der König auch über seinen Charakter macht: „Der, den ich am meisten liebe, wird mich am grausamsten behandeln . . ."

Das also ist der Mann, zu dem sich der Löwe geflüchtet hat: ein trotz allem bedeutender Herrscher und doch auch ein engstirniger Despot, ein Verschwender, protzender Lebemann — und zutiefst ein armer Hund, mit Frau und Söhnen, die ihn hassen, mit einer lebenslangen Gewissenslast: der Ermordung seines Freundes Thomas Becket. All diese Schatten liegen über Heinrich II., der nun im August 1182 Tochter, Schwiegersohn und Enkel mit überschwenglicher Herzlichkeit an die Brust drückt.

Auf Wallfahrt in Spanien

Mit redlichem Takt vermeidet Heinrich II. jede gönnerhafte Herablassung. Doch hat er es bei seinem Schwiegersohn nun einmal mit einem Verbannten ohne Macht und Mittel zu tun. So stellt sich auch gleich die Frage, wovon der Herzog eigentlich leben soll.

Heinrich ist nicht als Bettler in die Normandie gekommen. Großzügig hat ihm Barbarossa gestattet, einen Teil seiner Einkünfte aus Braunschweig und Lüneburg auch im Ausland zu beziehen. Doch noch einmal fünfzig Pfund setzt nun der König als tägliche Rente für den Lebensunterhalt der herzoglichen Familie aus, und in den Abrechnungen dieser Jahre finden sich immer wieder Posten für die Pferde der Herzogin, für Gastmähler und einmal drei Pfund für „Gerste, Korn und Honig zur Bereitung von Bier für den Gebrauch des Herzogs von Sachsen". So gastfrei zeigt sich die Fremde gegenüber dem verjagten Löwen.

Doch bleibt es ein goldener Käfig, in den Heinrich gesperrt ist. Mit Krieg und Politik, mit dem gesamten europäischen Geschehen hat er nun nichts mehr zu tun. So stellt sich als zweite Frage, was eigentlich dieser sein Leben lang aktive, stets auf irgendwelche Ziele hinarbeitende Mann mit dem plötzlichen Übermaß an Ruhe und Müßiggang anfangen soll. Der erste Begrüßungssturm hat sich gelegt. Der Alltag beginnt und mit ihm die große Langeweile. Sie erträgt der Herzog am wenigsten. So begibt er sich, kaum angekommen, gleich wieder auf Reisen. Vom Hof des Schwiegervaters aus startet er zur zweiten Pilgerfahrt seines Lebens.

Mit kleinem Gefolge zieht er in den Süden, überschreitet die Pyrenäen auf einem der vier Pässe, die hinüber zur Iberischen Halbinsel führen, und reitet nach Nordwest, nach Galizien. Sein Ziel ist die galizische Hauptstadt Santiago de Compostella, wo sich das legendäre Grab des Apostels Jakobus befinden soll, einer der bekanntesten Wallfahrtsorte dieser Zeit. Alljährlich ergießt sich dorthin ein Strom gläubiger Pilger, und in diesem Herbst 1182 gehört auch Heinrich dazu, viel bestaunt als prominentester Besucher des Jahres. Aufregende Tage, interessante Eindrücke — und doch steht im Hintergrund die bittere Erinnerung an jene andere, so ungleich glanzvollere Pilgerfahrt, die einst den Löwen auf der Höhe seiner Macht gezeigt hatte.

Seine Frau leidet weit weniger unter der Verbannung.

Auch Mathilde ist die Katastrophe der letzten Jahre nahegegangen. Doch muß ihr nun der unverhoffte Besuch ihrer Heimat mehr wie die Rückkehr in das Land ihrer glücklichen Kindheit erscheinen und nicht so sehr wie eine Strafe. Nach Santiago ist sie nicht mitgereist. Für diese Zeit nimmt sie Quartier in Argentan und findet dort wieder, woran sie von Jugend an gewohnt war: Galanterie, Lebensfreude, Eleganz. Sie zeigt sich entzückt — und das Entzücken ist wechselseitig.

Und dann ein junger Troubadour ...

Der normannische Himmel hatte sich bewölkt, seit Eleonore in Ungnade gefallen und von ihrem Mann nach England verschleppt worden war: Ein mißglückter Aufstand gegen Heinrich II. hatte der eben noch so glänzenden „Königin der Troubadoure" diese traurige Wende gebracht. Nun mag ihre schöne, immer noch jugendliche Tochter wie die Wiedergeburt Eleonores wirken. Man huldigt ihr, überschüttet sie mit Komplimenten — und auch ein Troubadour stellt sich ein, der junge Bertran de Born, ein Freund ihrer Brüder. Der Anblick der „schönen weißen Helena" Mathilde inspiriert ihn zu Versen, die zu seinen besten überhaupt zählen.

Gedichte entstehen, glühend, schmachtend. Da wird die „holde, liebevolle Gestalt" der Herzogin angeschwärmt, ihr „süßes, frommes Antlitz", und Mathilde darf sich sehr geschmeichelt fühlen. Dies ist eine Sprache, die sie versteht.

Weniger Verständnis hat Heinrich, als er von seiner Wallfahrt zurückkehrt. Zu einigen heftigen Auftritten muß es gekommen sein, denn schon bald nach seiner Rückkehr aus Spanien verläßt Bertran den Hof von Argentan und beklagt ironisch die Langeweile, die dort einziehen wird, da sich nun niemand mehr findet, die Reize der schönen Herzogin gebührend zu würdigen. Heinrich sieht sich aber endgültig in den Kreis seines Schwiegervaters einbezogen.

Zu Weihnachten 1182 nimmt er an einem Hoftag teil, den Heinrich II. in Caen abhalten läßt, und hier lernt er auch seine Schwäger kennen, die sich in scheinbarer Harmonie um den Vater scharen: als ältesten und begabtesten den strahlend schönen Henry, dann den nicht minder beliebten und liebenswerten Gottfried, zwei Elegants, die Charme und Weltläufigkeit sehr wohl als Waffe einzusetzen wissen. Zwischen ihnen als zweitältester und erklärter Liebling der Mutter der hochgewachsene Richard, später „Löwenherz" genannt: eine blendende Erscheinung auch er, ein tollkühner Sportsmann, begabter Poet — und Männern in einer Weise zugetan, die später noch zu vielen Skandalen führen soll: Wiederholt wird Richard öffentlich wegen seiner „Sünden im Geiste Sodoms" Abbitte tun müssen.

1183 wird ein unruhiges Jahr in der englischen Geschichte: Aufstand der Söhne Heinrichs II., schließlich im Juni der von seiner Mutter im Traum vorausgeahnte Tod des jungen Henry. Doch auch im übrigen Europa gärt es: Schon 1181 ist Alexander III. gestorben, und unter seinem Nachfolger Lucius III. zeichnen sich neue Spannungen zwischen Kaiser und Kurie ab. Doch wenig braucht das alles den Mann anzugehen, der dort in der Normandie lebt, so friedlich und zurückgezogen, daß die Chroniken nicht das geringste von seinem Leben in diesem Jahr 1183 zu berichten wissen.

Es ist das ruhigste Jahr in Heinrichs gesamter Laufbahn überhaupt, und schwer fällt die Vorstellung, wie nun dieser Mann, der
eben noch Länder an sich riß und Fürsten erzittern ließ, als Rentner
lebt, ohne Ziel, Aufgabe und Ambition — noch lange kein Greis und
doch schon am Ende.

Visite beim Kaiser?

Gelegentlich trifft Nachricht aus Deutschland ein, zum Beispiel, daß
Bayerns Herzog Otto von Wittelsbach gestorben ist. Das wirkt inmitten der normannischen Idylle wie ein Signal. Denn das heißt,
daß das bayerische Herzogtum wieder zur Verfügung steht.

Ob aus eigenem Antrieb, ob auf Heinrichs Drängen hin — der
englische König nimmt sogleich Kontakt mit Barbarossa auf und
schlägt vor, Heinrich wieder als Herzog von Bayern einzusetzen. Der
Kaiser scheint nicht einmal völlig abgeneigt zu sein. Mit solch splen-
dider Geste würde der „Fall Heinrich" endgültig zu einem versöhnlichen Abschluß gebracht, zumal Bayern ohnehin schon immer die
unproblematischere der beiden Welfenhochburgen war.

Doch aus welchem Grund auch immer — es bleibt bei Verhandlungen ohne Resultat. Jedoch kursiert für diese Zeit das Gerücht, der
Herzog hätte seine Verbannung unterbrochen und sei selbst zum
Kaiser gereist, der ihm aber, durch Heinrichs Voreiligkeit verstimmt,
eine kühle Abfuhr erteilt habe. Hintergrund sei dabei das berühmte
Mainzer Ritterfest gewesen, auf dem Barbarossa gerade den Höhepunkt seiner Macht feierte — mit Heinrich dem Löwen als trauri-
gem, kaum noch beachteten Zaungast.

Dieses Ritterfest findet im Mai 1184 statt. Um die gleiche Zeit hat
sich Heinrich II. in der Normandie gegenüber seinen aufsässigen
Söhnen endgültig behauptet und kehrt ins eigentliche England zurück. Am 10. Juni geht er in Dover an Land. Eine junge Frau bei-
gleitet ihn: seine Tochter Mathilde, die gerade wieder schwanger ist,
nachdem sie im Winter zuvor eine Fehlgeburt erlitten hatte. Eine
stürmische Fahrt über den Kanal liegt hinter ihr, und doch reist sie
von Dover gleich nach London weiter, um schließlich in Winchester
nach sechzehnjähriger Trennung ihre Mutter wiederzusehen, die dort

fern allen Prunks mehr als Gefangene denn als Königin lebt. Zwei Verbannte stehen sich gegenüber, zwei Frauen, die den Sturz aus glänzendster Höhe in triste Isolation und halbe Vergessenheit hinter sich haben.

Ein Herr in der Provinz

Einen Monat später trifft auch Heinrich in Dover ein. Doch er zieht nicht gleich nach London weiter. Zuvor macht er noch einen Abstecher nach Canterbury und steht dort am Grab Thomas Beckets, der einmal ein Schutzheiliger seines Braunschweiger Doms sein wird. Doch nicht das treibt den Herzog an die vielbesuchte Stätte, wo sich einst vier Ritter hinterrücks auf den Erzbischof gestürzt hatten. Ein solcher Abstecher gehört zu den Pflichtübungen eines jeden halbwegs prominenten England-Besuchers, denn das ist ein weiteres Kuriosum im Reich Heinrichs II.: daß dort kein Heiliger so innig verehrt wird wie der auf Befehl seines Königs erschlagene Thomas. Und Heinrich II. hat gegen diesen Kult nichts einzuwenden. Im Gegenteil: er selbst machte den Auftakt, als er in den siebziger Jahren als erster zum Grab gepilgert war und dort eine Nacht in stummem Gebet verbracht hatte — eine Flucht nach vorn, vielleicht aus echter Reue, jedenfalls nicht ungeschickt.

Heinrich zieht nach Winchester weiter.

Das erste Mal, daß er seiner Schwiegermutter begegnet: Eleonore ist nun schon eine Frau um die sechzig, und die harten Jahre haben ihre Spur hinterlassen. Doch wird noch immer ihre Schönheit gefeiert, und nach wie vor umgibt sie die Aura der berühmtesten Frau ihrer Zeit, die nach Jahren des Glücks auch dem Unglück in großer Haltung begegnet.

Heinrich versteht sich mit der imposanten alten Dame recht gut, und auch sie scheint für den Schwiegersohn Sympathien zu haben. Oft sind sie zusammen, man sieht sie bei gemeinsamen Ausritten oder auch in kleiner Familienrunde, und fast mehr noch als ihre Tochter wirkt Eleonore wie die eigentliche Gefährtin ihres nicht viel jüngeren Schwiegersohns.

Ebenso problemlos entwickelt sich der Kontakt zu Heinrich II.

Im Herzog findet der König, was ihm immer schon mehr bedeutet hatte als die überfeinerten Intellektuellen aus dem Umkreis seiner Frau: den Kumpan für wild dahintobende Jagden durch die Wälder der Normandie oder nun über Britanniens grüne Felder. So galoppieren die beiden hinaus, machen in irgendwelchen Bauernhütten Rast, wo ihr Gefolge die Nase über das elende Quartier rümpft, und haben ihren Spaß bei diesen ungezwungenen Ausflügen jenseits aller Staatsgeschäfte.

Dann wieder sitzt man gemeinsam beim Essen, und Heinrich kann sich überzeugen, ob die königliche Tafel wirklich so miserabel ist, wie man sich allgemein erzählt: daß der servierte Fisch schon riecht, daß nur steinhartes Brot, wässrige Suppen gereicht werden und der Wein so ranzig schmeckt, daß man ihn nur mit Überwindung hinunterwürgen kann.

Manchmal geht es auch festlicher zu.

Im großen Rahmen wird das Weihnachtsfest 1184 gefeiert. Schauplatz ist Westminster, und seit langer Zeit sieht man wieder die gesamte königliche Familie beisammen. Ein Raunen geht durch die Menge, als der König auch seine Frau in den Saal führt und sie sich in großer Robe, juwelenstarrend, an seiner Seite niederläßt. Ihr Lächeln geht aber zu ihren Söhnen hinüber, zum Thronerben Richard vor allem, auf den sie alle noch verbliebenen Hoffnungen setzt.

Auch Heinrich findet sich mit seiner Familie in dieser Runde ein, und man reserviert ihm einen Ehrenplatz, begegnet ihm mit ausgesuchter Höflichkeit — und doch wirkt er nun vollends wie ein zwar angesehener, doch auch nicht weiter wichtiger Hofmann seines Schwiegervaters. Er ist eben die Größe von gestern, die man zuweilen noch zu Hoftagen bittet, auch die eine oder andere Urkunde unterzeichnen läßt, auf daß sie sich nicht gänzlich überflüssig vorkommt. Englische Chronisten fragen sich denn auch mokant, was wohl je diesen Mann so berühmt gemacht haben könnte. Sie kennen ihn eben nur als den Pensionär Heinrichs II.

Pläne mit den Erben

Viel intensiver als mit dem Herzog selbst beschäftigt sich der Politiker Heinrich II. mit seinen Enkeln, mit Otto vor allem, der schon bald das Gehabe eines jungen normannischen Edelmanns zeigt. Doch auch sein älterer Bruder Heinrich fühlt sich in England wohl. Zwar begleitet er den Vater bei der Rückkehr nach Sachsen, nimmt danach aber gleich wieder Wohnung am Hof des Großvaters. Und im jüngsten, den 1184 in Winchester geborenen Wilhelm, sieht nicht nur Heinrich II., sondern alle Welt einen ganz und gar englischen Prinzen. Schon sein Name erinnert an normannische Herrscher — an Wilhelm den Eroberer und auch an Wilhelm II., König auf Sizilien und gleichfalls Schwiegersohn Heinrichs II.

Unauffällig werden also Heinrichs Söhne in das englische Hofleben integriert. Denn das ist die politische Überlegung des Königs bei dieser großzügigen Aufnahme der sächsischen Verwandtschaft: die Welfen endgültig an die Plantagenets und England zu binden. Noch Jahrhunderte später geht diese Rechnung auf.

Große Pläne spinnen sich auch um Heinrichs II. Enkelin Mathilde. Erste Bewerber um ihre Hand stellen sich ein: Wilhelm von Schottland, gleichfalls „der Löwe" genannt, dann Bela von Ungarn. Doch all diese Pläne zerschlagen sich wieder, und schließlich macht Mathilde eine mehr durchschnittliche Partie, als sie 1189 einen nicht weiter wichtigen Grafen von Perche heiratet.

Und Heinrich selbst, dieser Löwe im goldenen Käfig?

Wiederholt versucht Heinrich II., in dieser Angelegenheit mit dem Kaiser wieder ins Gespräch zu kommen. Die erste Gelegenheit war der Tod des Wittelsbachers. Und dann trifft im Spätsommer 1184 überraschender Besuch aus Deutschland ein.

Der Kölner Bischof — ein Freund für Heinrich?

Dieser Besuch ist niemand anderer als Philipp von Heinsberg, eben noch ärgster Feind des Löwen. Allerdings ist es ein anderer Philipp, der sich vom englischen König als eine Größe allerersten Ranges empfangen läßt. Wieder einmal hat sich an Barbarossas Hof das Kräfteverhältnis verschoben und sich diesmal gegen den Kölner Erzbischof gewandt.

Zunächst war Philipp noch ganz der große Herr gewesen, der an allen anderen mit herablassendem Kopfnicken vorüberrauschte, wenn er zu vertraulicher Unterredung mit seinem Kaiser schritt. Doch hatte er den Bogen überspannt, war plötzlich von Barbarossa skeptischer betrachtet worden — und ist nun bei seiner England-Visite nicht allzu gut auf seinen Herrn zu sprechen.

Hier setzt Heinrich II. an.

Natürlich geht es bei seinen Verhandlungen mit Philipp nicht vorrangig um den Löwen. Doch bringt er auch hierauf das Gespräch und schlägt die Versöhnung der beiden alten Feinde vor, ja sogar ein reguläres Bündnis, wenn erst der Herzog wieder nach Sachsen zurückgekehrt sein wird.

Hiervor schreckt Philipp nun doch zurück. Immerhin hält er einen guten Rat bereit, den Heinrich II. schleunigst befolgt: sich an Papst Lucius III. zu wenden, um über ihn eine Verkürzung der Verbannungszeit zu erreichen. Denn das war nie recht geklärt: wie lange der Herzog eigentlich dem Reich fernbleiben sollte. Zunächst war von einer Rückkehr zu Lebzeiten noch gar nichts gesagt worden, dann wurde eine Frist von sieben Jahren genannt. Jetzt sind drei Jahre im Gespräch, die 1185 abgelaufen wären.

Im Winter 1184 hält sich Heinrich gerade im Schloß seiner Schwiegermutter auf, als ihn Boten eilends an den königlichen Hof rufen. Dort erwartet ihn gute Nachricht: Die englische Delegation hat in Verona nicht nur den Papst, sondern auch Barbarossa selbst angetroffen, und der Kaiser stimmte schließlich einem Ende der Verbannung im nächsten Jahr zu. Dann darf Heinrich wieder als Herzog von Braunschweig in die Residenz seines einstigen Reichs zurückkehren.

Die Zeit im Exil ist vorbei.

Im Sommer 1185 überqueren acht Schiffe den Kanal: An Bord des einen steht aber Heinrich, den der englische König ebenso pompös aus der Verbannung entläßt, wie er ihn dort vor drei Jahren aufgenommen hatte. Noch einige Monate in der Normandie — dann reitet der Herzog mit seiner Frau und dem ältesten Sohn dem Rhein entgegen. Im November 1185 erreicht er die Grenze des Deutschen Reichs.

Nach rund drei Jahren kehrt der Löwe wieder in sein Sachsen zurück. Es wird die Heimkehr in ein fremdes Land.

28. Kapitel
Heimkehr in ein fremdes Land

Ein Kaiser feiert sich selbst

Noch schreibt man das Jahr 1184, noch vertreibt sich Heinrich die
Zeit mit Jagd und gelegentlicher Eifersucht auf junge Troubadoure,
als daheim in Deutschland Barbarossa wieder einmal daran geht,
aller Welt kaiserlichen Glanz vor Augen zu führen. Anlaß ist die
sogenannte „Schwertleite", die Mündigkeitserklärung seiner beiden
ältesten Söhne, und Resultat wird jenes Ritterfest sein, zu dessen
Gästen auch Heinrich der Löwe gehört haben könnte: das größte
Fest dieses Jahrhunderts, mit dem ein Kaiser und sein Zeitalter sich
selber feiern.

Zu Pfingsten 1184 findet dieses Fest statt, und Schauplatz ist
Mainz.

An jede nur erdenkliche Größe im Reich gehen Einladungen hinaus, und auch aus dem Ausland treffen Gäste ein, bis es schließlich
rund vierzigtausend Ritter sind, die hierher nach Mainz kommen,
über siebzigtausend Gäste insgesamt. Die Stadt selbst kann ihren
Strom gar nicht fassen, und so wird draußen auf den Main-Wiesen
eine Zeltstadt aufgeschlagen, samt Palast, Kapelle und riesigem
Turnierplatz.

Auch im übrigen läßt sich der sonst eher sparsame Kaiser dieses
Fest ein Vermögen kosten. Herdenweise wird Schlachtvieh herbei-
getrieben, Legionen Tonnen Rheinwein herbeigerollt, und die Spieße
mit aufgestecktem Geflügel füllen lange Lagerschuppen. Eine Stimmung des Überschwangs und jubelnder Freigebigkeit herrscht: kein
Possenreißer, dem nicht das Gold händeweise zufliegt, kein Bettler,
der nicht mit einigem Geschick den Festplatz als reicher Mann verläßt.

Bild um Bild rollt das wohlorganisierte Schauspiel ab: Gottesdienst als Auftakt, dann der Ritterschlag für die Kaisersöhne, schließ-

lich zwei Tage lang das Turnier, zu dem nicht weniger als zwanzigtausend Kämpfer antreten. Wogende Farben, wirbelnder Staub, die Damen in ihren Logen mit der alterslos schönen Beatrix an der Spitze, Reiter, die grüßend ihre Lanzen heben — und am Rande hocken die fahrenden Sänger, unter ihnen der Ritter und Poet Heinrich von Veldeke, der später notiert: „Dem Kaiser Friedrich geschah so viel Ehre, daß man noch über hundert Jahre von ihm singen und sagen wird . . ."

Barbarossa ist in seinem Element.

In diesen leuchtenden Tagen darf er sich so darstellen, wie er sich selber sieht: als Erster Ritter einer ritterlichen Welt. Zu dieser Welt gehört er wie diese Welt zu ihm, ihre Ideale sind die seinen, und hier in Mainz feiert sie ihren größten Triumph samt all ihrer Überspanntheit und hohen Künstlichkeit.

Unvergleichlich, wie der Kaiser in vollem Ornat an der Spitze seiner Familie zum Gottesdienst schreitet; unnachahmlich, wie er beim Ritterschlag das juwelengeschmückte Schwert führt und seine Söhne geloben läßt, was ein Ritter zu geloben hat. Der Höhepunkt dann das Turnier, dieses ritterlichste aller Vergnügungen: Der Kaiser selbst prescht über den Platz, schwingt die Lanze und zeigt sich aller Welt als der immer noch strahlende Jüngling von einst, mit sich und seiner Welt im Einklang.

Vor diesem Hintergrund wäre auch ein nicht in Ungnade gefallener Heinrich ein Außenseiter gewesen, denn was hat er je mit dieser Welt gemein gehabt, die sich da so emphatisch selber feiert. So will es nicht nur als Zufall erscheinen, daß Heinrich der Löwe bei dieser grandios-überspannten Selbstdarstellung des Rittertums allenfalls als mürrisch schweigender, gerade noch geduldeter Zuschauer, wahrscheinlich aber überhaupt nicht zugegen ist. Allein Barbarossas Kosmos entfaltet sich hier in Mainz. Für einen Gegentyp wie Heinrich, unromantisch, bürgerlich, ohne Sinn für Schau und Wirkung, bleibt dort kein Platz.

Strahlende Tage — und doch gibt es auch böse Stunden, so am Abend des Dienstags, als plötzlich ein Sturm aufkommt und die Zelte und leichten Holzgebäude in die Luft wirbelt. Ein Trümmermeer bleibt zurück, Tote und Verletzte müssen davongetragen werden, und Festtagsjubel schlägt für Augenblicke in Panik um. Ein Symbol mehr in diesen symbolträchtigen Tagen: So festgefügt, so unerschütterlich ist Barbarossas Welt wieder auch nicht, und hinter glänzender Fassade verbirgt sich manch ungelöstes Problem. So fällt denn auch um diese Zeit Barbarossas politische Bilanz nicht ganz so strahlend aus, wie sie sich im Prunk von Mainz zu spiegeln scheint.

Bilanz für den Süden

Paradoxerweise ist allen Fehlschlägen zum Trotz größter Erfolg des Kaisers doch noch der Süden geworden. Zwar waren die Roncalischen Beschlüsse endgültig vergessen, als 1183 Barbarossa mit den Lombarden seinen Frieden machte. Doch kann er im nächsten Jahr ein geradezu sensationelles Bündnis mit seinem bislang hartnäckigsten und gefährlichsten Gegner, mit Mailand, schließen. Und wieder zwei Jahre später folgt die nächste Sensation, als ausgerechnet hier in Mailand pompös Hochzeit gefeiert wird. Vor dem Altar steht, die Lombardenkrone auf dem blonden Kopf, Barbarossas ältester Sohn Heinrich und reicht einer schon älteren, bereits leicht gesetzten Dame die Hand zum Lebensbund. Über diese Verbindung wird viel gespottet werden. Doch hat sie einen Vorzug: Diese Konstanze ist Tante des Königs von Sizilien und hat ihrerseits Anspruch auf den sizilischen Thron.

Für die künftige Italienpolitik der Staufer wird also hier ein Ansatz geschaffen, von dem aus noch einmal Weltpolitik gemacht werden kann.

Ruhe im Süden also, halbwegs gesicherte Herrschaft vor allem in Mittelitalien, dazu einige vielversprechende Perspektiven für die Zukunft — das ist das eine Fazit der Ära Barbarossas. Düster sieht es hingegen in Nord und Ost aus. Dort rächt sich nun der Sturz des Löwen.

Die Ära Heinrich — eine „gute alte Zeit"

Wo bis 1180 der eine Herr das uneingeschränkte Sagen hatte, versuchen sich nun viele in der Rolle des Löwen. Jeder ist dabei dem anderen im Weg und versucht sich auf dessen Kosten zu bereichern. Zwischen allen steht aber der unselige Herzog Bernhard, Albrechts des Bären unfähiger Sohn, und zeigt sich nicht einmal dem geschrumpften Welfenerbe gewachsen. Einmal spielt er den Tyrannen, dann fügt er sich wieder in kleinlaute Kompromisse, und für die Markgrafen in Holstein und Ratzeburg ist er nur der belächelte Popanz, dessen Vormachtansprüche sie mit einem Achselzucken übergehen. Das Land wird darüber aber zu einem einzigen großen Kampfplatz, und die gequälte Bevölkerung schwärmt bereits von der Ära des Löwen als einer „guten alten Zeit".

Am übelsten sieht es im Osten aus. Dort bekriegen sich die beiden Wendenvettern Heinrich Borwin und Niklot, der eine von den Pommern, der andere von den Ranen unterstützt. Im Hintergrund steht aber schon der eine bereit, inmitten aller Wirren und Zwistigkeiten die Rolle des lachenden Dritten zu übernehmen: Knut VI. von Dänemark.

Als 1182 König Waldemar gestorben war, ließ er sein Land als festgefügte Einheit zurück, und sein Volk dankte ihm mit dem Beinamen „der Große". Der Ehrgeiz seines neunzehnjährigen Sohnes geht noch weiter: Knut will seinem Land endgültig den Zugang nach dem Osten öffnen und das eigentliche Dänemark um die Slawenlande erweitern. Sein Reich soll eine Großmacht werden, die auch den Kaiser nicht zu fürchten braucht.

Schon weigert sich Knut, von Barbarossa seine Krone als Lehen entgegenzunehmen. Zugleich nutzt er den Streit zwischen den Wendenfürsten, um selbst ins Slawenland einzudringen. Niemand stellt sich ihm dort entgegen. Auf Knuts Seite steht aber als dänische Königin Heinrichs des Löwen älteste Tochter Gertrud und feuert mit ihrem familiären Stauferhaß Knuts Expansionspläne an: Er ist im Osten eigentlicher Erbe des Löwen.

In solchen Augenblicken mag selbst Barbarossa die Zeit mit Heinrich zurücksehnen.

Gewiß war sein Sachsen für das Reich des Kaisers eine Gefahr gewesen. Doch zugleich war es auch sein Schutz und seine Stütze im Norden und Osten. Nie hatte sich Barbarossa mit den dortigen Nachbarn auseinandersetzen müssen. Schließlich wußte er: Dort stand der Löwe auf der Wacht — beruhigt konnte er dann wieder einmal in den Süden ziehen und es Vetter Heinrich überlassen, mit Dänen und Slawen fertigzuwerden. Nun gab es aber keinen Löwen mehr, der diesen Nachbarn gewachsen wäre. Allzu glatt und rasch hatte der Kaiser diese eine Stütze seines Reichs amputiert.

Ähnlich düstere Gedanken können Barbarossa auch bei einem anderen Erben Heinrichs kommen: bei Philipp von Heinsberg, Erzbischof von Köln.

Krieg mit dem „Kölner Pfaff"?

Schon beim Mainzer Ritterfest fing es an: Dort hatte sich bei der Festtafel Philipp mit der ihm eigenen Selbstverständlichkeit neben den Kaiser gesetzt, obgleich dieser Platz Privileg des Abts von Fulda war, der auch sofort lauthals dagegen protestierte. Tumult, Mißverständnisse auf allen Seiten — und Philipp, ganz gekränkte Diva, war mit seinem Gefolge davongerauscht. Die Angelegenheit konnte später bereinigt werden, doch ein Stachel blieb. Von nun an wartete der Erzbischof nur darauf, seinem Kaiser zeigen zu können, was er an ihm hat.

Den Anlaß bringt der noch immer schwelende Zwist mit dem Papsttum: Noch unter Alexander III. hatte sich die Harmonie von Venedig wieder verflüchtigt, und auch die Beziehung zu Lucius III. bleibt nicht ohne Spannung. Nun ist Lucius ein schon hinfälliger Greis, mit dem man sich immer noch hat einigen können. Anders wird es unter seinem Nachfolger Urban III., der 1185 Petri Stuhl besteigt. Im gleichen Jahr noch zögert er keinen Augenblick, in eine innerdeutsche Bischofswahl in einer Weise einzugreifen, daß der empörte Kaiser seinen Sohn kurzerhand den Kirchenstaat besetzen läßt. Urbans Antwort kommt prompt: Er mobilisiert im Reich eine Opposition gegen den Kaiser, und sein wichtigster Partner wird dabei niemand anderer als eben Philipp von Köln. Was unter Heinrich dem Löwen immer zu befürchten stand, jedoch nie eintrat, ist damit Wirklichkeit geworden: Der mächtigste deutsche Fürst steht im Bund mit dem Papst gegen den Kaiser.

Die Situation spitzt sich zu.

In Köln kursiert bereits das Gerücht, Barbarossa werde die Stadt belagern, und der Bischof läßt eilends Lebensmittel herbeischaffen, Truppen ausrüsten und die Befestigungsanlagen verstärken. Das ist eigentlich schon die offene Kriegserklärung, und in Worms wettert der Kaiser gegen diesen „Kölner Pfaff", wozu über Nacht der eben noch „geliebte Philipp" geworden ist. Von Italien her droht aber Urban III. mit erneutem Bannstrahl, und der Kampf scheint unvermeidlich, als 1187 überraschend Urban stirbt und danach auch wieder die innerdeutsche Opposition auseinandergetrieben werden kann: Beim Mainzer Hoftag von 1188 liegt Kölns Bischof vor seinem Kaiser demütig auf den Knien.

Ein stiller Mann in Braunschweig

Viele vermuten, daß zu dieser Opposition auch der Mann gehört, der von 1185 an wieder in seinem Braunschweig residiert: Heinrich der Löwe. Doch bleibt das unbewiesenes Gerücht. Beim Heinrich dieser Zeit fällt eher auf, daß er ganz und gar nicht auffällt. Resignation mag mitspielen, tiefe Hilflosigkeit gegenüber diesem in nur wenigen Jahren so gründlich veränderten Sachsen.

Heinrich ist in eine fremde Welt zurückgekehrt.

Im Osten toben wieder Kämpfe, wie sie in den letzten anderthalb Jahrzehnten seiner Herrschaft undenkbar gewesen wären. Jegliche Kolonisation kommt darüber zum Stillstand. Und auch um Heinrichs glänzendste Schöpfung Lübeck steht es ernst: Wiederholt rückt Adolf von Schauenburg gegen diese Stadt vor, wie sich überhaupt der junge Mann zu einem recht eigenwilligen Erben seines Vaters entwickelt hat. Mit einer Nichte des Kölner Bischofs verheiratet, fühlt er sich stark genug, sich an des Kaisers eigener Stadt zu vergreifen, und erst 1188 findet der Zwist einen Abschluß, als Barbarossa Lübecks Privilegien noch einmal ausdrücklich bestätigt.

Um diese Zeit gelingt ihm auch die Versöhnung der Grafen von Schwerin und Ratzeburg mit Sachsens Möchte-gern-Herzog Bernhard. Doch hatten diese Herren zuvor noch rasch mit Hilfe des Schauenburgers Bernhards Festungen Ilow und Lauenburg zerstört. Kurzum: Im sächsischen Raum gibt es keine übergeordnet gültige Instanz mehr.

Und Dithmarschen, diese von Heinrich seinerzeit so rigoros in Besitz genommene Landschaft im Norden?

Um Dithmarschen streiten sich der Schauenburger Graf und Bremens Erzbischof so erbittert, daß die gepeinigten Menschen schließlich Bischof Waldemar von Schleswig, einen Bruder Knuts VI., um Schutz anflehen. Der dänische Kirchenfürst gewährt den Schutz mit breitem Lächeln. Wieder hat sich ein Brocken aus dem einstigen Machtbereich des Löwen vom Reich gelöst.

Kopfschüttelnd steht Heinrich vor dieser aus den Fugen geratenen Welt, ein alternder Mann und entmachteter Fürst, der nichts mehr inmitten des allgemeinen Chaos ausrichten kann. Endgültig scheint seine Zeit abgelaufen.

Der Heinrich, von dem man auf Burgen und in Hütten schwärmt, ist der Löwe einer dahingegangenen Ära und nicht jener Herzog an der Schwelle des Alters, der dort in Braunschweig froh sein darf, wenn wenigstens sein eigener Besitz in Ruhe gelassen wird. Doch nicht einmal das ist der Fall.

Heinrich schreibt aber lange Episteln an den Kaiser, bittend, fast demütig, denn nichts als Gerechtigkeit erwartet er noch, Schutz vor seinen zudringlichen Nachbarn, die sich an seinem Eigentum vergehen. Barbarossa antwortet auch und findet viele schöne Worte. Nichts ändert sich dadurch. Der Kaiser hat andere Sorgen als die Nöte seines halbvergessenen Vetters in Braunschweig.

Erst 1188 kommt ein Wechsel.

Sieben Jahre sind vergangen, seitdem sich Kaiser und Herzog das letzte Mal gegenüberstanden, und in dieser Zeit scheint auch Barbarossa keinen Wert auf persönliche Begegnungen gelegt zu haben. Jetzt wird es anders. Heinrich erfährt, daß ihn der Staufer bei seinem nächsten Reichstag in Goslar zu sprechen wünscht. Dahinter steht eine hochbrisante Entwicklung der jüngsten Zeit: In Europa grassiert wieder einmal der Kreuzzugsgedanke.

Wieder einmal: „Gott will es!"

Seit dem Jahrhundert-Desaster Konrads III. war die Kreuzzugsidee wieder ein wenig vergessen worden. Doch 1187 erhielt sie neuen

Auftrieb: Im Oktober dieses Jahres hatte Seldschuken-Sultan Saladin Jerusalem erobert. Christi Grab war also wieder einmal in der Heiden Hand.

Die Nachricht erschüttert das Abendland. Barbarossa ist dabei in besonderer Weise angerührt: Am Abend seines Lebens wird ihm doch noch die Chance geboten, als Befreier der Heiligen Stätten an die Spitze der *ecclesia* zu treten. Es wäre Krönung seines Lebens.

Im März 1188 ist es dann soweit.

Barbarossa bittet seine Fürsten zu einem „Hoftag Jesu Christi" nach Mainz, und die Herren ahnen, was sie dabei erwartet: die Aufforderung, ins Heilige Land zu ziehen. Noch einmal erweist sich dabei der Kaiser als der große Regisseur, der so trefflich mit Stimmungen und Gefühlen spielen kann, und bis ins Mobiliar erstreckt sich die Regie: Zwei Thronsessel stehen bereit, der eine für den Kaiser, der andere, leere, für Christus selbst.

Das Schauspiel läuft ab.

Zunächst predigen wackere Herren wie der Würzburger Bischof Gottfried den Kreuzzug. Dann heftet sich Barbarossas Sohn Friedrich als erster das Kreuz an die Schulter. Nun erst erklärt sich auch der Kaiser bereit. Doch fragt er zunächst noch mit ernster Stimme, ob man nicht lieber erst im nächsten Jahr aufbrechen wolle, und die Versammelten stimmen eifrig zu, sie überreden geradezu ihren Kaiser zu dieser Verschiebung. Genau das hat Barbarossa gewollt: wohl den Kreuzzug, zuvor aber noch hinreichend Zeit, um die im Reich anstehenden Probleme in Ruhe lösen zu können. Eines dieser Probleme ist dabei auch der Vetter in Braunschweig.

Zur Wahl: Kreuzzug oder Verbannung

Heinrich war nicht nach Mainz gekommen. Ihn sucht nun der Kaiser in Sachsen auf, wie zufällig, im Rahmen eines Reichstags zu Goslar. Im Juli 1188 stehen sich die Vettern ein letztes Mal gegenüber.

Diese Begegnung gilt als Augenblick der endgültigen Versöhnung zwischen Rotbart und Löwe. Doch ist das nur am Rande wichtig. Und auch die Beteiligten selbst halten sich nicht lange bei stillem Gedenken an bessere Zeiten auf. Barbarossa hat es eilig. Rasch kommt er zur Sache, wobei er sich offenbar schon sehr gründlich Gedanken um das Schicksal des Vetters gemacht hat.

Eine zutiefst kuriose Situation, merkwürdig in jeder Hinsicht: Hier steht ein Kaiser auf der Höhe seiner Macht, gefeiert wie kein anderer — dort aber sieht man einen Mann, der nur noch wie ein Schatten seiner selbst wirkt. Jedoch hat dieser mächtige Kaiser vor dem alten, müden Mann — Angst. Für die Zeit seiner Abwesenheit will er ihn außer Landes wissen.

Heinrich darf wählen: Er kann am geplanten Kreuzzug teilnehmen, und der Kaiser würde sogar die erheblichen Kosten tragen; oder er muß noch einmal in die Verbannung gehen, für drei Jahre zu seinem Schwiegervater in die Normandie.

Heinrich wählt die Verbannung. Das ist seltsam. Denn die höchst ehrenvolle Einladung zum Kreuzzug an Barbarossas Seite bedeutet nach erfolgreicher Heimkehr auch die Rückerstattung mancher früheren Rechte. Dennoch verzichtet der Löwe auf diese Möglichkeit.

Nun mag er die körperliche Strapaze eines solchen Kreuzzugs scheuen. Vielleicht erwägt er von Anfang an, aus der Verbannung früher als dem Kaiser zugesagt zurückzukehren. Vielleicht spricht aber auch aus dieser Entscheidung für das erneute Exil nur grenzenlose Verachtung für den Staufer: Nichts verbindet die beiden noch miteinander, nichts mehr will sich noch der Löwe vom Kaiser schenken lassen und in gar keiner Weise an seinen Plänen teilhaben. Endgültig gehen sie getrennte Wege.

Heinrichs Weg führt im April 1189 zum zweiten Mal in die Normandie zu Heinrich II., der sich wieder einmal mit seinen Söhnen streitet. In Braunschweig bleibt als Statthalterin Heinrichs die Herzogin zurück. Einen Monat später bricht von Regensburg aus der Kaiser auf: Der dritte Kreuzzug hat begonnen.

Tod im Saleph

Wenigstens drei Jahre soll der Kreuzzug dauern. Schon nach einem Jahr ist er für Barbarossa zu Ende. Um diese Zeit durchkämpfen die Ritter gerade Kleinasien und haben den Saleph erreicht, einen Gebirgsstrom, der sich durch steile Felsenwände der Mittelmeerküste entgegenwindet. An seinem schmalen Ufer macht am Abend des 10. Juni 1190 die Vorhut des Kreuzfahrerheers Rast. Müde und verschwitzt lagern die meisten Ritter auf dem feuchten Sand. Nur einer will noch unbedingt ein Bad nehmen: natürlich Barbarossa, der eben gerade auf dem Rücken des Pferdes den gefährlichen Fluß durchschwommen hatte.

Staunend sehen die anderen dem bald Siebzigjährigen nach: Unerschütterlich scheint seine Gesundheit zu sein, und auch jetzt noch, am Abend dieses anstrengenden Tags, zeigt er sich in bester Verfassung. Übermüdet, erhitzt springt er in das eiskalte Wasser — und wenig später ziehen seine Leute einen Leichnam an Land: Friedrich I., genannt Barbarossa, ist nicht mehr.

Es ist kein tragischer Tod.

Barbarossa stirbt, wie er gelebt hat: aus einer großen Geste heraus, mit der strahlenden Unbekümmertheit des ewigen Knaben und dem entwaffnenden Charme des geborenen Götterlieblings, dem niemand ernstlich böse sein kann.

Es wird denn auch die Jahrhunderte hindurch diesem Kaiser niemand ernstlich böse sein. Da mögen Historiker immer wieder sein politisches Sündenregister aufblättern: die Zerstückelung des Reichs, die Vernachlässigung des Ostens, sein Italienkonzept — er bleibt die erste wirklich populäre Herrschergestalt der deutschen Geschichte und eine ihrer populärsten überhaupt. Ein Mythos schon zu Lebzeiten, wird er zu einem Mythos erst recht nach diesem Tod.

Friedrich I. ist tot. Es lebt die Legende Barbarossa.

Ein klarer Wortbruch

Der Kaiser stirbt im Sommer 1190. Zu diesem Zeitpunkt hält sich Heinrich der Löwe schon über ein halbes Jahr nicht mehr in der Normandie auf, wo im Juli 1189 sein Schwiegervater gestorben war. Wenige Monate später, im Oktober 1189, kehrt der Herzog nach Braunschweig zurück.

Das ist ein klarer Wortbruch. Immerhin gibt es dafür einen Grund: Eine Woche vor dem Ableben ihres Vaters starb in Braunschweig Heinrichs schon lange kränkelnde Frau Mathilde. Den Herzog trifft dieser Verlust tief.

Man weiß nicht, ob er die um so vieles jüngere, ihm auch zutiefst wesensfremde Frau wirklich geliebt hat. Jedoch war ihm Mathilde eine glänzende Repräsentantin seiner Macht und im Unglück die verläßliche Gefährtin gewesen. Gefährten braucht aber der müde, das Alter schon spürende Mann mehr als alles andere. Der Tod der Herzogin läßt ihn sehr einsam werden.

Zugleich bedeutet Mathildes Ableben eine unmittelbare Gefahr. Denn nun sind Heinrichs sächsische Besitzungen ohne jeden Schutz, und begreiflich ist es, daß sich der Herzog eilends nach Deutschland zurückbegibt.

Dennoch: die Rückkehr bleibt ein Rechtsbruch. Und unversehens findet sich Heinrich denn auch in seinem letzten großen Kampf wieder. Ob er ihn nun von Anfang an gewollt hat oder nicht — die Versuchung ist zu groß, als daß ausgerechnet Heinrich widerstehen könnte: der Kaiser außer Landes und mit ihm einige der wichtigsten sächsischen Feinde des Löwen wie Adolf von Schauenburg und der Landgraf von Thüringen.

Noch einmal wagt der Löwe das große Spiel. Er spielt es aber in einer Zeit, die nicht mehr seine Zeit ist. Die Zukunft hat begonnen, und der Herzog hat es nicht mehr mit seinem Generationsgenossen Barbarossa zu tun, sondern mit dessem Sohn: Heinrich, sechster seines Namens und des Löwen letzter großer Feind.

29. Kapitel
Der letzte Feind

Ein kleiner, zarter Herr

Er ist blond, blauäugig, und wie der Vater sieht er ungewöhnlich gut aus. Dennoch erinnert der 1165 geborene, schon mit vier Jahren zum König gesalbte Heinrich VI. nur wenig an Barbarossa. So ganz fehlt ihm des Vaters strahlende Herzlichkeit, dessen weltumarmender Charme, der auch Feinde glauben machte, im Grunde einen Freund vor sich zu haben. Um diesen kleinen, zarten Mann ist ein Hauch von Kälte und Grausamkeit, der selbst seine Anhänger schaudern läßt.

Vierundzwanzig ist er, als ihm Barbarossa das Reich überläßt. Er tritt die Würde nicht unvorbereitet an, denn irgendwelche Thronfolgerkomplexe scheint sein Vater nicht gekannt zu haben. Rechtzeitig hat er den ältesten Sohn auf die Rolle des Herrschers vorbereitet, und so besteigt nun ein hochgebildeter, in Literatur wie Recht, in Diplomatie wie Kriegsführung bestens bewanderter junger Mann den Thron. Mit ihm kommt zugleich eine neue Zeit an die Macht: die Generation nach Barbarossa, die von all den Mühen der Staufer beim Aufstieg zur Kaiserwürde kaum noch etwas weiß und Macht wie Ansehen des Herrschers bereits ganz selbstverständlich nimmt.

Für diese Generation ist auch Heinrich der Löwe nur noch ein Relikt vergangener Zeiten. Vor allem seinen Sturz, nicht mehr seinen Aufstieg hat sie miterlebt und begreift nicht ganz, was gerade diesen Mann je so gefährlich und außerordentlich gemacht haben soll. So kann auch bei der Nachricht von seiner vorzeitigen Rückkehr aus der Verbannung Heinrich VI. nur die feingeschwungenen Brauen verwundert in die Höhe ziehen: Was bezweckt der alte Mann damit? Doch nicht etwa die Rückeroberung seiner dahingeschwundenen Macht?

Doch genau das hat Heinrich vor, und der allgemeine Empfang in Sachsen bestärkt ihn in dieser Hoffnung.

Beifall rauscht auf, wo immer er sich in diesem Oktober 1189 zeigt: Ein Heinrich, der brav seine Verbannungszeit abgesessen und sich dann verschüchtert in seiner Residenz verkrochen hatte, galt als erledigt und abgetan. In diesem Heinrich aber, der da kühn sein Wort bricht und wieder nur dem einen, eigenen Gesetz folgt, stolz und zornig wie in seinen besten Tagen, erkennt man jenen Löwen wieder, den man ein Menschenalter lang bewundert und gefürchtet hatte.

Jetzt erst ist Heinrich wirklich zurückgekehrt.

Wieder scharen sie sich um ihren Herzog: Herren aus Sachsen, aus Westfalen — und der getreue Bernhard von der Lippe stellt sich ein, aus Schwerin kommt Gunzelins Sohn Helmold herbeigeritten, in Ratzeburg vergißt der alte Graf Bernhard seinen Groll und meldet sich als Verbündeter zur Stelle. Verbündete auch im Norden: Dort sind die Holsteiner und Stormarner mit dem Regime des Schauenburgers so unzufrieden, wie sie mit jedem Regime unzufrieden sind, und schließen sich fürs erste Heinrich an. Der wichtigste Partner kommt aber aus Bremen: Erzbischof Hartwig II.

Hartwig war Kanonikus an der Bremer Hauptkirche, bevor er 1185 dem verstorbenen Erzbischof Siegfried im Amt folgte. Auf ihn hatte Heinrich schon nach der Rückkehr aus seiner ersten Verbannung gehofft, denn als sein einstiger Braunschweiger Hofnotar gehörte Hartwig zu jenem Beamtenstab, den der Herzog im Gefolge Balduins ins Bremer Erzbistum eingeschleust hatte. Doch zunächst ließ sich Hartwig, schlau und eitel, machtgierig und korrupt, nicht einmal zu einer Unterredung mit seinem einstigen Herrn herab.

Vier Jahre später sieht es anders aus. Jetzt stehen die Zeichen so deutlich für den Löwen, daß sich mit ihm zu arrangieren auch Hartwig ratsam scheint. Eilfertig bietet er ihm Stade als Lehen an, und Heinrich greift sofort zu. Seine Schicksalsstadt ist wieder in seiner Hand.

Heinrich befindet sich in Hochstimmung.

Um ihn herum lauter Freunde, willige Vasallen, diensteifrige Kampfgenossen, vor ihm ein Heer, das nur auf sein Kommando zu warten scheint — das alles läßt den Herzog wieder zu dem jungen Mann von damals werden, der sich seine Maßstäbe selber schuf und sich sein Recht mit dem Schwert in der Faust holte. Sein Blick richtet sich nach Holstein. Adolf von Schauenburg befindet sich auf dem Kreuzzug, sein Stellvertreter Adolf von Dassel dürfte dem Löwen kaum gewachsen sein. Heinrich schwingt sich in den Sattel und gibt das Signal: Zur Elbe geht es hinauf.

„Vestigio leonis . . .“

Das ist kein Krieg mehr. Es ist ein einziger Siegeszug. Festungen wie Plön, Itzehoe, schließlich auch Hamburg ergeben sich so rasch, daß sich der Herzog schon nach wenigen Wochen eine erste Atempause gönnen darf. Dabei findet er aber vollends wieder zu sich selbst, im Guten wie Bösen: als kluger, in die Zukunft denkender Organisator und Geschäftsmann, aber auch als unbeherrschter, dem eigenen cholerischen Temperament ausgelieferter Gewaltmensch ohne Maß und Grenze.

Gut ist er zu Hamburg, das von ihm allerlei städtische Privilegien erhält. Den anderen Heinrich lernt man anderenorts kennen: in Bardowiek. Dort duckt man sich bereits ängstlich unter dem heraufziehenden Sturm und bereut nichts so sehr wie die unverschämte Demonstration beim Ausritt des Herzogs nach England. Denn Heinrich hat diese Kränkung nicht vergessen.

Sehr wahrscheinlich stehen die Bardowieker auf seiten des Schauenburgers, und wahrscheinlich haben sie auch schon gegen den Herzog Front gemacht. Doch nicht deshalb wendet sich Heinrich jetzt nach Bardowiek. Hier geht es allein um seine ganz persönliche Rache, und so infernalisch fällt sie aus, daß sich daran Heinrichs ganze in den Jahren aufgestaute Wut und Verbitterung ablesen läßt.

Am 28. Oktober 1189 ergibt sich die Stadt nach verzweifeltem Widerstand, und vor ihren Menschen steht ein Sieger, der sie erbarmungslos allesamt in die Gefangenschaft treibt, wenn er sie nicht gleich an rasch errichteten Galgen aufhängen läßt. Über die Stadt selbst geht aber ein Feuersturm nieder, der nur den Dom verschont, und dort prangt nun am Portal das eine Wort: „Vestigio leonis — des Löwen Spur“ — das erzählt jedenfalls die Sage, während die Inschrift in Wahrheit erst wesentlich später angebracht wird. Doch was sie ausdrückt, stimmt: Mit dieser totalen Vernichtung einer eben noch blühenden Stadt hat der Löwe noch einmal seine unverwechselbare Spur in den sächsischen Boden gegraben.

Von Bardowiek nach Lübeck, von den einstigen Feinden zu den einstigen Freunden — an der Trave erfährt man vom grausigen Ende Bardowieks und bangt vor einem ähnlichen Schicksal. Doch will man auch nicht das Gesicht verlieren. In Lübeck hält sich außer Adolf von Dassel die gräfliche Familie auf, darunter die hochangesehene Mutter des Grafen, und die Lübecker Bürgerschaft fordert vom herbeimarschierenden Herzog ihren unbehinderten Abzug, bevor sie sich kampflos ergeben will.

Aus dem eben noch tobenden Tyrannen wird der mild-versöhnliche Landesvater: Freundlich nickt Heinrich zu den Bedingungen der Lübecker, und unbehelligt dürfen die Leute des Schauenburgers abziehen. Dann erst betritt er selbst die Stadt und schlürft gierig den aufbrandenden Jubel der Menschen. Dieser Jubel ist echt. Vom Schauenburger hat Lübeck nicht viel Gutes erfahren, vom kaiserlichen Schutzherrn nicht allzu viel gemerkt. Jetzt aber scheint mit dem Löwen die gute alte, die beste Zeit zurückgekehrt zu sein.

Für Augenblicke darf sich der Herzog auf alter Höhe fühlen. Den gesamten Norden hält er wieder fest in seiner Hand, während der armselige Herzog Bernhard die eilige Abreise vorgezogen hat und sich bei seinem Herrscher ausweint. Der kleine Mann auf dem Königsthron bleibt aber sehr ruhig.

Der König greift ein

In den Augen Heinrichs VI. hat sich da oben in Sachsen nicht ein gestürzter Titan zu neuer Größe erhoben, sondern lediglich ein nicht weiter wichtiger Provinzfürst eines Rechtsbruchs schuldig gemacht. Das ist lästig, aber auch nicht weiter bedrohlich. Man wird diesen Fürsten eben bestrafen müssen.

Heinrich VI. bittet zur Heerfahrt.

Wieder geht ein Reichsheer auf Löwenfang. Der König selbst reitet an der Spitze. Gleich auf den Kern zielt er, will im Sturm Braunschweig nehmen, wo Heinrichs inzwischen aus England zurückgekehrter Sohn das Kommando führt. Doch noch ist Heinrich VI. kein

Barbarossa, auf dessen Wort hin sich bereits alle Tore öffnen. So kommt schon in Braunschweigs Umgebung sein Vormarsch wieder zum Stillstand, und bei Einbruch der ersten Winterkälte zieht der König in den Süden ab: Qualmende Dörfer, geplünderte Klöster bleiben als Spur dieser gescheiterten Strafexpedition zurück.

Allerdings hat Heinrich VI. nun eines erreicht: daß nach seinem persönlichen Eingreifen die Verbündeten des aufsässigen Herzogs nicht mehr ganz so bedingungslos zu ihm stehen. Die Holsteiner und Stormarner erheben sich sogar gegen ihn, und schließlich muß sich Heinrich wieder bis hinter die Elbe zurückziehen. Von allen Eroberungen der ersten Stunde bleibt ihm nur noch Lübeck. Das ist das Ende jener rauschhaften Euphorie, von der sich der Herzog zunächst hatte tragen lassen.

Der Löwe zieht Bilanz.

Viel hat er im ersten Anlauf erreicht, das meiste aber wieder verloren. Einiges immerhin, die Festung Lauenburg und vor allem Lübeck, ist ihm geblieben. Will er sich dieses Wenige erhalten, muß er mit Heinrich VI. Frieden schließen. Behutsam nimmt er Kontakt zum König auf — und findet einen entgegenkommenderen Partner, als er zunächst befürchten muß.

Es liegt nicht am Herzog, daß sich der König so versöhnlich gibt. Doch die internationale Lage läßt um diese Zeit einen weiteren Kampf mit dem Löwen nicht ratsam scheinen. Heinrich VI. braucht Ruhe im Norden. Denn im Süden, wo Barbarossas Politik so vieles unentschieden ließ, wird es gerade wieder interessant.

Als sich 1186 Barbarossas Sohn mit der ältlichen Konstanze verkuppeln ließ, war es einigermaßen unglaubwürdig gewesen, daß er je von ihren Ansprüchen auf den sizilischen Thron Gebrauch machen könnte. Schließlich war der regierende König Wilhelm II. ein noch junger Mann und hatte eine blutjunge Frau. Ausgeschlossen schien es, daß diese Ehe kinderlos bleiben würde. Doch das Unglaubwürdige geschieht: Als Wilhelm II. 1189 stirbt, hinterläßt er keine Erben, und Heinrich VI. ist nun König des Normannenreichs, ein Gedanke, der die sizilischen Adligen so entsetzt, daß sie schleunigst einen der ihren, Graf Tancred von Lecce, zum neuen Herrscher wählen und ihn schon im Januar 1190 in Palermo krönen. Heinrich VI. fühlt sich betrogen — nur, daß er sich eben nicht betrügen läßt.

Schleuniger Zug nach Italien, dort die Krönung zum Kaiser und Nachfolger des inzwischen verstorbenen Barbarossa, dann Vormarsch in den Süden, bevor dort Tancred endgültig Fuß fassen kann: das ist jetzt Heinrichs VI. Programm. Jedoch läßt es sich nur mit einem befriedeten Reich im Rücken durchführen. Also zunächst einmal Frieden mit Heinrich dem Löwen, auch wenn man dabei nicht so mit ihm umspringen kann, wie es der unverschämte Welfe verdient hätte — im Juli 1190, einen Monat nach Barbarossas Tod im Saleph, wird dieser Friede in Fulda geschlossen.

Der Herzog kommt dabei glimpflicher davon als sein Verbündeter Hartwig, der schon zuvor sein Bistum verlassen und, von den Bremern unbetrauert, nach England ins Exil gehen mußte. Heinrich bleibt hingegen sogar der Besitz von Lübeck, obwohl er künftig die Hälfte dem Schauenburger überlassen muß. Und wenn ihm auch auferlegt wird, die Befestigungsanlagen von Braunschweig und Lauenburg zu zerstören, so fällt doch kein Wort von erneuter Verbannung oder irgendeiner anderen Strafe für seinen Rechtsbruch. Lediglich seine Söhne Heinrich und Lothar müssen sich dem König als Geiseln zur Verfügung stellen: Lothar bleibt in Augsburg, während der junge Heinrich dem Staufer nach Italien folgt.

Alles in allem kann also der Löwe in den Beschlüssen von Fulda durchaus einen Erfolg sehen. Entsprechend verhält er sich: Natürlich räumt er Lübeck nicht zur Hälfte und zerstört auch nicht die Befestigungen von Braunschweig und Lauenburg. Gelassen sieht der Löwe der Zukunft entgegen. Ohnehin scheint um diese Zeit der alte Welfe den jungen König noch nicht ganz ernst zu nehmen.

Heinrich VI. will aber sehr ernst genommen sein. War Barbarossa das große Talent in der Stunde Null, so wird nun sein Sohn das Genie im Zenit der Stauferzeit, der kleine Mann mit dem sanften Lächeln und dem eiskalten Verstand, der das von Barbarossa nur angestrebte Ziel einer universalen Monarchie um jeden Preis durchzusetzen gedenkt.

Fieber vor Neapel

Die Kaiserkrönung kann der König durchsetzen: Am 13. April 1191 schreitet Heinrich VI. an der Seite Konstanzes im Glanz der neuen

Würde aus dem Petersdom zu Rom. Bald darauf marschiert sein Heer vor Neapel auf. Denn nun geht es um Sizilien, wo Tancred gar nicht daran denkt, vor dem Rivalen aus Deutschland kampflos zurückzuweichen. Doch vorläufig steht noch ein unseliger Stern über Heinrichs VI. Weg zur staufischen Universalmonarchie.

Vergeblich wird Neapel berannt. Vergeblich hat der Kaiser aus Pisa und Genua eine Flotte herbeigeordert, um der belagerten Stadt den Seeweg abzuschneiden. Italiens tüchtigster Admiral, der legendäre Margarito, fängt diese Flotte ab, und im Lager der Deutschen geht wieder einmal der Feind um, an dem schon Barbarossa gescheitert war: das Fieber.

Gespenstisch sind die Parallelen zu der Katastrophe von 1167: Nach Hunderten, schließlich nach Tausenden zählen die Opfer, und auch Philipp von Heinsberg ist darunter wie einst vor Rom sein Vorgänger Rainald von Dassel. Als der Kaiser im August die Belagerung von Neapel schließlich aufgeben muß, ist sein Heer auf ein Zehntel seines ursprünglichen Umfangs zusammengeschmolzen.

Auch Heinrich selbst blieb nicht verschont. In einer Sänfte schafft man den schwerkranken Kaiser fort, und die Menschen, die vom Wegrand aus in sein totenbleiches, abgezehrtes Gesicht sehen, meinen bereits, dort würde ein Leichnam vorübergetragen. Schon verbreitet sich das Gerücht, Heinrich VI. sei am Fieber gestorben.

Rückkehr eines Deserteurs

Zu den ersten, die diese Nachricht übermitteln, gehört Heinrichs des Löwen Sohn. Die Katastrophe vor Neapel hat er auf seine Weise genutzt. Kurzerhand war er aus der Fieberhölle desertiert und nach Deutschland heimgekehrt. Dort steht er zunächst an der Bahre seines Bruders Lothar, der auf nie recht geklärte Weise im kaiserlichen Asyl gestorben war: Von Gift munkelt man, von einem Mord auf Befehl des Kaisers — die Gerüchte werden nie bewiesen, werfen jedoch schon ein recht bezeichnendes Licht auf den Ruf, den inzwischen Barbarossas Sohn genießt.

Der junge Heinrich reitet nach Braunschweig weiter.

Den Vater kann er mit einer Nachricht trösten, die der Papst dem

Löwen übermitteln läßt: Die Kaiserkrönung hat den inzwischen auf Petri Stuhl gekommenen Coelestin III. nicht zum Freund Heinrichs VI. gemacht, mit unverhohlenem Mißtrauen betrachtet man vom Vatikan aus diesen neuen Kaiser. Nun läßt aber der Papst den alten Herzog wissen, daß künftig kein anderer Kirchenfürst außer dem Heiligen Vater selbst den Bann über ihn oder ein anderes Mitglied seiner Familie aussprechen darf — ein gewichtiges Argument in einer möglichen Auseinandersetzung mit dem Kaiser und seinen Bischöfen, fast schon die unverhohlene Aufforderung zum Kampf gegen Heinrich VI. Die einst mit dem Würzburger Schwur zerrissenen Bande zwischen Welfen und Papst sind damit wieder geknüpft. Heinrich der Löwe kann wieder große Pläne schmieden.

Kampf an zwei Fronten

Im Dezember 1191 kehrt Heinrich VI. nach Deutschland zurück, lebendiger, als seinen Feinden lieb ist. Doch hat das Fiasko von Neapel seinen ohnehin noch nicht gefestigten Ruf lädiert, und nicht wenige im Reich glauben schon an das Ende der Staufer-Zeit. Eine Opposition formiert sich gegen den Kaiser. Das ist die Chance Heinrichs des Löwen. Er nimmt den Kampf wieder auf, seinen letzten um die Rückgewinnung alter Herrlichkeit.

Dieser Kampf vollzieht sich an zwei Fronten.

Die eine Front zieht sich quer durch Sachsen. Dort hat es der alte Herzog vor allem mit Adolf von Schauenburg zu tun, der auf die Nachricht von der Rückkehr des Löwen hin seine Teilnahme am Kreuzzug abgebrochen hatte und eilends ins Reich zurückgekehrt war. Zunächst scheint seine Position noch aussichtslos. Doch findet der Schauenburger Freunde: Herzog Bernhard natürlich, dann Otto von Brandenburg, schließlich auch den jüngsten Sohn des Ratzeburger Grafen — alles noch junge Männer, die dem alternden Löwen wie einem Fossil der Vergangenheit gegenübertreten.

Doch auch bei den Welfen findet ein Generationswechsel statt. Während man bei den folgenden Kämpfen den Löwen kaum noch in der ersten Reihe sieht, tritt nun zunehmend sein Sohn Heinrich in den Vordergrund. Das heißt allerdings nicht, daß sich sein Vater schon auf das Altenteil zurückgezogen hat.

Im Gegenteil: In diesen Jahren 1192/1193 ist der Herzog noch einmal so aktiv wie kaum zuvor. Von seiner Burg Dankwarderode aus spinnt er eifrig an dem großen Netz, das sich bereits mit würgendem Zugriff um den Stauferherrscher zu legen scheint: Deutschlands Fürsten verbünden sich gegen ihren Kaiser. Heinrich dem Löwen fällt dabei eine Schlüsselstellung zu.

Es ist dies die gewiß eigenartigste Verschwörung des gesamten Jahrhunderts: Man weiß nicht genau, wann sie begonnen hat und wer an ihrem Anfang stand. Auch die ursprünglichen Gründe lassen sich nur vermuten: Barbarossas Tod und der damit gesunkene Rang des Kaisertums, allgemeiner Überdruß am Staufer-Regime, die mangelnde Popularität Heinrichs VI., das zunehmende Selbstbewußtsein der Fürsten, die sich der allzu selbstherrlich gewordenen Dynastie an der Spitze wieder entledigen wollen.

Im Januar 1192 scheint diese Verschwörung ihren allerersten Schwung wieder eingebüßt zu haben. Zu diesem Zeitpunkt zeigt sich auf einem Reichstag zu Worms Heinrich VI. erstmals wieder seinen Fürsten, und selbst seine Gegner müssen zugeben, daß der Kaiser trotz des sizilischen Fehlschlags noch immer eine Macht darstellt, die nicht einfach beiseitegefegt werden kann. Doch unterläuft auf diesem gleichen Reichstag dem Kaiser ein verhängnisvoller Fehler.

Der Bischofsmord von Reims

Beim Wormser Reichstag kommt eine Angelegenheit zur Sprache, die zunächst nicht weiter wichtig scheint. In Lüttich hatte ein neuer Bischof gewählt werden müssen, und als die Wahl für die beiden zur Verfügung stehenden Kandidaten unentschieden ausgelaufen war, versucht nun Heinrich VI. einen seiner Parteigänger, Lothar von Hochstaden, zu lancieren. Das empört aber einen der beiden abgeschlagenen Kandidaten, einen Bruder des Herzogs von Brabant, so sehr, daß er den Papst selbst anruft. Coelestin nutzt sogleich die Gelegenheit, dem Kaiser seine Schranken aufzuweisen: Nicht nur, daß er diesen Albert von Brabant als Bischof bestätigt — er erhebt ihn auch noch zum Kardinal. Hochgemut nimmt Albert in Reims als vorläufigem Exil Quartier und wartet, daß der Rivale Lothar freiwillig das Lütticher Bistum räumt.

Soweit ist diese Geschichte für Heinrich VI. zwar peinlich, aber noch nicht gefährlich. Doch geschieht jetzt etwas, das die staufische Macht bis in ihre Grundfesten erschüttert.

In Reims sprechen einige Ritter bei Albert vor, angeblich Emigranten wie er. Der Bischof empfängt sie freundlich, unterhält sich mit ihnen, geleitet sie schließlich wieder zur Tür. Dort wenden sich aber diese seltsame Besucher noch einmal um, und in ihren Händen blinken plötzlich Dolche auf. Blutüberströmt sinkt der Bischof auf der Schwelle seines Hauses zusammen.

Voll Abscheu und Entsetzen starrt ganz Europa auf den zerhackten Leichnam dieses persönlich untadeligen Mannes, der nun Opfer eines feigen Attentats geworden ist. Der die Gemüter noch immer aufrührende Fall des Thomas Becket scheint für Augenblicke seine gespenstisch genaue deutsche Parallele gefunden zu haben, und wieder fragt alle Welt nach dem eigentlichen Mörder.

Zunächst wird Lothar von Hochstaden verdächtigt, dann sein Bruder Friedrich, engster Vertrauter des Kaisers, schließlich der Kaiser selbst. Zwar beteuert Heinrich VI. lauthals seine Unschuld, doch niemand glaubt, daß er nicht wenigstens Mitwisser der Bluttat war. Die Verschwörung gegen ihn erhält neuen Auftrieb.

Der Kaiser im Netz?

Zu dieser Verschwörung stoßen nun viele, die vorher noch nichts mit ihr zu tun haben wollten. In Sachsen findet sie ebenso Widerhall wie am Niederrhein, in Thüringen wie in den Bistümern von Köln und Mainz. Sogar der sächsische Herzog Bernhard, der doch den Staufern alles verdankt, wendet sich jetzt gegen den Kaiser. Die Fäden spannen sich bis weit ins Ausland hinein. Dort gehört zu den Sympathisanten zweifellos der Papst, gehören auch Tancred von Sizilien und Ottokar von Böhmen.

Eine gewaltige Allianz zeichnet sich also ab, ein Netz, das jeden Augenblick über den Kaiser geworfen werden kann. Darauf wartet aber vor allem der eine: Heinrich der Löwe. Er hat die engsten und besten Beziehungen zum wichtigsten ausländischen Sympathisanten, zu seinem Schwager Richard von England.

Eleonores Liebling, von der Mutter in der Vorstellung auferzogen, nur für das Allergrößte vorbestimmt zu sein, hatte sich 1189 gemeinsam mit Philipp August von Frankreich dem dritten Kreuzzug angeschlossen und dort bereits erste Kostproben seiner totalen politischen Unfähigkeit gegeben. Zunächst kränkte er den Babenberger Leopold von Österreich, der den 1177 verstorbenen Jasomirgott als Herzog abgelöst hatte, dann auch Philipp August so gründlich, daß beide tief verletzt in ihre Heimat zurückgekehrt waren. Richard, von seinen kleinen Freunden als „Löwenherz" bewundert, begleitete ihren Abgang mit gleichgültigem Achselzucken: Nichts, was er sich nicht zutraut, niemand, den er sich nicht zum Feind macht — der beste Sportsmann, tollkühnste Abenteurer und größte Tolpatsch, der je auf englischem Thron gesessen hat.

Zunächst läßt sich aber noch alle Welt von diesem Bramarbas täuschen, in dem viele Barbarossas wahren Nachfolger sehen. Vor allem die gegen Heinrich VI. verschworenen Fürsten setzen auf ihn alle Hoffnung. Ungeduldig erwarten sie den Tag, an dem Richard wieder aus dem Heiligen Land zurückkehrt. Inzwischen flackern schon am Niederrhein die ersten Kämpfe gegen den Kaiser auf, tobt in Bayern ein Kleinkrieg, und in aller Öffentlichkeit fordert man bereits die Wahl eines neuen Herrschers. Der Name des Herzogs von Brabant fällt, auch der des Sohns Heinrichs des Löwen.

Doch dann geschieht es.

Am 21. Dezember fällt im Dörfchen Erdberg bei Wien ein Mann auf, der in ungewohnter ausländischer Währung zahlt, und als man nach deren Herkunft fragt, verweist der Knecht auf seinen Herrn, einen ausländischen Kaufmann. Diesen Kaufmann sehen sich die Erdberger näher an — und stehen vor keinem anderen als Richard Löwenherz. Mit üblicher sportlicher Bravour hat er für den Rückweg aus dem Heiligen Land ausgerechnet die Strecke gewählt, die ihn mitten durch den Machtbereich seines Erzfeindes Leopold von Babenberg führt.

Österreichs Herzog ist von dem hohen Gast entzückt und quartiert ihn auf der Festung Dürnstein ein. Noch entzückter ist aber Heinrich VI. Nachdem er den Gefangenen erst einmal dem Österreicher abgehandelt und ihn in Trifels komfortabel untergebracht hat, hält er mit Richard einen Trumpf in der Hand, der nach Belieben gegen die aufsässigen Fürsten ausgespielt werden kann.

Heinrich VI. beweist jetzt, daß er seinem Vater mit Erfolg bei dessen großen diplomatischen Manövern über die Schultern geschaut hat. Ein Spiel beginnt, das sich über zwei Jahre erstreckt und an dessen Ende der entschieden kleinlauter gewordene Löwenherz froh sein darf, wieder in die Heimat entlassen zu werden — als Lehensmann des Kaisers und um ein gigantisches Lösegeld erleichtert. In nicht weniger als hunderttausend Silbermark können sich schließlich Heinrich VI. und Leopold von Österreich teilen, und der Babenberger wird mit dem Geld unter anderem den Aufbau der Wiener Neustadt finanzieren. In diesen zwei Jahren sinkt aber die Verschwörung der Fürsten als Kartenhaus Blatt um Blatt zusammen, und ein Gegner nach dem anderen stellt sich bei Heinrich VI. wieder ein, ernüchtert und beschämt.

Nur einer bleibt zurück: Heinrich der Löwe.

Wieder allein: der Löwe

Heinrichs letztes großes Spiel ist nicht aufgegangen. Von neuem steht er allein: Schwiegersohn Knut aus Dänemark bleibt freundlich-distanziert. Richard Löwenherz genießt vorerst kaiserliche Gastfreundschaft auf Trifels. In Sachsen hat der Herzog keinen starken Verbündeten mehr.

Zwar war es im Sommer 1192 noch einmal gelungen, einen erneuten Sturm auf Braunschweig zurückzuschlagen, den noch der bald darauf verstorbene Wichmann von Magdeburg organisiert hatte. Nördlich der Elbe heißt jedoch der Sieger Adolf von Schauenburg, der auch Stade und Lübeck zurückerobert hat. Spätestens nach der Gefangennahme Richards stellt sich aber die Frage, wann sich wieder der Kaiser selbst gegen den Löwen wenden wird, den mitsamt seiner Familie endgültig zu vernichten er angeblich beschworen hat.

Letzte Station für Heinrich: Sie scheint gleichbedeutend mit seinem schon beschlossenen, bald vollstreckten Untergang zu sein. Doch gibt es noch einmal eine Wende. Es ist nicht die erste, sicher aber die originellste in Heinrichs Leben: ein Zwischenspiel mit jungen Liebenden.

30. Kapitel
Zwischenspiel mit jungen Liebenden

Verlobung mit Hindernissen

Vom Tag an, da der zehnjährige Heinrich von einem Augenblick zum anderen sächsischer Herzog wurde, haben überraschende Wendungen zu seinem Leben gehört, und die Anlässe waren in der Regel Tod, Krieg, Verschiebungen in der allgemeinen Machtstruktur. Nur diese letzte Wende seines Lebens macht die Ausnahme: Hier steht am Anfang etwas so Banales wie die Liebe zweier junger Menschen, die sich darin auch nicht durch Tod, Krieg und Wechsel in der allgemeinen Machtstruktur beirren lassen.

Eine Liebesgeschichte kann also erzählt werden, zart, rührend und ein wenig komisch. Sie spielt um die Jahreswende 1193/94. Ihr Anfang liegt jedoch noch weiter zurück.

Heinrich befand sich noch auf der Höhe seiner Macht, als sich seine Frau Mathilde mit der Frage beschäftigt hatte, die bei einer Fürstin jener Zeit immer im Mittelpunkt stand: wer nun für ihre Kinder die beste Partie sein könnte. Vor allem ging es dabei um den ältesten Sohn, den so heiß ersehnten Namensträger Heinrich. Für ihn kam natürlich nur eine allererste Verbindung in Frage.

Nun hatte es aber schon die ersten Spannungen zwischen Kaiser und Herzog gegeben, und so schien es geraten, auf noch so glänzende internationale Möglichkeiten zu verzichten und lieber den brüchigen Kontakt zu den Staufern zu festigen. Die Wahl fiel schließlich auf Agnes, die Tochter des Pfalzgrafen Konrad vom Rhein. Er ein Bruder Barbarosass, die Mutter Irmengard aus dem ebenfalls hochangesehenen Haus der Grafen von Hennegau — dagegen konnte selbst am stolzen Welfenhof nichts eingewandt werden.

In der Folge war es vor allem das Werk der beiden Damen Mathilde und Irmengard, daß es zu dieser Verlobung kam, und so wurden nach dem Brauch der Zeit Heinrichs Ältester und Konrads Einzige einander schon im Kleinkindalter versprochen.

Das Paar dürfte sich kaum gekannt haben, und doch sollte sich mit den Jahren die kleine Agnes in ihren Verlobten schwärmerisch verlieben. Das war nicht weiter seltsam. Denn von den prominenten jungen Männern dieser Zeit war der Sohn Heinrichs des Löwen nicht nur wegen des großen Namens seines Vaters einer der prominentesten: Temperamentvoll und eigenwillig wie die meisten Welfen, kein Schönling, doch mit der kräftigen Statur des Herzogs und den klaren Zügen der Mutter, war der junge Heinrich schon von früh an eine bemerkenswerte Persönlichkeit. Der Ruf von Abenteuer und Wagemut ging ihm voraus, und die Flucht aus dem kaiserlichen Lager vor Neapel hatte ihn zum Gesprächsstoff im ganzen Reich gemacht.

Natürlich weiß Heinrich VI. von der geplanten Ehe zwischen seiner hübschen Kusine und dem jungen Welfen. Doch schon lange nimmt er diesen Plan nicht mehr ernst.

Das Reich ist ihm wieder sicher, nachdem auch die böse Lütticher Affäre nach Lothars Verzicht auf den Bischofsstuhl und der schleunigen Erhebung eines den Lüttichern genehmen Kandidaten beigelegt werden konnte, und der Kaiser darf nun wieder in internationalen Kategorien denken. Sein besonderer Trumpf ist dabei die enge Verbindung zum französischen König Philipp August, und auch Philipp wünscht verstärkten Kontakt mit den Staufern. Genauer: Er will eine Blutsverwandte des Kaisers heiraten. Dafür kommt aber nur die kleine Agnes in Betracht.

Der Kaiser ist hocherfreut. Um das Verlöbnis mit dem jungen Welfen schert er sich nicht. Bereitwillig gibt er der geplanten Verbindung seinen Segen, nachdem er schon zuvor Agnes' Vermählung mit dem Wittelsbacher Bayernherzog Ludwig erwogen hatte. Vom Bräutigam aus Braunschweig ist vorerst keine Rede mehr.

Nun läßt sich aber ein Sohn Heinrichs des Löwen nicht so beiläufig abservieren. Gerade jetzt, im Schatten allen übrigen Unglücks, hat er besonderes Interesse an dieser Ehe. Mit Nachdruck erkundigt er sich also bei den Brauteltern, wie es eigentlich mit der geplanten Heirat stehe — er selbst sei jedenfalls bereit. Seine Verlobte weiß wiederum nicht, worüber sie verzweifelter sein soll: über die offenbar gescheiterte Verlobung mit Heinrich oder über die bevorstehende Ehe mit dem Franzosenkönig.

Denn Philipp August gilt zwar als ein sehr bedeutender Mann, als der erste bedeutende König Frankreichs überhaupt. Doch als Ehemann empfiehlt er sich weniger. Erst kurz zuvor hatte er seine erste Frau, die Dänin Ingeborg, verstoßen und sich dabei so übel benommen, daß nur mit Schaudern davon erzählt wird. Sogar ins Gefängnis soll er die Schwester Knuts VI. geworfen haben — nicht eben eine Ermunterung, gerade dieses Mannes Frau zu werden.

Die heimliche Heirat

Als die Anfrage des jungen Welfen eintrifft, hält sich der alte Pfalzgraf gerade am Hof des Kaisers auf. Im Stammschloß Stahleck am Rhein wird aber Brautmutter Irmengard sehr nachdenklich. Man weiß nicht genau, was sie dann zu einem Schritt veranlaßt, der nichts Geringeres als die Herausforderung des allmächtigen Kaisers und Sippenchefs bedeutet. Man muß es dabei belassen, daß es sich bei Irmengard eben um eine besonders tapfere und warmherzige Frau handelt, die all die zynischen Manipulationen mit dem Schicksal ihres einzigen Kindes so anwidern, daß sie schließlich dagegen einschreitet.

Der Winter 1193 hat begonnen, als in Sachsen Heinrich Antwort auf sein Drängen erhält. Absenderin ist Irmengard, und der junge Mann sieht sich aufgefordert, so rasch wie möglich nach Stahleck zu kommen. Sofort macht er sich auf den Weg.

Es wird ein abenteuerlicher Ritt quer durch das winterliche Land, jener Gewalttour vergleichbar, die 1151 der Löwe unternommen hatte, um sein sächsisches Herzogtum vor dem Zugriff Konrads III. zu retten. Wieder muß ein Welfe damit rechnen, an jeder Wegbiegung von den Leuten des Staufers abgefangen und in das nächste Verlies verschleppt zu werden. Wieder kann er nur Schleichwege wählen, muß die Nächte durchreiten, sein Pferd durch Sturm und Frost treiben. Doch entgeht Heinrich allen Gefahren und trifft schließlich am Rhein ein, wo ihn Irmengard ungeduldig erwartet.

Die umsichtige Frau hat alles vorbereitet.

Die Braut wird hereingeführt und erfährt erst jetzt, daß sie in wenigen Augenblicken Frau ihres Jugendidols werden soll. In der Kapelle steht aber schon ein Priester bereit, um den Bund zu weihen.

Am Neujahrstag 1194 wird ohne jeden Aufwand, doch mit aller Innigkeit die Hochzeit des Jahres vollzogen, während sich noch der ahnungslose Brautvater vom Neffen Heinrich VI. die Vorzüge der geplanten französischen Verbindung auseinandersetzen läßt.

Seine Rückkehr muß komödienreif gewesen sein.

Vielleicht schon unterwegs, vielleicht erst im Schloßhof erfährt er die sensationelle Neuigkeit. Wütend stapft er in die Burg hinein, schreit nach Weib und Kind. Die beiden Damen wagen sich aus ihren Räumen vor — und in ihrer Mitte lächelt höflich ein junger Mann, der sich als Schwiegersohn des Hausherrn vorstellt. Konrad will aufbrausen — und sieht doch schließlich ein, daß hier nichts mehr zu ändern ist. Ob es ihm paßt oder nicht: Er ist Schwiegervater des skandalumwittertsten Jünglings im gesamten Reich und muß sich damit abfinden.

Nun ist aber Konrad nicht der Typ des grollenden Haustyrannen. Nach dem ersten Schrecken hat er Verstand und Herz genug, sich in das Unvermeidliche zu fügen und die Flucht nach vorn anzutreten. Dem jungen Paar gibt er seinen Segen und läßt seine Hochzeit mit einem nachträglichen Fest feiern. Er selbst kommt dabei aber nicht recht in Stimmung. Denn seufzend macht er sich klar, daß er nun zum Kaiser reiten und ihm den Stand der Dinge beichten muß. Heinrichs VI. Reaktion kann er sich dabei ohne Mühe ausmalen.

Nöte eines Brautvaters

Heinrich VI. tobt, ist außer sich. Er, der einst ohne Wimpernzucken die ungeliebte Konstanze geheiratet hat, kann in dieser Romanze nichts anderes sehen als eine bodenlose Ehrvergessenheit und schamlose Mißachtung seiner wohlbegründeten Interessen, ganz zu schweigen von den eben noch so prächtigen französischen Möglichkeiten. Unaufhaltsam verschwinden sie am Horizont — wegen dieses Welfen, den er selbst noch nach seiner Flucht in die Acht getan hatte.

Er verlangt die sofortige Annulierung der skandalösen Ehe. Konrad kann nur mit den Achseln zucken. Die Kirche hat gesprochen und ihren Segen gegeben: Hier ist nun einmal nichts zu ändern. Das muß auch ein Kaiser einsehen.

Heinrich VI. sieht es schließlich ein. Und mehr noch: Er sieht sogar ein, daß es politisch töricht wäre, diesen Fall zur Staatsaffäre hochzupusten. Gerade auf ihn hat die Kirche ein waches Auge und könnte es sehr übelnehmen, wenn dieser Kaiser gewaltsam gegen das Sakrament der Ehe angehen würde. Seufzend gibt also der Kaiser nach.

Konrad aber, mit feiner Witterrung für unerwartete Möglichkeiten, trägt gleich noch ein anderes Anliegen vor: Seine Söhne sind tot, Agnes ist das einzige Kind und ihr Mann der einzige männliche Erbe — wäre es da nicht gut, ihn gleich mit der rheinischen Pfalzgrafschaft zu belehnen, um die Nachfolge zu sichern? Und damit es nicht allzu seltsam aussieht, daß der Kaiser den Sohn belehnt, während der Vater in Ungnade beiseitestehen muß: ob dies nicht auch eine gute Gelegenheit sei, Staufer und Welfen endlich wieder miteinander auszusöhnen? Mit anderen Worten: Heinrich VI. soll dem alten Herzog in seinem verdüsterten Braunschweig die Hand zur Versöhnung entgegenstrecken.

Heinrich VI. muß bei diesem Vorschlag erst einmal schlucken. Dann erscheint er ihm gar nicht so dumm: Mit einer eleganten Geste, die den Kaiser zu nichts verpflichtet, ihn aber auch im besten Licht zeigt, könnte ein Jahrhundertkonflikt beigelegt werden — das will wahrgenommen sein.

Der kluge alte Pfalzgraf wird also in Gnaden entlassen. In seiner Hand hält er dabei die kaiserliche Aufforderung an den Löwen, sich demnächst auf einem Reichstag zu einem versöhnenden Gespräch einzufinden. Liebe hat Geschichte gemacht.

Diese Episode will nicht überschätzt sein. Sie ist wirklich nur ein Zwischenspiel. Und wäre Heinrich VI. nicht gerade auf solch einer Höhe seiner Macht, daß er sich auch Großherzigkeit leisten kann, so würde dieser Herrscher keinen Augenblick zögern, dieses Ehebündnis um jeden Preis zu zerstören. Dennoch bleibt es tröstlich, daß selbst im 12. Jahrhundert Liebe wenigstens für Augenblicke die Mechanismen der Macht außer Kraft setzen kann.

Für den geplagten Schwiegervater ist das Schlimmste noch nicht ausgestanden. Er muß jetzt weiter nach Braunschweig ziehen, um dort dem alten Löwen in seinem vereinsamten Dankwarderode die Aufwartung zu machen und ihn von der überraschenden Eheschließung seines Sohnes samt ihrer Auswirkung auf den Kaiser in Kenntnis zu setzen. Hatte Konrad aber gemeint, der Herzog würde nun in Rührung über dieses unverhoffte Glück zerfließen, sieht er sich herb enttäuscht.

Dem alten Mann, dem er nun gegenübersitzt, ist eigentlich nur eines geblieben: sein harter, unerbittlicher Stolz — und wenigstens ihn will er sich inmitten aller Katastrophen und Verluste bewahren. So ist er über die Ehe seines Sohnes mit einer Angehörigen des Stauferhauses vielleicht noch wütender als der Kaiser und will auch nichts von der gönnerhaften Aussöhnung mit diesem schrecklichen Barbarossa-Sproß wissen.

Ein zweites Mal braucht Konrad alle hartnäckige Geduld, um den tobenden Herzog zu beruhigen. Doch endlich hat er es geschafft. Grimmig nickt der Löwe, gibt dem Bund seinen Segen und erklärt sich zur Begegnung mit Heinrich VI. bereit. Dem glücklichen Finale steht nichts mehr im Weg.

Doch vielleicht ist bisher alles zu glatt verlaufen. Vielleicht braucht jede Geschichte um Welfen und Staufer ihren Schnörkel am Rande. Auch hier fehlt er nicht.

Unfall auf vereister Strecke

Für den Februar 1194 ist der Reichstag festgesetzt. Schauplatz soll Saalfeld sein, nicht allzu weit von Braunschweig entfernt. Für einen Heinrich früherer Jahre wäre solch ein Ritt nur ein kurzer Ausflug gewesen. Der Löwe dieser Zeit spürt aber schon die Last seiner fünfundsechzig Jahre. Ächzend läßt er sich in den Sattel heben und reitet dann in die schneidende Winterkälte hinaus. Der Schnee liegt hoch, die schmalen Pfade im Harz sind vereist, der kleine Zug bahnt sich nur mühsam seinen Weg. Endlich ist die Höhe von Bothfelde erreicht.

Plötzlich stockt der Zug.

Auf dem verharschten Boden ist Heinrichs Pferd ausgeglitten, und der Herzog, früher einmal einer der brillantesten Reiter seiner Zeit, kann sich nicht im Sattel halten. Er stürzt auf die gefrorene Erde hinunter, wo ihn das ebenfalls zu Boden taumelnde Roß unter sich begräbt. Als dann das Gefolge dem stöhnenden alten Mann wieder aufhilft, kann er sich kaum bewegen. Sein Oberschenkel ist gequetscht, vielleicht gebrochen.

An eine Weiterreise kann nun nicht mehr gedacht werden. Schleunigst bringt man den Herzog in das nahe Kloster Walkenriede, und von dort gehen Boten an den Kaiser ab, um wegen der Verzögerung um Verständnis zu bitten: Der Mann, der in seinen zahllosen Kriegen nie ernstlich verwundet worden ist, hat sich seine erste böse Verletzung ausgerechnet auf der Reise zugezogen, die ihm den Frieden bringen sollte.

Ein sehr ungeduldiger und ungnädiger Kaiser empfängt Heinrichs Boten. Bei der Geschichte von diesem Unfall zeigt er sein bösestes Lächeln: Ein Unfall? Nicht eher eine Finte? Eine der vielen, die sich dieser Heinrich schon gegenüber seinem Kaiser erlaubt hat? Soll nun wieder das Spiel der großen Verweigerung beginnen?

Ein neues Zerwürfnis droht. Und erst der geachtete Stederburger Propst Gerhard muß vermittelnd eingreifen, um Heinrich VI. zu überzeugen, daß es sich hier wirklich um einen ernsten Unfall und nicht um den letzten Trick des alten Löwen handelt. Mißmutig setzt der Kaiser einen neuen Termin fest.

Versöhnung zwischen Staufern und Welfen

Das Frühjahr hat schon begonnen, als es endlich so weit ist. Im März tritt Heinrich der Löwe zum letzten Mal vor seinen Kaiser, und auch sein ältester Sohn ist zugegen. Der Ort heißt Tilleda und liegt unweit vom Kyffhäuser, in dessen Tiefen später einmal die Sage den Vater jenes Mannes verbannt, der sich hier nun um Liebenswürdigkeit gegenüber den Welfen bemüht.

Das ist endgültig die Versöhnung zwischen den Staufern und Heinrich dem Löwen: Im März 1194 vollzieht sie sich unter vielen zeremoniösen Umarmungen und wechselseitigen Sympathiebeteuerungen, und Heinrich VI. hält sich an das Wort, das er seinem Onkel Konrad gegeben hat. Gleich hier in Tilleda belehnt er den jungen Heinrich mit der rheinischen Pfalzgrafschaft, wo dann der Sohn des Herzogs später als Heinrich I. seinen Einzug halten wird: wieder Licht auf die Welfen.

Einstweilen revanchiert sich aber der junge Mann für die kaiserliche Großmut mit dem Versprechen, an Heinrichs nächster Italienfahrt teilzunehmen. Denn sie steht wieder einmal auf dem Programm und wird vom Kaiser um so eifriger vorangetrieben, seit das Lösegeld für Richard Löwenherz in seinen Kassen klirrt. Überhaupt ist der Süden viel wichtiger als diese beiläufigen Ereignisse hier im Norden: Spätestens seit dem überraschenden Tod des sizilischen Königs Tancred und seines ältesten Sohnes Roger zeichnen sich dort Entwicklungen ab, die schleunigst ausgenutzt sein wollen. So hat es denn Heinrich VI. in Tilleda eilig: Mag sich der alte Mann dort wieder zurückziehen — er darf der kaiserlichen Huld sicher sein. Mühsam hinkt Heinrich davon.

Abschied von einem Zeitalter

Für seine persönliche Lage hat dem Löwen diese letzte Begegnung mit seinem Kaiser kaum eine nennenswerte Verbesserung gebracht: Sie war Symbol, nicht mehr, eine schöne, leere Staufergeste. Heinrich bleiben die Güter und Ehren, die ihm schon Barbarossa 1181 nach der Unterwerfung in Erfurt zugesprochen hatte. Von allem übrigen wie Lübeck, Stade, Lauenburg ist keine Rede mehr. Kein Wort auch von seinen beiden jüngsten Söhnen Otto und Wilhelm, die aus England als Geiseln Heinrichs VI. herübergekommen sind, um für die Zahlung des Lösegelds zu bürgen: Sie bleiben weiterhin in kaiserlichem Gewahrsam.

Das also ist das Fazit von Tilleda und zugleich das Fazit für die Beziehung zwischen Welfen und Staufern in dem halben Jahrhundert, in dem diese Beziehung von Heinrich dem Löwen mitbestimmt wurde: nach zahllosen Runden voller Schwankungen und Wechselfälle ein klarer Sieg für die Staufer . . .

In dieser letzten Runde sind sich zwei Zeitalter begegnet: ein verbrauchtes, ausgedientes, schon vom Ende gezeichnetes — und das neue, junge, bei dem man noch nicht recht weiß, was dabei herauskommen wird, etwas sehr Gutes oder etwas ganz und gar Böses, etwas Außerordentliches aber auf jeden Fall. Dafür bürgt schon dieser außerordentliche Heinrich VI., der hier die neue Zeit vertritt.

So war es schon einmal gewesen, vor über vierzig Jahren, allerdings unter entgegengesetztem Vorzeichen.

Damals hatte ein Staufer, der alternde, glücklose Konrad III., für die Vergangenheit gestanden. Die Zukunft war der Welfe Heinrich gewesen, blutjung noch, vital, skrupellos, noch ganz im Abglanz erster rascher Erfolge — der gleiche Mann, der sich jetzt unter Schmerzen durch den Frühling dieses Jahres 1194 hinüber in sein Braunschweig schleppt, nur ein Schatten dessen, was er einmal war, sein eigenes, schon vom Verfall bedrohtes Denkmal für all die Hoffnungen und Möglichkeiten, die sich einmal mit seinem Namen verknüpften und von denen sich jetzt kaum eine erfüllt zu haben scheint.

Heinrich der Löwe ist endgültig an seiner letzten Station angelangt.

31. Kapitel
Der Herzog stirbt

„Da ging ein neues Licht auf . . .“

„Darüber, was du berichtest, daß Herzog Heinrich von Braunschweig dich belästigt, sagen wir, daß wir durchaus glauben, daß er zu seinen alten und stets geübten Gewohnheiten zurückgekehrt ist . . .“

Noch im Dezember 1194 schreibt Heinrich VI. diese Bemerkung an Herzog Bernhard von Sachsen. Allen Jubeltönen von Tilleda zum Trotz hat sich also des Kaisers Meinung über den Löwen nicht geändert. Für ihn bleibt der alte Herzog der unverbesserliche Querkopf und Störenfried, der zu anderem als Kampf und Streit gar nicht fähig ist. Doch Barbarossas Sohn irrt sich. Für Heinrich den Löwen sind die Jahre der Kämpfe vorbei.

„Da ging ein neues Licht auf, ein holder Friede lächelte . . .“ — so lyrisch besingt Arnold von Lübeck die allererste Zeit nach der Aussöhnung zwischen Staufern und Heinrich. Ganz so hold lächelt der Friede zwar nicht: Noch flackern wiederholt Streitigkeiten zwischen Sachsens Großen auf, und auch Heinrich mag daran gelegentlich beteiligt sein. Doch insgesamt zieht wieder Ruhe in ein Land ein, das sich über zehn Jahre lang im permanenten Kleinkrieg befunden hat.

In den Städten werden die Tore nachts nicht mehr ganz so ängstlich geschlossen. Der Bauer sieht nicht mehr gar so furchtsam dem nächsten Tag entgegen. Von den Zinnen der Burgen aus muß nicht mehr ständig nach anrückenden Feinden Ausschau gehalten werden. Über die Straßen rumpeln wieder die Wagenkolonnen der Kaufleute. Handelsschiffe laufen wieder die Häfen an. In Kirchen und Klöstern vergißt man allmählich die Zeit, in der plündernde Soldateska auch vor Altar und Meßgerät nicht Halt gemacht hat.

Langsam erholt sich also Sachsen von allen durchstandenen Schrekken, und inmitten dieser friedlichen Szenerie spielt der einst mächtigste Fürst des Reichs die Rolle des liebevoll besorgten Landesvaters, ohne persönlichen Ehrgeiz, ohne jede pomphafte Attitüde. Am 2. April 1194 sieht man ihn ein letztes Mal eine der zahllosen Urkunden seiner herzoglichen Laufbahn unterzeichnen, und dabei geht es nur noch um irgendein Privileg für das Kloster Salem. Im übrigen gilt in diesen ersten Wochen nach Tilleda seine Hauptsorge der Ausrüstung seines Sohnes für die bevorstehende Italienfahrt.

Im Mai 1194 ist es soweit.

Ein zweites Mal überschreitet Heinrich VI. die Alpen und bricht unverhofft in das sizilische Normannenreich ein. Dort steckt er als Auftakt Salerno in Brand. Dann setzt er nach Sizilien über, wo die Hauptstadt Palermo angstbebend auf jeden Widerstand verzichtet. Am Weihnachtstag 1194 läßt sich Heinrich VI. zum König krönen, und als ihm am Tag darauf ein Sohn geboren wird, feiert er das freudige Ereignis auf seine Weise: Er rechnet mit Siziliens widerspenstigem Normannenadel ab.

Nicht alle überlieferten Greuel mögen wahr sein: daß der Kaiser die Zeugen von Tancreds Krönung allesamt lebend verbrannt hat, daß andere kopfabwärts aufgehängt oder von Pferden zu Tode geschleift werden, daß einem Thronanwärter eine glühende Eisenkrone ins Gehirn gepreßt worden ist. Doch das Gesicherte genügt: daß Heinrich VI. Tancreds Sohn Wilhelm III., ein Kind von sieben Jahren, blenden, entmannen und ins Reich nach Trifels verschleppen läßt, daß auch Admiral Margarito geblendet wird. Nicht einmal Tote bleiben von der Rache des zarten kleinen Herrn aus Deutschland verschont: Die Leichname Tancreds und seines Sohnes Roger werden aus den Grüften hervorgezerrt und öffentlich enthauptet. Heinrich VI. zeigt seine Macht, daß es nur so eine Art hat.

Heinrich der Löwe macht weniger von sich reden.

Der einsame Löwe

Immer schon hat sich der Herzog als guter Christ gefühlt. Jetzt wird er sehr fromm. Zu seinen Hauptanliegen gehört die Ausstattung der Braunschweiger Kirchen, wofür er sehr viel Geld ausgibt: Runde 1500 Mark läßt er sich allein ein Kruzifix aus purem Gold kosten. Aber auch die Armen der Stadt preisen seine Großzügigkeit: kein kirchliches Fest, an dem er nicht freigebig Almosen verteilt, kein Bettler, der ohne reiche Gabe das still gewordene Dankwarderode verläßt.

Heinrich ist sehr einsam.

Seine Töchter sind jenseits der Grenzen verheiratet. Von seinen Söhnen befinden sich Otto und Wilhelm noch immer in kaiserlicher Gefangenschaft, und zumal Otto, im England seines Onkels eben noch als Richards erklärter Liebling Herzog von Aquitanien und mit der Grafschaft Poitou belehnt, geht es so schlecht, daß Löwenherz eigens intervenieren muß, damit der Neffe wenigstens einige Dienstboten zugeteilt bekommt. Der älteste schließlich, nun Pfalzgraf vom Rhein, hat sich nach der Rückkehr von der Italienfahrt nicht lange in Braunschweig aufgehalten. Nur kurz begrüßt er den Vater. Dann zieht er in die neue Heimat weiter. Heinrich bleibt allein zurück.

Seine Weggenossen aus früheren Tagen, Freunde wie Feinde, sind meist tot. In Halberstadt starb sein Widersacher Dietrich, in Magdeburg der bei allem Gegensatz doch geschätzte Wichmann. Gestorben auch Welf VI. unten auf seiner Ravensburg, zuletzt noch erblindet und mit seiner Frau Uta wieder ausgesöhnt — jetzt erst trifft ein, was Anlaß zum ersten großen Streit zwischen Heinrich und Barbarossa gewesen sein könnte: Der riesige Welfenbesitz in Süddeutschland und Italien geht in staufisches Eigentum über.

Von den Gefolgsleuten aus Heinrichs Glanzzeit hat nur der unermüdliche Truchseß Jordan von Blankenburg überlebt. Die übrigen bedeutenden Ministeriale, die mächtigen Vasallen — sie alle gibt es nicht mehr. Braunschweigs Geistliche sind der Kreis, in dem sich der alte Löwe nun am wohlsten fühlt. Jetzt wird auch wieder am „Lucidarius" gearbeitet, vielleicht überhaupt erst jetzt mit der eigentlichen Arbeit an dieser ersten volkstümlichen Enzyklopädie begonnen.

Inzwischen rotiert aber das Weltgeschehen in wirbelnden Spiralen, und Heinrich VI. steht in seinem Mittelpunkt.

Ein Weltreich Heinrichs VI.?

In Sizilien regiert nominell Kaiserin Konstanze. Das Sagen haben ausgesuchte Reichsministeriale in allen Schlüsselstellungen des ohnehin straff organisierten Normannenreichs. Aber auch die Lombardei ist dem Kaiser sicher, auch Mittelitalien, und schon richtet sich sein Blick nach Byzanz: Wie wäre es, diese beiden Imperien miteinander zu vereinen?

Vorsorglich läßt Heinrich VI. seinen Bruder die byzantinische Prinzessin Irene heiraten, Witwe jenes Rogers, dessen Leichnam er hatte enthaupten, dessen Bruder er hatte blenden lassen. Einen Heinrich VI. scheren solche makabre Nuancen nicht. Sein Konzept wird immer deutlicher. Ein Staufer-Weltreich zeichnet sich ab. Auch ein neuer Kreuzzug wird erwogen.

Das böse, kleine Genie verliert darüber Deutschland keineswegs aus den Augen. Dort versucht der Kaiser unter anderem, das Erbrecht der Staufer-Dynastie durchzusetzen. Eine neue Zeit hat begonnen, neben der sich die Ära Barbarossa geradezu behäbig ausnimmt. Für Barbarossas Ältesten steht fest, daß es allein die Zeit der Staufer ist.

Friedrich I. hatte fast vierzig Jahre regiert. Was bei einer ähnlich langen Herrschaftszeit seines Sohnes herausgekommen wäre: das totale Reich oder die totale Katastrophe — man weiß es nicht. Denn Heinrich VI. verläßt ebenso rasant die Szene, wie er dort aufgetreten war. In Messina erliegt er dem Feind, dem er sechs Jahre zuvor knapp entkommen war: Am 28. September 1197 stirbt er am Fieber.

Abgang für Heinrich VI. — nach kurzer Unterbrechung Auftritt für seinen Sohn Friedrich II., den vielleicht seltsamsten und fähigsten aller Staufer.

Die steile Bahn der Staufer

War mit Barbarossa die erneute Öffnung des Reichs nach Süden hin verbunden, hatte sein Sohn Nord und Süd unter Blut und Tränen zu einer Einheit zusammengeschweißt, so bleibt dem Enkel bereits die Wahl zwischen Norden und Süden als Zentrum des Reichs. Er wählt den Süden. Auf Sizilien residiert er mit nahezu orientalischem Prunk und zeigt sich auch im übrigen dem Orient zugeneigt. Jenseits der Alpen wird ihm das nie ganz verziehen. Dort gilt dieser seltsame Kaiser mit seinem Gefolge aus Haremsdamen und Eunuchen fast schon als welscher Herr. Ihm selbst ist das nur recht. Mit den Menschen im Norden kann dieser unerhört gebildete, äußerst vielseitige, mit brillantem Witz und scharfem Verstand begabte Mann nun einmal nicht viel anfangen.

Friedrich II. liest viel, schreibt selbst, entwickelt Staatstheorien. Doch am berühmtesten wird sein Buch über die Falkenjagd, seine Lieblingsbeschäftigung, bei der er einmal einen Falken enthauptet haben soll, weil der einen Adler anzugreifen wagte — eine Anekdote, die recht genau die Wertvorstellungen dieses Mannes einfängt. Zugleich fällt ihm das Verdienst zu, als erster europäischer Monarch abendländische Scheuklappen abgestreift zu haben und dem Nachbarn im Orient als gleichberechtigtem Partner, nicht als schleunigst zu bekehrendem Heiden entgegengetreten zu sein. Sein pflichtschuldigst unternommener Kreuzzug erinnert denn auch mehr an Heinrichs des Löwen Pilgerfahrt als an die kriegerischen Unternehmungen Konrads III. und Barbarossas. Später wird man Friedrich II. den ersten modernen Herrscher nennen. Sicher ist er aber der letzte bedeutende Staufer.

Nach Friedrich II. ist es plötzlich aus.

Der Kaiser stirbt 1250. Sein einziger legitimer Sohn Konrad IV. überlebt ihn um nur vier Jahre. In Sizilien schwingt sich währenddessen einer seiner zahllosen Bastarde, Manfred, zum König auf, unterliegt aber 1266 dem Rivalen Karl von Anjou in der Schlacht von Benevent, die auch ihm selbst den Tod bringt.

Die in Italien immer noch starke staufische Partei hofft danach auf Konrads IV. Sohn, zärtlich „Corradino" oder auch Konradin genannt, einen hübschen blonden Jungen von ähnlich strahlend-knabenhafter Blauäugigkeit wie Barbarossa. Wie ein neuer Barbarossa wird er denn auch empfangen, als er 1268 nach Italien zieht. Doch ist der junge Mann kein zweiter Rotbart. Auch er unterliegt dem bärbeißigen Franzosen, wird gefangengenommen und in einem sehr üblen und ungerechten Prozeß zum Tode verurteilt. Im Oktober 1268 besteigt Konradin das schwarz verhängte Schaffott auf dem Markplatz von Neapel: „Ich verzeihe euch, Herr Henker", sollen dabei seine Worte gewesen sein — eine allerletzte wunderhübsche Staufer-Pose.

Der letzte Staufer ist tot.

380

Im Reich wütet die kaiserlose, die schrecklichste Zeit, das Interregnum ohne Herr und Ordnung. Als sich seine Rauchwolken wieder verziehen, findet sich aber keine andere ähnlich mächtige Sippe, die das Erbe der Staufer antreten und fortsetzen könnte. Dafür gibt es nun ein Reich aus fast vierhundert Kleinstaaten und staatenähnlichen Gebilden. Nie wird dort eine einzelne Herrscherpersönlichkeit eine ähnlich integrierende Rolle spielen wie Heinrich II. in England, Philipp August in Frankreich. Deutschland bleibt zerrissen. Auch das gehört zu Wesen und Nachlaß der Staufer, dieser ehrgeizigsten, begabtesten, skrupellosesten Familie, die jemals im Reich regiert hat.

Der gemächliche Weg der Welfen

Die Bahn der Welfen verläuft anders, aber für sie ebenso typisch. Bei den Staufern steiler Aufstieg aus dem Halbdunkel, schwindelnde Höhe im grellsten Licht, dann jäher Absturz, totales Ende — das ist ihr Gesetz. Die Welfen ziehen einen mehr geruhsamen, von Genieblitzen weitgehend verschonten Weg quer durch die deutsche Geschichte.

Nur einmal kommt es zum melodramatischen Aufschwung.

1198 läßt sich Heinrichs des Löwen Sohn Otto leichtsinnig zum Gegenkandidaten der antistaufischen Partei aufstellen. Er wird sogar zum König gewählt, zum Kaiser gekrönt — doch bleibt „ein Welfe auf dem Kaiserthron" nur ein Zwischenspiel. Dem Barbarossa-Enkel Friedrich II. ist Kaiser Otto IV. nicht gewachsen. Als sich dann 1235 Welfen und Staufer zum -zigsten Mal endgültig versöhnen und dem Löwenenkel Otto, einem Sohn Wilhelms, der braunschweigisch-lüneburgische Allodialbesitz als Herzogtum und Reichslehen zugesprochen wird, hat alles wieder zum rechten Maß gefunden.

Endgültig ist der Norden Heimat dieser Familie aus Schwaben geworden, die sich im Lauf der Jahrhunderte auseinanderzweigt und wiederfindet, bis sie sich schließlich um zwei Zentren gruppiert: um Braunschweig-Lüneburg und um Hannover. Dort wird dem Welfenherzog 1692 die Kurfürstenwürde zugesprochen, und auch die enge Bindung an England besteht weiterhin: 1714 besteigt ein Welfe als George I. den britischen Thron.

Daheim in Hannover nennen sich aber die Welfen seit 1814 sogar Könige und sind keine allererste, doch immerhin erste Macht auf deutschem Boden. Dabei sollen sie denn auch wieder auf eine den Staufern gar nicht so unähnliche Gegenmacht stoßen, ähnlich begabt, ehrgeizig und hochfahrend: auf die Hohenzollern, die 1866 dem welfischen Königtum zu Hannover sein schmerzliches Ende bereiten.

Aber auch dort Versöhnung, als 1913 ein Welfe, Herzog Ernst August von Braunschweig und Lüneburg, die einzige Tochter des Hohenzollern Wilhelm II. heiratet: „Unsere Heirat, so verstand man es überall, hatte den Bruderzwist zwischen Hohenzollern und Welfen aus der Welt geschafft", heißt es in den Erinnerungen der Braut aus jenem Versöhnungsjahr 1913, der Herzogin Viktoria Luise, die heute in Braunschweig lebt, der Stadt Heinrichs des Löwen, der hier im 12. Jahrhundert seiner Familie den künftigen Weg vorgezeichnet hatte.

Das Erbe des Löwen

Vielleicht würde 1195, im letzten Lebensjahr des Löwen, nicht einmal Prophetie dazugehören, den Welfen einen ähnlichen Weg vorauszusagen: So logisch nimmt er sich im nachhinein aus. Herzog Heinrich dürfte sich um 1194/95 allerdings kaum noch für irgendwelche Prophezeiungen interessiert haben. Sein Blick geht nicht mehr vorwärts, sondern nur noch zurück. Die Vergangenheit beschäftigt ihn.

Um seine Gesundheit steht es nicht zum Besten.

Die bei Bothfelde verletzte Hüfte will nicht mehr heilen. Das Bein hat sich verkürzt, und nur mühsam schleppt sich der alte Mann durch seine Burg. Er schläft miserabel und sieht so schlecht, daß er Vorleser beschäftigen muß. Denn Lesen, ein Kuriosum für sich, ist die letzte große Leidenschaft dieses sein Leben lang ganz unintellektuellen Mannes.

Heinrich ist wählerisch. Nur aus ganz bestimmten Texten läßt er sich vorlesen. Seine Lieblingslektüre werden dabei Sagen und alte Chroniken. Er läßt sie sammeln und aufschreiben, und daraus muß ihm vorgetragen werden, wieder und wieder, wenn er nachts schlaflos wie meist daliegt. So lebt er seinem Tod entgegen.

Von Barbarossa hatte es geheißen, daß sein Ende nicht tragisch war. Tragisch ist auch der Heinrich dieses seines letzten Jahres nicht. Nur rührend, anrührend wirkt es, wie da dieser alte Mann auf seinem Lager liegt, alten Geschichten zuhört, in ferne Vergangenheit hineinhorcht und dort vielleicht auch sich selber wiederfindet, den Löwen von einst. Friede ist um diesen Mann, hinter dem ein volles, reiches Leben liegt. Und fällt auch am Ende dessen Bilanz negativ aus, kann er sich doch sagen, daß er all seine Möglichkeiten ausgeschöpft und das Geschick seines Hauses ein Menschenalter lang zu einer Höhe emporgerissen hat wie kein Welfe vor ihm.

Ist aber seine Bilanz wirklich so negativ?

Für ihn selbst bleibt wenig. Doch was er geschaffen hat, wird überraschend vital und dauerhaft sein. Im Osten kommt zwar für rund drei Jahrzehnte die Kolonisation zum Stillstand, wird dann aber wieder aufgenommen und nicht mehr rückgängig zu machen sein. In „seinen" Städten, in Lübeck vor allem, behauptet sich auch ohne den großen Schutzherrn der unter dem Löwen gewonnene Bürgerstolz, und unter diesem Vorzeichen wird die Hanse entstehen als der eigentliche Erbe des „Bürgerfürsten" Heinrich.

Woran wird man denken, wenn von ihm die Rede ist? An die Gefährdung des Reichs durch den Löwen oder an die Absicherung und Erweiterung dieses Reichs in Nord und Ost? An den Verlust des Welfen-Imperiums oder an die sich daraus ergebende Hanse? An den Würzburger Prozeß, das Gelnhauser Urteil und die Erfurter Demütigung oder an den Anschluß des Nordens an das übrige Europa?

Blick auf den Dom

Ruhig liegt der Herzog auf seiner Lagerstatt. Durch das hohe Fenster sieht er, was bis heute auf den Schöpfer all seiner Leistungen verweist: den Löwen und den Dom.

Zwanzig Jahre hat der Bau gebraucht. Jetzt gilt er als vollendet. Heinrich ist sehr stolz auf dieses Werk. Er hat für einen kostbaren Boden gesorgt, für Buntglas in den Fenstern, für ein Bleidach und für wertvolle Innenausstattung. Läßt er sich aber in das Innere führen, kann er den riesigen Bau wie sein eigenes Museum durchschreiten.

Dort liegt sein Schwert, hängen erbeutete Fahnen. Dort wurde jene vergoldete Silberkrone aufgestellt, die ihm der Sultan von Ikonium verehrt hatte. Dort stehen die farbigen Marmorsäulen, die Heinrich aus dem Heiligen Land mitbrachte. Und dort sieht man schließlich das Siegel mit den beiden Geparden, die gleichfalls an das glänzendste Unternehmen seiner Laufbahn erinnern.

Eine Reminiszenz ans Morgenland sind auch die Priestergewänder. Sie wurden aus orientalischen Seidenstoffen geschneidert, und Heinrich sitzt dabei, wenn sie bestickt werden. So überwacht der Herzog die Ausschmückung des eigenen Grabmals, denn sein Grabmal ist ja dieser Dom, der ihn nun bald aufnehmen wird.

Ein Ende mit Schrecken?

Noch in der Fastenzeit 1195 hat sich der Herzog oft unten in der Stadt gezeigt. Doch in der Nacht zum Ostersonntag geht es ihm plötzlich sehr schlecht. Sein Zustand verbessert sich nicht: Heinrich ist jetzt ein schwerkranker Mann, sein Ableben nur noch eine Frage der Zeit.

Dabei ist er mit 66 Jahren noch kein Greis. Doch zeigen sich bei ihm die Symptome eines unverhofften und unfreiwilligen Ruhestands nach einem Leben voll ständiger Arbeit und Anspannung. Der morsche Körper bringt keinen Widerstand mehr auf und will ihn wohl auch nicht mehr aufbringen.

Ein halbes Jahr zieht sich hin. Man weiß nicht recht, woran der Herzog eigentlich leidet. Ärzte bemühen sich um ihn, doch Heinrich ist ein unbequemer Patient. Barsch weist er Mittel zurück, die ohnehin nicht mehr helfen.

Im Juli kommt es dann fast noch zu einem melodramatischen Abgang, wie er zu Heinrich gar nicht paßt.

Der Sommer ist schwül. Immer wieder gehen Gewitter auf Braunschweig nieder, und in der Nacht des 24. Juli schlägt ein Blitz in den Dom ein. Das Dachgestühl fängt Feuer, und die Flammen greifen auf die Burg über. Die Bewohner packt Panik. Schreiend laufen sie zum Herzog, zerren an seiner Bettstatt, wollen ihn forttragen, retten. Er selbst bleibt ganz ruhig und starrt unbewegt in das Flammenmeer hinaus: vielleicht, daß er gar nicht mehr gerettet werden will. Dann beschließt ein heftiger Regenguß die kleine Katastrophe, und Heinrich wird sterben, wie er gelebt hat: unpathetisch, nüchtern, ohne jeden Anflug wild wogender Romantik, wie er Vetter Barbarossa angemessen war.

„Gott sei mir Sünder gnädig . . ."

Um den ersten August geht es Heinrich sehr schlecht. Boten reiten zum Rhein, um den Sohn ans Sterbelager zu holen. Andere werden zu Isfried geschickt, dem Bischof von Ratzeburg, einem von Heinrich besonders geschätztem Kirchenfürsten, der auch sein persönlicher Beichtvater ist. Am 2. August erteilt Isfried dem Herzog Absolution und reicht ihm die Sterbesakramente. Braunschweigs Klerus umsteht das Lager und spricht letzte Gebete.

Doch noch einmal vergehen vier Tage.

Am 6. August 1195 verstirbt Herzog Heinrich der Löwe aus dem Haus der Welfen in seiner Burg Dankwarderode, und die Stederburger Chronik hält als seine letzten Worte fest: „Gott sei mir Sünder gnädig!"

Ein letztes Mal der alte Glanz

Auf Sizilien atmet Kaiser Heinrich VI. erleichtert auf: Für die Staufer ist das Kapitel „Löwe" abgeschlossen. In Braunschweig gibt man sich jedoch so betroffen, als sei mit diesem Ableben nie zu rechnen gewesen: So unlösbar ist Heinrichs Bild mit dieser seiner liebsten Stadt verbunden. Beim Leichenbegängnis wird dann ein Pomp entfaltet, als sei er nicht im Tiefpunkt, sondern auf der Höhe seiner Macht verstorben, noch immer Herr zweier Herzogtümer und Erster Fürst des Reichs.

Man trägt ihn zum Dom hinüber. Dort bettet man ihn neben seine Frau Mathilde. Die Stederburger Chronik raunt ehrfurchtsvoll: „In dieser Zeit ist der berühmte Fürst, Herzog Heinrich, unter den Händen seiner Geistlichkeit, die er selbst zärtlich liebte und die er immer ermahnte, auf dem Wege glorreicher Zucht zum Höheren zu streben, aus dieser Welt genommen worden und im sechsundsechzigsten Jahr seines Lebens im Herrn, wie wir hoffen, entschlafen. Wie die Seinigen über seinen Tod nicht geringe Trauer hatten, so empfanden seine Feinde große Freude. Jedoch haben wir hernach diejenigen, welche ihn gehaßt, den Ruhm und die Tapferkeit des Fürsten loben hören, und sie wünschten aufs sehnlichste, daß er lebe. Auf den Händen Weinender ward er in das Münster des Heiligen Blasius, welches er selbst erbaut hatte, getragen und in der Mitte des Estrichs vor dem Kreuz, welches er aufgerichtet, an der rechten Seite seiner Gemahlin, der Herzogin Mathilde, der Tochter des Angelnkönigs, ehrenvoll bestattet."

Arnold von Lübeck hält seinen Bericht knapper:

„Zur selben Zeit starb der berühmte Herzog Heinrich in Braunschweig. Er hat durch alle Arbeit, die er unter der Sonne gehabt hat, nichts erreicht als ein recht sehenswertes Grab . . ."

VIII. Teil
Die Spur des Löwen

„Ehrfurchtsvoll standen wir vor den Resten des
Herzogs . . .“

Prof. Eugen Fischer über die Graböffnung
im Jahr 1935

„Ich persönlich erschien um 12.30 Uhr und sah
den Klumpatsch . . .“

Archäologe Hermann Hofmeister in seinem Tage-
buch zum gleichen Anlaß

32. Kapitel
Heinrich — und ein Ende?

„Wer weiß es heute . . ."

Wir sind noch einmal nach Bardowiek gefahren, von Braunschweig
aus, der Stadt, die Heinrich dem Löwen am meisten verdankt, hinauf
zu der Stadt, die am meisten unter ihm gelitten hat, die eine wie die
andere Zeugnis für die Möglichkeiten dieses Fürsten im Guten wie
Bösen.

Bardowiek ist nur noch ein Städtchen, und selbst hier im Norden
kennen viele nicht einmal den Namen. Nur der Dom, das einzige,
was 1189 Heinrichs Rachesturm verschont hatte, deutet noch an, was
dieses Städtchen einmal war: viel größer als damals Hamburg, lange
Jahre wichtiger als Lübeck, ein Handelsplatz allererster Ordnung.
Nichts blieb davon. Von dem einen Prankenschlag hat sich Bardowiek niemals erholt: des Löwen Spur . . .

Am Portal erwartet uns der Küster, und er kommt auch gleich auf
den Löwen zu sprechen, erzählt von ihm wie von einem bösen alten
Bekannten: „Viele sagen natürlich, es war falsch, sich gegen den Herzog zu stellen, aber wer will schon sagen, was in der Geschichte falsch
oder richtig ist? Wer weiß es heute . . ."

Wir fahren nach Lübeck weiter und nehmen den Weg durch das
Ratzeburger Land, machen in Ratzeburg halt und umkreisen den See,
um schließlich auf der Dominsel mit dem Ratzeburger Löwen an
Land zu gehen. Das Schiff, das uns hierhergebracht hat, heißt „Heinrich der Löwe" . . .

Tiefgrüne Wälder, sanft geschwungene Hügelketten, Felder im
sattesten Gelb, dazwischen schmale Sandpfade — diese Landschaft
kann zu Heinrichs Zeit nicht viel anders ausgesehen haben, und nirgends fällt es denn auch so leicht, sich in sein Jahrhundert zurück-
zuversetzen, als er noch durch sein Herzogtum galoppiert war, fast
ständig unterwegs, hin zu Wichtigem und Unwichtigem, ein „Landes-

herr", dem man staunend, aber auch furchtsam, bewundernd, aber auch erleichtert nachblickte, wenn er wieder in einer Staubwolke am Horizont verschwunden war.

So vergangen scheint seine Zeit, und so nah kann sie wieder sein, wenn man erst auf ihre Zeichen zu achten beginnt. Denn welchen Weg man auch durch Heinrichs Sachsen nimmt — überall stößt man auf seine Spur.

An der Autobahn nach Hamburg weist ein Schild nach Ramelsloh — hatte dort nicht der Streit um Stade stattgefunden und dem noch blutjungen Herzog seinen ersten Erfolg gebracht? Und das kleine Straßendorf auf dem Weg zum Harz, Heineberg — war nicht bis dorthin Konrad III. vorgedrungen, als er 1151 die Löwenhöhle Braunschweig ausräuchern wollte? Oder Leiferde — standen dort nicht drei Jahrzehnte später die Truppen des Kölner Erzbischofs, ebenfalls zum Sturm auf Heinrichs Residenz bereit? Beide Male war es dazu nicht gekommen, aber das erste Mal hatte noch Heinrichs unaufhaltsamen Aufstieg markiert und das zweite schon seinen unaufhaltsamen Untergang.

Im Dom von Königslutter stehen wir vor den Gräbern Lothars III., Richenzas und Heinrichs des Stolzen, dreier Menschen, mit denen für das deutsche Kaisertum eine ganz neue Zeit hätte beginnen können, fort von Saliern und Staufern, fort vom Süden — sie blieb ein Zwischenspiel.

In Goslar steigen wir zur Pfalz hinauf, wohin Barbarossa zu seinen Festen und Hoftagen gebeten hatte, wenn er sich in Sachsen aufhielt. Dann hatte sich hier auch Heinrich eingestellt, hatte zu spüren bekommen, daß er aller Macht, allem Reichtum zum Trotz doch eben nur Zweiter in einem Reich war, dessen Herr nun einmal Barbarossa hieß. Und er war wieder nach Braunschweig zurückgeritten, hatte noch härter, noch verbissener an der eigenen Macht gearbeitet, die mit der des Kaisers wenigstens vergleichbar sein sollte.

Es ist aber nicht dieser Heinrich, nicht der fanatische Arbeiter, Rechner und Organisator, von dem im Raum um Braunschweig und weit darüber hinaus schon jedes Kind hört. Alle historische Realität verblaßt neben den Farben der Sagenwelt, die sich um ihn rankt, und dort bleibt dann kein Platz für so nüchterne Dinge wie Städtebau, Straßennetz, Ministerialenwirtschaft und Machtkampf zwischen Welfen und Staufern.

Nun könnte man meinen, diese Sage entzündete sich am tragischsten Ereignis an seinem Leben, an Sturz und Verbannung. Doch nicht Chiavenna und auch nicht der Prozeß haben der Phantasie die reichste Nahrung gegeben, weit mehr beschäftigten die Nachwelt zwei andere Dinge: der Löwe und die Orientfahrt.

Geburt eines Sagenhelden

Vom Zeitpunkt an, da dieses Standbild in Braunschweig errichtet wurde, gehörten Gerüchte und Legenden zu seiner Geschichte. Heinrichs Beiname kam hinzu. Herzog und Löwe wurden zur mythischen Einheit, und schon wurde erzählt, diesen Löwen hätte es wirklich gegeben, er sei treuer Gefährte seines Herrn bis hin zu seinem Tod gewesen. Und nicht genug: Als Heinrich im Dom aufgebahrt lag, wollte auch sein bester Freund nicht länger leben und starb hingestreckt über Heinrichs Gruft. Die Herzogin aber, hier noch am Leben, setzte ihm mit dem Braunschweiger Bronze-Löwen das unvergängliche Denkmal.

Das war schon aufregend genug. Doch nun kam auch noch die Orientfahrt hinzu. Sie wurde der andere Mythos um Heinrich. Denn in den Augen der Zeitgenossen konnte solche Fahrt nur einen Sinn gehabt haben: Heiden zu bekriegen — und aus dem Pilger Heinrich, dem Staatsmann auf Good-will-Tour, wurde prompt der Kreuzritter, dem dann alles zustieß, was eben einem solchen Herrn im Morgenland zustoßen konnte.

Natürlich hatte er gegen die Ungläubigen gekämpft. Natürlich war er dabei auch in Gefangenschaft geraten, jedoch wieder in Gnaden entlassen worden, mit einem Löwen als Geschenk. Oder die andere Version: Heinrich hatte den Löwen vor einem Drachen gerettet, worauf das brave Tier in ergebener Dankbarkeit an seiner Seite bis nach Braunschweig getrottet war.

So verdichten sich all diese Gerüchte und Märchen immer mehr zu der eigentlichen Sage von Heinrich dem Löwen, und in der ersten Hälfte des 13. Jahrhunderts faßte sie dann ein unbekannt gebliebener Dichter aus Niederdeutschland zusammen. Bei ihm findet sich aber ein wahres Sortiment an Mythen und Motiven, wie sie allesamt im Zeitalter der Kreuzzüge nahelagen: die Furcht der Ritter, ihre Frauen könnten in der Zeit ihrer Abwesenheit untreu werden; die Furcht dieser Frauen, der Mann würde nie mehr zurückkehren; die romantische Vorstellung oder auch Hoffnung, hohe Damen des Orients könnten Kreuzrittern ihre Gunst zuwenden. Auch der Mythos um den Drachentöter St. Georg klingt an, wie überhaupt vieles aus anderen Sagen übernommen und kurzerhand auf Heinrich umgemünzt wurde.

Odysseus aus Norddeutschland

Mit einem Traum hebt diese Sage an. Dort erhält der Herzog Weisung, zum Heiligen Grab zu ziehen. Geträumt, getan: der Herzog weckt eilends sein neben ihm schlummerndes Weib und überrascht es mit der Nachricht, gleich Morgen nach Palästina zu ziehen. Zuvor treffen die beiden aber noch ein Abkommen: Sieben Jahre soll die Herzogin auf seine Rückkunft warten, dann steht ihr eine neue Vermählung frei. Auch wird ein goldener Ring zerbrochen, von dem die Eheleute jeweils eine Hälfte an sich nehmen.

Heinrich zieht also ins Morgenland und hat über Langeweile nicht zu klagen: Er wird im Kampf mit einem orientalischen Fürsten verwundet, gerät in seine Gefangenschaft, muß als Sklave schuften, gewinnt dabei aber, auf welche Weise auch immer, das Herz der gütigen Fürstin und kommt mit ihrer Hilfe frei. Bevor er aber endgültig heimkehren kann, wird er noch in einem dichten Wald Zeuge eines Kampfs zwischen dem Löwen und einem Lindwurm, wobei er dann den Lindwurm tötet, den Löwen aber mit sich nimmt.

Währenddessen drängt die Zeit. Die sieben Jahre sind um, und in Braunschweig erwägt die Herzogin eine neue Heirat. Ein Wunder muß helfen.

Doch ist es eben eine Sage, und da stellt sich prompt ein Engel ein, der den Herzog samt Löwen durch die Lüfte trägt und beide sanft bei Braunschweig absetzt. Dort ist aber die Hochzeit schon für den nächsten Tag angesetzt. Der Herzog eilt in seine Burg, wird jedoch — ein anderes Trauma dieser Zeit! — nach so langen Jahren von keinem wiedererkannt. Denn ein junger, strahlender Ritter war ausgezogen, und nun kehrt ein verhärmter, alter Mann zurück.

392

Er hockt in der Küche. Niemand beachtet ihn. Da verfällt er auf eine List: Unter dem Vorwand, auf das Wohl der Braut trinken zu wollen, dringt er in den Festsaal ein. Als er aber den Becher zurückreicht, sieht die Herzogin auf seinem Grund den halben Ring. Happyend, ein wieder glücklich vereintes Paar, ein verschämt von dannen schleichender Möchtegern-Bräutigam — und der Löwe wird zu jenem treuen Kameraden seines Herrn, dem später die Herzogin das Denkmal setzt.

Welterfolg eines Mythos

Diese Sage wird ungeheuer populär. Man kann geradezu von einem Welterfolg sprechen, denn nicht nur in Deutschland gehört sie bald zu den bekanntesten Sagen des Mittelalters schlechthin, sondern findet auch ihre dänische, schwedische, böhmische, niederländische Version. In der dänischen Fassung ist es aber ein besonders kluges Tier, das in Heinrich nicht nur sofort den Wesensverwandten entdeckt, sondern seine Wertschätzung auch in wohlgesetzte Worte zu fassen weiß: „Wellkomen, hartug Hendrik, myn edelig herre aff Brunszuig . . ." — ein Löwe mit Manieren und Geographiekenntnissen, wie man sieht.

Man vertont die Sage. Man setzt sie in Bilder um. Selbst noch auf einer isländischen Kirchentür finden sich holzgeschnitzte Szenen aus der Heinrich-Sage samt kummervoll über das Grab gebeugtem Löwen. Später wird sich kein geringerer als Hans Sachs nicht weniger als dreimal dieses Stoffs annehmen, und noch im 19. Jahrhundert kursiert eine vielgelesene Prosa-Fassung, die alle mündlichen Überlieferungen zusammenfaßt. Inzwischen war auch noch als stets dankbares Motiv ein Teufelspakt hinzugekommen — natürlich geht er zugunsten des Helden aus, dem auch Beelzebub nicht gewachsen ist.

Auch auf die Bühne wird die Sage gebracht: Ein „Triumph Henrici Leonis" schmückte 1585 den festlichen Aufzug zur Feier einer herzoglichen Hochzeit, und als in Hannover 1689 das neue Opernhaus eröffnet wurde, erinnerte man sich ebenfalls des Stoffs. Als erste Premiere stand „Henrico Leone", ein Werk der Herren Steffani und Hortensio, auf dem Programm.

Sicher hat es mit der anhaltenden Popularität dieser Sage zu tun, wenn zumal in Niedersachsen die Erinnerung an Heinrich so wach geblieben ist. Ein Denkmal setzt sie ihm dennoch nicht. Denn so farbig und poetisch die Geschichte selber wirkt — sie lebt doch ganz und gar von der phantastisch ausgeschmückten Fabel, während die Persönlichkeit des Helden blaß und austauschbar bleibt. Kein unverwechselbarer Charakter wie Homers Odysseus ist mit dem Sagenhelden Heinrich in die Weltliteratur eingetreten.

Doch auch der historische Heinrich war kein Stoff für Dichter.

Kein Stoff für Dichter

Man sollte meinen, eine so starke und wichtige Persönlichkeit hätte immer wieder zu Dichtungen angeregt. Doch jenseits der Volkssage findet sich von ihm keine einzige dichterische Darstellung von Rang, sieht man von dem um 1300 entstandenen höfischen Versepos „Reinfried von Braunschweig" ab. Zwar ist sein Held deutlich Heinrich. Doch beschäftigt sich auch dieses Werk wieder nur mit den Sagenmotiven.

In unserem Jahrhundert sind einige Romane über ihn geschrieben worden, allesamt ohne literarischen Rang. Fünfzehnmal wird Heinrichs Schicksal in mehr oder weniger freier Variante auf die Bühne gebracht, das letzte Mal 1938. Doch kein einziger Autorenname läßt aufmerken, kein einziges dieser Bühnenwerke hat sich auf dem Theater durchsetzen können, auch nicht die Oper, die 1877 der Chordirigent und Hofkirchenkomponist Edmund Kretschmar schrieb, obwohl dort der Löwe als Opernheld so schöne Zeilen schmettern darf wie: „Ha, treulos Weib! treulos die ganze Welt!/ Zur Schlange hat ein Löwe sich gesellt./Doch nicht den Löwen soll der Wurm erdrücken/Verjagt sei sie, verbannt aus meinen Blicken!/Dir aber, Conrad von Wettin,/Werf ich den Fehdehandschuh hin", worauf der Chor begütigt: „O mäß'ge Deinen Zorn, betrogner Held!/Wir stehen zu Dir im Frieden, wie im Feld", und sich im Finale alle einig sind: „Der deutschen Frauen höchster Ruhm/Ist ihrer Treue Heiligthum." Als Bühnenheld war der Löwe nun einmal kein Erfolg, und kein wirklich bedeutender Dramatiker, kein Schiller oder Hebel hat sich seiner angenommen.

Nicht nur die Dichter, auch Chronisten und Historiker haben es von Anfang an mit dem Phänomen Heinrich schwer gehabt. Das gilt schon für Urteile und Darstellungen aus dem 12. Jahrhundert.

Mit Helmold von Bosau und Arnold von Lübeck hat Heinrich zwei erste zeitgenössische Biographen, die bei aller Bewunderung für den großen Mann doch auch Distanz wahren: Helmold, ohnehin mehr Apologet Adolfs von Schauenburg, beklagt, was er als Heinrichs Geldgier versteht, und gibt damit einen ersten wichtigen Hinweis auf den Rechner und Geschäftsmann. Arnold beseufzt wiederum seine plumpe Taktlosigkeit bei der Pilgerfahrt, widmet ihm allerdings einige hymnische Zeilen nach seinem Tod: „Fürst, des Preises so wert, jetzt steige voll Freuden zum Himmel!/Frieden befördertest du; jetzt spende dir wirkliche Schätze,/der in Ewigkeit herrscht, allein der Könige König ..."

Den liebenswertesten, uneingeschränkt edlen und tapferen Heinrich bringt dagegen die Chronik Gerhard von Stederburgs, der als enger Vertrauter und Mitarbeiter des Löwen wohl sein eigentlicher Hofbiograph war.

Die von den Staufern beeinflußte Geschichtsschreibung gibt sich begreiflicherweise bissiger. Hier findet sich von sanft untertreibender Abwertung bis hin zur offenen Attacke jede Form gezielten Rufmords, der in Giselberts von Mons eifrig zitiertem Wort vom Herzog als dem bösesten und grausamsten aller Menschen gipfelt. Sein Sturz wird denn auch nicht mehr beschrieben, sondern nur noch bejubelt.

Der stärkste Eindruck: Heinrichs Reichtum

Jenseits der Grenzen macht Heinrichs Reichtum den stärksten Eindruck auf seine Zeitgenossen, und ein normannischer Chronist ist es, der hierfür die genauesten Daten gibt: Von 40 Städten und 67 Burgen spricht Robert de Monte. Sie machen den Herzog zum reichsten Mann seiner Zeit, „wenn er kein König oder Kaiser ist". Auch niederländische Chronisten unterstreichen diesen Aspekt, während sich Acerbus Morena, eine der wenigen italienischen Stimmen aus dieser

Zeit, auf eine karge Beschreibung von Heinrichs Äußerem beschränkt.

Speziell die normannische Bewunderung für Heinrich hat ihren konkreten politischen Grund: Schließlich ist er mit einer Normannenprinzessin verheiratet, und so haben ihre Landsleute begreifliches Interesse, ihren Mann so rühmlich und glänzend wie möglich herauszustreichen. Deshalb könnte man auch meinen, in England würde Heinrich ebenfalls günstig beurteilt werden. Doch ist das Gegenteil der Fall. Außerhalb des Reichs wird er nur noch in Dänemark ähnlich scharf verurteilt, und Gervatius von Canterbury stellt ihn gar als ein abschreckendes Beispiel für junge Fürsten dar, vergleichbar mit den antiken Schauergestalten Nero und Domitian.

Auch hier spielt Politik mit: Diese Autoren, allesamt den normannischen Plantagenets nicht wohlgesonnen, wollen in Wahrheit Heinrich II. treffen, wenn sie auf seinen Schwiegersohn so giftige Pfeile abschießen. Ähnliche Parteilichkeit bestimmt auch die Haltung dänischer Chronisten: Sie verübeln Heinrich die jahrzehntelange Konkurrenz im Slawenland. So fällt denn Saxo Grammaticus in seinen „Gesta Danorum" das böseste Urteil über den Löwen: geldgierig, feige und treulos.

Dann gerät das Bild des Herzogs allmählich wieder in Vergessenheit. Über einige Jahrhunderte hin hält mehr die Sage die Erinnerung an ihn wach. Allenfalls, daß hier und dort einige phantastische Behauptungen auftauchen: Von einem Besuch Barbarossas in Braunschweig ist einmal die Rede, ein ander Mal von zwei goldenen Leoparden, die der englische König dem Herzog geschenkt haben soll. Auch als Mörder Thomas Beckets erscheint Heinrich in einem Bericht des ausgehenden Mittelalters, das aber insgesamt das Interesse an ihm verloren zu haben scheint.

Die Renaissance: auch Heinrichs Wiedergeburt

Erst die Renaissance bringt auch Heinrich eine Wiedergeburt. Nicht, daß von einem Heinrich-Boom zu sprechen wäre — immerhin beschäftigt man sich aber wieder mit ihm und dabei vor allem mit seinem Sturz, in dem ein Fingerzeig Gottes, wenigstens aber ein Beispiel für wechselndes Glück gesehen wird. Aber auch schon individuellere Züge werden nun am Löwen entdeckt, so von Andreas Brunner, der in seiner Geschichte Bayerns bereits abwägt: Frömmigkeit gegen Geiz, Mut gegen Hochmut, während im Norden der Niedersachse Albert Krantz gegen die Verlogenheit der Heinrich-Sage wettert.

Der Löwe ist wieder interessant geworden.

Noch interessanter wird er in der Zeit der Gegenreformation. Hier setzt ein, was die gesamte Heinrich-Betrachtung von nun an bestimmt. Aus der Gestalt einer vergangenen Epoche wird ein Typ, dessen Verhaltensweisen man auch als typisch für jeweilige aktuelle Entwicklungen nimmt. Jede Zeit hat damit „ihren" Heinrich, eine Leit- oder Schreckfigur.

In der Gegenreformation wird er zur Leitfigur jener, die seine Neigung zum Papsttum als vorbildlich hinstellen. Auch Gedichte dieser Zeit besingen wieder den Löwen: Es ist seine eigentliche Rückkehr auf die historische Szene als „ein streitbarer Held, und in seinem Harnisch als ein wilder Lew", wie ihn um 1584 der Hannoveraner Heinrich Bünting in seiner „Braunschweigischen und Lüneburgischen Chronika" porträtiert.

Über ein Jahrhundert später, um 1700, beschäftigt der „wilde Lew" einen ganz anderen Mann, den Philosophen Gottfried Wilhelm Leibniz, einen Freund von Hannovers großen Kurfürstin Sophie, einer Welfin also, die Leibniz zu einer Geschichte ihres Hauses animiert.

Dieses Werk bleibt nur Fragment. Doch gleich zu Beginn kommt die Sprache auf Heinrich den Löwen, und Leibniz nimmt für ihn Partei, wenn er auf Barbarossas Eifersucht verweist und im Frieden von Venedig vor allem ein Mittel zu Heinrichs Sturz sieht. Noch schärfer gehen Historiker der Aufklärung mit Kaiser Rotbart ins Gericht: Mehr für den eigenen Ruhm als für die Nation hätte er gewirkt, und der Sturz des Welfen sei ein unverwindlicher Schaden für Deutschland gewesen. Der berühmte „Streit ums Mittelalter", im 19. Jahrhundert mit aller Erbitterung und hochaktuellen Untertönen ausgefochten, zeichnet sich ab.

Mit dem 19. Jahrhundert kommen Romantik und aufblühender Nationalismus. Das gesamte Mittelalter wird nun wieder zur ungemein wichtigen und interessanten Epoche. Als eine ihrer großen Gestalten erscheint aber der Welfe, umstrittene Schlüsselfigur in guter wie böser Hinsicht.

Hie Welf, hie Waibling — der alte Schlachtruf wird nun wieder in Deutschland gehört, und nicht nur Historiker stoßen ihn aus, als ein neues Deutsches Reich heraufdämmert und groß- oder kleindeutsche Lösung zur Diskussion stehen. Vor diesem Hintergrund vollzieht sich auch der Streit um den Löwen, auf den nun wechselnd Licht und Schatten fallen. Erscheint er einem strikt nationalen Historiker wie Heinrich von Sybel als Gegengewicht zur antinationalen Stauferpolitik, so bemängeln andere gerade den fehlenden Patriotismus in Heinrichs Verhalten: „Wenn von allen Verbrechen, welche die Weltgeschichte zu verzeichnen hat, die gegen das Vaterland verübten die schwersten sind und nicht milder beurteilt werden dürfen als Königs- und Vatermord, so kann unser Urteil über den Welfenherzog nicht zweifelhaft sein . . .", heißt es einmal in einer Staufer-Monographie von 1884.

Eines bestimmt aber bis weit in unser Jahrhundert hinein das Heinrich-Bild: Ob negativ oder positiv — grundsätzlich wird es nur in seiner Beziehung zum Bild der Staufer gesehen. Barbarossa kniefällig vor dem Welfen — das war die große Chiffre, vor der sich die Geister schieden und einmal für, einmal gegen den Welfen Stellung nahmen. Daß Heinrich eine *originale* Leistung vorzuweisen hatte und dabei als Staatsmann unverwechselbar eigene Züge trug, die nicht nur unter dem Aspekt seiner Beziehung zum Kaiser und dessen Italienpolitik gewertet werden konnten, wurde mehr am Rande zur Kenntnis genommen. Erst sehr allmählich kam hier ein Wandel.

„PG Heinrich"

In diesem Zusammenhang ist es fast tragisch, daß sich die erste ganz entschiedene Aufwertung des Löwen unter fatalem Vorzeichen voll-

wesen wäre als die Barbarossas, darf man annehmen. Daß er den Süden so beiseitegeschoben hätte wie der Staufer den Osten, scheint kaum vorstellbar. Spätestens die Erfahrungen der Ära Konrads III. hatten gezeigt, daß im 12. Jahrhundert der deutsche König auf das römische Kaisertum noch nicht verzichten konnte, und so hätte auch Heinrich Italienpolitik betreiben müssen. Ob er dabei mehr und anderes erreicht hätte als Barbarossa, wissen wir nicht. Denkbar ist es. Denkbar ist allerdings auch, daß die kaiserliche Position bei Heinrich Züge freigelegt hätte, die im Bild des Herzogs gerade noch neutralisiert waren: Dieser über die Maßen selbstbewußte, jähzornige, zu Taktik und Diplomatie so wenig begabte Mann im Besitz der höchsten Macht — diese Vorstellung läßt auch schaudern.

Welche Züge der *Herzog* Heinrich trägt, wissen wir. Er versteht zu rechnen, zu organisieren, in jeder Hinsicht zu handeln. Er hat vielleicht nicht allzu viel Phantasie, aber einen ausgezeichneten Spürsinn für Zeitströmungen und ihre Möglichkeiten. Damit schafft er sein eigenes Reich, dessen Vorzüge und Schwächen auch die seinen sind. Man muß sie hinnehmen, wie man Heinrich hinnehmen muß.

Barbarossa kann und darf ihn nicht hinnehmen. Was zunächst parallel laufen konnte, mußte sich schließlich gegeneinander wenden. Heinrich steht im Widerspruch zu allem, was recht eigentlich Barbarossas Rang ausmacht. Der Kaiser begreift das recht früh. Der Löwe begreift es zu spät. Das wird sein Untergang. Von den beiden Prinzipien, die sich in diesen zwei Staatsmännern ausdrücken, scheint das des Staufers über dem des Welfen triumphiert zu haben.

Und dennoch . . .

Mit dem Sturz des Löwen hat sich Barbarossa nicht nur einen Gefallen getan — nicht vor seiner Umwelt und auch nicht vor der Geschichte. Denn auch der gestürzte Heinrich bleibt der große Spielverderber. Man kann sogar sagen: Gerade erst durch seinen Sturz wird er vollends dazu.

Denn nun steht am Ende seines Lebens kein Punkt und kein Ausrufezeichen. Eine gestrichelte Linie führt über ihn selbst hinaus und zu vielen Deutungen hin: Er hat ja nicht beweisen können, daß sein Weg der „richtige" war, so wie ihm nicht bewiesen werden kann, daß sein Weg der falsche sein mußte. Das alles hat der von außen so abrupt herbeigeführte Sturz verhindert — die langfristige Erprobung von Heinrichs Welfenstaat über seine Person hinaus konnte nicht stattfinden. Das Gelnhauser Urteil verhindert ein definitives Urteil der Geschichte über das Phänomen Heinrich der Löwe.

So kann dieser Mann nun nach Belieben als „reaktionär" oder „progressiv", als engstirnig oder weitdenkend gelten, als tumber Pragmatiker einer schon im Vergehen begriffenen Gegenwart oder als scharfsinniger Konstrukteur einer Zukunft, die noch nicht begonnen hatte. Nach Belieben muß sich aber nun auch Barbarossa in entsprechende Kategorien einstufen lassen: Er hatte Heinrich nur unterwerfen können. Er hat ihn niemals endgültig besiegt.

Wer war nun aber Heinrich wirklich?

Ein „Reichsfeind" oder ein früher Nationalist? Ein Herzog alter, zur Staufer-Zeit schon überwundener Art, der die überholte Form des klassischen Stammesherzogtums mit hochmodernen Mitteln, aber nach veraltetem Prinzip künstlich am Leben erhielt, oder die Vorwegnahme späterer absoluter Fürsten? Der nur pragmatische „Macher" oder auch ein Mann mit Träumen und Sehnsüchten, die über ihn hinaus Gestalt gewannen und behielten?

Auf alle Fälle war und ist Heinrich der Löwe das eine: ein immerwährendes Ärgernis. Das hält ihn lebendig.

Zeittafel

Um 800 die ersten Welfen auf der Ravensburg am Bodensee.

Um 900 „Heinrich mit dem goldenen Wagen" nimmt als erster Welfe ein Lehen an.

1055 Welf IV., Sohn des Grafen von Este, übernimmt das deutsche Welfenerbe, ist damit Stammvater aller späteren Welfen und wird schließlich als Welf I. Herzog von Bayern.

1079 Kaiser Heinrich IV. ernennt Friedrich (I.) von Staufen zum Herzog von Schwaben.

Um 1124/25 Friedrich, der spätere „Barbarossa", wird als Sohn Herzog Friedrichs II. von Schwaben und der Welfin Judith, Tochter Herzog Heinrichs des Schwarzen von Bayern, geboren.

1125 Heinrich V., letzter Salierkaiser, stirbt; Lothar (III.) von Supplinburg wird auf welfischen Einfluß hin unter Umgehung der Staufer zum Nachfolger gewählt; Lothars Tochter Gertrud heiratet Heinrich den Stolzen, Sohn Heinrichs des Schwanzen; Beginn der Kämpfe zwischen Welfen und Staufern/„Waiblingern".

1126 Tod Heinrichs des Schwarzen; Heinrich der Stolze wird Herzog von Bayern.

Um 1129 Heinrich (der Löwe) als Sohn Gertruds und Heinrichs des Stolzen auf der Ravensburg geboren.

1137 Kaiser Lothar III. stirbt; Heinrich der Stolze wird Herzog von Sachsen und kandidiert für die bevorstehende Königswahl.

1138 Wahl des Staufers Konrad (III.) zum König; erneute Kämpfe zwischen Welfen und Staufern; Heinrich dem Stolzen werden Bayern und Sachsen aberkannt; er kann sich in Sachsen behaupten.

1139	Heinrich der Stolze stirbt in Quedlinburg; unter der Vormundschaft von Lothars Witwe Richenza wird sein Sohn Heinrich sein Nachfolger; Kämpfe mit dem Rivalen Albrecht dem Bären.
1141	Richenza stirbt.
1142	Friede in Frankfurt: Heinrich wird Sachsen zuerkannt; seine Mutter Gertrud heiratet Heinrich „Jasomirgott" von Babenberg, Markgrafen von Österreich, der Herzog von Bayern wird.
1143	Gertrud stirbt bei Wien; Heinrichs erste politische Handlung im Osten: Ernennung Adolfs (II.) von Schauenburg und Heinrichs von Badwide zu Markgrafen von Holstein und Ratzeburg.
1145	Heinrich gewinnt die Grafschaft Stade.
1147	Heinrich erhebt erstmals Anspruch auf Bayern; Konrad III. bricht zum 2. Kreuzzug auf; „Wendenkreuzzug" unter Teilnahme Heinrichs.
1148	Heinrich unterwirft Dithmarschen.
1149	Konrad III. kehrt vom Kreuzzug zurück; Kämpfe mit Heinrichs Onkel Welf VI.
Um 1150	Heirat Heinrichs mit Klementia von Zähringen.
1151	Versuch Konrads III., Sachsen zu erobern.
1152	Tod Konrads III.; Wahl seines Neffen Friedrich „Barbarossa" zum Nachfolger unter Umgehung von Konrads Sohn Friedrich von Rothenburg und Heinrich dem Löwen; gemeinsamer „Königsritt" Barbarossas und Heinrichs: Beginn ihrer Freundschaft; Heinrich übernimmt die Grafschaft Winzenburg.
1154	Heinrich erhält von Barbarossa das weltliche Investiturrecht in den „Slawenbistümern" Aldenburg und Schwerin und gründet das Bistum Ratzeburg; 1. Italienzug Barbarossas in Begleitung Heinrichs.
1155	Barbarossa von Papst Hadrian IV. in Rom zum Kaiser gekrönt; Heinrich bewährt sich bei der Belagerung von Tortona und bei Kämpfen in Rom.

1156   Heinrich wird das Herzogtum Bayern zugesprochen; Österreich wird unter Heinrich „Jasomirgott" selbständiges Herzogtum mit besonderen Rechten.

1157   Barbarossa und Heinrich bekriegen den König von Polen (einzige Aktivität des Kaisers im Osten); Rainald von Dassel wird Barbarossas Kanzler; Reichstag von Besançon: erster Streit zwischen Kaiser und Papst; Alt-Lübeck wird durch einen Brand zerstört; (mißlungene) Gründung der „Löwenstadt" im Ratzeburger Land.

1158   Heinrich tauscht mit Barbarossa Badenweiler gegen Besitzungen im Harz; Neugründung Lübecks; Gründung Münchens; Aufbruch Barbarossas zum 2. Italienzug (zunächst ohne Heinrich): „Roncalische Beschlüsse"; Heinrich verbündet sich mit Waldemar I. von Dänemark gegen die Obotriten.

1159   Heinrich zieht nach Italien und nimmt an der Belagerung Cremas teil; Tod Hadrians IV.; unentschiedene Papstwahl: Schisma mit Alexander III. und Viktor IV. (dem „Papst der Deutschen") als Gegenpäpsten.

1160   Zerstörung Cremas; Konzil in Pavia mit unentschiedenem Ausgang; Heinrich und Waldemar I. bekriegen die Obotriten; der Obotritenfürst Niklot fällt; Schwerin wird Bischofssitz und erhält das Stadtrecht; Versuch eines neuartigen Verwaltungssystems im eroberten Mecklenburg; Vertreibung Bischof Ulrichs aus Halberstadt und indirekte Machtübernahme in Halberstadt durch Heinrich; „Gotland-Urkunden" für die deutschen Kaufleute auf Gotland.

1162   Zerstörung Mailands durch Barbarossa; gescheitertes Konzil von Dôle: Alexander III. wird von Frankreich und England anerkannt; Heinrich läßt sich von Klementia von Zähringen scheiden.

1163   Heinrich besiegt in Mecklenburg Niklots Söhne Pribislaw und Wratislaw; Barbarossas 3. Italienzug (ohne Heinrich).

1164   Tod Papst Viktors IV.; Paschal III. wird neuer Gegenpapst; „Großer Wendenaufstand", bei dem Heinrich die Obotriten endgültig besiegt; Anfang der Kolonisation Mecklenburgs; zugleich Förderung Lübecks und anderer sächsischer Handelsstädte durch internationale Abkommen.

1165	„Würzburger Schwur" auf Initiative Rainalds von Dassel; Heinrich verlobt sich mit Mathilde von Plantagenet, einer Tochter Königs Heinrich II.
1166	4. Italienzug Barbarossas (ohne Heinrich); in Sachsen Fürstenverschwörung gegen Heinrich; der Braunschweiger Löwe wird errichtet; Versöhnung mit Pribislaw; Gunzelin von Hagen wird Graf von Schwerin; Ende des neuen Verwaltungssystems in Mecklenburg.
1167	Allgemeiner Fürstenkrieg gegen Heinrich in Sachsen; Vernichtung des deutschen Heeres vor Rom durch eine Fieberseuche (unter den Opfern: Rainald von Dassel, Heinrichs Vetter Welf VII., sein Schwiegersohn Friedrich von Rothenburg, Mann seiner ältesten Tochter Gertrud).
1168	Rückkehr Barbarossas nach Deutschland und seine Parteinahme für Heinrich; Heinrich auf der Höhe seiner Macht; Heirat mit Mathilde; im kaiserlichen Auftrag besucht Heinrich seinen Schwiegervater Heinrich II.
1169	Durch Einflußnahme auf die Bischofwahl übernimmt Heinrich in Bremen indirekt die Macht; seine Tochter Gertrud heiratet König Waldemars Sohn Knut (VI.).
1170	Ermordung Thomas Beckets; Heinrich II. auf der Seite Alexanders III.
1172	Pilgerfahrt Heinrichs nach Palästina.
Ab 1173	Bau des Braunschweiger Doms; Ausbau der Burg Dankwarderode in Braunschweig, Errichtung des Palas und der Georgskapelle; wirtschaftliche und kulturelle Blüte in Sachsen (Helmarshausener Evangeliar, Imerward-Kreuz, Dombauten in Lübeck und — wahrscheinlich schon ab 1165 — in Ratzeburg).
Um 1173	Barbarossa wird von Welf VI. zum Erben der welfischen Besitzungen in Süddeutschland und Italien eingesetzt; erste Spannungen zwischen Heinrich und dem Kaiser.
1174	5. Italienfahrt Barbarossas (ohne Heinrich).
1176	(Mutmaßliche) Begegnung Heinrichs mit Barbarossa in Chiavenna und Verweigerung der Unterstützung beim Italienzug;

Barbarossa unterliegt den Mailändern bei Legnano; Beginn der Verhandlungen mit Alexander III. und dem Lombardischen Bund.

1177   Heinrich belagert Demmin an der pommerschen Grenze; währenddessen: Friede von Venedig zwischen Barbarossa und Alexander III., Bischof Ulrich wird wieder in Halberstadt eingesetzt und entzieht Heinrich die Halberstadter Lehen.

1178   Kampf Heinrichs gegen den mit Philipp von Köln verbündeten Ulrich von Halberstadt; Rückkehr Barbarossas: Reichstag in Speyer, Klage Heinrichs gegen Philipp von Köln, die der Kaiser an das Fürstengericht verweist.

1179   Prozeß gegen Heinrich in Abwesenheit des Herzogs bei Reichstagen in Worms, Magdeburg und Kaina; spätestens in Kaina Schuldspruch; Umwandlung des Landrechtprozesses in ein Lehensverfahren mit dem Kaiser als Ankläger; abgeschlagener Angriff der Feinde Heinrichs auf Haldensleben; Heinrich erobert Halberstadt und nimmt Bischof Ulrich gefangen.

1180   Reichstag in Würzburg: Heinrich wird in Abwesenheit schuldig gesprochen, Sachsen beim anschließenden Reichstag in Gelnhausen aufgeteilt („Gelnhauser Urteil"); entsprechende Maßnahmen für Bayern bei Reichstagen in Regensburg und Altenburg; der Reichskrieg gegen Heinrich wird erklärt; im Sommer zieht Barbarossa nach Sachsen und erzwingt die fast kampflose Übergabe vieler Burgen.

1181   Lübeck und Haldensleben ergeben sich; Heinrich erklärt seine Niederlage; in Erfurt versöhnt er sich mit Barbarossa.

1182/85 Heinrich mit seiner Familie in der Verbannung — zunächst in der Normandie, dann in England; 1182 Pilgerfahrt nach Santiago di Compostella/Galizien (Spanien).

1184   Mainzer Ritterfest: Barbarossa auf der Höhe seiner Macht; Bündnis mit Mailand.

1185   Heinrich kehrt als „Herzog von Braunschweig" aus der Verbannung nach Sachsen zurück.

1186   Heinrich VI., Barbarossas ältester Sohn, heiratet Konstanze von Sizilien.

1187	Sultan Saladin erobert Jerusalem; Wiederbelebung des Kreuzzugsgedankens.
1188	„Hoftag Jesu Christi" in Mainz: Der 3. Kreuzzug wird beschlossen; letzte Begegnung Barbarossas mit Heinrich in Goslar.
1189	Aufbruch Barbarossas zum 3. Kreuzzug; Heinrich geht in erneute Verbannung, kehrt aber schon im Herbst wieder zurück (Tod Heinrichs II. und Herzogin Mathildes); Kämpfe um Holstein, Wiedergewinnung Lübecks, Zerstörung Bardowieks.
1190	Reichskrieg Heinrichs VI. gegen Heinrich; Barbarossa stirbt in Kleinasien; in Fulda Frieden zwischen Heinrich und Heinrich VI.; Heinrich VI. zieht nach Italien, um das Erbe des verstorbenen Normannenherrschers Wilhelm II. als König von Sizilien anzutreten, wo zuvor Graf Tancred von Lecce zum König gewählt worden war.
1191	Heinrich VI. wird in Rom von Papst Coelestin III. zum Kaiser gekrönt und belagert erfolglos Neapel; Fieberseuche im deutschen Heer und Abbruch der Belagerung; Beginn einer allgemeinen Fürstenverschwörung gegen Heinrich VI. mit Heinrich als einem der Teilnehmer.
1192	Ermordung des Bischofs Albrecht in Lüttich und neuer Auftrieb für die Fürstenverschwörung; ihr Zusammenbruch nach der Gefangennahme des englischen Königs Richard Löwenherz bei seiner Rückkehr vom 3. Kreuzzug; in Sachsen Kämpfe zwischen Heinrich dem Löwen und Adolf III. von Schauenburg.
1193	Versöhnung Heinrichs VI. mit den meisten Fürsten; Heinrichs ältester Sohn heiratet heimlich Agnes, die Kusine des Kaisers.
1194	Heinrich versöhnt sich in Tilleda mit Heinrich VI.; sein Sohn wird mit der rheinischen Pfalzgrafschaft belehnt; Heinrich VI. zieht nach Italien und wird in Palermo zum König von Sizilien gekrönt.
1195	Heinrich der Löwe erkrankt schwer im Frühjahr und stirbt am 6. August in Braunschweig.
1197	Heinrich VI. stirbt in Messina.
1198	Heinrichs Sohn Otto (IV.) wird zum König gewählt.

1209   Otto IV. wird zum Kaiser gekrönt.

1211   Friedrich II., Sohn Heinrichs VI., wird zum König gewählt und später zum Kaiser gekrönt.

1218   Otto IV. stirbt.

1235   Otto das Kind, Enkel Heinrichs des Löwen, wird von Friedrich II. mit Braunschweig und Lüneburg belehnt; endgültige Aussöhnung zwischen Staufern und Welfen.

Literatur
(Auswahl)

Allgemeine Geschichtswerke

Cartellieri, Alexander: Das Zeitalter Friedrich Barbarossas, Aalen 1972
Chalybauus, R.: Geschichte Dithmarschens, Kiel 1888
Giesebrecht, W. v.: Geschichte der deutschen Kaiserzeit, Leipzig 1895
Haller, Johannes: Von den Karolingern zu den Staufern, Berlin 1934
Hampe, Karl: Das Hochmittelalter, Heidelberg 1963
Hampe, Karl: Deutsche Kaisergeschichte in der Zeit der Salier und Staufer, Heidelberg 1963
Jastrow, Ignaz/Winter, Georg: Deutsche Geschichte im Zeitalter der Hohenstaufen, Stuttgart 1897/1901
Mayer, Theodor: Mittelalterliche Studien, Konstanz 1959
Riezler, Sigmund: Geschichte Baierns, Stuttgart 1927

Chroniken, Dokumente und Dokumentationen

Albert von Stade: Die Chronik des Albert von Stade (Übers. Franz Wachter), Leipzig 1890
Arnold von Lübeck: Geschichte des Abtes Arnold von Lübeck (Übers. J. C. M. Laurent), Berlin 1867
Behne, Walter/Jensen, Gustav: Heinrich der Löwe und das Reich (Textsammlung), Frankfurt/Main 1937
Beumann, H.: Neuere Forschungen über Heinrich den Löwen (in: Historisches Jahrbuch), 1939
Braunschweigische Reimchronik (in: Sächsische Weltchronik, Hg. Ludwig Weiland), Hannover 1877
Genealogia Welforum. Eine alte Genealogie der Welfen und des Mönchs von Weingarten (Übers. Georg Grandauer), Leipzig 1882
Gerhard von Stederburg: Die Chronik von Stederburg (Übers. Eduard Winkelmann), Leipzig 1941
Helmold von Bosau: Chronik der Slawen (Übers. J. C. M. Laurent), Berlin 1852
Heydel, Johannes: Das Itinerar Heinrichs des Löwen, Greifswald 1929
Hüttebräuker, Lotte: Das Erbe Heinrichs des Löwen (Kartenwerk), 1927
Jentzsch, Ursula: Heinrich der Löwe im Urteil der deutschen Geschichtsschreibung, Jena 1942

Jordan, Karl: Die Urkunden Heinrichs des Löwen, Weimar 1949

Kölner Königschronik (Übers. Karl Platner), Leipzig 1941

Orthband, Eberhard: Die Zeit der Staufer (Textsammlung), Stuttgart 1965

Otto von Freising/Rahewin: Die Taten Friedrichs (Übers. Adolf Schmidt), Darmstadt 1974

Otto Morena: Geschichtswerk des Otto Morena und seiner Fortsetzer über die Taten Friedrichs in der Lombardei (Hg. Ferdinand Güterbock), Berlin 1930

Otto von St. Blasien: Die Chronik des Otto von St. Blasien (Übers. Horst Kohl), Leipzig 1881

Rasche, Willi: Heinrich der Löwe im Spiegel ausländischer Quellen des Mittelalters (in: Braunschweigisches Jahrbuch), Braunschweig 1953

Rassow, Peter: Honor imperii. Die neue Politik Friedrich Barbarossas, Darmstadt 1961

Simonsfeld, Henry: Urkunden Friedrich Rotbarts in Italien, München 1905

Vincenz von Prag/Gerlach von Mühlhaus: Jahrbücher(Übers. Georg Grandauer), Leipzig 1889

Biographien und biographische Studien

Bloch, Hermann: Untersuchungen zur Geschichte Kaiser Heinrichs VI., Berlin 1891

Diederichs, Arthur: Albrecht der Bär (in: Vergangenheit und Gegenwart), Leipzig 1937

Diederichs, Arthur: Graf Reinald von Dassel — ein Kanzler Barbarossas (in: Archiv für Landes- und Volkskunde von Niedersachsen), Oldenburg 1940

Elster, Hanns Martin: Heinrich der Löwe, Hamburg 1940

Ficker, Julius: Reinald von Dassel, Köln 1850

Geßenbecker, F.: Heinrich der Löwe und Klementia von Zähringen (in: Die Markgrafschaft), 1958

Görlitz, Walter: Die Großen des Mittelalters, München 1944

Gronen, Editha: Die Machtpolitik Heinrichs des Löwen und sein Gegensatz zum Kaisertum, Berlin 1919

Güterbock, Ferdinand: Barbarossa und Heinrich der Löwe (in: Vergangenheit und Gegenwart), Leipzig 1933

Hampe, Karl: Herrschergestalten des deutschen Mittelalters, Leipzig 1941

Hampe, Karl: Heinrich der Löwe (in: Velhagen und Klasings Monatshefte), 1926

Hampe, Karl: Zum 800. Geburtstag Heinrichs des Löwen (in: Braunschweigisches Magazin), Braunschweig 1929

413

Hoeck, Wilhelm: Zur Geschichte Heinrichs des Löwen und des Schutz-heiligen seines Domes St. Thomas, Braunschweig 1867

Hohnstein, O.: Heinrich der Löwe, Braunschweig 1881

Jacobs, Hans Haimar: Heinrich der Löwe, Lübeck 1933

Jacobs, Hans Haimar: Friedrich Barbarossa und Heinrich der Löwe (in: Die großen Deutschen), Berlin 1942

Jordan, Karl: Heinrich der Löwe (in: Neue Deutsche Biographie)

Jordan, Karl: Friedrich Barbarossa, Göttingen 1959

Mau, H.: Heinrich der Löwe, 1943

Mayer, Theodor: Friedrich I. und Heinrich der Löwe (in: Kaisertum und Herzoggewalt im Zeitalter Friedrichs I.), Leipzig 1944

Pernoud, Régine: Eleonore von Aquitanien, Düsseldorf 1966

Philippson, Martin: Heinrich der Löwe, Leipzig 1918

Prutz, Hans: Heinrich der Löwe, Leipzig 1865

Reincke, H.: Charakter und Bildnis Heinrichs des Löwen (in: Zeitschrift des Vereins für Lübeckische Geschichte), Lübeck 1936

Schmidt, Richard: Heinrich der Löwe. Seine Stellung in der inneren und auswärtigen Politik Deutschlands (in: Historische Zeitschrift), München 1936

Wahl, Rudolph: Barbarossa, München 1976

Wohltmann, Hans: Friedrich Rotbart und Heinrich der Löwe (in: Stader Archiv), Stade 1939

Geschichte der Welfen und Staufer

Baaken, Gerhard: Die Altersfolge der Söhne Friedrich Barbarossas und die Königserhebung Heinrichs VI. (in: Deutsches Archiv für Erfor-schung des Mittelalters), Köln 1968

Diederichs, Arthur: Staufer und Welfen (in: Beiträge zur mittelalter-lichen und neueren Geschichte), 1943

Engels, Odilo: Die Staufer, Stuttgart 1972

Fried, Johannes: Königsgedanken Heinrichs des Löwen (in: Archiv für Kulturgeschichte), 1973

Hampe, Karl: Welfen und Waiblinger (in: Zeitwende), 1935

Jundt, Pierre: Die Hohenstaufen, Lausanne 1969

Mücke, A.: Aus der Hohenstaufen- und Welfenzeit, Gotha 1884

Oexle, O. G.: Die „sächsische Welfenquelle" als Zeugnis der welfischen Hausüberlieferung (in: Geschichte des Mittelalters), 1938

Wirtschafts- und Verwaltungsgeschichte

Brandt, Ahasver von: Wieder einmal: Die Gotland-Urkunden Heinrichs des Löwen (in: Hansische Geschichtsblätter), Köln 1956

Eckhardt, K. A.: Heinrich der Löwe an Werra und Oberweser, Marburg 1958

Faußner, Hans Constantin: Die Verfügungsgewalt des deutschen Königs über weltliches Reichsgut im Hochmittelalter (in: Deutsches Archiv für Erforschung des Mittelalters), Köln 1973

Ficker, Julius: Vom Reichsfürstenstande, Innsbruck 1861

Ficker, Julius: Vom Heerschilde, Innsbruck 1862

Franklin, Otto: Das Reichshofgericht im Mittelalter, Weimar 1867/69

Haendle, Otto: Die Dienstmannen Heinrichs des Löwen, Stuttgart 1930

Hasenritter, Fritz: Beiträge zum Urkunden- und Kanzleiwesen Heinrichs des Löwen, Greifswald 1936

Hildebrand, Ruth: Studien über die Monarchie Heinrichs des Löwen, Berlin 1931

Hildebrand, Ruth: Der sächsische „Staat" Heinrichs des Löwen, Berlin 1937

Hofmeister, Adolf: Heinrich der Löwe und die Anfänge Wisbys (in: Zeitschrift des Vereins für Lübeckische Geschichte), Lübeck 1926

Jordan, Karl: Herzogtum und Stamm in Sachsen während des hohen Mittelalters (in: Niedersächsisches Jahrbuch für Landesgeschichte), Hildesheim 1958

Jordan, Karl: Sachsen und das deutsche Königtum im Mittelalter (in: Historische Zeitschrift), München 1970

Krieger, Karl-Friedrich: Die königliche Lehnsgerichtsbarkeit im Zeitalter der Staufer (in: Deutsches Archiv für Erforschung des Mittelalters), Wien 1970

Lubenow, Herwig: Die welfischen Ministerialen in Sachsen, Kiel 1964

Mayer, Theodor: Reich und Territorialstaat im 12. Jahrhundert (in: Kaisertum und Herzogsgewalt im Zeitalter Friedrichs I.), Leipzig 1944

Meyer, H.: Bürgerfreiheit und Herrschergewalt unter Heinrich dem Löwen (in: Historische Zeitschrift), München 1933

Rörig, Fritz: Reichssymbolik auf Gotland (in: Hansische Geschichtsblätter), Weimar 1940

Stengel, Edmund E.: Land- und lehnsrechtliche Grundlagen des Reichsfürstenstandes (in: Zeitschrift der Savigny-Stiftung für Rechtsgeschichte), Weimar 1948

Weiland, Ludwig: Das sächsische Herzogtum unter Lothar und Heinrich dem Löwen, Greifswald 1866

Stadtgeschichte

Bärmann, Johannes: Die Städtegründungen Heinrichs des Löwen, Köln 1961

Baumann, Franz Ludwig: Zur Geschichte des Lechrains und der Stadt München (in: Archivalische Zeitschrift), München 1902

Bethmann, L. G.: Die Gründung Braunschweigs und der Dom Heinrichs des Löwen (in: Westermanns Monatshefte), Braunschweig 1868

Biereye, Wilhelm: Das Bistum Lübeck bis zum Jahr 1254 (in: Zeitschrift des Vereins für Lübeckische Geschichte und Altertumskunde), Lübeck 1929

Bloch, Hermann: Der Freibrief Friedrichs I. für Lübeck und der Ursprung der Ratsverfassung in Deutschland (in: Zeitschrift des Vereins für Lübeckische Geschichte und Alterstumskunde) ,Lübeck 1914

Bornitz, F.: Heinrich der Löwe als Städtegründer und Städteförderer, Berlin 1922

Brandt, Ahasver von: Stadtgründung, Grundbesitz und Verfassungsanfänge in Lübeck (in: Zeitschrift des Vereins für Lübeckische Geschichte und Altertumskunde), Lübeck 1956

Braunfels, Wolfgang: Abendländische Stadtbaukunst, Köln 1976

Diestelkamp, Bernd: Welfische Stadtgründungen und Stadtrechte des 12. Jahrhunderts (in: Zeitschrift der Savigny-Stiftung für Rechtsgeschichte), Weimar 1964

Harttun, Julius: Das Erzstift Bremen und Heinrich der Löwe (in: Historische Zeitschrift), München 1875

Hellwig, L.: Chronik der Stadt Ratzeburg, Ratzeburg 1929

Heusinger, Eduard: Denkwürdigkeiten aus der neueren Braunschweigischen Geschichte, Braunschweig 1863

Hohmann, Michael: Das Erzstift Bremen und die Grafschaft Stade im 12. und 13. Jahrhundert (in: Stader Jahrbuch), Stade 1969

Jordan, Karl: Goslar und das Reich im 12. Jahrhundert (in: Niedersächsisches Jahrbuch für Landesgeschichte), 1963

Jürgens, O.: Überblick über die Entwicklung der Stadt Hannover (in: Hannoversche Geschichtsblätter), Hannover 1909

Keil, Brigitta: Die Stadtgründungen und Stadterhebungen Heinrichs des Löwen und die Entwicklung dieser Städte bis zum Ende des 13. Jahrhunderts, München 1966

Keyser, Erich: Die Erteilung des Stadtrechts an Stade durch Heinrich den Löwen (in: Stader Jahrbuch), Stade 1954

Lenz, Fritz: Die räumliche Entwicklung der Stadt Lübeck bis zum Stralsunder Frieden 1370, Walfshagen-Scharbeutz 1936

Meier, P. J.: Untersuchungen über die Anfänge der Stadt Braunschweig (in: Jahrbuch des Geschichtsvereins für das Herzogtum Braunschweig), Wolfenbüttel 1912

Meier, P. J.: Die Münz- und Städtepolitik Heinrichs des Löwen (in: Niedersächsisches Jahrbuch), Hildesheim 1925

Rieckenberg, Hans Jürgen: Lüneburg – eine Stadtgründung Heinrichs des Löwen? (in: Niedersächsisches Jahrbuch), Hildesheim 1953

Rietschel, Siegfried: Die Städtepolitik Heinrichs des Löwen (in: Historische Zeitschrift), München 1908

Riezler, Siegmund: Studien zur ältesten Geschichte Münchens, München 1907

Rörig, Fritz: Heinrich der Löwe und die Gründung Lübecks, Weimar 1937

Roloff, E. A.: Tausendjähriges Braunschweig, Braunschweig

Schambach, Karl: Heinrich der Löwe und die Stader Erbschaft (in: Niedersächsisches Jahrbuch), 1940

Schambach, Karl: Die Erwerbung der Grafschaften Stade und Dithmarschen durch Heinrich den Löwen (in: Niedersächsisches Jahrbuch), 1942

Schröder, H./Assmann, W.: Die Stadt Braunschweig, Braunschweig 1841

Schwarzwälder, Herbert: Geschichte der Freien Hansestadt Bremen (I), Bremen 1975

Timme, Fritz: Brunwiks ältere Anfänge bis zur Stadtbildung (in: Niedersächsisches Jahrbuch für Landesgeschichte), Hildesheim 1963

Varges, W.: Verfassungsgeschichte der Stadt Bremen im Mittelalter (in: Zeitschrift des Historischen Vereins in Niedersachsen), Hannover 1897

Winterfeld, Luise von: Versuch über die Entstehung des Marktes und den Ursprung der Ratsverfassung in Lübeck (in: Zeitschrift des Vereins für Lübeckische Geschichte und Altertumskunde), Lübeck 1929

Wirtgen, Bernhard: Blick auf Stade, Stade 1974

Wohltmann, Hans: Heinrichs des Löwen und seiner Erben Kampf um die Grafschaft Stade (in: Stader Archiv), Stade 1940

Kunst- und Kulturgeschichte

Anderson, William: Schonen, Helmarshausen und der Kunstkreis Heinrichs des Löwen (in: Marburger Jahrbuch), Marburg 1941

Baumann, Winfried: Die Sage von Heinrich dem Löwen bei den Slawen, München 1975

Berndt, Friedrich: Der Dom zu Braunschweig, München 1973

Cordes, Gerhard: Norddeutsches Rittertum in der deutschen Dichtung des Mittelalters (in: Niedersächsisches Jahrbuch für Landesgeschichte), Hildesheim 1961

Habicht, V. C.: Die Kunst unter Heinrich dem Löwen (in: Niedersachsen. Monatsschrift für Kultur und Heimatpflege), Hannover 1934

Heinemann, O. von: Die Burg Dankwarderode, Braunschweig 1880

Hofmann, Wilhelm/Schmitz, Otto/Seeleke, Kurt: Chemische und metallographische Untersuchung des Braunschweiger Burglöwen (in: Abhandlungen der Braunschweigischen Wissenschaftlichen Gesellschaft), Braunschweig 1951

Hoppe, Karl: Die Sage von Heinrich dem Löwen, Bremen 1952

Jansen, Franz: Die Helmarshausener Buchmalerei zur Zeit Heinrichs des Löwen, Hildesheim 1933

Jesse, Wilhelm: Der zweite Brakteatenfund von Mödesse und die Kunst der Brakteaten zur Zeit Heinrichs des Löwen, Braunschweig 1957

Jordan, Karl/Gosebruch, Martin: 800 Jahre Braunschweiger Burglöwe, Braunschweig 1967

Klocke, Friedrich von: Vor dem Krönungsbild und dem Grabmal Heinrichs des Löwen (in: Norddeutsche Familienkunde), Göttingen 1954/55

Lintzel, Martin: Die Mäzene der deutschen Literatur im 12. und 13. Jahrhundert (in: Thüringisch-Sächsische Zeitschrift für Geschichte und Kunst), Halle 1933

Meier, P. J./Steinacker, K.: Die Bau- und Kunstdenkmäler der Stadt Braunschweig, Wolfenbüttel 1906

Paulsen, Peter: Drachenkämpfer, Löwenritter und die Heinrichsage. Eine Studie über die Kirchentür von Valthjofsstad auf Island, Köln 1966

Philippi, F.: Heinrich der Löwe als Beförderer von Kunst und Wissenschaft (ins: Historische Zeitschrift), München 1923

Raths, Kurt: Der Kaiserdom zu Königslutter, Königslutter 1973

Steigerwald, Frank: Der Meister des Grabmals Friedrich von Wettin und sein Braunschweiger Löwendenkmal, Köln 1970

Steigerwald, Frank: Das Grabmal Heinrichs des Löwen und Mathildes im Dom zu Braunschweig, Braunschweig 1972

Schiller, Carl Geo. Wilh.: Die mittelalterliche Architectur Braunschweigs und seiner nächsten Umgebung, Braunschweig 1852

Schmidt, Tilmann: Die Grablege Heinrichs des Löwen im Dom zu Braunschweig (in: Braunschweigisches Jahrbuch), Braunschweig 1974

Schulz, H. A.: Burg Dankwarderode zu Braunschweig, Braunschweig 1959

Uhl, Hans G.: Die Kaiserpfalz Goslar, 1971

Winter, L.: Die Burg Dankwarderode zu Braunschweig, Braunschweig 1883

Wolff, Ludwig: Welfisch-Braunschweigische Dichtung der Ritterzeit (in: Jahrbuch des Vereins für niederdeutsche Sprachforschung), Neumünster 1950

Ostpolitik und Kolonisationsgeschichte

Ernst, H.: Die Kolonisation in Ostdeutschland, Langenberg 1888

Giesebrecht, L.: Wendische Geschichte aus den Jahren 780—1182, Berlin 1843

Hampe, Karl: Der Zug nach dem Osten, Leipzig 1934

Jordan, Karl: Die Bistumsgründungen Heinrichs des Löwen, Leipzig 1939

Jordan, Karl: Studien zur Klosterpolitik Heinrichs des Löwen (in: Archiv für Urkundenforschung), Berlin 1942

Jordan, Karl: Heinrich der Löwe und Dänemark (in: Geschichtliche Kräfte und Entscheidungen), Wiesbaden 1954

Jordan, Karl: Nordelbingen und Lübeck in der Politik Heinrichs des Löwen (in: Zeitschrift des Vereins für Lübeckische Geschichte), Lübeck 1958

Jordan, Karl: Heinrich der Löwe und die ostdeutsche Kolonisation (in: Deutsches Archiv für Landes- und Volksforschung), Leipzig

Krabbo, Hermann: Eine Schilderung der Elbslawen aus dem Jahr 1108 (in: Papsttum und Kaisertum), München 1926

Kunkel, Adolf: Die Stiftungsbriefe für das mecklenburg-pommersche Zisterzienserkloster Dargun (in: Archiv für Urkundenforschung), Leipzig 1911

Ludat, Herbert: Die Slawen und das Mittelalter (in: Die Welt als Geschichte), Stuttgart 1952

Ohnesorge, W.: Ausbreitung und Ende der Slawen zwischen Niederelbe und Oder (in: Zeitschrift des Vereins für lübische Geschichte), Lübeck 1911

Pfitzner, J.: Die Geschichte Osteuropas und die Geschichte des Slawentums als Forschungsprobleme (in: Historische Zeitschrift), München 1934

Schünemann, Konrad: Deutsche Kriegsführung im Osten während des Mittelalters (in: Deutsches Archiv für Geschichte des Mittelalters), Weimar 1938

Schulze, E. O.: Niederländische Siedlungen in den Marschen an der unteren Weser und Elbe im 12. und 13. Jahrhundert, Breslau 1889

Voigt, Franz: Heinrich der Löwe, Waldemar I. von Dänemark und der deutsche Osten (in: Vergangenheit und Gegenwart), Leipzig 1937

Wendt, G.: Die Germanisierung der Länder östlich der Elbe, Liegnitz 1884/89

Wigger, F.: Pilgerfahrten mecklenburgischer Regenten nach dem Orient im Zeitalter der Kreuzzüge (in: Jahrbuch des Vereins für mecklenburgische Geschichte und Altertumskunde), Schwerin 1875

Der Prozeß gegen Heinrich den Löwen

Biereye, W.: Die Wendeneinfälle der Jahre 1178, 1179, 1180 und die Herausforderung Heinrichs des Löwen zum Zweikampf durch Markgraf Dietrich von Landsberg (in: Historische Zeitschrift), München 1916

Erben, Wilhelm: Die erzählenden Sätze der Gelnhäuser Urkunde (in: Papsttum und Kaisertum), München 1926

Erdmann, Carl: Der Prozeß Heinrichs des Löwen (in: Kaisertum und Herzogsgewalt im Zeitalter Friedrichs I.), Leipzig 1944

Ficker, J.: Über das Verfahren gegen Heinrich den Löwen nach dem Bericht der Gelnhäuser Urkunde (in: Forschung zur deutschen Geschichte), Göttingen 1871

Francke, Wilhelm Ch.: Barbarossas Angaben über das Gerichtsverfahren gegen Heinrich den Löwen, Hannover 1913

Freytag, Hans Joachim: Der Nordosten des Reiches nach dem Sturz Heinrichs des Löwen (in: Deutsches Archiv für Erforschung des Mittelalters), Köln 1969

Ganahl, Karl-Hans: Neues zum Text der Gelnhäuser Urkunde (in: Mitteilungen des österreichischen Instituts für Geschichtsforschung), Innsbruck 1939

Grauert, Hermann: Die Herzogsgewalt in Westfalen seit dem Sturze Heinrichs des Löwen, Paderborn 1877

Güterbock, Ferdinand: Der Prozeß Heinrichs des Löwen, Berlin 1909

Güterbock, Ferdinand: Die Gelnhäuser Urkunde und der Prozeß Heinrichs des Löwen, Hildesheim 1920

Güterbock, Ferdinand: Nochmals Gelnhäuser Urkunde (in: Neues Archiv der Gesellschaft für ältere deutsche Geschichtskunde), Berlin 1932

Güterbock, Ferdinand: Über Otto von St. Blasien, Burchard von Ursberg und eine unbekannte Welfenquelle mit Ausblick auf die Chiavennafrage (in: Kritische Beiträge zur Geschichte des Mittelalters), Berlin 1933

Haller, Johanes: Der Sturz Heinrichs des Löwen (in: Archiv für Urkundenforschung), Leipzig 1911

Haller, Johannes: Zur Zusammenkunft von Chiavenna 1176 (in: Mitteilungen des Instituts für Österreichische Geschichtsforschung), Innsbruck 1912

Hampe, Karl: Heinrichs des Löwen Sturz in politisch-historischer Beleuchtung (in: Historische Zeitschrift), München 1912

Kallen, Gerhard: Das Kölner Erzstift und der „ducatus Westfalie et Angarie" (1180) (in: Jahrbuch des Kölnischen Geschichtsvereins), Köln 1957

Lucas, Fritz: Zwei kritische Untersuchungen zur Geschichte Friedrichs I., Berlin 1904

Meier, P. J.: Zum Prozeß Herzog Heinrichs des Löwen (in: Jahrbuch des Geschichtsvereins für das Herzogtum Braunschweig), Wolfenbüttel 1916

Mitteis, Heinrich: Politische Prozesse des frühen Mittelalters in Deutschland und Frankreich, Heidelberg 1927

Niese, Hans: Zum Prozeß Heinrichs des Löwen (in: Zeitschrift der Savigny-Stiftung für Rechtsgeschichte), Weimar 1913

Niese, Hans: Der Sturz Heinrichs des Löwen (in: Historische Zeitschrift), München 1914

Ohnsorge, Werner: Die Byzanzpolitik Friedrich Barbarossas und der „Landesverrat" Heinrichs des Löwen (in: Deutsches Archiv für Geschichte des Mittelalters), Weimar 1943

Poole, Augustin Lane: Die Welfen in der Verbannung (in: Geschichte des Mittelalters), 1938

Schäfer, Dietrich: Die Verurteilung Heinrichs des Löwen (in: Historische
Zeitschrift), München 1896

Schambach, Karl: Noch ein neuer Gesichtspunkt zur Auslegung der Gelnhäuser Urkunde (in: Historische Vierteljahrschrift), Leipzig 1913

Schambach, Karl: Noch einmal die Gelnhäuser Urkunde und der Prozeß
Heinrichs des Löwen (in: Zeitschrift des Historischen Vereins für Niedersachsen), Hannover 1917

Schambach, Karl: Eine Nachlese zum Prozeß Heinrichs des Löwen (in:
Historische Vierteljahrschrift), Dresden 1931

Schambach, Karl: Kleine Beiträge zur Geschichte Heinrichs des Löwen
(in: Historische Vierteljahrschrift), Dresden 1935

Schambach, Karl: Der genaue Tag des Achtspruchs und Oberachtspruchs
im Prozeß Heinrichs des Löwen (in: Zeitschrift der Savigny-Stiftung
für Rechtsgeschichte), Weimar 1952

Stengel, Edmund E.: Zum Prozeß Heinrichs des Löwen (in: Deutsches
Archiv für Geschichte des Mittelalters), Weimar 1942

Weiland, Ludwig: Die Reichsheerfahrt von Heinrich V. bis Heinrich VI.
nach ihrer staatsrechtlichen Seite — Anhang: Der Prozeß gegen Heinrich den Löwen (in: Forschung zur deutschen Geschichte), Göttingen
1867

Literatur zur Graböffnung

Bock, F.: Um das Grab Heinrichs des Löwen in St. Blasien zu Braunschweig (in: Niedersächsisches Jahrbuch), Hildesheim 1959

Ernst, F.: Nochmals die Gebeine Heinrichs des Löwen (in: Die Welt als
Geschichte), Stuttgart 1960

Fischer, Eugen: Heinrich des Löwen sterbliche Reste (in: Die Welt als
Geschichte), Stuttgart 1952

Fischer, Eugen: Die anthopologische Untersuchung der Gebeine Heinrichs des Löwen (in: Braunschweigisches Jahrbuch), Braunschweig
1953

Fischer, Eugen: Neue Zweifel um das Grab Heinrichs des Löwen (in:
Braunschweigisches Jahrbuch), Braunschweig 1956

Hackenbroch, Matthias/Holtzmann, Walther: Die angeblichen Überreste
Heinrichs des Löwen (in: Deutsches Archiv für Erforschung des Mittelalters), Köln 1953/54

Bildnachweis

422

Namen- und Sachregister

423

424

426